INHALTSVERZEICHNIS

Kapitel 7 – Macht und Schöpferkraft

Kapitel 8 – Gott, das Universum und die Geistige Welt

Kapitel 9 – Aufstieg und Dimensionswechsel

Disclaimer – Haftungsausschluss:
An dieser Stelle möchte ich auch aus rein juristischen Gründen betonen, dass ich in meinem Buch nur über eigene und über vertrauenswürdige Erfahrungen anderer berichte und gründlich Belege dafür zitiere. In allen Fällen, die dabei irgendeinen Krankheitszustand betreffen, rate ich dazu an, eine/n Ärztin/Arzt oder Heilpraktikerin/Heilpraktiker zu konsultieren.

Vorwort von Bernd Schwender

Nachdem ich mich bereits jahrzehntelang mit dem Studium unzähliger Botschaften aus der Geistigen Welt mit unterschiedlichster Art und Qualität beschäftigt hatte, bekam ich im Jahr 2016 den ersten Hinweis auf die Channelings von Erzengel Uriel.

Ich erkannte sogleich das außergewöhnlich hohe Niveau und die immense Tiefe und Weisheit der vermittelten Informationen. Als ich mehr als drei Jahre lang regelmäßig die neu übermittelten Botschaften von Uriel verfolgt habe und sah, dass seit dem Beginn der Übermittlungen im Jahr 2011 inzwischen mehr als 160 Channelings zu den vielfältigsten Themen entstanden waren, bot ich Günther an, die bisher lose Sammlung zu ordnen, in einzelne Bereiche zu gliedern und so dem Ganzen eine übersichtliche Struktur zu geben. Genau dies war es wohl, was noch gefehlt hat, um den bereits geraume Zeit zuvor von Günthers geistiger Führung gegebenen Impuls, ein entsprechendes Buch ins Leben zu rufen, jetzt umzusetzen.

So war es mir eine Ehre und große Freude, mitbeteiligt sein zu dürfen, dass die im nun vorliegenden Buch enthaltenen, zeitlosen Weisheiten und Hilfestellungen zum Menschsein bis hin zu einem größeren Verständnis über Gesetzmäßigkeiten der Schöpfung und des Universums, einem größeren Leserkreis zugänglich werden.

Ich wünsche allen zukünftigen Leserinnen und Lesern, sich ganz auf die überaus inspirierenden Texte einzulassen und ihre hohe Schwingung zu nutzen, um den großen Dimensionswechsel und die damit verbundenen, momentan für Jeden deutlich wahrnehmbaren Geburtswehen eines neuen „Goldenen Zeitalters" für sich persönlich so harmonisch und friedvoll zu gestalten, wie es sich die Geistige Welt für uns alle wünscht.

Mit besten Wünschen

Bernd Schwender

Vorwort von Johannes Holey

Liebe Lichtgeschwister,

unsere Zeit wird noch von so viel gottlosem Zeitgeist beherrscht, dass es vielen von uns überhaupt nicht vorstellbar ist, mit unserem Körper in einer zukünftig höheren Bewusstseins-Schwingung zu leben, die wieder paradiesisch ist. Daher versuche ich, unserem Verstand einige weniger bekannte Informationen als Einstieg zu unserer Bewusstseinsevolution zu liefern. Denn mit unseren bewährten Zweifeln kann auch dieses wertvolle Geschenk eines der bekanntesten Erzengel abgewertet werden. Unser gesamtes riesiges Sonnensystem hat einen Kreislauf oder Orbit, der „Platonisches Weltenjahr" genannt wird und 25.920 Erdenjahre andauert. Seit babylonischen Zeiten ist dieser Orbit in 12 Sternbilder geteilt, die wir (astrologische) Zeitalter oder Äonen nennen und die jeweils so an die 2000 Jahre andauern. Und in diesem unserem aktuellen Sonnenorbit existiert unsere 5. Wurzelrasse der irdischen Menschheit und diesmal in extremer Verdichtung und einer herausfordernden Dualität mit ihren Gegensätzen wie nie zuvor.

Wozu dient das? Wir Kinder Gottes sind als Schöpferwesen auch mit dem „Freien Willen" ausgestattet. Dazu leben wir in einer *polaren* Bewusstseinsebene wie zum Beispiel von Licht und Finsternis, gut und böse und so weiter, die wir 3D, die dritte Bewusstseinsdimension nennen. Dieses stets duale Geschehen auf dieser Ebene erfordert laufend die Entscheidungen von jedem von uns selbst, denn dazu waren wir einst aus der göttlichen Einheit in die irdische Individualität inkarniert – und tun das wieder und wieder und wieder.

Aus der Evolution unseres Bewusstseins wurde in den letzten Jahrtausendend allerdings eine Devolution und durch eine manipulierte Trennung von Gott wurden wir zu steuerbaren Leidwesen, im kirchenchristlichen Bereich mit dem Unglauben des schwachsinnigen Nur-einmal-lebens dogmatisiert, im wissenschaftlichen Bereich wurde uns die Abstammung vom Affen angedichtet und die Götter der jeweiligen mächtigen Weltkirchen wurden irgendwohin nach „oben" verdrängt – anstelle des Urzustands „Gott ist in uns".

9

Doch schon im Altertum wussten Druiden, Seher und Propheten, dass eine Zeit kommen wird, in der die Menschheit wieder frei sein und sich wieder in den „heimatlichen Himmel" erheben wird. Und genau in diesem ersehnten letzten Äon unseres Sonnenorbits stehen wir heute seit dem präzisen Maya-Datum 2012, mit dem der Beginn einer neuen Ära angekündigt wurde und inzwischen auch angebrochen ist – das Wassermannzeitalter mit dem symbolischen „Geistausgießer". Dessen göttliche Geist-Energie wurde dann vor knapp einhundert Jahren von den deutschen Astronomen Bessel und Hesse physikalisch entdeckt und Photonenlicht genannt. Verschiedene Forscher und Wissenschaftler sprechen heute allerdings auch von Gamma- oder aus den Tiefen des Weltraums kommender Strahlung, die laufend stärker und wirksamer wird. Dabei ist es doch ganz einfach „Göttliches Licht und Liebe". Und damit werden Dinge möglich, die bislang völlig unmöglich waren und sind.

Denn genau das erlaubt etwas, was Jahrtausende lang nicht denkbar war und auch heute wie ein Wunder wirken wird: Das befreite und erwachende und sich stetig erweiternde Bewusstsein der ganzen Menschheit, welche ihr inneres Licht mit dem (göttlichen) Photonenlicht vereint. Der unerschütterliche, göttliche Beschluss und Plan des endgültigen Aufstiegs der Mutter Erde mit allen ihren Lebewesen ermöglicht somit das völlige Freiwerden von aller (satanischen) Finsternis und die „Rückkehr zum Vater". Jesus hat es im Gleichnis vom verlorenen Sohn im Lukasevangelium schon längst angekündigt gehabt (15,11-32) – es ist nach meiner Meinung das schönste und heute wegweisende Gleichnis im Neuen Testament.

Über vier Grundsätze unserer „Bewusstseins-Evolution": Kopf *mit* statt gegen das Herz; das Ende aller inneren (Seelen)Trennungen; das zunehmende „neue Bewusstsein" und die reine „bedingungslose" Liebe, berichtet unser Erzengel geduldig und verständlich als die eigentliche Voraussetzung zum Aufstieg. Er zeigt dabei auf, dass auch unsere esoterischen und spirituellen Erkenntnisse im *neuen* Licht und im *neuen* Geist ebenfalls *neu* verstanden werden können und müssten, zum Teil ganz dringend. So ist diese Sammlung von Botschaften zu einem einmaligen Lehrbuch für das bislang unbekannte Weiterleben in der zukünftigen Lichtschwingung der fünften Bewusstseinsebene geworden – eine Anleitung für den *inneren* Aufstieg und den Wechsel der Milliarden in der Materie inkarnierten Seelen in die höhere Dimension.

Danke, geliebter Erzengel Uriel!

Euer JOH

Mein Vorwort

Verehrte Leserinnen, liebe Leser,
die Welt ist im Wandel und die Zeichen sind nun für alle Menschen
kaum noch zu übersehen. Nichts scheint mehr sicher und verlässlich zu
sein. Es wird kein „weiter so" geben können, denn die Bedingungen für
unser Leben verändern sich. Dass der Wandel nicht nur ein äußerer ist,
sondern auch jeden Einzelnen von uns im Kern betrifft, ist spürbar und
eine Herausforderung für jeden.

Ich hatte vor vielen Jahren das Glück, eine das Leben bedrohende
Krise mit Hilfe der Geistigen Welt zu überwinden und für einen inneren Transformationsprozess nutzen zu können. Seit dieser Zeit stehe
ich in enger Verbindung mit Erzengel Uriel, der mich über mehrere
Jahre hinweg aufforderte, seine Durchsagen zu veröffentlichen. Manchmal handelte es sich um praktische Lebenshilfe, manchmal um Erklärungen zum Zeitgeschehen und dann gab es auch Lehren aus den Bereichen Medizin und Wissenschaft. Für mich persönlich waren seine Aussagen über die menschliche Struktur, unser wahres Sein und unser
Funktionieren auf der psychologischen und spirituellen Ebene stets ein
besonderes Highlight.

Uriel meldete sich immer mit den Worten: *„Hier ist Uriel, das Licht
Gottes"*, und es entstand eine Serie von Channelings, die auch auf verschiedenen Plattformen im Internet Tausende erreichten und sehr viel
Zuspruch bekamen. Lange Zeit war es so, dass Uriel sich immer zu bestimmten Themen, die gerade für viele der Leser aktuell waren, meldete
und seine höhere Sichtweise auf unser Leben offenbarte.

Nachdem sich so mehrere hundert Seiten an schriftlichen Channelings angesammelt hatten, bekam ich von meiner geistigen Führung den
Auftrag, die Durchsagen als Buch zusammenzufassen und zu veröffentlichen, um auf diesem Weg für weitere Verbreitung zu sorgen. Ich
wählte dann zu verschiedenen Themen einige Channelings aus und es
begann eine spannende Zeit des Sichtens und Sortierens des Materials,
wobei die veröffentlichten Durchgaben durch Auszüge persönlicher
Channelings ergänzt wurden.

Ich begriff erst später, als ich die Hilfe von Bernd Schwender, dem Herausgeber des »Elexier Magazins« bekam, dass es nicht um eine Auswahl von einzelnen Channelings geht, sondern um das Schaffen einer Übersicht und thematischen Struktur. Mit seiner Hilfe entstand dieses Buch. Dafür bin ich Bernd sehr dankbar. Nun erst zeigte sich die wahre Fülle und Tiefe der Informationen und Hilfen. Dabei wurde auch ganz klar, dass alles, was geschrieben worden war, jetzt hochaktuell ist!

Uriel hat mir im Laufe der Jahre einen Leitfaden für die Herausforderungen der jetzigen und kommenden Zeit diktiert, quasi eine Anleitung, wie wir für uns den Dimensionswechsel, den Aufstieg des Bewusstseins, erfolgreich gestalten können. Wie ein roter Faden zieht sich der Bewusstseinswandel, bedingt durch die Erhöhung der Frequenzen, durch alle Bereiche des Lebens. Er erfordert nicht nur unsere passive Bereitschaft und Annahme derselben, sondern auch eine Entscheidung des Freien Willens und Selbst-Bewusstseins.

Uriel erklärt Grundlagen und komplexe Zusammenhänge mit teilweise erstaunlich einfachen Worten, zeigt uns Wege zu mehr Liebe und Freude und er erinnert uns an unsere Aufgaben als Mit-Schöpfer dieser Welt.

Wer mit dem Herzen liest, wird auch die Botschaften verstehen, die sich auf Zusammenhänge aus höheren Dimensionen beziehen, denn unsere Sprache ist, genau wie unser Denken, von unserer dualen, dreidimensionalen Welt geprägt und begrenzt. Uriel wählt bestimmte Worte teilweise auf seine eigene Weise und führt sie dabei auf den ursprünglichen Sinn zurück. Vielleicht liegt ja darin sein Geheimnis, wie er die Herzen erreicht, und uns so tiefes oder sollte ich besser sagen *höheres* Verstehen ermöglicht.

Das nun fertige Buch möge Dir nicht nur eine Quelle von neuen Erkenntnissen, sondern gleichzeitig auch praktische Lebenshilfe und Inspiration in dieser besonderen Zeit sein. Es bietet neben der Möglichkeit des Durchlesens auch die, es einfach so einmal irgendwo aufzuschlagen, und durch die Worte des Engels die eigene Schwingung zu erhöhen, um den Herausforderungen des Lebens wieder mit mehr Zuversicht zu begegnen.

Mit besten Wünschen

Günther Wiechmann

Wie es begann

Schon seit etlichen Jahren bin ich auf der spirituellen Suche und beschäftige mich mit den Durchsagen der Geistigen Welt. Immer war ich fasziniert von der Weisheit der Inhalte und den persönlichen Möglichkeiten, welche die Durchgaben von „höherer Ebene" bieten. Ich habe vieles gelesen von Nostradamus und über Edgar Cayce bis hin zu den vielen „modernen Medien".

Ich selbst begann mit dem Channeln erst nach einer lebensbedrohenden Krise, in der ich mich in meiner Not an die Geistige Welt wandte und um Hilfe und Heilung bat. Ich versprach, für die Geistige Welt zu arbeiten, wenn diese mir helfen würde, meine schwere Erkrankung zu überwinden.

Zwei Jahre später, nach überwundener Krankheit und anschließender Reha, besuchte ich mehr aus Neugierde ein Seminar zum Channelnlernen. Schon beim ersten Versuch des eigenen Channelns durfte ich die Energie, Kraft und Liebe von Erzengel Uriel zum ersten Mal hautnah erleben. Mein damals noch geschwächter Körper war kaum in der Lage, diese ungeheure Energie zu tragen. Es war für mich ein Gefühl wie inneres Feuer, das durch mich flutete und gleichsam wie ein Rohrreiniger meine Energiebahnen putzte. Ich brachte kein Wort heraus, keine Botschaft für die Gruppe oder mich, nur inneres Feuer und die Worte: *„Hier ist Uriel, das Licht Gottes!"*

Am nächsten Morgen empfing ich unter der Dusche unvermittelt die ersten Botschaften für die Gruppe des Vortages und auch für mich persönlich. Uriel war gekommen, um mich an meinen „Deal" von vor zwei Jahren zu erinnern.

Seit dieser Zeit hat er meine geistige Führung übernommen, begleitet mich und hat mein Leben grundlegend verändert. Mein Körper kräftigte sich, meine Durchlässigkeit nahm zu und im Laufe der nächsten Jahre wuchs eine „Partnerschaft", die von gegenseitiger Achtung, Respekt, Vertrauen, Dankbarkeit und Liebe getragen ist.

Erzengel Uriel führt mich bei meiner täglichen Beratungstätigkeit mit einzelnen Menschen wie auch in den Workshops, in denen ich geleitet von Uriel das Erlernte an andere weitergeben darf. So lerne ich ständig weiter und führe nun ein Leben so abwechslungsreich, spannend und erfüllend wie nie zuvor.

Vieles hat sich seitdem geändert, doch Eines ist geblieben: Immer, wenn er eine Botschaft sendet, beginnt er mit den Worten: *„Hier ist Uriel, das Licht Gottes".* Oftmals benutzt Uriel Worte oder Formulierungen, die ich von mir aus nicht wählen würde. Er wechselt manches Mal innerhalb eines Channelings von einer blumigen Bildersprache zu knappen Erklärungen und zwischen der Anrede *Du* zum *Ihr*. Auch ist sein Satzbau manchmal etwas „kompliziert", was mir die richtige Zeichensetzung erschwert. Ich bitte um Nachsicht.

Ich gebe mein Bestes darin, die Inhalte so unverfälscht wiederzugeben, wie es mir möglich ist und meine eigene Meinung, meine Erwartungen, Wünsche, Ängste und Vorstellungen auszublenden.

Über dieses Buch

Seit fast einem Jahrzehnt erscheinen Uriels Botschaften und sind für jeden im Internet frei zugänglich. Verschiedene Foren helfen, sie zu verbreiten und die große, positive Resonanz zeigt, wie gut und richtig dieser Weg ist. Die gechannelten Botschaften helfen vielen Lichtarbeitern und Suchenden, die „Zeichen der Zeit" zu erkennen und dienen so zur Orientierung in der Phase der großen Wandlung.

Nun hat Uriel angeregt, dieses Buch zu schreiben, um auch Menschen zu erreichen, die nicht im Internet auf der Suche sind. Er möchte mit diesem Buch Wissen vermitteln, das Jedem eine Grundlage gibt, die geistig-spirituelle Seite des Lebens zu verstehen und Herausforderungen zu meistern. Dieses Buch enthält Botschaften, die in einem Zeitraum von mehreren Jahren übermittelt wurden.

Uriel weist darauf hin, dass die Inhalte zeitlos und allgemeingültig sind. Es finden sich in diesem Buch sowohl einige komplette Channelings, so wie sie veröffentlicht wurden als auch Auszüge verschiedener, ursprünglich persönlicher Channelings, um ein spezielles Thema zu vertiefen und verständlicher zu machen. Diese Durchgaben wurden jeweils um alle personenbezogenen Inhalte gekürzt, sodass nur die allgemeingültigen Aussagen blieben.

Vielleicht ist es kein Buch, das man mal eben so einfach durchliest, auch wenn es sicherlich sehr interessant, aufbauend und lehrreich ist. Es ist wohl eher dafür geeignet, es immer mal wieder zur Hand zu nehmen, um sich Anregung, Trost oder Rat zu holen.

Viele Menschen, die schon einmal meine Channelings von Uriel gelesen haben, berichten von der besonderen Energie, die sie beim Lesen wahrgenommen haben. Sie fühlten sich berührt und persönlich angesprochen, auch wenn es eher allgemeine Themen waren.

Uriel selbst sagt, dass in seine Worte die „bedingungslose Liebe" verwoben ist. Sie wirkt beim Lesen oder Hören und baut auf, bestärkt und heilt.

So wünschen wir beide unseren Leserinnen und Lesern Freude, Inspiration und Erkenntnis beim Lesen.

Wer sind „wir"?

Immer wieder tauchen in den Botschaften Begriffe auf, die von Uriel so gewählt wurden und die von anderen teilweise anders interpretiert werden. Uriel sagt zum Beispiel, dass wir „multidimensionale Wesen" sind, auf mehreren Ebenen existieren und das in verschiedenen Welten gleichzeitig. Unser Bewusstsein ist jedoch begrenzt, sodass wir meist nur eine dieser Ebenen wahrnehmen können.

Die „Seele" entspricht unserem wahren Sein. Die Seele ist rein geistiger Natur und ist reines, göttliches Bewusstsein mit einer individuellen Prägung.

Die „unsterbliche Seele" inkarniert in der dualen, materiellen Welt nur mit einem Teil und andere Seelenanteile bleiben in der Geistigen Welt zurück. Nach dem physischen Tod kehrt der Seelenanteil wieder heim in die Geistige Welt.

Der inkarnierte Teil der Seele wird von Uriel als das „Selbst" bezeichnet und hat seinen Sitz im Herzen. Es hält beständig eine Verbindung zur Geistigen Welt, denn dort wacht das „Höhere Selbst" über die nun in Trennung befindliche Seele. Das „Höhere Selbst" hält sozusagen die Blaupause der Seele und ist der Garant für die Rückkehr zur Vollständigkeit. Es dient auch als Ratgeber und nutzt die innere Stimme zur Kommunikation mit dem Selbst.

Das „Ego" existiert nur in der dichten und dualen Welt. Es wurde dem Selbst, dem abgespaltenen (verletzten) Seelenteil als Unterstützung gegeben. Das „Ego" hat die Aufgabe, unser Überleben zu sichern und hat seinen Sitz im Kopf. Und im Gegensatz zum Selbst, dem Seelenteil, ist das Ego sterblich und wird jedem Menschen bei der Wiedergeburt neu gegeben. So kann das Ego nicht auf mitgebrachte Erfahrungen zurückgreifen, sondern lernt in jedem Leben alles wieder neu.

Der Begriff „Bewusstsein" wird von Uriel für zwei verschiedene Dinge genutzt. Zum einen meint er damit unsere Wahrnehmung, unser Tagesbewusstsein und auch jenes, das über dieses hinausreicht, wie zum Beispiel wenn er sagt, wir sollen unser Bewusstsein ausdehnen. Doch „Bewusstsein" hat noch eine weitere Bedeutung. Uriel bezeichnet Bewusstsein als die Energie, die durch Verdichtung und Konzentration überhaupt erst Materie entstehen lässt. Wir sind quasi nur Bewusstsein, denn dies macht uns aus. Und wie Bewusstsein funktioniert, beschreibt Uriel unter anderem in den Abschnitten über die Bewusstseinsfelder.

Ein Grußwort von Uriel

Hier ist Uriel, das Licht Gottes.
Meine geliebten Lichter, Ihr nähert Euch beständig Eurer großen Wandlung und Gaia trägt Euch in eine andere Form des Seins, des Bewusst-Seins.

Ihr, meine geliebten Wesen, habt in vorderster Linie für den Aufstieg und das Licht gelebt, gekämpft und geliebt, dafür ist Euch die Liebe, die Hochachtung und Anerkennung der Geistigen Welt gewiss. Ihr seid vielerlei Angriffen, Verführungen und Verschleierungen ausgesetzt, erfahrt auch immer wieder Unverständnis und Ablehnung und seid doch dem Licht der Wahrheit in Euch selbst und in Eurem Herzen, treu. Dafür gehört Euch meine Liebe.

Viele Kanäle, die sich dem Licht geöffnet haben, unterliegen zeitweise dem Versuch der Manipulation durch dunkle Kräfte. Auch offene, ehemals verlässliche Kanäle werden so zur Selbstüberschätzung verführt. Informationen ergießen sich in den Kanal und das Medium erlebt es als Steigerung seiner Fähigkeiten – doch diese Informationen sind manchmal trügerisch und vergiftet. Ein süßes Gift, das die Unterscheidungsfähigkeit, die Achtsamkeit und das innere Gleichgewicht zersetzt und durch ein Gefühl von Rechthaben ersetzt.

Rechthaben ist jedoch ein Attribut des Egos und ein im Ego gefangener Kanal ist nicht mehr verlässlich, das Medium hat sich am Licht verbrannt. Verbrannt bedeutet jedoch nicht verloren, denn wer sich bei der Arbeit für das Licht verletzt oder verläuft, dem ist die Hilfe der Geistigen Welt sicher. Und so bitte ich auch Euch, urteilt nicht abwertend über die Opfer, die der gemeinsame Kampf für das Licht und die Liebe fordert. Begeht auch nicht den Fehler, Opfer und Täter zu verwechseln, sondern nehmt die Erfahrung in Liebe an und werdet Euch der *Eigenverantwortung* bewusst.

Erwartet auch keine Voraussagen, was genau wann passieren wird, denn es ist nicht möglich, verlässliche Zeitaussagen zu treffen. Seht wie sich die Welt im JETZT verändert – und schaut nach Innen. Welcher Lebensplan liegt in Dir und lebst Du so, wie es Deinem Inneren entspricht? Oder erwartest Du, dass sich erst alles im Außen ändern muss, bevor Du *Du-Selbst* sein kannst?

Der Aufstieg in die höheren Dimensionen ist ein *innerer* Aufstieg und ein ganz persönliches, individuelles Geschehen, das eine Wirkung auf den ganzen Planeten haben wird. Darum bist DU so wichtig!

Alles ist verbunden und niemand ist davon ausgenommen. Wenn Du Channelings liest oder hörst, die sich nur mit dem Außen befassen und die Hilfe von anderen, die ohne Liebe sind, in den Vordergrund rücken oder eine Festlegung auf bestimmte Termine beinhalten, sei vorsichtig und prüfe in Deinem Herzen, ob Du Wahrheit und Wahrhaftigkeit fühlen kannst! Wahrhaftigkeit ist ein göttliches Attribut, doch Gott zeichnet sich durch Vielfalt aus. Und dabei gibt es eine Wahrheit, die unbedingt und absolut über allem steht: die „bedingungslose Liebe"!

Wenn Du Dich an der „bedingungslosen Liebe" orientierst, bist Du in Kontakt mit Gott. Wenn Du Liebe in den Worten spürst und sie Dich im Herzen erreichen, ist die Botschaft für Dich geschrieben. So wird Dein Herz Dir den Weg weisen und Du wirst die Wahrheit erkennen. Es unterliegt Deiner Verantwortung und Deinem „Freien Willen", die Zeichen und Hinweise für Dich zu erkennen, zu prüfen und Deinen Seelenplan zu erfüllen.

Ihr alle geht einer großartigen Zukunft entgegen, Ihr erlebt in Eurer Inkarnation die Gnade Gottes, die Karma erlöst und den Weg zurück in die geistige Heimat ebnet – doch gehen müsst Ihr Euren Weg selbst. Ein Jeder trägt in sich die Möglichkeit, die Stimme der Wahrheit und der Liebe zu empfangen, Ihr seid Kanäle des Lichts und so wird in Euren Taten, Worten und Gedanken die Liebe zu erkennen sein, wenn Ihr nicht vom Weg abweicht.

Geliebtes Wesen, vertraue der Stimme Deines Herzens, sie ist die höchste Wahrheit für Dich!

Ich überbringe Dir meinen Segen und die „bedingungslose Liebe der Urquelle allen Seins". Ich bin Uriel.

Kapitel 1 – Die Seele

Der Ursprung der Seele

Hier ist Uriel, das Licht Gottes.

Die Vollständigkeit der Seele wieder zu erlangen, bedeutet für Euch das ersehnte Heimkehren ins „All-Eins-Sein". Es ist die Erleuchtung, die Meisterschaft des Lebens und das Ziel der Seele seit der ersten Inkarnation in einem menschlichen Körper. Um verstehen zu können, was dieses eine große Ziel für Euch wirklich bedeutet und wie es erreicht wird, werde ich nun etwas über Eure Seelen offenbaren.

Eine jede Seele wird in vollkommener Harmonie und Gleichklang in einer individuellen Schwingung erschaffen. Diese Schwingung ist Eure Ursprungsenergie, die das vollständige Sein umfasst und die Dimensionen durchdringt. Hierin begründet sich die Multidimensionalität der Seele. Die Erschaffung der Seelen ist ein Schöpfungsakt der reinen Liebe aus der „Urquelle allen Seins". Sie wird durch sehr hohe, geistige Lichter begleitet und geleitet, die durch ihr Sein jeder Seele eine Färbung verleihen und dann auf ewig eine geistige Verbindung halten. Sie sind Eure „geistigen Eltern" oder Eure „Paten", wenn auch diese irdischen Begriffe den Kern nicht ganz treffen und diese liebevolle Verbindung nur teilweise beschreiben.

Jede Seele ist einzigartig und frei, ist ungebunden und bewegt sich auf unterschiedlichen Dimensionen gleichzeitig. Doch in aller Freiheit ist sie sich in jedem Moment der Verbindung mit „Allem, was ist", bewusst. Zeit und Raum – die *Raumzeit* ist existent, jedoch nicht begrenzend, wie Ihr sie jetzt erlebt. Bewegungen sind in alle Richtungen und die Wahrnehmung verschiedener Räume ist parallel möglich.

Ich weiß, mein liebes Licht, dass es Dein Vorstellungsvermögen an die Grenzen treibt, doch Dein Herz wird sich emotional an diese Erfahrungen erinnern können.

Mit Deiner Entscheidung, die materielle Dichte der dritten Dimension zu erfahren, hast Du Dich bewusst für die Begrenzung Deines Selbst entschieden. Es ist nicht möglich, als multidimensionale Seele in die große Dichte der niedrigen Schwingungen zu gehen, dazu ist eine Abspaltung verschiedener Seelenteile erforderlich. Diese Teilung geschah in Liebe und in vollständiger Sicherheit, hohe Lichter übernehmen den Schutz und garantieren die Rückkehr in die Vollständigkeit.

Es existieren sozusagen „Sicherheitskopien" einer jeden auf der Erde inkarnierten Seele. Diese „Kopien" werden gehütet von jenen Wesen, die auch Euren Weg durch die Inkarnationen führen, Eurem Höheren Selbst. Dein Höheres Selbst kennt Dich in Deiner Vollständigkeit, es kennt alle Deine gesammelten Erfahrungen und es kennt Deine Lebensplanung dieser Inkarnation. Es ist in ständigem Kontakt mit allen getrennten Seelenanteilen und es ist eine von allen sehr geschätzte Aufgabe, bei der Zusammenfügung der Seelenanteile helfen zu dürfen. Durch das Erkennen und die Hinwendung an die Liebe im Herzen verfeinert Ihr Euch in einer Weise, die es Euch erlaubt, weitere Seelenanteile zu integrieren, da Ihr mehr Licht assimilieren könnt.

Wenn Du alle Seelenanteile wieder vereint hast, wirst Du den Schritt aus der Begrenzung gehen können, denn Deine vollständige Seele ist zu sehr Licht, um nur auf einer Ebene zu bestehen. Du wirst als Erstes die Tatsache erkennen, dass der Dimensionswechsel der Erde bereits geschehen ist und parallel verschiedene Dichten bestehen. Und Du wirst lernen, die Ebenen zu wechseln, wann immer Du es willst.

Ein weiteres Hilfsmittel für Dich auf Deinem Heimweg zum wahren Selbst liegt in Deinem Ursprung begründet. Am Anfang war das Wort, der Ton, der Klang, der in sich die Vielschichtigkeit der Urschwingung Deiner Seele enthält. Die Rückverbindung mit Deinem „Paten" und Deiner „Ursprungsschwingung" wird eine „Erinnerung" an die vollständige Seele auslösen, die in jeder einzelnen Zelle Deines Seins gespeichert ist.

In tiefer Meditation kannst Du Dich mit den hohen Lichtern der Geistigen Welt verbinden und Deinen „Seelennamen" erfahren. Er ist eine Übersetzung der Urschwingung in eine menschliche Sprache und wird Dich weiter in Kontakt mit Dir selbst bringen. Wenn es Dir selbst nicht möglich ist, den Kontakt zu finden, Du jedoch fühlst, dass dies eine Möglichkeit für Dich darstellt, wende Dich an mein Channelmedium (siehe Kapitel »Werkzeuge«).

Alle diese Hilfen erleichtern den Weg, sie entbinden Dich jedoch niemals von Deiner Verantwortung für Dich selbst. Du selbst bist es und Du selbst wirst Dich durch Deine Liebesfähigkeit erheben!

Wir sind alle eins, stammen aus derselben Quelle und sind auf ewig verbunden. Ich segne Dich mit der „bedingungslosen Liebe der Urquelle allen Seins". Ich bin Uriel.

Die Seele

Hier ist Uriel, das Licht Gottes.

Geliebte Wesen, ich komme nun einem Wunsch nach, den Ihr an mich herangetragen habt. Ich wurde gebeten, mehr über die Beschaffenheit Eurer Seele und über Seelenanteile und deren Integration zur Einheit zu berichten. Es ist das Thema, das einen jeden von Euch betrifft und über das viel Unklarheit herrscht.

Es wurde gesagt, dass die Geistige Welt darüber nur wenig Auskunft gegeben habe, obwohl es doch so überaus wichtig ist. Das stimmt zum Teil, denn es wurde darüber bereits viel offenbart, doch ist es schwer, es in Euren Worten zu beschreiben. Eine Seele ist etwas für Euch Unfassbares, denn obwohl so nah und vertraut, ist sie doch für Euch nur schwer zu begreifen. Ich nenne nun einige Attribute, die sie beschreiben können:

- Sie wird in besonderen Räumen von hohen Wesen erschaffen und ihr Licht erhält sie direkt aus der einen „Quelle allen Seins".
- Sie ist individuell und einzigartig.
- Sie ist körperlos, vermag sich jedoch zu bekleiden.
- Sie ist energetisches Potenzial und vermag, Energien zu konzentrieren und zu beeinflussen.

22

- Sie ist konzentriertes Bewusstsein mit der Fähigkeit und dem Streben zur Weiterentwicklung.
- Sie ist über Bewusstseinsfelder mit der Einheit der Schöpfung verbunden.
- Sie vermag über Anpassung der eigenen Schwingungsmuster zwischen den Dimensionen zu wechseln.
- Sie ist nicht an Zeit und Raum gebunden.
- Sie vermag auf verschiedenen Ebenen gleichzeitig zu wirken und
- sie verfügt über Schöpferkraft, die sie ihrer Entwicklungsstufe und Aufgabe entsprechend nutzt.

Dein Verstand, mein geliebtes Wesen, versucht sich gerade ein Bild zu machen und gerät dabei an seine Grenzen, denn der Verstand ist auf Vergleiche angewiesen, um Informationen zu verarbeiten. Vielleicht kam Dir der Gedanke „Uriel beschreibt gerade Engel" oder Du dachtest „da fehlt noch was, ich habe es bisher anders gehört oder gelesen" – glaube mir, Dein Verstand kann Dein wahres Wesen nicht erfassen und jeder Versuch, es zu beschreiben, bleibt lückenhaft.

Schon Begriffe wie Bewusstsein sind sehr leicht falsch zu verstehen, denn Ihr setzt vielfach Bewusstsein mit der Fähigkeit zu denken oder zu fühlen gleich. Denken und Fühlen setzt Prozesse eines lebendigen Organismus, also von Materie voraus, doch ich sage Dir, erst das Bewusstsein lässt Materie entstehen! Denken und Gedanken sind zu unterscheiden, denn Denken ist ein biochemischer Vorgang des Gehirns, der jedoch den Gedanken nicht schafft – denn dieser ist freies Bewusstsein im universellen Bewusstseinsfeld.

Der Vorgang des Denkens ist vergleichbar mit dem Angeln: Der Angler produziert den Fisch nicht, dieser schwimmt im freien Wasser. Der Fisch kommt zum Angler als Geschenk oder als Lohn und andere Angler können gleichzeitig gleichartige Fische empfangen, die im freien Wasser schwimmen.

Dieses Bild mag Dir zum Beispiel erklären, wie es kommt, dass Du in einer Gruppe gerade einen Gedanken hast und bevor Du ihn aussprichst, tut es ein anderer. So tauchen auch Entdeckungen oder Erfindungen manchmal unabhängig voneinander gleichzeitig an verschiedenen Orten auf. Es gibt kein geistiges Eigentum und die von Euch geschaffenen Gesetze zu „Patentschutz" oder „Urheberrecht" entsprechen nicht den göttlichen Gesetzen – sie wurden geschaffen, um Macht zu gewinnen und durch Manipulation Freiheiten zu beschneiden.

Dieser Abschnitt war für Deinen Verstand, mein liebes Licht und ich weiß, dass er sich darüber gefreut hat. Doch nun wende ich mich wieder Deiner Seele zu.

Ich werde die Seele nun der Einfachheit halber als Bewusstsein bezeichnen, denn Du weißt, es sind nicht Gedanken gemeint, auch wenn diese Bewusstsein sind.

Die Seele ist für Eure Begriffe ungeheuer komplex und tatsächlich durch das göttliche Licht ein, wenn auch sehr kleines, Ebenbild Gottes. Um auch eine Erfahrung außerhalb der Einheit zu ermöglichen, wurde die duale Welt der materiellen Dichte erschaffen. Dies geschah weder durch einen Sündenfall noch durch die Verführung dunkler Kräfte, denn Dunkelheit wurde erst durch die Trennung der Einheit in duale Gegensätze möglich.

Seelen, die diese Erfahrung wählten, trennten einzelne Teile ihrer Selbste ab, die jedoch durch die holographische Beschaffenheit noch alle individuellen Merkmale als Anlage enthielten. Diese Teile der einen Seele werden gelegentlich als Zwillingsseelen bezeichnet, was jedoch so nicht richtig ist. Auch ist es im göttlichen Plan nicht vorgesehen, dass sich zwei Teile einer Seele im inkarnierten Zustand begegnen, und es gibt nur sehr wenige, oft problematische Abweichungen von dieser Regel.

Die inkarnierten Seelen waren zu Beginn des ersten Inkarnationszyklus' noch nahezu identisch mit der vollständigen Seele und im Besitz der Schöpferkraft. Ausgestattet mit dem Freien Willen und der Absicherung der Rückkehr in die Einheit wurde der Weg begonnen. Diesen Seelenteil bezeichne ich als Selbst, denn er umfasst die unsterbliche Seele ebenso wie die erlebten Erfahrungen in der materiellen Welt. In Euren Überlieferungen wird von den paradiesischen Zuständen Lemuriens berichtet.

Die weitere Verdichtung der Materie machte tiefere Erfahrungen der dualen Trennung möglich, so dass auch Licht und Schatten deutlicher zu erkennen sind. Die sich entwickelnde Unterscheidung (Scheidung – Trennung) führte zur Entscheidung durch den Freien Willen und so weiter fort aus der Einheit. Mit dem Unterscheiden kamen die Bewertung und in der Folge auch die Abwertung und Schuldgefühle in die Welt.

So begann eine weitere Stufe von Seelenabtrennungen, die nun jedoch abgelehnte Persönlichkeitsanteile und abgewertete Erfahrungen betraf. Diese Teile gingen dem Bewusstsein der Seele verloren, denn es handelt sich um Erfahrungen, die nur von dem inkarnierten Seelenteil gemacht und noch nicht auf die ganze Seele übertragen wurden, da die Abtrennung vor Abschluss der Inkarnation stattfand. Die Erfahrungen und den Schatz der Erkenntnisse, welcher Art auch immer sie sein mögen, heimzubringen, ist jedoch der Grund Deiner Inkarnationen.

Mein geliebtes Licht, bevor Du wieder in der Einheit Deiner vollständigen Seele verschmilzt, wirst Du die „verlorenen Erfahrungen", die Teile Deines Bewusstseins, also Deiner Seele sind, integrieren.

Diese Teile tauchen nun aus der Verdrängung auf und finden den Weg zu Dir, sie zeigen sich in Deiner Aura, wirken im Unter-Bewusstsein und zeigen sich auf der emotionalen Ebene. Die Integration ist ein Prozess, der mit der Wahrnehmung beginnt und der Annahme in Liebe endet. Die wiedergewonnenen Erfahrungen lassen Dein Bewusstsein wachsen und alte Lektionen werden nun beendet.

Geliebte Wesen, wenn Ihr dies begreifen könnt, werdet Ihr auch verstehen, wie wichtig es ist, das Werten loszulassen und den Fokus auf die „bedingungslose Liebe" zu richten. Normen, Werte und Moral sind Gedankenmuster, die geschaffen wurden, um die duale Welt zu ordnen und zu sichern. Sie gehören nicht zu Deinem Selbst, sondern wurden Deinem Bewusstsein von außen auferlegt. Erinnere Dich, was ich über den Angler und was ich zu Gedanken sagte. Auch wenn der Angler zu den

Fischen ins Wasser geht, produziert er sie nicht, es werden nicht seine Fische. Löse Dich von den Gefühlen der Schuld und gib Dir selbst die Wertschätzung, die Dir als Geschöpf Gottes zusteht. Die Transformation des Gefühls „Selbst-Schuld" führt Dich dann zum Selbst-Wert-Gefühl.

Die Periode der Rückholung der Seelenanteile wird von Deiner Seele, von Deinem Bewusstsein initiiert. Du selbst jedoch hast durch den Freien Willen die Freiheit und Verantwortung der Durchführung. Das heißt, Du bist aufgefordert, nun Selbst-Verantwortung zu übernehmen und bereit zu sein, Dir selbst zu begegnen. Ich unterstütze Dich dabei mit meinem Segen, doch es bleibt Dein individueller Heilungsweg zur Vollständigkeit Deiner selbst und zum vollständigen Bewusstsein.

Ich segne Dich mit der „bedingungslosen Liebe der Quelle allen Seins". Ich bin Uriel.

Dein Seelen-Selbst

Hier ist Uriel, das Licht Gottes.

Geliebtes Wesen, immer wieder tauchen Fragen wie diese auf: Warum ist es so schwierig? Statt leichter scheint es schwerer zu werden, warum geht es mir bei aller Entwicklung schlecht? Wieso nehmen die gesundheitlichen Probleme, die Unverträglichkeiten und allergischen Reaktionen weiter zu statt ab? Wann darf ich endlich in der Fülle leben – was hält mich davon ab?

Hinter all diesen Fragen steht die Erkenntnis der Veränderung, des Wachstums und der Erwartung eines „besseren Lebens". Ich bat mein Medium, ein „besseres Leben" mit Satzzeichen zu versehen, denn dieser Ausdruck führt zur Ursache der Probleme: „Besseres" oder „schlechteres" Leben gibt es nicht!

Ihr wertet die Umstände Eures Lebens nach gut und schlecht, nach angenehm und unangenehm und übertragt diese Wertung auf das Leben. Diese Sichtweise ist sehr begrenzend und entspricht den Bedingungen der Dualität, sie umfasst jedoch nicht Eure schöpferische, un-

26

sterbliche Seele, und das, was Euer Leben wirklich ausmacht. Oftmals ist es sogar so, dass jene Zeiten, die Ihr als besonders *herausfordernd* oder *schwer* betrachtet, für Eure Seele die heilsamsten sind. Der Weg durch die Dichte der dualen Welt ist nicht leicht, doch er ist sehr effektiv und bedingt schnelles Wachstum durch gelebte Erfahrung.

Nun, mein liebes Licht, lebst Du in einer Phase, in der sich alles beschleunigt, jeder Prozess auf jeder Ebene. So lebst Du nun nicht nur in einer Zeit der beschleunigten Veränderung und des beschleunigten Wachstums, sondern auch in einer Zeit der permanenten Neuausrichtung und Anpassung. Alle Strukturen, die der Gedankenmuster, die des Körpers, die der Gesellschaftsordnung, ja die der Menschheit als kollektive Gemeinschaft unterliegen eines beschleunigten Wandels.

Es wird zunehmend schwerer für Euch, feste Bezugspunkte im Leben zu finden, solange Ihr zur Orientierung nach außen schaut. Im Außen scheint alles auseinanderzubrechen, doch in Eurem Innersten findet ein gegenläufiger Prozess statt. Ihr seid auf dem Weg, Eure vollständigen Seelen in Eurem Körper zu vereinen. Es finden immer mehr Seelenanteile den Weg zu Euch, sie drängen ins Bewusstsein und wollen wahrgenommen und integriert werden. So wächst Euer Selbst, der inkarnierte Anteil Eurer Seele, beständig und erfordert eine Anpassung. Wenn jeder Teil seinen Platz gefunden hat, erreicht ihr den inneren Frieden.

Viele der nun wiederkehrenden Seelenanteile wurden einst von Eurem bewussten Ich abgelehnt, wurden als unpassend, unmoralisch, unmodern, hässlich, böse oder uncool abgewertet. Diese Teile finden nun den Weg in den feinstofflichen Körper, in die Aura zurück und wirken auf Euch und Euer Umfeld ein, um von Euch bewusst wahrgenommen und integriert zu werden.

Einige wirken ohne Euer bewusstes Zutun und ziehen entsprechende Ereignisse in Euer Umfeld, um sich durch diesen Spiegel zu offenbaren. Andere zeigen sich als körperliche Symptome, da durch sie das physische System instabil wird und eine Neuausrichtung verlangt. Dies kann über die bekannten Lichtkörpersymptome noch hinausgehen und ernsthafte Probleme bereiten. Die Materie folgt dem Geist und so ist die geistige Ausrichtung und das Lösen alter Vorstellungen der Weg der Heilung.

Für Dein Ego ist diese Situation natürlich beängstigend, es orientiert sich an alten Erfahrungen und es möchte jetzt und für die Zukunft für Sicherheit sorgen, denn dies ist ja der Auftrag des Egos. Nur funktionieren die bekannten Strategien wie Fixierung, selektive Wahrnehmung, Abgrenzen und Ausblenden jedoch nicht mehr, denn Dein Seelen-Selbst lässt sich nicht mehr spalten, sondern drängt zur Vereinigung. So wirken zwei gegeneinander wirkende Kräfte in Dir und sind Dein innerer Spiegel für das Geschehen in der Welt.

Dies, mein geliebtes Wesen, ist der Hintergrund für die unterschiedlichsten Probleme Deines Lebens. Alles ist Wachstum, Mehrung und führt letztlich zur Vollständigkeit, zu Frieden und Fülle. So wie Dein Seelen-Selbst sich wieder eint, wird auch die Gemeinschaft der Menschen zueinanderfinden, ein jeder wird seinen Platz in der natürlichen Ordnung finden und es wird weder Krieg noch Abgrenzung geben. Es gibt nur einen Weg für Dich und dieser Weg ist „Annahme" – Annahme Deiner selbst, ohne Wertung und in bedingungsloser Selbstliebe!

Dein Selbst, Deine Seele ist der Gestalter der Dramen und Freuden des Lebens und Du bist Mitschöpfer der „Neuen Welt in höherem Bewusstsein". Werde Dir Deiner Seelenkräfte bewusst und sei der, der Du in Wahrheit bist. Ich segne Deinen Weg mit der „bedingungslosen Liebe der Quelle allen Seins". Ich bin Uriel.

Der Lebensplan der Seele

Hier ist Uriel, das Licht Gottes.
Geliebtes Wesen, wisse, Du bist nie allein! Du bist verbunden mit dem All-Einen, mit Allem-Was-Ist. Du lebst (noch) in der Illusion der Trennung und nimmst die Geistige Welt nur indirekt durch die Wirkungen wahr. Doch Du bist umgeben von geistigen Wesen, die an Deinen Er-

fahrungen teilhaben, Dich mit ihrer Schöpferkraft unterstützen und über Dich wachen.

Diese Wesenheiten gehören meist Deiner geistigen Familie an, denn diese haben nicht nur ein Interesse an Dir und Deinen Erfahrungen, sondern profitieren und wachsen auch durch sie. Einige von ihnen wirkten als Berater bei Deiner Planung dieser Inkarnation und unterstützen Dich nun beim Erreichen Deiner Ziele. Jede Inkarnation wird gemeinsam geplant und mit den Plänen anderer Seelen abgestimmt. Als Letztes entscheidet jedoch immer der Freie Wille der entsprechenden Seele. Diese Konferenzen auf der geistigen Ebene finden außerhalb von Raum und Zeit, so wie Ihr sie kennt, statt und so sind Veränderungen oder Korrekturen auch noch während der Inkarnationen möglich.

In den Geistigen Welten sind alle Wesen in „bedingungsloser Liebe" verbunden, es gibt keine losgelöste, einzelne Entscheidung und alles was geschieht, hat immer Einfluss auf das Ganze und Jeden. Wenn Du im „vollständigen Bewusstsein" angelangt bist, wirst Du mit allen auch im Tagesbewusstsein in einem selbstverständlichen Kontakt stehen und Dir des gemeinsamen Ursprungs bewusst sein.

Während der Inkarnation in der dualen, materiellen Welt steht jeder Seele dieser Kontakt nur noch in der Tiefschlafphase und in der Nachtarbeit offen. Der Schlaf ist für die Seele von höchster Bedeutung und geht weit über den Erholungsaspekt des Körpers hinaus. Im Schlaf finden neben Heilung und Lehre auch die Korrekturen Eures Weges statt, die Ihr mit dem Freien Willen beschließt.

Liebes Licht, Ihr kennt es alle – *mal eine Nacht über etwas zu schlafen"* lässt die Dinge oftmals schon anders erscheinen. Nun weißt Du auch warum.

Auf Deinem Weg wird es Dir von großem Nutzen sein, wenn Du Dir Deiner engsten Kontakte zur Geistigen Weltbewusst wirst. Du hast bei Deiner Geburt einen Schutzengel an Deine Seite bekommen, der Dich beständig begleitet. Seine Aufgabe besteht darin, Dich vor Schaden zu bewahren, ohne Dich in Deinem Freien Willen zu beeinflussen. Sicher wird Dir das aus Deiner Sicht schwierig erscheinen und teilweise sogar ein Widerspruch sein und damit hast Du durchaus Recht, denn es ist fürwahr eine sehr anspruchsvolle Aufgabe.

Dein Schutzengel darf nur aktiv eingreifen, wenn er darum gebeten wird oder wenn eine äußere Gefahr Deinen Seelenplan durchkreuzen würde. Der von Dir beschlossene Lebensplan ist seine Direktive. Wer sich bewusst in Gefahr begibt, sei es nun beim Sport, im Beruf oder bei der Abenteuersuche, die übrigens als Erfahrung in der Geistigen Welt einen hohen Stellenwert hat, sollte seinen Schutzengel immer um Mithilfe bitten. Lerne die Zeichen zu erkennen, die Du bekommst, denn Schutzengel versuchen immer wieder, sich bemerkbar zu machen. Sie können selten direkt mit Euch kommunizieren und äußern sich häufiger durch körperliche Empfindungen oder dem sogenannte „Bauchgefühl".

Entsprechend Deines Seelenplanes treten auch Führungsengel an Deine Seite, wenn die Zeit gekommen und die Voraussetzung dafür gegeben ist. Führungsengel haben erweiterte Kompetenzen, sie beeinflussen mit ihrer Schöpferkraft fällige Entwicklungen, fügen Begegnungen, übermitteln Wissen und Energie und vieles mehr. Sie sind Ratgeber und Helfer oder wirken manchmal auch als „Erfüllungsgehilfe des Schicksals" und leiten so durch scheinbar äußeres Geschehen wichtige Richtungswechsel in Deinem Leben ein.

Es hängt sehr von Deiner Bereitschaft und Offenheit zur Zusammenarbeit ab, ob Du die Unterstützung Deiner geistigen Führung bewusst als Hilfe wahrnehmen kannst oder ob Du Dich eher als Spielball der „Zufälle" und äußeren Gegebenheiten empfindest.

Dein Leben ist kein „Zufall"! Du selbst hast es geplant und Du arbeitest an diesem Plan fortwährend weiter. Du bist auf geistiger Ebene verbunden und Deine Seele tauscht sich nachts mit anderen aus. Dein Tagesbewusstsein ist jetzt noch sehr vom Ego dominierten, verstandesmäßigen Denken bestimmt, sodass die „Nachtarbeit" sich nur ansatzweise in den Träumen manifestieren und zeigen kann.

Auf Deinem Weg zum vollständigen Bewusstsein kannst Du nun beginnen, Einsichten in Deine eigenen Pläne zu bekommen. Dein Höheres Selbst, Dein Schutzengel und Deine Führungsengel sind mit Deinen

Plänen vertraut. Sie werden Dir, unter Berücksichtigung des Freien Willens Deines Seelen-Selbst, den Weg weisen.

Von mir geführte Medien bekommen jetzt Hilfen und Techniken vermittelt, die Euch vertiefte Einsichten in die Seelenplanung Eures Lebens und so einen weiteren Schritt zum „vollständigen Bewusstsein" eröffnen werden. Vertraue Dir selbst, der Kraft der Liebe und der liebevollen Unterstützung durch Deine geistige Führung.

Ich segne Deinen Weg mit der „bedingungslosen Liebe der Quelle allen Seins". Ich bin Uriel.

Sterbliches Ego – unsterbliche Seele

Hier ist Uriel, das Licht Gottes.

Geliebte Wesen, noch immer herrscht unter Euch viel Unklarheit darüber, wer oder was Ihr eigentlich wirklich seid. Ihr seid auf der Suche nach der Wahrheit, stellt Fragen und bekommt Antworten, die teilweise sehr unterschiedlich sein können, obwohl sie vielleicht alle „richtig" sind. Denn vieles ist sowohl „richtig" wie „falsch" und manches geht an der Wahrheit vorbei. Es gibt nur relativ wenige „Wahrheiten", die universell und damit für jeden unabhängig von Bildung, Religion oder spiritueller Reife gelten.

Zu diesen Wahrheiten gehört es, dass ein jeder Mensch sowohl ein „Ego", ein Ich-Bewusstsein als auch ein „Selbst", den inkarnierten Teil seiner unsterblichen Seele hat. „Ego" und „Selbst" sind Bewusstsein und feinstofflicher Natur und können somit nicht als Materie im Körper nachgewiesen werden. Das Ego dockt im Gehirn an und steht so mit dem rationalen, analytischen Verstand in Zusammenhang. Es steuert mit dem zentralen Nervensystem bewusste und unbewusste Körperfunktionen.

Das Selbst ist mit dem Herzen verbunden, dem einzigen Organ des Körpers, dessen Funktion vom zentralen Nervensystem unabhängig ist. Das Selbst beeinflusst den Körper über Emotionen und den Hormonhaushalt. Es zeigt sich durch Eingebungen, durch Intuition und das so-

31

genannte Bauchgefühl und es strebt nach kreativem Ausdruck. Ego und Selbst bilden eine temporäre, funktionelle Einheit, die mit dem Tod endet, denn das Ego ist sterblich. Ohne Ego wäre ein Leben im stofflichen Körper für die Seele nicht möglich, das Ego ist (über)lebens-wichtig!

Damit, mein liebes Licht, ist auch schon die einzige wahre Aufgabe des Ego beschrieben, es sorgt für das Überleben. Alles andere, welche Aufgabe sich Dein Ego auch immer sucht, ist Beiwerk! Eine gesunde Seelenverbindung sorgt dafür, dass ein Mensch selbst-bewusst aus seinem Herzen heraus lebt und das Leben aktiv gestaltet. Es ist die Seele, die den Plan für die Inkarnation schreibt und die sowohl den Körper als auch Herausforderungen des Lebens als Lernerfahrung wählte.

Das Ego trat erst während der Verkörperung dazu, es kennt weder den Seelenplan noch verfügt es über das Wissen aus anderen Inkarnationen. Seine Prägung beginnt während der Schwangerschaft der Mutter, die von der Seele gewählt wurde und das Ego kennt nur dieses eine Leben – für das Ego gibt es nichts anderes! Das Wissen um den eigenen Tod und um das eigene Ende dient so als ein wichtiger Antrieb für die Aufgabe, das Überleben zu sichern. Ich bin Uriel.

Die Seele schützen

Hier ist Uriel, das Licht Gottes.

Geliebte Wesen, immer wieder und in der letzteren Zeit gehäuft, tauchen bei Euch Fragen auf, was Ihr für den Schutz tun könnt. Auch bittet Ihr die Geistige Welt um Schutz und Unterstützung, mit dem Wunsch, es möge Euch nichts „Böses widerfahren". Dies ist verständlich, denn in Eurer Welt werden die vielfältigen Gefahren für Euch immer offensichtlicher. Ja, das Leben, das Glück und die Gesundheit in der materiellen Welt sind, für jeden erkennbar, von vielerlei Gefahren bedroht. „Offensichtlich" bedeutet jedoch nicht zwangsläufig größer oder mehr als zu anderen Zeiten, sondern lediglich erkennbarer. So entspringt das erhöhte Schutzbedürfnis auch einem Zuwachs an Erkenntnis, was durchaus zu begrüßen ist.

Der Schutz des eigenen Lebens ist die wichtigste Aufgabe des Egos und so fühlt sich auch das Ego durch Zunahme von Erkenntnis und Bewusstsein herausgefordert. Da dies bei nahezu allen Menschen so funktioniert, erscheint die Welt erst einmal noch mehr vom Ego beherrscht als je zuvor und wirkt so bedrohlich und wiederum die Ängste verstärkend. Doch dieser Mechanismus löst sich auf und verliert an Bedeutung, wenn die *Seelenkräfte* die Ausrichtung des Bewusstseins bestimmen. Es ist die Führung im Inneren, die Vertrauen ins Leben schafft und so eine andere Sicht auf die Welt ermöglicht.

Ja, das Leben in der dualen Welt und auf der materiellen Ebene ist nicht EIN-fach und beinhaltet immer zwei Seiten. Doch gerade das macht ja die Möglichkeit zur Entwicklung aus, deretwegen Ihr diesen Weg gewählt habt! Die duale Welt fordert stets aufs Neue eine Entscheidung heraus und ist die Welt der Wahlmöglichkeiten. Wenn Du bittest, *nicht in Versuchung geführt zu werden*, wirst Du enttäuscht werden! Doch die Täuschung endet dann, wenn Du um Führung *in* der Versuchung oder *aus* der Versuchung bittest! In Versuchung zu sein, bedeutet immer, sich auch seines Freien Willens bewusstzuwerden.

Die für Deine Seele bestmögliche Wahl zu treffen, bedeutet nicht immer, einen einfachen Weg zu gehen. Ein erfülltes Leben plätschert selten seicht dahin, denn es zeichnet sich durch Intensität des Erlebens aus. So sucht die Seele oftmals gerade die Situationen, vor denen das Ego sich ängstigt, denn Angst zwingt nicht nur zum Hin-sehen, sondern auch zum Hin-fühlen. Ohne Angst gäbe es auch keinen Mut und so fehlten den Menschen wichtige Antriebskräfte zur Entwicklung und Veränderung. Wenn Du also Angst verspürst, sei Dir bewusst, dass sie nur eine Seite Deiner dualen Existenz spiegelt. So wie Dein Ego ein wichtiger Teil Deines ganzen Seins ist, sind auch die als negativ empfundenen Gefühle wie Angst, Trauer und Zorn nicht durch „Zufall" oder „äußeren Einfluss" gegeben, sondern Teil Deiner Natur.

Wenn Du einen Teil von Dir verleugnest, bekämpfst oder aus dem Bewusstsein verdrängst, wird er Dir immer wieder im Spiegel Deiner Außenwelt begegnen – bis Du ihn als das annehmen kannst, was er ist.

Was Dir fehlt, wenn Du dies bereits erkannt hast und doch ein Schutzbedürfnis verspürst, ist das Vertrauen in Dein Erkennen. Wenn Du Deiner Seele folgst, die sich als Stimme des Herzens zeigt, brauchst Du keinen äußeren Schutz. Dein Leben wird sich nach Deinem selbstgewählten Plan entfalten und Du wirst die Ereignisse anziehen, die Deine Entwicklung fördern.

Es ist jedoch auch manchmal so, dass die für Deine Seelenentwicklung wichtigsten und somit förderlichsten Ereignisse vom Ego abgelehnt werden, da Dein Ego niemals den Lebensplan Deiner Seele erfassen kann. So wirken die Wertungen und Vor-urteile des Egos, die ursprünglich zum Schutz aufgebaut wurden, nun wie „Sand im Getriebe", das zu Reibungsverlusten führt oder wie „Steine im Weg", welche die Sicht behindern und das Vorankommen blockieren. Der innere Widerspruch des Egos zieht „fremde Energien" an, die nun von ihm für das eigene Scheitern verantwortlich gemacht werden können. Damit findet das Ego seine Bestätigung für die Ungerechtigkeit des Lebens und sucht vermehrt nach materieller Sicherheit und Schutz.
Wenn Du Dich von außen angegriffen fühlst und wenn Du fremden Einfluss spürst, wirst Du fast immer in Deinem Inneren den Anker und den Kern dafür in Form eines Gedankenmusters oder eines Urteils über Dich selbst finden – wenn Du bereit zur Selbsterkenntnis bist. Doch Selbstliebe und Selbstvertrauen lösen diese Blockaden auf. *Vertrauen* und *Liebe* sind der beste Schutz, den Deine Seele bekommen kann.

Jetzt ist gerade eine besondere Zeit, in der Du tiefere Erfahrungen mit Dir selbst machen kannst als zu anderen Zeiten. Nutze Deine Möglichkeiten zur Klärung und zum Lösen alter, behindernder Muster. Richte Dein Leben nach Deinen Herzenswünschen aus und vertraue Deiner Seele, den rechten Weg zu wählen.
Ich segne Dich mit der „bedingungslosen Liebe der Quelle allen Seins". Ich bin Uriel.

Die Hüter-Seelen

Hier ist Uriel, das Licht Gottes.

Geliebtes Wesen, gehörst Du auch zu denen, die sich fragen, wann es denn endlich leichter für Dich wird und wann endlich die Menschen als Kollektiv den Aufstieg vollziehen werden? Wenn ja, kann ich Dich gut verstehen, denn Du gehörst möglicherweise zu einer Gruppe, die ich jetzt einmal „Hüter" nennen möchte. Ein Hüter trägt neben der Verantwortung für sich selbst auch immer die für eine Gruppe mit. So wie der Hirte eine Aufgabe für die ihm anvertraute Herde übernommen hat, so hat auch der Hüter einen Teil einer größeren Aufgabe übernommen.

Einem Hüter ist das „Schicksal" der Welt nicht gleichgültig und er ist sich seiner geistigen Verbindung meist bewusst. Es schaut auf andere und es fällt ihm oft leichter, zu geben als zu nehmen. Wer in dieser Zeit als Hüter inkarnierte, hat für sich einen Weg gewählt, der nicht nur einen großen, individuellen Fortschritt für die Seele verspricht, sondern auch durch das Mittragen kollektiver Lasten erreicht wird. Die Irrtümer und Blockaden der anderen werden verstärkt wahrgenommen, mancher fühlt sich dadurch festgehalten und der Freiheit beraubt und so entsteht der Wunsch, auszubrechen aus der Herde, vorauszueilen und vom Hüter zum Führer zu werden. Ein Führer geht seinen Weg unbeirrt und lässt sich nicht durch die Bedenken oder die Probleme der anderen aufhalten.

Doch der „Hüter" steht inmitten seiner Herde, denn er ist mit ihr und den Erfahrungen eines jeden Individuums verbunden. Er gibt allen anderen Orientierungen und wenn er sich auf den Weg macht, passt er sein Tempo an die Herde an. So schwimmt er in der kollektiven Erfahrung, doch er geht nicht in ihr unter. Denn im Unterschied zur Herde kennt er den Weg und das Ziel. Niemand sonst geht seinen Weg so bewusst wie ein Hüter, denn er lebt quasi in „zwei Welten" gleichzeitig. Sein Bewusstsein eilt der „Realität" (dem Bewusstsein der Herde) voraus, doch er zieht mit der Herde und kümmert sich auch um Nachzügler.

Dieses Bild entspricht einer grobvereinfachten Darstellung des Geschehens auf der Seelenebene. Viele „Hüter-Seelen" sind aufgebrochen, die Menschen als Kollektiv zu leiten und zu begleiten. Sie sind die „Leuchttürme" und die alten wissenden Seelen unter Euch. Wenn eine alte Seele ihr inneres Wissen wiederentdeckt, ist es ein Segen für alle, denn damit wird dieses Wissen auch Teil des kollektiven Bewusstseins und hebt dieses an.

Das Erwachen bedeutet für die betreffenden Menschen immer einen großen Schritt zu Ganzheit und innerer Erfüllung, doch führt es gelegentlich auch zu einer schmerzhaften Sehnsucht. Der Schmerz, die Sehnsucht und die Ungeduld stehen meist damit im Zusammenhang, dass beim Erwachen Teile des eigenen Weges erkannt werden und sich Vorstellungen und Visionen der Zukunft zeigen. Doch es fehlt dabei oft noch das Verständnis für die eigene „Rolle" im großen Plan des globalen Aufstiegs. So fällt es schwer, Fortschritte und den Sinn und Wert der Erfahrungen zu erkennen.

Ihr lernt am schnellsten und entwickelt Euch immer dann am besten, wenn Ihr gefordert seid, eigene Grenzen zu überwinden und Schmerz, gleich welcher Art, ist die effektivste Motivation zur Veränderung. So ist zum Beispiel körperlicher Schmerz immer auch ein Zeichen von Störungen im energetischen System, deren Ursache häufig im psychischen Bereich zu suchen ist und durch geistige, spirituelle Entwicklung gelöst werden kann. Energetische Störungen bedeuten immer einen gestörten Fluss von Lebensenergie, Chi oder der Liebe.

Wenn Du, mein geliebtes Licht, also zu denen gehörst, die unter der Sehnsucht nach sichtbarem Fortschritten in der Welt und unter Ungeduld beim Blick auf die Mitmenschen und ihre Handlungen leidest, so frage Dich, was Deine Rolle in dieser Welt sein mag. Denn Du bist nicht „zufällig" gerade jetzt an Deinem Platz, Du hast es so gewählt! Vielleicht gehörst Du auch zu den Hütern und es ist lediglich das Erkennen und die Annahme dieser Aufgabe, die Dich in die Liebe zu den Menschen trägt und so jeden Schmerz lindern kann.

Für die Menschen gibt es kein Scheitern auf dem Weg in eine höhere Bewusstseinsstufe, denn diese ist bereits auf der geistigen Ebene erreicht. Es vollzieht sich nun auch auf der sichtbaren, materiellen Ebene der Wandel, doch die materielle Ebene ist zäh und weiter an die lineare Zeit gebunden. Die Welt und somit die gesamte Menschheit befindet sich in einer Phase extremen Wachstums und somit auch entsprechender Erfahrungen.

Nutze und nach Möglichkeit genieße diese Zeit! Erkenne Dich selbst und die vielen Chancen zum Wachstum, zur Veränderung und zum schöpferischen Wirken, die Dir JETZT gegeben sind. Warte nicht, sondern erfülle Dein Leben in Freude. Du bist begleitet und liebevoll geführt, höre auf Dein Herz!

Ich segne Dich mit der „bedingungslosen Liebe der Quelle allen Seins". Ich bin Uriel.

Dualseelen und die geistigen Familien

Hier ist Uriel, das Licht Gottes.

Geliebte Wesen, ich werde mich heute mit einem Thema befassen, das schon zu Verwirrung, Unklarheiten und Fehlinterpretationen geführt hat. Oft wurde ich gefragt: *„ist ... meine Dualseele"* oder auch *„wo kann ich meinem Dual begegnen?"* Um es gleich zu sagen, ich werde Euch ent-täuschen, also die Täuschung beenden. Du wirst Deiner „Dualseele" nicht begegnen, denn es gibt sie nicht! Deine Seele ist einmalig! Du bist ein einzigartiges, göttliches Wesen!

Dein wahres Wesen ist vollkommen, ohne Mangel, Makel oder Fehler! Du bist ein unverwechselbarer Teil der göttlichen Einheit, die zu ihrer Vollständigkeit auch genau dieses einen Teils bedarf. Jede Seele wird mit einem individuellen, energetischen Muster, der Ursprungsenergie geschaffen, die sich aus vielfältigsten Schwingungen, Färbungen und Rhythmen ergibt.

Diese Muster sind geprägt von den vielen Helfern, dem Entstehungsort, der Schwingungsebene und der Grundfärbung, die durch das hohe, geistige Wesen gegeben wird, welches die Aufsicht führt. Das Leben jedoch, der Kern allen Seins, kommt immer direkt aus der einen Göttlichen Quelle. Jede Seele ist aufs Besondere mit den verwandten Seelen verbunden, die eine ähnliche Prägung haben. Sie bilden die geistigen Familien, die auf verschiedenen Bewusstseinsebenen existieren und gemeinsam wirken. Geistige Familien sind weit größer und inniger verbunden als es Eure Blutsverwandtschaften auf Eurer Ebene je sein können.

Dem Irrtum der Dualen- und Zwillingsseele liegt die Tatsache zugrunde, dass es bislang keiner Seele möglich war, in der Dualen Welt der dritten und vierten Dimension vollständig zu inkarnieren, es gab nur sehr wenige Ausnahmen wie zum Beispiel Jesus. Die Inkarnation war nur durch die Aufspaltung der Seele in verschiedene Seelenteile möglich. Bei jeder Inkarnation blieb die Seele von einigen Seelenanteilen getrennt, die in den Geistigen Welten verblieben. Das Höhere Selbst wacht über diese Teile, es hält das Bild Eurer vollständigen Seele, stellt die verbindende geistige Brücke dar und sichert den Weg zurück in die Einheit.

Du, wenn Du diese Worte liest, wirst im Herzen fühlen können, wie Deine Seele sich nach der Wiederherstellung der Einheit, der Vollständigkeit und Integrität sehnt. Zeitweise kann eine Partnerschaft in den dualen Welten diese Sehnsucht stillen, besonders dann, wenn der Partner Deine fehlenden Seelenanteile für Dich spiegeln kann.

Mitglieder Deiner Seelenfamilie haben eine Dir ähnliche Schwingung und wenn ein Seelenverwandter mit den Seelenanteilen inkarniert ist, die Du zurückgelassen hast, kann er Dir wie Dein fehlender Teil erscheinen, wie Deine Zwillingsseele, die Dich ergänzt.

Solche Begegnungen erscheinen für Euch als „der Himmel auf Erden", denn sie lassen Euch erahnen, wie es in der Einheit und in der vollen Bewusstheit des All-Eins-Seins zu leben ist. Doch solche Verbindungen sind zeitlich begrenzt und können für die Seele nur ein Zeichen auf dem Weg zur Einheit sein.

Die Begegnung von Seelenverwandten ist für Euch eher die Regel als die Ausnahme. Ihr trefft Verabredungen und geht zeitweise gemeinsame Wege – Euch verbindet Karma und das gemeinsame Ziel des Seelen-aufstiegs. Oft kommen Euch die betreffenden Personen schon bei der ersten Begegnung irgendwie bekannt oder vertraut vor und wie Ihr sagt, scheint die „Chemie zu stimmen".

Es kann jedoch auch sein, dass Ihr aus Eurer Sicht „negative Erfah-rungen" miteinander macht, die jedoch auf der Seelenebene wichtige Lektionen sind oder zum karmischen Ausgleich gehören. So spiegeln Euch manchmal gerade die liebevollsten, Euch nahestehenden Seelen, jene negativen Eigenschaften, die Ihr zu erkennen und zu integrieren angetreten seid. Jenseits Eurer Erfahrungsebenen verschwimmen die dualen Wertungen von positiv und negativ oder von richtig und falsch – daher heißt es zu Recht *„Liebe auch Deine Feinde"*.

Jetzt seid Ihr alle in eine neue Erfahrungsebene eingetreten und es besteht für Euch nun auch die Möglichkeit von Erfahrungen mit der vollständigen Seele. Ihr zieht nun durch Euer erweitertes Bewusstsein immer mehr Seelenteile an, die dann schrittweise integriert werden. Dies hat auch für Eure Partnerschaften eine Bedeutung, denn je voll-ständiger Ihr seid, desto geringer ist die Wahrscheinlichkeit, dass Ihr den einen „idealen Partner" findet, der Eure nichtinkarnierte Seele spie-gelt. Die Suche nach der *dualen Seele* und nach dem *verlorenen Zwilling* führt Euch zunehmend in eine Sackgasse.

Geliebtes Licht, es ist an der Zeit, bewusst den Weg der Seelenhei-lung zu gehen und die eigene Seele in ihrer Vollständigkeit zu erfahren. Deine geistige Familie hilft Dir dabei diesseits und jenseits des zwi-schen den Welten immer dünner werdenden Schleiers. Werde Dir auch Deiner Rolle als Helfer Deiner Seelenfamilie bewusst, denn nichts ge-schieht, ohne ausgeglichen zu werden. Auch Du bist ein Spiegel für an-dere und durch Dein Sein bist Du Vorbild, Ansporn, Herausforderung, Lernaufgabe, Heiler oder Tröster für Deinen Nächsten. Sei Du selbst, wir brauchen Dich, denn Du bist einmalig!

Ich segne Deine Individualität, Deinen Weg und Dein Sein mit der „bedingungslosen Liebe der Urquelle allen Seins". Ich bin Uriel.

Tierreich und Gruppenseelen

Hier ist Uriel, das Licht Gottes.

Ich grüße Euch, meine geliebten Wesen, die Ihr auf dem Weg zu Euch selbst seid. Mit Freude sehe ich, wie die Fortschritte sich auf allen Ebenen zeigen. Und Ihr seid mit vielen Ebenen des Himmels verbunden und jede Eurer Handlungen in der Materie findet auf allen energetischen Ebenen Widerhall.

So zeichnen sich für uns viele Dinge bereits ab, die für Euch noch nicht sichtbar sind, denn je dichter die Schwingung, desto träger ist die Reaktion. Doch auch auf Eurer Welt des Übergangs sind die Zeichen des Wandels nicht mehr zu übersehen. Gaia ist mit ihrem Bewusstsein aufgestiegen und der Reinigungs- und Umbauprozess läuft weiter wie vorgesehen. Dies ist auch für die Tierwelt von Bedeutung.

Die meisten Arten werden von hohen Lichtwesen betreut, die sich als Gruppenseele für die gesamte Population verantworten. Durch die Veränderungen im energetischen Gefüge haben sich die Lebensbedingungen für einige Arten erheblich verändert. Und um die entstehende Verunsicherung auszugleichen, rufen die entsprechenden Gruppenseelen zum Versammeln und zur gemeinsamen Wanderung auf. So lassen sich seit einiger Zeit große Schwärme Fische, Vögel, Wale und Delfine beobachten, die auf ungewohnten Wegen ziehen.

Dies sind keine beunruhigenden Signale für Euch! Lasst sie in Ruhe ziehen, es sind teilweise wichtige Erkundungs- und Orientierungstouren, die jetzt für viele Arten zur Anpassung notwendig sind. Ihr dürft auf die Weisheit und Erfahrung der jeweiligen Gruppenseelen vertrauen.

Auch werden in der Phase der Wandlung einige Arten diesen Planeten verlassen, denn die hohe Spezialisierung verlangt teilweise engumrissene Lebensbedingungen, die nicht mehr vorhanden sein werden. Dies ist unabänderlich, doch ist es nicht gleichbedeutend mit „Aussterben", denn die Gruppenseele wird für eine weitere Existenz auf anderer Ebene sorgen. Es ist jedoch von unschätzbarem Wert, wenn Ihr Euch für das Wohl und die Existenz aller Lebensformen einsetzt, denn es wurde sehr frevelhaft mit dem Leben umgegangen. Die Rückkehr zur Liebe wird Euch mit der Tierwelt versöhnen und Ihr werdet Achtung und Ehrfurcht vor jedem Leben als selbstverständlich empfinden, denn Euer Selbst ist mit allem verbunden.

Viele Menschenseelen haben das Vertrauen zu anderen verloren, denn sie wurden von Menschen enttäuscht, verletzt, gedemütigt und entehrt. Auch wenn es aus einer höheren Perspektive eine andere Wahrheit gibt, finden einige nicht wieder zurück zu Liebe und Vertrauen. Und hierbei übernehmen die Tiere gern eine wichtige Helferrolle. Hunde, Katzen und Pferde zum Beispiel stellen auch mit Euren Schutz- und Führungsengeln Kommunikationsverbindungen her. Und über sie ist so selbst für verbitterte Menschen eine Rückkehr zur Liebe und spiritueller Kontakt möglich. Die Liebe, die sie ihrem Haustier geben können, kommt auf Umwegen wieder zu ihnen zurück und weicht die verhärteten Strukturen auf, bis auch ein direkter, liebevoller Austausch unter Gleichen wieder möglich ist.

Jetzt, wo eine lichtere Schwingung besteht, zeigen einige Haustiere „merkwürdige" Verhaltensweisen. Ehemals eher scheue, ängstliche Tiere werden plötzlich zutraulich und anhänglich, doch es kommt auch gelegentlich zu unberechenbarem Verhalten von früher eher ruhigen Tieren. Diese Veränderungen haben viel mit Euch zu tun, denn durch Eure Verfeinerung und die zunehmende Ausprägung Eurer Lichtkörper sendet und empfangt Ihr für Eure Tiere zuweilen bisher unbekannte Signale, auf die sie reagieren. Doch auch die Tiere selbst beginnen sich langsam zu verändern und auch sie passen sich den veränderten Schwingungsmustern an. So werden sich einige Arten wie zum Beispiel Hunde in ihrer Ernährung verändern und pflanzliche Kost bevorzugen.
Tiere werden dabei in der Regel keinen Lichtkörperprozess mit den Euch bekannten Symptomen durchleben.
Die Lichtkörpersymptome sind in den lange gewachsenen Strukturen und Mustern begründet, die Ihr auf dem unablässigen Weg durch viele Inkarnationen gebildet habt. Die Gruppenseelen entwickeln sich

viel dynamischer, bleiben sich jedoch im Kern immer treu, denn sie verlieren nie die Verbindung zum All-Eins-Sein.

Ihr, meine geliebten Menschenengel, könnt Euren Geschwistern aus dem Tierreich in dieser Übergangzeit am effektivsten helfen, wenn Ihr Euch für die Erhaltung, Reinigung und Gesundung der Umwelt starkmacht. Helft Gaia bei ihrem Reinigungsprozess und wehrt Euch gegen weitere Verschmutzung und Schädigung. Doch bleibt bitte bei jeder Aktion in der Liebe! Nur was von Liebe motiviert und getragen ist, wird bestehen und letztlich Erfolg haben. Euer Zorn gegen Ignoranz und Frevel soll Eure Liebe stärken und Euch Mut und Kraft verleihen. Doch verfallt und handelt nicht aus Hass, denn er würde Euch blind machen und die damit verbundene negative Energie wendet sich dann gegen Euch. Wenn Ihr auf die Kraft der Liebe vertraut, werdet Ihr auch die Ergebnisse sehen können, denn die Augen der Liebe durchdringen die Schleier.

Ich segne Euch, meine geliebten Lichter, die geliebten Wesen des Tierreichs und die Gruppenseelen aller Arten. Die „bedingungslose Liebe der Quelle" ist auf immer für Euch da. Ich bin Uriel.

Das Ego und das Selbst

Hier ist Uriel, das Licht Gottes.
Meine lieben, weisen, klugen Wesen, heute möchte ich Euch wieder ein Stück weiter zu Euch selbst führen. Du weißt bereits, dass Du in der Vergangenheit betrogen wurdest. Du wurdest Deiner Rechte, Deiner Freiheit, Deiner Fähigkeiten, ja sogar Deines Selbst beraubt. Du wurdest ausgebeutet, versklavt, gequält und in den Tod geschickt. Auch wenn die Erkenntnis schmerzhaft ist und zu Wut und Hass führen kann, bedenke, dass Du eingewilligt hast, diese Erfahrung zu machen! Und nicht nur das, Du warst auch Täter, denn das Spiel des Lebens hat Dich auf alle Seiten geführt, um Dich in allen Rollen zu erfahren.

Der Entzug, der von Gott einer jeden Seele gegebenen Rechte, war im ursprünglichen Plan jedoch nicht vorgesehen. Diese Entwicklung wurde von dunklen, selbstsüchtigen Kräften vorangetrieben, die sich bewusst vom Licht abgewendet und universelle Gesetze missachtet haben. Diese Fehlentwicklung wird jetzt korrigiert, andere Kanäle berichten ausführlich darüber und mein Ansinnen ist, Dich wachzurütteln. Es ist von höchster Stelle verfügt, den Menschen ihre Selbstbestimmung und ihr Recht auf Freiheit und Teilhabe am universellen Reichtum zurückzugeben. Doch da jeder Eingriff und jede Verfügung den Freien Willen berücksichtigt, ist es den Menschen gegeben, sich diese Rechte zurückzuholen.

Ich sehe mit Stolz, wie die Massen sich erheben und friedlich für ihre Rechte einstehen. Das Einfordern der Seelenrechte und das Lösen aus den Fesseln der „Gegebenheiten" ist ein wichtiger Schritt, den Ihr alle gehen werdet. Einige haben es sich bequem in ihrer Abhängigkeit eingerichtet und haben ihre Freiheit gegen eine scheinbare Sicherheit getauscht. Diese Sicherheit beruht jedoch auf Strukturen, die nicht länger bestandhaben werden. Ihr habt Eure Rechte freiwillig, das bedeutet aus freiem Willen den „Gegebenheiten" geopfert, und macht Euch zu Lohnsklaven oder zu Sklaventreibern.

Geliebtes Wesen, es liegt mir fern, zu urteilen, ich bin voll Liebe zu Dir und jede Deiner Entscheidungen wird vom Himmel akzeptiert. Ich werde Dich nur an Deine Rechte und an die Liebe erinnern und spreche in Dein Herz und in Deinem Herzen. Denn nur mit dem Herzen lässt sich die Wahrheit erkennen. Ich spiele nicht mit bei dem Spiel: *„Ich habe Recht, – nein, ich habe Recht"*. Kennst Du das Spiel? Ja, es ist ein Spiel des Egos. Rechthaben ist für das Ego sehr wichtig, denn es hat keine Rechte!

Wer seine Seelenrechte aufgibt, braucht ein starkes Ego, um zu überleben! Und es ist bei Euch so: Je öfter ein Ego Recht hat, desto stärker wird es. Ihr streitet und diskutiert oft scheinbar ohne Nutzen, weder für Euch noch für die Allgemeinheit und die Sache wird unwichtig, es geht nur ums Recht-haben.

Dein Ego muss Recht bekommen, damit Du überlebst. So hat der Verstand die Oberhand über das Herz gewonnen und so gibst Du Deine wahren Rechte preis. Kannst Du das nachvollziehen, liebe Seele, die sich einen Menschen mit einem Ego teilt? Verstehst Du jetzt, warum das Ego so stark und wichtig ist? Ja, es sorgt für Dein Überleben, weil Du Deine Rechte nicht einforderst, weil Du Deine Liebe nicht frei fließen lässt und Deine Schöpferkraft versteckst!

Wenn Du Dir Deiner Kraft, Deiner Weisheit, Deiner Liebe, Deiner Hingabe, Deiner Kreativität und Deines Mutes bewusst wirst, braucht Dein Ego nicht mehr ums Überleben zu kämpfen! Du wirst frei, kraftvoll und voller Liebe sein – bedenke, dass dieser Zustand Dein Geburtsrecht ist.

Hast Du Dich schon bei Deinem Ego bedankt? Es hat seine Aufgabe ja gut gemeistert, denn Du hast überlebt. Dein Ego ist bereit, alles dafür zu tun, dass Du überlebst. Wenn es darauf ankommt, kennt es keine Skrupel und keine Moral. Es kennt eigentlich nur zwei Dinge, die wichtig sind: Überleben und Rechthaben.

Deine Seele hat ganz andere Ziele, nicht wahr? Ja, zum Beispiel Frieden. Also schließe mit Dir und Deinem Ego Frieden. Verurteile Dich nicht wegen Deines Egos, Du hast ein tolles Ego – Du lebst!

Verstehe, Dein Ego hat Angst, zu versagen, denn das wäre eine Katastrophe! Hülle Dein Ego in Liebe und zeige ihm, dass Du stark bist. Doch stehe für Deine Seelenrechte Liebe, Freiheit und Selbstausdruck ein und falls Du dafür kämpfen musst, kannst Du auf Dein Ego als erfahrenen Kämpfer vertrauen. Und wenn Du Deinem kampferprobten Ego die Kraft und die Macht der Liebe Deiner Seele an die Seite stellst, wirst Du alles erreichen!

Ihr großartigen Seelen, Ihr seid nun schon so weit gekommen und ich versichere Euch, das Ziel ist zum Greifen nahe! Jeder kommende Neumond wird den Vorhang weiter öffnen, so achtet auf Eure Träume, denn in Euren Träumen werdet Ihr in die neue Zeit blicken. Nehmt Euch Zeit für den Weg nach innen, denn in Euren Herzen werde ich Euch begrüßen, wenn Ihr es wünscht.

Ich hülle Euch in meine Liebe und das Licht der Quelle durchströmt Deine Körper – Du Kämpfer der Liebe, Du Lichtbringer im Dunkel, ich danke Euch! Ich bin Uriel.

In einem persönlichen Channeling geht Uriel noch einmal näher auf das Zusammenspiel von Ego und Selbst ein. Hier ein Ausschnitt, ohne die persönlichen Belange der Fragenden.

Hier ist Uriel, das Licht Gottes.

Mein geliebtes Wesen, gern spreche ich heute zu Dir, denn es ist an der Zeit, dass Du Deine Angst hinter Dir lässt und selbst-ständig wirst. Seit Deiner Geburt begleitet Dich ein Gefühl der Unsicherheit, das sich aus einem Mangel an Selbst-wert und Selbst-bewusstsein nährt. Daher werde ich beginnen, Dir Dein SELBST näherzubringen.

Deine Seele hat vor sehr langer Zeit beschlossen, sich auf das Experiment der dualen Welt und die Erfahrung des dichten, physischen Körpers einzulassen. Dieser Entschluss ist kein Sündenfall, wie es Eure Kirchen Euch einreden, sondern Ausdruck von Mut, Gottesliebe und Vertrauen in die richtigen Entscheidungen Deines Freien Willens. Und um diese Erfahrungen leben zu können, wurde Deine Seele aufgespalten in verschiedene Teile, die inkarnieren und in Teile, die in der Geistigen Weltbleiben. So ergibt sich das Gefühl der Unvollständigkeit und des Mangels, das alle Menschen stets zu Partnerschaften und zur Weiterentwicklung angetrieben hat.

Das Selbst ist der Seelenkern und der göttliche Funken im Herzen. In diesem Kern ist die Vollständigkeit der Seele erhalten. Er ist unteilbar, besteht aus reiner Energie, „bedingungsloser Liebe" und ist mit allem Leben im Universum verbunden. Wer mit dem Selbst verbunden ist, lebt in der Liebe, lebt frei und selbst-bestimmt, ist selbst-ständig, hat Selbst-vertrauen und ist selbst-verständlich glücklich.

Geliebtes Kind, es sind die Schatten vergangener Inkarnationen, die Erinnerungsfetzen, die wie ferne Echos durch die Aura ziehen und Dich ängstigen. Das karmische Gesetz von Ursache und Wirkung, das für alles einen Ausgleich verlangte, hat Dich ängstlich werden lassen. Doch es ist nicht Dein Selbst, das sich ängstigt, sondern Dein Ich.

Das Ich, das Ego, hat die Aufgabe, das Überleben zu sichern, das Selbst zu beschützen und ihm zu dienen. Je schwächer ein Selbst entwickelt ist, desto wichtiger ist das Ego, um es zu schützen. Angst ist ein Hilfsmittel, um Schaden und Verletzung zu vermeiden, und das Ego benutzt es, um mit Hilfe des Unbewussten automatische Abwehrmechanismen auszulösen. Dies dient zum Schutz des Selbst.

Um sich von der Angst zu lösen, genügt es meistens nicht, sich bewusst lösen zu wollen und positive Gedanken zu formulieren, denn die Ursache ist ein schwaches Selbst. Das Selbst zu stärken und zur Liebe zurückzukommen, ist der einzige Weg. Der erste Schritt dabei ist die Liebe zum eigenen Selbst und zum Göttlichen in Dir zu finden und zu leben. Es ist der wichtigste Gottesdienst, den Du zu leisten vermagst, Dir täglich Deine Liebe zu versichern!

Wenn Du Dein Selbst durch Liebe gestärkt hast, umarme Dein Ego und bedanke Dich für die gute Arbeit! Dein Ego wird merken, dass Du selbst auf Dich aufpassen willst und kannst. Und die Ängste verlieren dann ihren Sinn und können aufgelöst werden. „Das Feuer der Transformation" ist hierfür ein ideales Werkzeug (siehe Kapitel »Werkzeuge«).

Kapitel 2 – Menschsein

Wer bin Ich, Seelenanteile kehren zurück

Hier ist Uriel, das Licht Gottes.

Geliebte Wesen, die Welle der Veränderungen hat Euch erfasst und etliche von Euch spüren nun bereits die Wirkungen. Wieder ist es so wie auch in früheren Zeiten, dass die eigentliche Veränderung *in Euch* stattfindet, die Wirkung sich jedoch manchmal erst woanders zeigt. Da dies bei Euch zu Unsicherheit und Verwirrung führen kann, werde ich heute über diesen Vorgang aufklären. Ich habe bereits mehrfach zu Euch darüber gesprochen, denn die veränderten Frequenzen lassen nun vormals getrennte Seelenteile wieder zu Euch zurückkommen.

Dieser Prozess läuft bei ausnahmslos Jedem und das unabhängig vom Bewusstsein und der persönlichen Ausrichtung. Doch haben das Bewusstsein darüber, die innere Haltung und die Ausrichtung im Leben einen großen Einfluss auf die Folgen, auf das Geschehen und das Erleben. Denn die Anteile Deines Selbst sind energetische Muster oder Bewusstseinsfelder, in denen Informationen gebunden sind. Diese Informationen können sich entsprechend ihres Inhaltes auf unterschiedliche Art äußern, zum Beispiel als Gedankenmuster oder als Gefühle. Wenn nun solche Seelenteile den Weg zu Dir gefunden haben, finden sie Kontakt zu der entsprechenden Schicht in Deiner Aura oder im mentalen oder im emotionalen Körper. Solange sie nicht wirklich mit dem Selbst und mit dem Bewusstsein des Herzens verschmolzen sind, führen sie nun eine Art Eigenleben innerhalb Deiner Person.

Um die Tragweite, die dies für Dich haben kann, einschätzen zu können, gebe ich hier ein Beispiel. Nehmen wir an, Du hast Dein Leben sehr an Dir und Deinem Aufstieg gearbeitet. Du hast Dich der Liebe geöffnet und den friedlichen Umgang mit den Menschen Deiner Umgebung gepflegt – nun kommen Seelenanteile zurück, die Du bereits als Kind hinter Dir gelassen hast wie zum Beispiel Impulsivität und das

Wissen, etwas Besonderes zu sein. Beides sind durchaus zu begrüßende Eigenschaften, doch wenn sie nicht im Kontext des Selbst eingebunden sind und plötzlich ein Eigenleben entwickeln, kann es sowohl für den Betroffenen als auch für sein Umfeld sehr verwirrend sein.

Die Umwelt nimmt es zuerst wahr, dann heißt es vielleicht: *„Was ist denn plötzlich mit dem los? Hält der sich für was Besseres?"* Oder auch: *„Früher war auf ihn Verlass, aber nun ist man ja vor Überraschungen nicht mehr sicher."* Der betroffene Mensch spürt vielleicht nur eine Störung im Kontakt, es fällt vielleicht schwerer, geduldig zu sein und er denkt, dass die Anderen wohl einfach noch nicht so weit sind wie er selbst. Der Kontakt wird gestört, es entstehen gegenseitige Vorhaltungen, eventuell auch Verletzungen und Schuldzuweisungen. Erst wenn die zurückgekehrten Seelenanteile mit dem Herzen verbunden werden, sind die Störungen beseitigt und die Persönlichkeit ist ein wenig reifer und vollständiger. Natürlich ist dies ein sehr einfaches Beispiel und es mag auf den ersten Blick ein wenig platt wirken, doch das Prinzip ist so klar zu erkennen.

Wenn Du, mein liebes Licht, nun bedenkst, dass es oft solche Anteile sind, die aus Moral und ethischen Grundsätzen zurückgewiesen wurden, kannst Du Dir auch vorstellen, dass es in den Beziehungen und im Selbstverständnis schwierig werden kann.

Mein geliebtes Licht, Annahme und Integration ist nun gefordert, doch die sind nur möglich, wenn Du aufhörst zu werten! Erforsche Dich immer wieder selbst und sei froh über alles, was Du neu entdeckst. Gehe immer wieder auf die innere Reise mit der Frage *„Wer bin ich?"* Auch wenn nun wieder einmal bereits überwunden geglaubte Ängste auftauchen, nimm sie an und sie werden ihren Schrecken verlieren.

Wenn Du plötzlich Aggressionen fühlst, Wut oder gar Hass, nimm auch diese Gefühle an, denn sie gehören zu Dir! Sie können Dich nicht beherrschen, wenn Du sie im Herzen mit Deinem Selbst verbunden hast. Du kannst die in diesen Gefühlen gebundene Energie nutzen und als Schöpferkraft gebrauchen, wenn Du Dich selbst und Dein Sein in

Liebe annimmst. Und entscheidend ist die Integration, sie spiegelt das Eins-Sein, die Vollständigkeit des Seins und so das Ende der Dualität, das Ende von Gut und Böse.

Vielleicht wirst Du nun mit Deinem hierauf sensibilisierten Bewusstsein diesen Prozess auch bei anderen entdecken. Du kannst nun mit Verständnis auf das „merkwürdige Verhalten" regieren, das einige an den Tag legen werden. Wenn Du es beobachtest, freue Dich und sieh es als Bestätigung für den laufenden Aufstiegsprozess. Vielleicht wirst Du ja auch den „Geizhals" sehen, der plötzlich mit seinem Mitgefühl und seiner Großzügigkeit in Kontakt kommt, freue Dich darauf und hilf ihm beim richtigen Umgang damit.

Für viele werden nun die eigenen Schatten sichtbar und es werden auch etliche mit Abwehr reagieren und werden versuchen, die Veränderungen aufzuhalten und sich gegen alles Neue zu wehren. Doch das wird nicht gelingen, denn die Veränderung wird nun auch durch sie selbst geschehen. Was nun zu Euch zurückkommt, wird solange als Last erlebt, bis es angenommen und integriert ist. Wer bereit ist zur Selbstannahme, wird im Bewusstsein so schnell wachsen wie nie zuvor. Der Himmel gibt nun frei, was Ihr Euch selbst einst vorenthalten habt.

Erlaube Dir, Dich selbst neu zu entdecken und Dich selbst zu erkennen. Frage Dich immer wieder aufs Neue: „*Wer bin ich?*" Glaube mir, Du kennst nur einen Teil Deines Selbst, doch Du kannst nun zu Deiner wahren Größe wachsen und Dein wahres Potenzial erfahren. Nimm Dich selbst in Liebe an, so wie Du gerade jetzt bist! Doch halte nicht an einem Selbstbild fest, denn es engt Dich ein und raubt Dir Deine Freiheit. Die Zeit der Seelen-Heilung ist gekommen. Wir sind Euch nah und freuen uns über Eure Rückkehr!

Mein Segen und die „bedingungslose Liebe der Quelle allen Seins" begleiten Euch. Ich bin Uriel.

Zweifel und Vertrauen

Hier ist Uriel, das Licht Gottes.

Ich segne Euch, Ihr großartigen Seelen. Ich werde mit Euch heute über Zweifel und Vertrauen sprechen, denn Zweifel trennt die Dimensionen und es ist jetzt an der Zeit, die Trennung aufzuheben. Zweifel ist der alles prägende Begriff, die Kurzbeschreibung der Dualität. Nichts beschreibt die dritte Dimension so knapp und zutreffend wie der Begriff *Zwei*-fel – denn die zwei Seiten Licht und Dunkelheit, richtig und falsch, gut und böse existieren nur in der dritten Dimension! Nur hier besteht die Trennung, nur hier kann Eines ohne das Andere erfahren werden. Und für diese Erfahrung seid Ihr hinabgestiegen in die dichte Materie. Ihr habt gewählt, diesen Weg der Erfahrung zu gehen – heraus aus der Einheit und hinein in die Trennung, ins Vergessen.

Du fragst Dich, warum? Es gab verschiedene Gründe dafür, doch das Geschenk des Freien Willens war für viele von Euch der Grund. Wieso? Stell Dir vor, Du hast zwar den Freien Willen bekommen, aber nie eine Gelegenheit, Dich auch nur einmal zu entscheiden, – denn *ent*-scheiden bedeutet *trennen*! Kannst Du Dir vorstellen, dass es Seelen gibt, die es nur wegen dieser Möglichkeiten der Selbsterfahrung auf sich genommen haben, hinabzusteigen?

Nun, die Wahrscheinlichkeit, dass Du dazugehörst, ist sehr groß. Du hast die Harmonie der Einheit verlassen, um eine Zeit in der Zweiheit zu verbringen. Und dies war keine Sünde, sondern Pioniergeist!

Der nächste Schritt war der von der Zwei-heit in die Ver-zwei-flung, denn mächtige Wesenheiten, die sehr schnell die neu geschaffenen Möglichkeiten erkannten, trieben die Trennung und die Ablösung von der Einheit allen Seins voran, um den eigenen Einfluss zu stärken. Jetzt wurde das Ego geschaffen und erweiterte das Selbst. So verdichteten sich sowohl die Schleier zwischen den Dimensionen als auch die Materie und das Vergessen begann. Jeder Zweifel hat den Ursprung in der Möglichkeit der Wahl und jeder Zweifel nährt die Trennung!

Was ist nun Vertrauen? Ich sage Euch, dass Vertrauen *Vereinigen* ist. Paare lassen sich vor Gott *trauen* und die Trennung in Mann und Frau führt in der Ehe wieder zur Vereinigung. Vertrauen in Gott ist die Hingabe an Gott, die Vereinigung mit der Urquelle und die Rückbesinnung an das Leben in der Einheit.

Echtes Vertrauen kann nie enttäuscht werden, denn es ist die Verbindung zur allumfassenden Einheit und zur Rückbesinnung an Dich selbst. Vertrauen ist also nicht der Glaube, dass wenn ich mich für eine Seite, eine Sache, einen Menschen oder eine Religion entscheide, wird schon alles gut werden. Dies ist eine Täuschung, die unweigerlich zur Ent-täuschung führt, denn jede Trennung ist eine Illusion.

Das Vertrauen in Dich selbst, in Deinen *Göttlichen Kern*, ist der Schlüssel zum Aufstieg. Hier liegt die Verbindung zur Einheit, denn Vertrauen ist Verbinden! Es geht NICHT darum, den Göttern, Engeln oder den Priestern zu vertrauen, es geht einzig und allein um das Erkennen, dass Du nie alleine und dass Du nie getrennt bist! Verbinde Dich mit Dir selbst und in Deinem Herzen wirst Du Dich finden – vertraue Dir selbst!

Denn als das Spiel der Dualität begann, wurde verfügt, dass jeder einen Göttlichen Kern und einen untrennbaren Funken der Einheit in seinem Herzen behält. Dieser Funken führt Dich jetzt wieder zurück in die Einheit – suche ihn, finde ihn und lass ihn wachsen. Erinnere Dich an Deinen Ursprung und finde Dein wahres Selbst. Vertraue Dir!!!

Ich sende Dir Licht und Liebe. Ich bin Uriel.

Sich selbst finden

Hier ist Uriel, das Licht Gottes.

Meine geliebten Wesen, viele der frisch Erwachenden fühlen sich orientierungslos und verunsichert, ja selbst etlichen erfahrenen Lichtarbeitern geht es nicht viel besser. Und für viele von Euch stellen sich die gleichen Fragen: Was ist denn jetzt eigentlich noch richtig, was soll ich tun? Wie kann ich denn jetzt für meine materielle Sicherheit sorgen, wenn ich weiß, dass ich meine jetzige Tätigkeit nicht mehr ausführen mag oder kann? Wie lange dauert es denn noch, bis sich auch im Materiellen der Aufstieg zeigt? Wie bekomme ich Kontakt zu meiner geistigen Führung? Wem kann oder darf ich denn eigentlich außer mir selbst noch trauen? Ist es sinnvoll, weiter an der Beziehung festzuhalten, obwohl ich in ihr keinen Fortschritt erkennen kann? Verliere ich an Individualität, wenn alles lichter wird?

All diese Fragen und noch viele mit ähnlichem Inhalt schweben durch den Raum. Ich empfange sie und nehme sie in meinem Licht auf, um sie in Liebe aufzulösen. Denn ich kenne Euer großes Bedürfnis nach Klarheit und Erkenntnis und ich darf einem Jeden zusichern, die Klarheit und das Erkennen des eigenen Weges sind in erreichbarer Nähe. Für die gleichen Fragen gibt es individuelle Antworten, denn Ihr seid im Kern alle gleich, doch ein Jeder geht seinen eigenen Weg. Und so mag es für den Einen richtig sein, sich aus dem Alltagsgeschehen mit Beruf und Verpflichtungen zurückzuziehen, doch für den Nächsten ist vielleicht das Gegenteil richtig.

Der Seelenplan und der Weg durch die Inkarnationen bis zum jetzigen Zeitpunkt war für Euch sehr unterschiedlich und es wird bei dieser Vielfalt bleiben. Gott wird sich durch Euch weiter in allen Farben offenbaren, nur werden die Schatten verschwunden sein, die bisher so vieles in ein Grau tauchten. Eure Individualität, Eure Einzigartigkeit wird sogar zunehmen und sich jetzt erst richtig entfalten, denn Ihr wart lange Zeit gezwungen, eine Identität zu leben, die nicht dem eigenen Wesen entspricht. So ist es auch verständlich, dass es nur wenige Antworten, Hinweise oder Lösungen gibt, die für alle gelten.

Jeder wird den Weg gehen, der in seinem Herzen für ihn vorgezeichnet ist. Für jeden liegt dort der Schlüssel, der den Weg eröffnet. Die Liebe im Herzen zu erkennen, zu befreien und zur Gestaltung des Lebens zu nutzen, ist für jeden gültig. Und die Liebe zu erkennen, bedeutet für Euch, Euer Bewusstsein zu erweitern, denn noch immer ist Liebe für Euch eine Emotion, die zudem auch noch an andere Personen oder irgendwelche Vorlieben gebunden ist.

Ja, die Liebe zur Musik oder zum geliebten Partner ist Liebe, jedoch lediglich eine Spielart, die leicht zu erkennen ist. Diese Liebe erhebt Euch energetisch, innerlich spürbar und von außen sichtbar. Und diese spürbare Veränderung des energetischen Zustandes, zum Beispiel wenn Ihr verliebt seid, ist ein sicheres Zeichen für den Kontakt mit der wahren Liebe. Sie ist jedoch in Dir bedingungslos im Herzen verankert und unabhängig von der Person, die sie in Dir erweckt hat. Und dies ist in einem jeden von Euch gleich, Ihr seid göttliche Wesen und von Natur aus mit der „bedingungslosen Liebe" verbunden.

Verschieden und individuell ist jedoch der Weg zur Erkenntnis, denn es ist Dein Erfahrungsschatz aus vielen Inkarnationen, der gesichtet und verstanden werden will, ehe Du zu Deinem ursprünglichen Sein zurückkehren kannst. So gibt es vielleicht noch unabgeschlossene Themen, die Dich in ihrer Energie binden? Vielleicht gilt es für Dich, mutig voran zu schreiten, vielleicht ist es jedoch auch die Dich treibende Ungeduld, die Dich vom inneren Fortschritt trennt?

Mein geliebtes Licht, es ist Dein individueller Weg, den Du gehen wirst und es gibt nicht „die eine richtige Lehre", die zur Erleuchtung führt. Die Welt wird bunter und schöner werden, wenn ein jeder seine Farben dazu beiträgt. Es schlummern in Euch Potentiale, Talente und Fähigkeiten, die Ihr Euch nicht vorstellen könnt, weil Euer Vorstellungsvermögen eingeschränkt wurde. Doch jetzt sind die Grenzen geöffnet und es liegt an Dir, sie zu überschreiten und neue Horizonte zu erkennen.

Die Geistige Welt ist nun bereit, Menschen aktiver zu unterstützen, wenn sie darum gebeten wird – die Beachtung des Freien Willens und der gewählte Seelenplan behalten dabei Priorität. So reicht es meist nicht, um die Erfüllung eines Wunsches zu bitten, besser ist es zum Beispiel, um eigenes Verständnis für die Situation und um Auflösung zu bitten. Die Unterstützung aus höheren Ebenen wird Dir Deinen Weg ebnen und es wird leichter vorangehen, doch die Erkenntnisse werden weiter erst in Dir reifen und Du wirst weiter bestimmen, wohin Du wann gehst.

Wir können Dir nicht die Schatten nehmen, doch wir helfen Dir, Dich von ihnen zu lösen. Aus der Art, wie Du Deine Probleme beschreibst, erkennen wir, wie weit Dein Bewusstsein sie durchdrungen hat und wir beleuchten die dunklen Flecken, um sichtbar zu machen, was verborgen blieb. Im Licht Deines Bewusstseins wird alles im JETZT gelöst, sobald es in Liebe angenommen und dann losgelassen wird – egal, woher es kommt oder wann es entstanden ist. So befreist Du die Liebe in Dir, findest Dein Göttliches Selbst und so zum „All-Eins-Sein" zurück.

Mein geliebtes Wesen, dies bleibt immer ein persönlicher, individueller Prozess, auch wenn das Ziel, die „bedingungslose Liebe", immer gleichbleibt. Du kannst Unterstützung erfahren, wenn Du es wünschst, doch lass Dich nicht verführen, die Verantwortung für Dich selbst abzugeben. Die Geistige Welt spricht auch zu Dir mit der inneren Stimme, denn Du trägst alle Weisheit in Dir. Lerne zu unterscheiden, wann Dein Ego und wann Dein (Höheres) Selbst zu Dir sprechen. Bleibe zur Liebe entschlossen – gelassen im Kontakt mit Deinem Umfeld, geduldig im Umgang mit anderen und voller Vertrauen zu Dir selbst.

Mein Segen begleitet Dich, ebenso wie die „bedingungslose Liebe der einen Quelle". Ich bin Uriel.

Wahr-nehmen und Wahrheit finden

Hier ist Uriel, das Licht Gottes.

Geliebtes Wesen, gehörst Du auch zu denen, die glauben, auf der Stelle zu treten und zu denjenigen, die ständig im Außen nach der Bestätigung suchen, dass sich jetzt alles wandelt? Es geht vielen so wie Dir, Ihr fühlt den Wandel im Inneren, seid jedoch enttäuscht darüber, wie wenig sich in der Welt sichtbar tut.

Nun ist es nur eine Frage der eigenen, inneren Stärke und Verbundenheit, ob Ihr Euch selbst und Eure innere Wahrheit oder die materielle Welt in ihren Erscheinungen der dritten Dimension in Frage stellt. In Deinem Inneren bist Du Dir sicher, Du fühlst die veränderte Energie und reagierst auf die höhere Schwingung. Mit Deinen nach außen gerichteten Sinnesorganen jedoch kannst Du nur wenig von dem *wahrnehmen*, was Dein Inneres *empfindet*.

Eure Sprache enthüllt hier deutlich, wie Realität in 3D verstanden wird. *Wahrnehmen* bedeutet, dass *wahr* ist, was man *nehmen* und was man *erfassen* kann. So sucht Ihr also die Wahrheit im Materiellen. Wenn Du jedoch in Deinem Inneren etwas anderes emp-*findest*, gerät die einfache, verständliche 3D-Welt ins Wanken und Sicherheit geht verloren.

In Wahrheit hat sich Eure Realität längst grundlegend gewandelt und Digital- und Nanotechnik haben Euch längst den Bereich des Greifbaren überschreiten lassen. Ihr habt Euch miteinander vernetzt und tauscht Euch über alle Grenzen hinaus miteinander aus. Eure Quantenphysiker bestätigen das Göttliche Bewusstsein und die Astrophysiker entdecken ferne, bewohnte Welten. Ihr habt in der Realität die dritte Dimension längst verlassen!

Es gibt jedoch einen Teil von Euch, der noch sehr in der alten Schwere der dichteren Welt verhaftet ist und das ist Euer Ego. Das Ego ist für Euch die Lebensversicherung in der dritten Dimension gewesen. Über die wichtige Aufgabe des Egos habe ich bereits oft mit Euch gesprochen, doch sehe ich immer noch viele Unklarheiten zu diesem Thema. Es ist wirklich wichtig für Euch, dass Ihr erkennt, dass das Ego Euer Überleben sichert. Darum lehne es nie ab, achte es und sei dankbar! Dein Ego ist nicht schlecht, es ist jedoch mit Sicherheit überfordert und bedient sich daher vielleicht unpassender Mittel. Ego funktioniert nur in 3D! Denn Ego löst sich auf und verliert an Funktionalität, wenn Ihr eine höhere Ebene erreicht. Du brauchst also nicht zu kämpfen, um Dein Ego zu überwinden, sondern Du solltest es in Liebe annehmen und in Dein Selbst überführen. Denn wenn Du Dein Ego nicht integrierst, wird es beständig versuchen, nach den alten Spielregeln von 3D Dein Leben zu ordnen. Und so wird Dich Dein Ego sowohl am spirituellen als auch am physischen Aufstieg hindern.

Das Unbewusste wird vom Ego benutzt, um zu kreieren und zu vermeiden. So gestaltest Du Dein Leben zum großen Teil unbewusst und ohne Absicht, denn es wirkt dabei das Gesetz der Anziehung.

Das Gesetz der Anziehung ist in der Wirkung abhängig von der energetischen Ladung. Es ist gleichgültig, ob Du etwas sehr herbeisehnst und Dich dabei mit starken Gefühlen mit dem Wunsch verbindest oder ob Du immer wieder Angst vor etwas zulässt, was Du ablehnst. Entscheidend für die Verwirklichung ist die Intensität der Gefühle, die Dauer und Häufigkeit und die Klarheit der kreierten Visionen.

Dein Ego hat gelernt, Dein Unbewusstes zu programmieren und so entwickelst Du Reaktionsmuster, die automatisch ablaufen. Existenzängste, Phobien und auch sexuelle Ängste spielen hierbei eine große Rolle. Dies alles dient jedoch nur Deiner Sicherheit entsprechend Deiner 3D-Ego-Erfahrung und so entsteht ein Feld individueller Unfreiheit. Doch je weiter Du Dein Bewusstsein entwickelst, desto weniger wird Dein Unbewusstes Dein Leben prägen und Du entwickelst Deine natürliche und bewusste Schöpferkraft.

Meine geliebten Lichter, Ihr lebt in einer Diskrepanz, die durch das gleichzeitige Erleben verschiedener Schwingungsebenen entsteht. Und genau darin besteht Eure besondere Aufgabe in dieser außergewöhnlichen Phase des Übergangs. Ich habe schon mehrfach betont, dass es Eure Aufgabe ist, das Licht auf der Erde zu verankern, das in immer höheren Frequenzen einströmt. Wie habt Ihr das verstanden? War Euch klar, dass dies einem seelischen Spagat entspricht? Es sind Eure besonderen Fähigkeiten, die es Euch erlauben, mit einem physischen Körper in der einen und mit dem Lichtkörper bereits in einer anderen Ebene zu existieren. Es ist die Materie, die dem Geist folgt und Ihr seid es, die durch ihre materielle Manifestation die Wandlung bewirken.

Die Welten werden sich immer weiter annähern und das Gefühl der Spaltung wird sich auflösen. Verändert Euer Leben so, dass es Eurem inneren Sein entspricht. Sei Dir bei Deiner täglichen Arbeit bewusst, dass Du dabei Dein höheres Bewusstsein in der materiellen Welt verankerst und so Deinen so wichtigen Beitrag zum Wandel leistest.

Jede noch so kleine Veränderung kann von entscheidender Bedeutung sein, für Dich und für die Welt. Es sind die kleinen täglichen Veränderungen im Bewusstsein, in der Schule, bei Begegnungen mit Menschen, bei der Arbeit, bei der Erziehung, beim Konsum, bei der Ethik und bei der Meditation, die in der Summe einen gewaltigen Fortschritt zeigen.

Lass Dich nicht von Deinem Ego mit seiner begrenzten Wahrnehmungsfähigkeit täuschen. Dein Ego ist bestrebt, an alten, bewährten Strukturen festzuhalten, es fügt jede Wahrnehmung in bekannte Muster und Bilder ein und orientiert sich stets an der Vergangenheit. Dieses Phänomen ist allen bekannt, die sich zum Beispiel mit dem Sehen und mit „optischen Täuschungen" befasst haben, denn es ist auf Eure „Wahr-nehmung" übertragbar.

Etwas völlig Neues, Unbekanntes ist schwer zu erkennen, besonders wenn es Ähnlichkeiten mit Vertrautem hat. Es ist Euer Gehirn, Euer Ego, das schnell eine Erklärung parat hält, in dem es Fehlendes ergänzt und Unterschiedliches ignoriert. In der Interpretation des Egos gibt es daher nicht viel Neues. Wer sich jedoch im Herzen mit seinem Selbst verbunden hat, erlebt immer wieder erstaunliche Dinge und bekommt zunehmend Probleme, in der materiellen Welt zu bestehen, da die alten Energien nur noch schwer zu ertragen sind. Und so ist es nun an der Zeit, die fälligen Veränderungen in Deinem Leben zu beginnen.

Meine Aufgabe besteht darin, Dich zu den entsprechenden Entscheidungen zu führen. Wenn Du mich bittest, stehe ich Dir gern zur Seite, wenn es darum geht, einen neuen Weg oder Lösungen aus alten Verstrickungen zu finden.

Doch Du, mein geliebtes Licht, wirst die Wahl treffen und mit Deiner Schöpferkraft die Welt neu gestalten. Die Liebe im Herzen wird Dich sicher führen und vertraue Dir selbst, denn Du bist ein Geschöpf der einen „liebevollen Quelle". In Deinem Herzen findest Du Antwort, Trost und Rat, denn die „bedingungslose Liebe der Urquelle allen Seins" ist dort zuhause. In Deinem Herzen wirst Du die Wahrheit finden!

Ich segne Dich und begleite Deinen Weg in Liebe. Ich bin Uriel.

Die Bewältigung des Alltags

Hier ist Uriel, das Licht Gottes.

Diese Botschaft ist für Dich, meine liebe Seele, die Du an der Schwelle stehst. Du fragst, wann Du endlich den Schritt in den Dimensionswechsel vollziehen darfst, denn das Leben in der alten Energie wird für Dich immer schwerer. Das bekannte Leben gerät für Dich immer mehr aus den Fugen und es ist für Dich schier unerträglich, aus der Geistigen Welt immer wieder zu hören *„bald ist es soweit, habe Geduld"*, wenn Du mit den existentiellen Grundlagen zu kämpfen hast. Ich versichere Dir, wir wissen um die große Last, die Du trägst. Ich will versuchen, Dir so klar und praktisch zu helfen, wie es auf diesem Wege möglich ist.

Zuerst möchte ich Dir danken, im Namen aller inkarnierten und nicht inkarnierten Seelen, dass Du den Dienst als Türöffner in die neue Zeit übernommen hast. Du stehst an der Schwelle, um die Tür offenzuhalten, wenn das große Erwachen begonnen hat. Du weißt, wenn Du jetzt gehst, ist Dein Platz unbesetzt. Du gehörst zu den stärksten und hochentwickelten Seelen, die sich als Lichtarbeiter gemeldet haben.

Unter Euch gibt es einige, die versuchen, so zu leben, als ob der Wechsel schon für alle gewesen ist. Du lehnst Geld ab, entziehst dich der Gesellschaft und lebst am Rande ein bescheidenes Leben, von dem, was von der Überflussgesellschaft abfällt. Andere leben in ihrer alten Umgebung, die nicht der inneren Veränderung entspricht und leiden unter der zunehmenden Last. Finanzielle Verpflichtungen und übernommene Verantwortung für Kinder wirken wie eine Fessel an der alten Struktur. Dann gibt es noch diejenigen, die ohne Erwerb in Abhängigkeit von Ämtern und Behörden leben und sich übermäßiger Kontrolle und Gängelei beugen müssen.

Alle vereint das Gefühl, dass es falsch läuft und es muss etwas Grundsätzliches geschehen, damit das Leben wieder lebenswert ist. Ihr wartet voller Sehnsucht auf den Aufstieg und Ihr habt aufgehört, im Hier und Jetzt mit der Kraft des Herzens die Veränderung zu bewirken.

Werde Dir bewusst, dass dieses die wohl intensivste Zeit mit den größten Wachstumschancen aller Deiner Inkarnationen ist! Niemals zuvor hat es für lichtvolle Arbeit und geistig, spirituelle Entwicklung so viel Unterstützung aus der Geistigen Weltgegeben wie jetzt! Du bist ein mächtiges, multidimensionales Wesen, das bislang seine Potenziale weder erkannt noch entwickelt hat. Abzuwarten, wie sich wohl alles mit dem Seelenaufstieg entwickelt, kann nicht wirklich Dein Bestreben sein! Lass Dich nicht weiter einlullen von den Dunkelkräften, die Dich ablenken, mit Aufgaben überfrachten oder an Deinem Selbstwert kratzen, nur um Dich zu beschäftigen!

Die momentane Energie lastet schwer auf dem Gemüt und auf dem Körper, wenn Du noch nicht durchlässig bist. Wenn Du zurzeit eine bleierne Müdigkeit verspürst, ist es ein Echo, welches mit Schuldgefühl und Entwertung zu tun hat. Es ist jetzt für Dich die Gelegenheit, es endgültig abzustreifen und dazu reicht es aus, sich dessen bewusstzuwerden. Bitte Deinen Schutzengel, Dich vor negativen Einflüssen zu schützen und Deinen Selbstwert zu stärken.

Für Viele ist das Thema Schuld und Schulden zurzeit sehr aktuell. Grundsätzlich kann es „Schulden" geben, die durch mangelnden Ausgleich entstehen. Zu einem späteren Zeitpunkt wird der Ausgleich getätigt und die Schuld ist aufgelöst – so funktioniert das Gesetz des Karmas, einfach und gerecht. Doch was sich auf der Erde entwickelt hat, ist damit nicht zu vergleichen. Die Einführung von Zins und Zinseszins, von Verzugszinsen und Schuldverschreibungen sowie jeglicher Handel damit, sind nicht mit den göttlichen Gesetzen vereinbar!

Für Euch stellt sich somit die Frage, wie Ihr damit umgehen könnt. Das gesamte Banksystem ist dabei, sich selbst zu zerlegen, denn ein unfassbares Geflecht von Betrug und Korruption gelangt Stück für Stück an die Oberfläche. Die Verantwortlichen fliehen oder werden verhaftet, dies geschieht weltweit in großem Stil.

Was bedeutet das für Dich? Der Rat der Geistigen Welt ist, Dich nicht angreifbar zu machen. Verhandeln ist besser als verstecken, trete für Deine Verpflichtungen ein, soweit es möglich ist. Doch bewahre

Deine Ehre und trete für Dein Existenzrecht ein. Bitte die Geistige Welt dabei um Hilfe! Niemand kann etwas von Dir fordern, was Dein Menschenrecht verletzt! Frage, mit welchem Recht jemand Dir Dein Brot nehmen will. Mach das Unrecht sichtbar, klage an und decke auf! Es ist keine Schande, in dieses System der Schulden geraten zu sein, vielmehr ist das System die Schande!

Du bist nicht allein, nahezu alle sind betroffen, Ihr alle seid Opfer, nicht Täter, sobald Ihr nicht zahlen könnt. Berate Dich mit anderen, schließt Euch zusammen und unterstützt Euch. Haltet Euch dabei an die Gesetze und setzt Euch nicht ins Unrecht.

Ein anderes Thema ist für viele die Arbeitssituation, die durch die Verschiebungen der Zeitebene unerträglich wird. Ich kann nur raten, höre auf Deinen Körper und entziehe Dich bei Überlastung. Jede Arbeit ist besser als eine Arbeit, die krankmacht. Wenn die Menschen für ihre Rechte eintreten, wird sich die Situation ändern. Unhaltbare Zustände sind unhaltbar, also halte nicht daran fest. Bitte um Führung!

Wer von Euch an dunkle Plätze gestellt wurde, um das Licht zu halten, sollte sich mit einem Mantel aus Energie schützen. Bitte die Engel, Dir ein solches Kleidungsstück zu weben, lege es morgens an und lege es abends wieder ab. Es wird über Nacht erneuert, besprech dies mit Deinem Schutzengel und er wird von mir beraten. Wo es möglich ist, reduziere Deine Arbeitszeit und schaffe einen Freiraum für Dein eigenes Wachstum. Nutze die Gelegenheit, um in direkten Kontakt mit der Geistigen Welt zu treten. Schärfe Deine Sinne und versuche, die Signale Deiner Schutz- und Führungsengel wahrzunehmen und zu verstehen. Wir sind Dir so nah wie selten vorher, ergreife unsere Hand, damit wir den letzten kurzen Weg gemeinsam gehen.

Ich sende Dir die Grüße der Geistigen Welt und meinen Segen. Die Liebe der „Quelle allen Seins" erleuchtet Deinen Weg! Ich bin Uriel.

Identität

Hier ist Uriel, das Licht Gottes.

Geliebte Wesen, Ihr durchlebt gerade stürmische Zeiten. In allen Regionen der Erde ist es zu sehen und zu spüren, denn die große Reinigung hat begonnen. Die Elemente wirken für Euch vielleicht als unkontrollierbar entfesselt und es scheint überall nur Zerstörung zu geben – egal, ob durch Wind, Feuer, Wasser oder Erdverschiebungen. Und doch ist es eine geplante, sanfte Reinigung, die Gaia für sich gewählt hat und die zu beklagenden Opferzahlen bleiben gering. Wer jetzt geht, hat dies auf der Seelenebene für sich so gewählt und es sagt nichts über den Reife- oder Entwicklungsgrad einer Seele aus. Alles entwickelt sich nach dem „großen Plan", der jetzt geschrieben wird und seit Urzeiten besteht.

Für viele Seelen endet dieser Inkarnationszyklus mit dem Bewusstseinsaufstieg, um in einer anderen Form von neuem zu beginnen. Andere werden sich nicht wieder verkörpern, sondern mit der Freiheit des Geistes durch unendliche Räume reisen oder mit der Einheit verschmelzen. Während der großen Reinigung sind die parallelen Welten eng miteinander verwoben und so mag es Euch manches Mal erscheinen, als ob sich innerhalb eines Augenblicks die Welt verändert oder alle Veränderungen wieder aufgehoben werden.

Dies alles kann sehr verwirrend sein, weil es chaotisch und unkontrollierbar erscheint und dabei auch noch alle Bereiche des Lebens erfasst. Über die Veränderungen der Beziehungen werde ich in diesem Buch ebenso sprechen wie über Eure Arbeitswelt, denn auch diese bedarf als wichtiger Teil der Gesellschaftsordnung einer gründlichen Neuausrichtung. In der alten Energie hat nichts so sehr die Identität des Einzelnen geprägt wie der Beruf, der Berufsstand und der daraus gezogene Profit. Dies bedeutete in früheren Zeiten eine sichere Orientierung und Ordnung.

Doch ein solches Muster funktioniert nur mit Menschen, die von ihrem Göttlichen Kern getrennt sind und sich unterordnen, um Sicherheit zu finden. Doch nur wer sich seiner selbst nicht bewusst ist, gibt seine Freiheit auf, um eine Identität anzunehmen, die durch formelle Strukturen Sicherheit verspricht.

Die neue Energie, die jetzt immer deutlicher in den Menschen sichtbar wird, strebt nach Individualität, Freiheit, Selbständigkeit, freudigem Miteinander und nach Austausch. Diese Energie passt nicht in formelle Strukturen, denn sie ist verbunden mit dem Herzzentrum des Menschen und so mit dem Göttlichen Kern. So entsteht aus dem Herzen Selbstbewusstsein und Identität. Und zu der Phase der großen Reinigung gehört das *allgemeine Erwachen im Herzen*, denn Ihr werdet Euch Eurer *selbst-bewusst!* Wenn dies geschieht, werden für Euch die alten Strukturen zum Gefängnis.

Die Pflicht, täglich eine „fremde Identität" anzunehmen und im Job zu funktionieren, macht Euch krank, denn Ihr könnt die Euch zufließende Energie nicht nutzen, da sie in entgegengesetzte Richtung fließt. In der Folge verliert Ihr an Energie, seid ausgebrannt und werdet depressiv. Gleichzeitig erwächst in Euch eine Sehnsucht und eine Vision eines anderen Lebens. Ihr fühlt im Herzen eine neue Kraft, die sagt, dass Ihr so nicht weiterleben wollt und etwas Neues kommen muss – nur was??

Einige von Euch verlieren plötzlich ihre „fremde Identität", denn der Wandel findet bereits statt. Eben warst Du noch der Polier, jetzt bist Du plötzlich *nichts* mehr. Eben noch die Fachverkäuferin, und jetzt ...? Wer in diese Lage gerät, verliert nicht nur seine materielle Sicherheit, sondern ein komplettes, künstlich strukturiertes Leben.

Meine geliebten Wesen, könnt Ihr hinter dem Verlust auch die Chance und den großen, göttlichen Plan schimmern sehen? Ja, es sind wirklich unruhige, stürmische Zeiten, die Ihr durchlebt und es sind die stärksten und großartigsten Seelen inkarniert, um diese Phase zu nutzen und der Neuen Welt der Menschen Form zu geben.

Es ist der sanfte Übergang, der gewählt wurde, um allen die Möglichkeit zum Aufstieg in ein höheres Bewusstsein zu ermöglichen und der die Strukturen von innen zersetzt, Neues erschafft und Altes fortspült. Sicherheit findest Du in Dir, denn in Deinem Herzen wirst Du gerufen, Dein wahres Selbst zu entdecken und Deine wahre Identität zu leben. Dein Verstand, Dein Ego ist nur mit den alten Strukturen vertraut, die jetzt ihre Gültigkeit verlieren.

So wirst Du Dich mit den aufkommenden Ängsten konfrontieren müssen, denn nur so kannst Du von ihnen freiwerden. Hinter allen Ängsten, Zweifeln und Unsicherheiten wirst Du die Liebe als größte Kraft im Universum entdecken. Du wirst Liebe als die große, göttliche Schöpferkraft in Dir finden und Du wirst so sein, so leben, so arbeiten, wie es Dein individueller, selbst-bestimmter Wunsch ist.

Wenn Du anderen Menschen Arbeit gibst, achte auf die sich verändernden Energien, sorge dafür, dass es Anpassungen an die Neue Zeit gibt. Schaffe Freiräume, wo immer es geht und löse Strukturen auf, die Deine Mitarbeiter unfrei halten. Wer jetzt schon die neue Energie nutzt, wird großen Erfolg haben und der Erfolg wird sich durch große, dauerhafte Zufriedenheit aller zeigen.

Meine Geliebten, Ihr alle seid die Baumeister einer Neuen Welt, seid also stolz auf dieses Privileg! Es ist die Zeit, in der Ihr auf Eure Bestimmung stoßen werdet. Der Weg dahin beginnt nach innen, nutzt Eure Möglichkeiten und die Euch gegebenen Werkzeuge, um die innere Freiheit zu erlangen. Die äußere Freiheit ist dann nur noch einen Schritt weit entfernt.

Ich danke Euch für Eure großartige Arbeit und segne Euch mit der „bedingungslosen Liebe der Quelle allen Seins". Ich bin Uriel.

Zur Orientierung des erwachten Menschen

Hier ist Uriel, das Licht Gottes.
Geliebtes Licht, ich danke Dir im Namen der „Quelle allen Seins" für Deine Liebe und für Deine Bereitschaft, dem Licht zu dienen. Ich werde nun Fragen beantworten, die mich erreicht haben.

Hast Du bemerkt, dass ich im ersten Satz zweimal das Wort Licht benutzte? In meinem ersten Satz liegt die Antwort auf viele Deiner Fragen verborgen, denn in diesem Satz beantworte ich zum Beispiel die Fragen: *Was kann ich für meinen Aufstieg tun? Worum geht es in meinem Leben? Warum geht es für mich scheinbar nicht vorwärts? Was ist mein wahres Wesen? Was kann ich der Welt geben? ...*

Diese und ähnliche Fragen sind es, die mich aus Deinem Herzen erreichen. Ich spreche Dich heute sehr direkt an und wenn Du in Deinem Herzen noch keine Resonanz fühlst, möge dies der erste Weckruf für Dich sein.

Du bist Licht, dies ist Dein wahrer Kern. Du bist universellen, göttlichen Ursprungs, so wie alles Sein aus der einen Quelle hervorgegangen und bist immer ein Teil von ihr geblieben! Dein Weg führte Dich durch Trennung, durch Raum und Zeit und durch alle Facetten des Lebens hin zu Deinem jetzigen Sein. Du bist ein geliebter Diener des Lichts und der großen Gemeinschaft des All-Einen. Dein Sein ermöglicht Dir und dem Licht, einzigartige Erfahrungen zu machen und so sich selbst zu erkennen. Je mehr Du *Du selbst* bist, desto mehr profitieren alle! Du bist ein einzigartiger Teil des Lichts, mit einer einzigartigen Art, Form und Prägung des Ausdrucks!

Es ist Deine Aufgabe, diese Form zu leben und zu sein! Das Licht drückt sich durch Liebe aus und ist der Spirit, die Gestaltungs-, die Schöpferkraft, die Lebensenergie und das Bewusstsein, das jede Materie im Kern bestehen lässt. Liebe lässt sich in der Ganzheit weder beschreiben noch verstandesmäßig erfassen, nur das Herz vermag sie zu erfühlen, denn im Herzen lebt das göttliche Licht in Dir – Du bist Licht!

Nun fragen sich einige unter Euch: *Warum wird es den Lichtarbeitern so schwer gemacht? Warum muss ich immer wieder zurück in die alte Energie, warum tauchen immer wieder Probleme auf, die doch schon lange bearbeitet sind? Warum werde ich immer wieder in die alte Energie gezogen, wo mein Wunsch nach Aufstieg doch so eindeutig ist?*

Mein geliebtes Wesen, Dir möchte ich besonders danken, denn Du hast eine besondere Aufgabe gewählt. Du trägst nicht nur Deine dunklen Schatten ins Licht, sondern hast für die gesamte Menschheit Verantwortung übernommen! So werden nun Muster aus Jahrtausenden gelöst und zum Licht geführt.

Es mag aus Deiner Perspektive unmöglich sein, den Sinn und die Aufgabe zu erkennen, doch glaube mir, nur sehr hohe, lichte Wesen können solche Aufgaben wie Du übernehmen. Du bist dem Licht sehr nahe und Deine Aufgabe ist, dieses Licht zu verbreiten, da wo es fehlt. Wenn Du den Kontakt zur „alten Welt" aufgibst, kannst Du dort nicht mehr wirken! Du würdest aus der Wahrnehmung der Menschen verschwinden und nur durch Dein Sein in der dichteren Ebene kannst Du Deine spezielle Aufgabe erfüllen.

Es ist der Wunsch der stärksten, liebevollsten und mutigsten Seelen gewesen, diese Aufgabe zu übernehmen. Es ist ein Privileg und eine besondere Auszeichnung, als inkarniertes Wesen im Bewusstsein mehrere Dimensionsebenen erleben zu können. Mit jedem Wechsel der Ebenen erweiterst Du das Tor zwischen den Welten und eröffnest dem Licht den Weg zu den Menschen und den Menschen den Weg zum Licht. Du leistest eine wunderbare Aufgabe, die den höchsten Respekt und die höchste Anerkennung verdient!

So verzage nicht, wenn Du Dich wieder einmal „unten" fühlst! Vor allem verurteile Dich nicht! Bewerte Dich und andere Lichtarbeiter nicht nach dem, was „offensichtlich unvollkommen" ist, sondern erkenne, welch große Aufgaben sich im Verborgenen erfüllen.

Wer jetzt schon in die fünfte Dichte wechselt, wird für die Menschen verschwinden. Wenn dies in früheren Zeiten geschah, sprachen die Menschen von Entrückung. Doch dies wird nur in einzelnen Fällen geschehen, denn der Plan sieht einen Übergang der Öffnung und Verschmelzung vor. Die Welten werden miteinander verschmelzen und die Nebel sich auflösen. Wer in diesen Zeiten zwischen den Welten wechselt, bereitet hierfür den Boden – so wird es möglich, dass alle anderen folgen können.

Die letzte Frage, die ich heute beantworten werde, ist die: *Warum klappt es jetzt nicht mehr mit meinen Beziehungen, ich fühle mich so allein, ich habe solche Sehnsucht!*

Neben den unterschiedlichsten, persönlichen Gründen, die ich hier nicht erörtern kann, gibt es eine Erklärung, die für nahezu alle Lichtarbeiter zutrifft, die von solchen Gefühlen betroffen sind. Ihr seid mit der allumfassenden, bedingungslosen Liebe in Kontakt gekommen! In Euren Schlafphasen werdet Ihr an Euer wahres Sein und die wahre Liebe erinnert. Und das Zurückkommen kann Gefühle von Frustration und Sehnsucht hinterlassen. Eure Partner können diese Sehnsucht nicht stillen, auch wenn sie selbst für das Licht arbeiten. Es ist die Sehnsucht nach Eurem wahren Zuhause und nach dem Verschmelzen im „All-Eins-Sein".

Deine Sehnsucht wird gestillt werden, noch bevor Deine Arbeit beendet ist! Sei offen für die Liebe und liebe Dich selbst, so wie Du bist! Selbstannahme und Vertrauen in die Liebe, in die eigene innere Weisheit und in die geistige Führung im Herzen werden Dich durch diese herausfordernden Zeiten sicher leiten.

Ich segne Dich in „bedingungsloser Liebe" und Dankbarkeit. Ich bin Uriel.

Geh Deinen Weg

Hier ist Uriel, das Licht Gottes.

Geliebte Wesen, ich grüße Euch voll Freude und in „bedingungsloser Liebe". Auch wenn im Außen noch jene Kräfte wirken, die am alten Denken der tieferen Schwingungen festhalten, ist es für jeden von Euch im Inneren spürbar, dass der Wandel bereits stattgefunden hat. Immer wenn es Euch gelingt, den Fokus auf Euch selbst und Euer inneres Streben zu richten, werdet Ihr mit den Schwingungen der fünften Bewusstseinsebene in Kontakt kommen. Es ist Euer innerster Kern, der nun bereits auf einer höheren Ebene angelangt ist und der seinen Weg nach außen sucht.

Ihr alle, die Ihr den Weg gewählt habt, als inkarnierte Wesen dem Licht zu dienen und den Aufstieg Gaias und der Menschen zu begleiten, habt jetzt den Raum der Gestaltung betreten. Jetzt bekommt Ihr verstärkt Hilfen aus der Geistigen Weltgeboten, um Eure inspirierten Visionen und Träume zu verwirklichen. Die reinen Kanäle des Lichts werden aufgerufen, diese Hilfen zu vermitteln, zu geben und Wege zu bereiten. Die vielen Meister, die unter Euch schon lange im Stillen wirken, werden mehr in der Öffentlichkeit präsent sein.

Ja, es sind wirklich erfreuliche Botschaften, die ich zu verkünden habe, doch es ist vor allem ein Appell an Euch, aktiv zu werden. Nur wenn Ihr beginnt, Eure Wünsche zu verwirklichen, können wir Euch dabei helfen, indem wir Steine aus dem Weg räumen, Begegnungen und Kontakte führen und Ressourcen bereitstellen. Eure Bewegung aus dem Alten heraus ist für uns das Signal Eures Freien Willens, dass Ihr nun Euren gewählten Weg zu gehen bereit seid. Ein Gebet oder ein ausgesprochener Wunsch allein reichen oft nicht aus, da Ihr durch die Erfahrungen in der dualen Welt nur selten eindeutige Signale sendet. Häufig sind Herz und Verstand noch uneins und so ist ein Wunsch „halbherzig". Wer jedoch mit seinem Verstand beginnt, die Wünsche und Visionen des Herzens zu beachten und zu verwirklichen, der sendet ein sicheres Zeichen und kann mit unserer Unterstützung rechnen.

Wenn die eigenen Ängste und Vorbehalte erst einmal angenommen und überwunden sind, entsteht ein anderes Erleben der „Realität". Du bist ein multidimensionales Wesen, das habe ich schon oft gesagt, doch die Bedeutung dessen ist entsprechend vielschichtig und wird von Dir schrittweise erfahren.

Wenn Du Deine Schöpferkraft voll nutzen möchtest, kommt es darauf an, die Ebenen zu verbinden und als Einheit zu wirken. Du wirst mit Kopf, Herz und mit Deinem Höheren Selbst als Verbindung zum „All-Eins-Sein" gemeinsam wirken lernen. Dieses Eins-Sein entspricht dem vollen Bewusstseinspotential, welches Dir gegeben ist, und es sind jene 100 Prozent, die „Wunder" zur alltäglichen Erfahrung werden lassen und eine neue Welt schaffen. Du wirst große Kraft und persönliche Stärke entwickeln, doch dabei das Gefühl haben, dass es gar keiner Anstrengung bedarf, weil sich alles fügt und sich wie selbst-verständlich entwickeln wird.

Ihr Lichtarbeiter, Ihr großartigen Wesen seid das Bodenpersonal und Ihr seid die Lichtanker, die es uns ermöglichen, durch Euch den Plan zu erfüllen. Uns alle eint die gemeinsame Aufgabe und doch sind es die individuellen Besonderheiten, die immer zu beachten sind. Ein jeder von Euch kam mit bestimmten Lektionen und seiner persönlichen Färbung auf die Welt und vieles ist davon unbeachtet geblieben oder ins Vergessen geraten, doch im Herzen tragt Ihr immer noch alles in Euch.

Wenn Du Dein Herz befreist und Du Dich tief mit Dir selbst verbindest, wirst Du wissen, wohin es Dich ziehen möchte und Du wirst wissen, was für Dich zu tun ist. Vielleicht sagt Dein Ego, das ist zu banal für mich und vielleicht sagt Dein Verstand, das ist viel zu groß, das kann ich nicht, unmöglich! Möglicherweise kommen Ängste hoch, die Dich und Deine Überzeugung prüfen wollen.

Nimm diese Ängste und Begrenzungen an, schau hin, woher sie kommen und ob es für Dich dienlich ist, sie weiter zu beachten. Es sind die Energien Deiner alten Welt und Du wirst sie hinter Dir lassen, wenn Du Deinem Weg folgst. Oft hält Euch die Angst vor Verlust gefangen, in Situationen, die Ihr selbst nicht wollt, und die scheinbare Sicherheit ist in Wahrheit nichts anderes als Abhängigkeit und Aufgabe der Freiheit.

Es ist Zeit, Dich Deiner wahren Bestimmung, Deines wahren Selbst zu erinnern und für Deine Entfaltung einzutreten. Gehe Deinen Weg in Freude und Liebe, Du wirst Unterstützung und Anleitung bekommen. Engel und Meister, die inkarnierten und die im geistigen Raum, sind bereit, auf Deine eindeutigen Signale zu antworten. Öffne die Augen und Dein Herz – so wirst Du sie erkennen!

Ich segne Dich und Deinen gewählten Weg mit der „bedingungslosen Liebe der Quelle allen Seins". Ich bin Uriel.

Selbstverantwortung

Hier ist Uriel, das Licht Gottes.

Ich grüße Dich, geliebtes Licht. Nicht alles, was sich ereignet, dringt durch die Schleier, die Euch noch immer von der nächsten Bewusstseinsebene trennen. Die Zeit wird sich für Euch durch die höheren Schwingungen der einströmenden Lichtwellen weiter beschleunigen und sowohl Licht als auch Schatten für Euch noch deutlicher sichtbar werden lassen. Einiges davon wurde von der Geistigen Welt über andere Kanäle schon verkündet, doch werden die Informationen, die von außen zu Euch kommen, meist vergessen, bevor sie irgendeinen Veränderungsprozess bewirken können.

Mancher unter Euch, auch unter den Lichtarbeitern, die sich einst einer Aufgabe verpflichtet haben, konsumiert mittlerweile Botschaften der Geistigen Welt ebenso wie die Nachrichten oder die Werbesendungen Eurer Industrie im Fernsehen. So erscheint nur, was besonders sensationell ist oder wenn Ereignisse zu bestimmten Zeitpunkten angekündigt werden als bemerkenswert, bleibt im Gedächtnis und wird zerpflückt, wenn sich Eure Erwartungen nicht erfüllen.

Wenn Du jedoch vom Licht profitieren möchtest, werden Dir solche Botschaften kaum helfen. Wenn Du dagegen das Licht nutzt, um innere Klarheit zu erlangen, Dein Bewusstsein zu erweitern und in neue Höhen zu tragen, hat für Dich nun eine großartige Zeit begonnen.

Es liegt in Deiner Hand, wie Du die kommende Zeit erleben wirst. Ich habe es schon oft betont, dass Du Schöpfer Deiner Welt bist und dafür hast Du diese Welt betreten! Es ist eine Illusion, zu glauben, die Welt würde Dich prägen, *Du* bist es selbst, der die Welt gestaltet – natürlich nicht allein, denn das bist Du nie, wir alle sind eins und auf ewig verbunden. Wir alle gestalten gemeinsam, doch Dein Erleben ist sehr individuell und unterliegt Deiner Verantwortung. Dein Bewusstsein entscheidet, ob der Becher halb voll oder ob er halb leer ist, auch ob das Wetter als „gut" oder „schlecht" bezeichnet wird, ist Ansichtssache.

Soweit wirst Du es sicher sofort bestätigen. Wenn es jedoch darum geht, ob Du arm oder reich bist, ob Du frei oder abhängig bist, wird es schon schwieriger. Es gibt auch Situationen, in denen die freie Entscheidung scheinbar keine Rolle mehr spielt, wie zum Beispiel in Kriegs- oder Hungergebieten. Doch auch dort gelten die gleichen Prinzipien, auch wenn sie aus Eurer Perspektive kaum noch zu erkennen sind. Neben der Illusion der linearen Zeit sind es die prägenden Vorstellungen und begrenzenden Glaubenshaltungen über das, was Eure realen Möglichkeiten sind, die Eure Wahrnehmung bestimmen.

Für manchen scheint es immer noch bequemer zu sein, sich als Opfer zu fühlen und die Schuld und Verantwortung für die eigene Lebenslage bei anderen zu suchen. Ihr sehnt Euch nach Achtung, Anerkennung und Selbstbestimmung, doch scheut Ihr häufig noch die damit verbundene Verantwortung. Der Weg in die Freiheit bedingt jedoch die Übernahme von Selbstverantwortung. Sich solche zu geben, ist für die freie Gestaltung des Lebens unabdingbar, denn nur Dein Selbst ist in der Lage, Deine individuelle, einmalige Person auszudrücken.

Scheue Dich nicht, „anders" zu sein als die anderen, denn Du bist es!

Wenn Du wirklich Du selbst bist, wirst Du auch fühlen, dass wir alle individuell und doch Eins sind. Du wirst Dein Leben so ausrichten, dass Dein inneres Sein im Außen erscheint und Du mit Deiner Umwelt in Harmonie und Frieden lebst. Du wirst Deinen Teil, Deine Farbe zum Bild des Ganzen hinzufügen und so wirst Du selbst, ebenso wie jeder andere, Deinen wahren Wert erkennen. Dies, mein geliebtes Wesen, ist Deine Zukunft: Wenn Du lernst, Dich Dir selbst zu öffnen, Dir selbst zu vertrauen und Dein Selbst auszudrücken. Suche die Antworten auf die Fragen Deines Lebens nicht im Außen und in der Materie, sondern heile Deine Seele und gestatte ihr, sich auszudrücken. Das Wirken der Lichtkräfte und ihrer reinen Kanäle richtet sich nun noch stärker darauf aus, jeden Einzelnen in seine ursprüngliche Kraft zu führen.

Frage Dein Herz, wem Du trauen kannst und lass Dich zu Dir selbst führen. Sei weiter skeptisch, wenn bestimmte Ereignisse vorhergesagt werden und sei Dir stets bewusst, dass *Du* der Gestalter der Welt bist! Und es liegt in *Deiner* Verantwortung, das Licht zu erleben und so Deine Umwelt zu prägen. Zweifle nie an Dir selbst und an der Liebe, auch wenn erst das Licht den Dich umgebenden Schatten sichtbar werden lässt. Die Liebe und das Licht werden bestehen – die Schatten werden weichen.

Ich segne einen Jeden von Euch mit der „bedingungslosen Liebe der Quelle allen Seins". Ich bin Uriel.

Schuldgefühle und Vergebung

Hier ist Uriel, das Licht Gottes.

„Ich vergebe Dir!" Geliebtes Wesen, mit diesem Satz möchte ich Dich auffordern, es mir nachzutun. Lege für die Lösung von Schuld kein strengeres Maß an als der Himmel. Niemand anders als Du selbst ist dazu in der Lage, Dich von Deinem Gefühl der Schuld zu befreien. Jahrhundertelang wurde Euch eingeredet, Ihr seid bereits in Schuld und Sünde geboren. Euer Freier Wille wurde als Ursache hierfür verdammt und so wurde ein hohes, geistiges Gesetz gebrochen – denn der Freie Wille ist heilig! Durch Manipulation an der göttlichen Wahrheit wurden Euch Schuldgefühle eingepflanzt und so der Freie Wille eingeschränkt.

Einst wurden als Richtschnur für rechtes Handeln die Worte: *„Nicht mein Wille, sondern Dein Wille geschehe"* gegeben. Dabei war im Ursprung das eigene, göttliche Selbst gemeint, die Stimme des Lichts im Herzen und diese sollte Euch und Euer Handeln lenken. Es sprach der Christus von der Überwindung des Egos, nicht von der Aufgabe des Freien Willens!

Doch durch die Manipulation am Gottesbild in ein von Euch getrenntes Wesen, wurde gerade dies erreicht. Ich, mein Wille, mein Besitz, mein Ego – das ist es, wovon Jesus zu den Menschen sprach. *„Befreie Dich davon und lasse Dein Herz sprechen. Der Vater und Ich sind im Herzen Eins, sein Wille geschehe."*

71

Wer jedoch Gott nicht mehr in sich selbst sucht und wahrnimmt, wer sich „Gottes Willen" von machtbesessenen Kirchenfürsten erklären lässt, gibt den Freien Willen auf, wird fügsam und manipulierbar. Dir wurde gesagt, dass Du schuldig und in Sünde gefallen bist, und nur wenn Du tust, was Dir gepredigt wird, kannst Du Erlösung durch die Kirche erlangen. Dein Ego glaubte es und zweifelte gleichzeitig und so wurden die eigenen Gedanken, Empfindungen und die innere Stimme zur Quelle von Schuldgefühl, Verdrängungen und Abspaltungen.

Noch ein Zweites trieb die Menschen in ein kollektives Schuldgefühl und vergrößerte die Spaltung von Herz und Verstand, vom Selbst und vom Ego. Es waren Eure von Macht und Besitz verblendeten Führer, die Eurem Verstand einredeten, dass die von ihnen gemachten Gesetze höheren Stellenwert haben als die universellen, göttlichen Gesetze. So ist zum Beispiel das Gebot „Du sollst nicht töten" eindeutig und bedarf keiner weiteren Interpretation! Weder als Strafe für Verbrechen noch im Krieg ist das Töten von Menschen ohne schwere, karmische Last möglich. Dein Herz weiß es, wusste es immer, doch Dein Ego glaubte Deinen (Ver-)Führern.

So hat im Laufe der Inkarnationen fast jeder getötet oder hat sich und sein Leben einer Ideologie im Krieg geopfert. Ein Gefühl von Schuld im Herzen, unbestimmt und kaum zu fassen, war die Folge und so befindet sich das Schuldgefühl nun bei vielen von Euch sowohl im Herzen als auch im Kopf, denn diese alten Lasten wurden bisher nur von Wenigen vollständig gelöst.

Nun, mein geliebtes Licht, ist endgültig die Zeit gekommen, alle Schuld abzulegen und vollständig zu vergeben. Alles alte Karma ist durch Gnade gelöst und das Bewusstsein über den göttlichen Kern in einem Jeden von Euch ist zurückgekehrt. Die Trennung vom Göttlichen wurde aufgehoben und so bist Du nun bereit, in die Einheit zurückzukehren. Die Trennung besteht nur noch in Dir, in Deinen Zweifeln und Beschränkungen und in Deinen Ängsten und Selbstvorwürfen. Befreie Dich von den selbstauferlegten, geistigen Ketten, denn es gibt keine Schuld, die Du zu sühnen hast.

Als Werkzeuge zum Lösen dieser alten Muster benutze „das Feuer der Transformation" (siehe Kapitel »Werkzeuge«) und die „innere Freiheit", die ich Euch bereits gegeben habe.

Meine Werkzeuge sind sehr wirksam und bringen Dich in Deine Kraft und Selbstverantwortung. Wenn Du den Weg der Liebe, den Weg des Herzens und der Selbst-Annahme gehst, wirst Du frei sein. Traue nicht den Systemen, Ideologien oder dem „Zeitgeist", sondern vertraue Dir selbst! Vertraue Deiner inneren Stimme und vertraue der inneren Überzeugung, die aus dem Herzen wächst! Achte die aktuellen, weltlichen Gesetze, doch stelle sie nicht über die ewiggültigen, göttlichen Gesetze. Löse Dich von alten Versprechen und Verpflichtungen, wenn Du erkennst, dass diese nicht mit Deiner inneren Wahrheit harmonieren.

Wir Engel helfen Dir gern, wenn Deine Seele durch ein altes Gelöbnis oder einen Eid gebunden ist, doch unser Handeln bedarf der Absicht Deines Freien Willens – nur Du selbst stehst für Dich in der Verantwortung. Erlösung und Vergebung sind Dir gewährt, wenn Du es geschehen lässt! Du musst Dir selbst vergeben, Dich mit Deinem gesamten Sein akzeptieren und annehmen.

Dies mag für viele schwer sein, denn es erfordert zuerst auch das Eingeständnis des eigenen Schattens und der dunklen Seite, denn auch diese gehört zur dualen Welt und ist bei jedem von Euch vorhanden. Erst das Vorhandensein des Schattens gibt dem Licht Konturen und macht es so auf Eurer Ebene erfahrbar. Und die Unterscheidung zwischen *gut* und *schlecht* schwindet mit dem Wechsel der Ebenen. Der Wechsel erfordert jedoch eine selbst-verständliche Beachtung der göttlichen Gesetze, wodurch es kaum noch zu gegenseitigen Verletzungen, Manipulationen oder gar Verbrechen kommen kann.

Das meiste Unrecht geschieht auf Eurer Ebene aus Angst! Aus Angst wird gelogen, betrogen und hintergangen. Angst und Misstrauen führen zur Abgrenzung und sogar zum Krieg. Schuld und Schuldgefühle sind Kinder der Angst, die diese wiederum stärken und neue Ängste vor Verfolgung und Strafe gebären.

Doch Liebe und Vergebung durchbrechen diesen Kreislauf, denn Vergebung nimmt die Schuld und die Liebe löst die Ängste auf. Im Angesicht der „bedingungslosen Liebe" kann keine Angst bestehen. Begegne Dir also selbst mit Liebe, Vertrauen und Nachsicht und nimm Deine Wertungen und Urteile über Dich zurück. Werde innerlich frei, vergib Dir aus Deinem innersten Selbst, sprich Dich frei von allen Verfehlungen und *„gehe hin und sündige fortan nicht mehr".* Auch in Dir brennt die Flamme des göttlichen Lichts, die „bedingungslose Liebe".

Ich segne Dich und Dein Wirken in Deiner Welt. Die „bedingungslose Liebe der Quelle allen Seins" fließt Dir auf ewig zu. Ich bin Uriel.

Schlaf und Traum

Hier ist Uriel, das Licht Gottes.

Meine geliebten Wesen, die Energien dieser Zeit stellen für viele von Euch eine besondere Herausforderung dar. Neben den verschiedensten Lichtkörpersymptomen des physischen Körpers haben etliche von Euch auch Belastungen der Psyche zu tragen. So wechseln manchmal Stimmungen ohne erkennbaren Anlass zwischen deprimiert und erfreut oder beglückt. Oder Ihr erlebt Euch plötzlich als aufbrausend und reagiert in einer Form, die Ihr selbst als unangemessen empfindet. Manches, was Ihr als abgeschlossen geglaubt habt, taucht plötzlich wieder auf und es scheint alle Entwicklung in Frage zu stellen, die Ihr in der letzten Zeit genommen habt.

Liebes Licht, wenn Du Dich in dieser Beschreibung wiederfinden konntest, mag es Dich trösten, dass es sich um Symptome der Ablösung handelt. Eure Körper sind in einer Umwandlung begriffen, die auf der innersten, kleinsten atomaren und subatomaren Stufe der Materie abläuft. So ändert sich der Aufbau und die Struktur einer jeden Zelle und Eure Körper werden neu geschaffen. Die im Zellgedächtnis ruhenden Erfahrungen, Muster, Vorstellungen und Ängste werden bei diesem Prozess gelöst und gelangen an die Oberfläche des Bewusstseins. So ist das Wiederauftauchen ein Hinweis auf Entwicklung und Heilung.

Die Geistige Welt unterstützt und begleitet diese Transformation, Integration und Heilung und Du erfährst diese Hilfe in jeder Nacht.

So komme ich zu meinem heutigen Thema: Ich möchte über das berichten, was in den Nächten, während Ihr schlaft, so alles geschieht. Dass Schlaf elementar wichtig für die Gesundheit, sowohl für den Körper als auch für die Psyche ist, haben Eure Wissenschaftler schon lange erkannt. Ihr wisst, dass der Mensch krank wird und letztlich stirbt, wenn er nicht schlafen kann; Ihr wisst um den veränderten Stoffwechsel des Körpers im Schlaf und Ihr versucht zu ergründen, warum es manchmal zu Schlafstörungen kommt.

Ebenso sind Träume schon lange Gegenstand von Untersuchungen und viele Menschen widmen ihr Leben der Deutung von Träumen. Da jedoch Eure „Wissen"-schaff(tl)er den spirituellen Ursprung und die Multidimensionalität der Seele weder verstehen noch anerkennen, bleiben wichtige Zusammenhänge dem Verständnis entzogen und nur wenige von Euch wissen um das wahre Geschehen im Schlaf.

In jeder Nacht geht Eure Seele auf die Reise in eine andere Welt. Dies geschieht in den Tiefschlafphasen, nicht in der Traumphase! Euer Bewusstsein verlässt den Körper während dieser Astralreisen, bleibt jedoch über ein Energieband in ständiger Verbindung. Die geistige Welt, in die Ihr reist, liegt in einer anderen Dimension und ist dadurch ebenso fern wie nah, denn die Trennung der Welten besteht nicht aus einer Entfernung, die man in Meilen oder Lichtjahren messen kann, sondern sind im Hier und Jetzt ineinander verwoben. Jede „astrale Reise" wird von der Geistigen Welt begleitet, Ihr werdet quasi abgeholt und auch wieder zurückgebracht. Ihr besucht im Schlaf Eure geistige Heimat. Ihr werdet dort mit Lebensenergie versorgt, besucht Schulungen und gebt Bericht über Euer Wirken und Erleben. Ihr erfahrt Heilung und werdet für Euren Lebensweg ausgerichtet.

Die geistigen Welten sind sehr vielschichtig und haben teilweise Ähnlichkeit mit Eurer materiellen Welt. Doch in dieser Welt ist die Materie dünner, leichter und luftiger, sie bietet keinen Widerstand und kann jederzeit leicht durchdrungen werden. Es besteht eine friedliche, liebevolle, von Verständnis, Akzeptanz und Annahme getragene Atmosphäre aller Wesen untereinander.

Ihr begegnet in dieser Zeit sowohl Wesen, die nie inkarniert sind, als auch solchen, die diesen Weg bereits abgeschlossen haben. Gelegentlich trefft Ihr auch andere, gerade inkarnierte Menschen, mit denen Ihr eine Verbindung habt. Auf dieser Ebene bereitet Ihr auch die „schicksalshaften" Begegnungen vor, die dann später Euer Leben maßgeblich beeinflussen werden. Auch die Erfahrung eines Déjà-vu lässt sich meist auf eine solche Begegnung zurückführen.

Euer Selbst entscheidet auf dieser Ebene über Euren Weg und wie die angestrebten Lektionen zu erfahren sind. Das Bestehen dieser Entscheidungsmöglichkeit macht Vorhersagen für zukünftige Erfahrungen, Abläufe und Begegnungen sehr vage, denn es werden hier Zeitfenster für Ereignisse angelegt.

Geliebtes Licht, diese Welt besuchst Du in jeder Nacht, manchmal sogar mehrfach!

Wenn Dein Bewusstsein in den Körper zurückkehrt, beginnen die Träume oder Du erwachst spontan. Die Träume sind es, in denen Dein Selbst Informationen an Dein Gehirn zur Verarbeitung übergibt. Das menschliche Gehirn verarbeitet Informationen durch das Vergleichen mit Bekanntem, das Ergänzen durch Erwartetes, das Entfernen von Unverständlichem und das Verbinden mit Emotionen. So fließen in die entstehenden Träume auch alle Ebenen des Erlebens ein, sowohl die nächtlichen Erfahrungen der Seele und das alltägliche Leben in der materiellen Welt als auch die gespeicherten Erfahrungen der Vergangenheit, inklusive der Echos aus anderen Inkarnationen.

So ergeben sich Bilder, die sehr individuell sind und nur vollständig gedeutet werden können, wenn alle Bereiche berücksichtigt werden. Je mehr Inhalte aus den Geistigen Welten enthalten sind, desto flüchtiger erscheinen die Träume. Denn die außer-körperlichen Inhalte werden selten im Gedächtnis gespeichert, das heißt, das Gehirn verliert den Zugriff darauf, denn sie haben keine Verbindung zum Körper, welcher für das Gehirn der wichtigste Bezugspunkt ist. Aus dem Unterbewussten heraus können sie jedoch wirken und führen zu den eingangs geschilderten emotionalen Schwankungen oder Ausbrüchen.

Eure „Nachtarbeit" hat sich intensiviert, da nun viele Veränderungen und Neuausrichtungen vorgenommen werden. Ihr braucht nun mehr Ruhe als früher, auch wenn es jetzt zu einem veränderten Schlafrhythmus oder nächtlichen Schlafpausen kommt. Gönne Deinem Körper auch tagsüber eine Pause, wann immer es sich einrichten lässt, besonders wenn durch die nächtlichen Aktivitäten der Schlaf häufig unterbrochen wird. Ich habe hier bewusst von „Nachtarbeit" und nicht von Schlafarbeit gesprochen, denn der Schlaf am Tage unterscheidet sich von dem in der Nacht.

Der Besuch der Geistigen Welten ist in verschiedene Zyklen und Bedingungen eingebunden. Einer dieser Zyklen betrifft auch die Stellung von Sonne und Mond. Wer nicht in der Nacht zum Schlafen kommt, verliert einige der Möglichkeiten zur Regeneration und Heilung auf der geistigen Ebene. Indirekt wirkt sich dies auch auf den Körper aus und kann krankmachen. Ich betone hier noch einmal, Nachtschlaf ist nicht zu ersetzen und er wird in der Zeit der Wandlung immer wichtiger.

Geliebtes Wesen, je mehr Du mit Deinem Selbst im Herzen verbunden bist, desto klarer wird für Dich Dein Weg sein, denn dann reist des Nachts *der* Teil von Dir, der Dein Bewusstsein und Deine Identifikation trägt. Wenn Du noch sehr im Ego und dem Materialismus verhaftet bist, wirst Du weiter in der Trennung bleiben und Dein Leben als abhängig und von außen gesteuert erleben.

Dir werden viele Hilfen gegeben, die hier nicht aufgeführt werden können, da sie sehr individuell gestaltet sind und nur zu Verwirrungen führen würden. Du bekommst von der Geistigen Welt Informationen und Hinweise in Form von intuitiven Gedanken, Bildern und „schicksalhaften" Begegnungen. Vertraue dabei in die eigene Wahrnehmung und so wird jeder erbetene Beistand der verlässlichen Helfer in der Geistigen Welt und auf der Erde Dich sicher leiten.

Mein Segen und die „bedingungslose Liebe der Quelle allen Seins" begleiten Dich. Ich bin Uriel

Lust – Verlustangst

Hier ist Uriel, das Licht Gottes.

Meine geliebten Wesen, nun werde ich mich einer eurer tiefverwurzelten Ängste widmen, jene Angst, die auch so manchen Lichtarbeiter zögern lässt und den Freien Willen beeinflusst: die Angst vor Verlust. Um die wahre Dimension dieser Angst zu erfassen, ist es wichtig, Eure Geschichte zu bedenken.

Ja, Ihr habt alle einen schweren Verlust erlitten, dessen Wirkung sich über endlose Zeiträume erstreckt und der viel Leid bedingte. Dieser Verlust war nicht weniger als die Vollständigkeit der Seele, des eigenen Selbst und die Verbindung zum göttlichen All-Eins. Wie schwer dieser Verlust zu tragen ist, hat Eure Seele erst in der gemeinsam mit dieser Trennung entstandenen linearen Zeit erfahren.

Bei vielen Menschen blieb dieser selbstgewählte Verlust als ein lebensbestimmendes Trauma prägend bis heute. Das Sammeln, Horten und Festhalten von Besitztümern aller Art ist ebenso darauf zurückzuführen, wie so viele Dramen in Euren Beziehungen, die auf Festhalten, Besitzansprüchen, Eifersucht und Verlustängsten beruhen.

Die Angst vor Verlust treibt Euch dazu, immer mehr haben zu wollen, in der irrigen Annahme, dass die Angst dann weniger wird. Doch das Gegenteil ist meist der Fall, denn je mehr Ihr besitzt, desto mehr droht Ihr zu verlieren.

Wo Besitz und Verlustangst herrschen, sind auch Gier und Neid nicht weit. Gier und Neid bedingen wiederum Misstrauen und Abgrenzung. Menschen, die in diesen Strudel geraten sind, haben längst den Kontakt zur Ursache dieser emotionalen Abgründe, den Verlust des eigenen Selbst, ebenso verloren wie die Liebe und so auch die Möglichkeit der Überwindung und Heilung. Der Aufstieg in eine neue Stufe des Bewusstseins wird Euch noch einmal diese alten Schmerzen fühlen lassen, damit Heilung geschieht.

Für viele der fortgeschrittenen Lichtarbeiter macht es sich sehr subtil bemerkbar. Ihr fragt Euch zum Beispiel: Wie ist es mit der Lust in den höheren Dimensionen? Muss ich als aufgestiegenes Wesen auf die körperliche Liebe verzichten? Wie ist es mit Spaß und Sinnesfreude, gibt es so etwas mit einem durchlichteten Körper? Muss ich auf den köstlichen Genuss verzichten, den mir das Essen bereitet? Und bei manchen schleicht sich dabei ein Gefühl von Zweifel und Verlust ein.

Mein geliebtes Licht, wenn Du auch zu jenen gehörst, werde ich Dir nun eine sehr gute Nachricht zukommen lassen. Lebensfreude, Lebenslust und die Liebe in allen erdenklichen Fassetten zu leben, wird für Dich ebenso in weit höherem Maß möglich sein wie auch der Genuss von Speisen und Getränken. Lust ist ein elementarer Bestandteil des Lebens, sie wird gelebt und auf viele Arten in Freiheit und Liebe ausgedrückt. Die in der dualen Welt auf Mangel und Fixierung gründende Wollust hingegen endet mit dem Wechsel der Schwingung ebenso wie die auf Abhängigkeit basierenden Beziehungen.

Die Angst zu verlieren, was Spaß, Lust oder Genuss bedeutet, ist oft verknüpft mit der eingangs beschriebenen Angst, die durch die Trennung der Seele entstand. So bringt Euch diese Angst dazu, festzuhalten an Bekanntem, macht Euch anfällig für Süchte aller Art und hält Euch in der Abhängigkeit. Dabei werden Lust und Liebe getrennt und Freude und Spaß verlieren den Zusammenhang, wenn sich Zynismus und Schadenfreude zeigen.

Geliebtes Licht, es gibt für Dich nur den Weg der Liebe, der Dich wieder in die Vollständigkeit führt. Wenn Du Dich selbst in Liebe annehmen kannst, wenn Du bereit bist, der Liebe alles andere unterzuordnen, wird sich die Angst auflösen und Du wirst frei. Und wenn Du im Inneren frei bist, wird Dich nichts mehr von Deinem Weg abbringen, denn Du hörst auf, manipulierbar zu sein.

Es gibt kein äußeres Vergnügen, kein Abenteuer und keine Droge, die auch nur andeutungsweise die Intensität der Glückserfahrung bereiten kann, die das Verschmelzen der Seele mit dem „All-Eins-Sein" für Dich sein wird. Gehe Deinen Weg, es gibt nichts zu verlieren, außer der Angst vor Verlust.

Du bist nie allein, Du bist geführt, geschützt und unendlich geliebt. Ich segne Dich. Ich bin Uriel.

Läuterung

Hier ist Uriel, das Licht Gottes.

Geliebte Wesen, Ihr geht gerade durch eine Zeit, die für viele von Euch zu einer Prüfung und Läuterung gereichen wird. Den Begriff „Läuterung" benutze ich sehr bewusst, denn es geht in dem begonnenen Prozess um mehr als nur Klärung oder Reinigung, wenn auch beides dazugehören wird. Auch Neuorientierung oder Neuausrichtung werden Bestandteil sein, doch auf einer sehr viel tieferreichenden Bewusstseinsebene als zu anderen Zeiten. Die Prüfungen bestehen darin, die eigenen Überzeugungen zu *leben*.

Ihr werdet durch eine Fülle von Emotionen geführt, die nur auf Eurer Ebene so zu erleben sind. So können auch Gefühle auftauchen, die Euch vielleicht verwundern oder gar erschrecken werden. Ihr werdet Euch selbst neu finden müssen, denn Ihr werdet aufgefordert sein, „Stellung zu beziehen". Ihr werdet ehrlich gegenüber Euch selbst und anderen sein, denn Eure Seele ist auf der Suche nach dem eigenen Ursprung, nach der individuellen, einzigartigen Ausrichtung und dem Seelenheil, dem Heil(ig)-Sein.

Nicht alles, was sich nun in Dir zeigt, entspricht Deinem wahren Selbst und es ist an Dir, dies zu erfahren und Dich selbst zu finden. Die Zeit der Prüfung und der Läuterung ist so auch eine Zeit der Trennung, die jeder Zusammenkunft vorausgehen muss.

Bevor sich Deine Seele in ihrer Vollständigkeit wieder neu vereinigen kann, wirst Du Dich von allem Fremden in Dir lösen. Damit dies geschehen kann, ist es wichtig, mit den Vorstellungen und Urteilen über Dich selbst aufzuräumen.

Mit dem Verlust der inneren Verbundenheit ging bei Euch der Wunsch nach äußerer Orientierung einher. Ihr habt das innere Streben nach Selbstausdruck gegen das Streben nach gesellschaftlicher Anerkennung und Erfolg oder Einfluss und Macht eingetauscht. Dabei wurden oft fremde Werte übernommen, die vielleicht nach Eurem Maße edel und gut waren, doch nicht dem eigenen Selbst entsprechen. Die Wertung von *gut* und *schlecht* ist häufig irreführend, wenn der Blick eingeschränkt ist. Ich möchte ein Beispiel dafür geben, damit Du den Zusammenhang erkennen kannst:

Es mag sein, dass Du mit jahrelanger Übung und Arbeit an Dir selbst jegliche Aggression überwunden und Dich zu einem friedlichen Menschen entwickelt hast.

Du hast gelernt, Konflikte zu meiden und Dich für die Liebe zu öffnen. Kurz, Du bist auf dem Weg des Lichts.

Nun kann es sein, dass Du einst zu den Legionen von Erzengel Michael gehörtest und Du ein Krieger des Lichts bist.

Um das Schwert der Wahrheit und des Rechts zu gebrauchen, ist jedoch eine Fähigkeit erforderlich, die Mut, Entschlossenheit, Durchsetzungsfähigkeit und direktes Handeln beinhaltet.

Wenn sich nun plötzlich die überwunden geglaubte Aggression wieder zeigt, kann es für Dich ein entscheidender Schritt zur Vollkommenheit sein, auch wenn Du es als Rückschritt oder Versagen empfindest.

In meinem Beispiel hat sich die Seele an ihren Ursprung und die geistige Heimat erinnert und der Rückzug in einen Kokon der ruhigen Anpassung entsprach so nicht Deinem Wesen. Vielleicht wirst Du nun klarer und direkter für Deine Überzeugungen eintreten und neue Aufgaben übernehmen.

In diesem Beispiel war es die Wertung, die überwunden werden sollte. Ich möchte Dir sagen, es gibt keine „schlechten Gefühle"! Emotionen sind „der Brennstoff" für Eure Gedanken und Überzeugungen, wenn sie materialisieren. Sie sind es, welche die Kraft der Gedanken potenzieren und Euch zum Handeln bewegen.

Es gilt, über die Gedanken und Handlungen eine bewusste Kontrolle zu erlangen, nicht über die Gefühle. Auch sehr kraftvolle, herausfordernde Gefühle wie Zorn und Wut können, wenn sie mit dem Bewusstsein richtig geleitet werden und so zu entschlossenem Handeln führen, zur aufbauenden Kraft werden.

Während der Läuterung wirst Du vieles wieder in Frage stellen, denn es sind die übernommenen Werte, die nun zur Transformation anstehen. Dies betrifft Dich als einzelnes Individuum, doch es betrifft auch die menschliche Gesellschaft mit den vielen unnützen und teils aberwitzigen Normen, Werten, Gesetzen und Vorschriften. Sowohl die Politik als auch die Religionen stoßen mehr und mehr an ihre Grenzen. Der Wunsch und das Streben nach Wahrheit lässt die überholten Strukturen in sich zusammenfallen.

Die Menschheit ist auf dem Weg in die Freiheit und ein jedes Individuum strebt im Inneren danach. Erkenne, mein geliebtes Licht, dass die Fremdbestimmung in Dir selbst beginnt – durch das, was Du an Überzeugungen angenommen hast und durch das Bild, welches Du Dir von Dir selbst gemacht hast.

All die Wertungen nach Schönheit, Gesinnung, Ordnung, materiellem Wert, gesellschaftlichem Ansehen, Wichtigkeit und vielem mehr, dienen nur dem Zweck zu trennen. Die Trennung geschieht unter den Menschen, die so in Gruppen getrennt werden, die sich untereinander meiden, verachten oder gar bekriegen.

Doch die Trennung hat noch eine andere Ebene und diese Trennung findet *in* Dir statt, denn Dein Ego trennt Dich von Deinem Selbst und so auch von Deinem geistigen Ursprung. Wenn der Kontakt zum Ursprung erst einmal verloren ist, beginnt sich in Deinem Herzen eine Sehnsucht zu regen, die Sehnsucht nach der Wiedervereinigung mit Dir selbst. Diese Sehnsucht durchläuft dann alle aufgebauten Filter und führt letztendlich zu dem Wunsch, einer Gruppe zuzugehören, die ein in sich geschlossenes Ganzes ergibt und so den Ersatz für die verlorene Einheit bildet. Gruppen grenzen sich bei Euch naturgemäß gegen alle anderen ab, was das Zugehörigkeitsgefühl zur Gruppe stärkt, jedoch auch zu weiteren Abtrennungen durch Dünkel, Überheblichkeit und Voreingenommenheit führt.

Diesen Kreis zu durchtrennen, ist der Sinn der Läuterung. Nur eine freie Seele kann die Einheit allen Seins erfassen. Jede „vollständige Seele" ist frei von Wertungen, sie vergleicht sich nicht mit anderen und lebt in harmonischer Akzeptanz. Jede freie Seele ist in Verbindung mit der eigenen Ursprungsenergie und ist sich ihrer Einzigartigkeit ebenso bewusst wie der untrennbaren Einheit allen Lebens.

Um den Weg zurück zu beschreiten, wirst Du Dich von allem Trennenden befreien. Dies mag zuweilen ein schmerzhafter Prozess sein, denn auch das Lösen vom Trennenden erscheint wie eine Trennung, denn sie geht auch mit Trennungen einher, von allem, was nicht Deines ist. Am Ende des Weges wird es nichts Trennendes mehr geben, nur freie Entscheidungen und die ungefilterte Erfahrung des Freien Willens. Nun gibt es auch keine Bedingungen und Erwartungen mehr und die „bedingungslose Liebe" wird zur gelebten Erfahrung.

Gern begleite ich Dich auf dem Weg zu Deinem Ursprung. Glaube an Dich selbst und vertraue Deiner geistigen Führung, so wirst Du ein großartiges, geistiges Wesen kennen lernen – Dich selbst in Deiner Heiligkeit.

Ich segne Dich mit der „bedingungslosen Liebe der Quelle allen Seins". Ich bin Uriel

Der Freie Wille

Hier ist Uriel das Licht Gottes.

Geliebte Wesen, schon oft war von dem Freien Willen des Menschen die Rede und viel wurde darüber geschrieben und gesagt, doch noch immer ist es für viele unter Euch recht unklar geblieben, welche Bedeutung er wirklich für Euch hat.

Es scheint verwirrend oder widersprüchlich zu sein, dass es sowohl Seelen und Lebenspläne des Einzelnen wie auch Verabredungen von Gruppen und Kollektiven gibt und Ihr doch zu jeder Zeit eine freie Wahlmöglichkeit behaltet, die von der Geistigen Welt geschützt und geachtet wird. Da der Freie Wille jedoch ein geistiges Gesetz und eine wichtige Grundlage Eures Lebens darstellt, werde ich mich heute ausschließlich diesem Thema zuwenden.

Das Gesetz des Freien Willens besteht in dieser Form ausschließlich in der dualen Welt, denn nur in der Dualität bestehen die Möglich- und manchmal die Notwendigkeit, sich zwischen zwei Seiten zu entscheiden. Der Freie Wille ist in der dualen Welt jedoch nicht nur eine Wahlmöglichkeit, denn er hat auch die Funktion, die duale Welt in Eurem Bewusstsein weiter bestehenzulassen. Es ist nicht zuletzt der Freie Wille, der Euch immer wieder zur Unter-Scheidung und so letztlich zur Trennung der Einheit führt.

Dies ist einer der Gründe, warum es der Geistigen Welt nicht gestattet ist, den Freien Willen der Menschen zu missachten. Der Freie Wille ist mehr als eine persönliche Wahlmöglichkeit, er ist Träger und energetische Struktur einer ganzen Bewusstseinsebene. Ohne den Freien Willen des Menschen gäbe es weder Kultur noch Wissenschaft, keinen Fortschritt und keine Entwicklung in Eurer Welt. In den letzten Jahrtausenden war es wichtig, diese Struktur zu erhalten, um diese Ebene zu schützen und Raum zu geben, sich in allen Formen entwickeln zu können.

Wenn jetzt eine neue Zeit für die Menschheit begonnen hat, die Dualität sich in der Einheit spiegelt und so eine neue Bewusstseinsebene erreicht wird – was bedeutet dies nun für den Freien Willen, der doch die duale Welt bestehen lässt? Vielleicht fragst Du Dich gerade, ob Du Deinen Freien Willen verlieren wirst, wenn Du eine höhere Bewusstseinsstufe erreicht hast?

Mein geliebtes Licht, ich habe Dir oft gesagt, dass Du ein großartiges, multidimensionales Wesen bist und dass es ein Privileg für Dich ist, in dieser Zeit inkarniert zu sein. Du wirst Deinen Freien Willen behalten, er ist ein Teil Deines Bewusstseins und wird es auch bleiben! Es ist Dein Bewusstsein und so auch Dein Freier Wille, der nun die Gegensätze vereinigen wird und so die Dualität aufhebt.

Die Erde und mit ihr die gesamte Dimension wird mit Liebe und Licht geflutet, Einheit wird nun für Euch erfahrbar und die Trennungen schwinden.

- Du wirst Dein Selbst und Dein Ego in Harmonie vereinen,
- Du wirst als Mann Deinen weiblichen Teil und als Frau Deinen männlichen Aspekt integrieren und leben.
- Du wirst Dich als Einheit ebenso empfinden wie als Teil einer größeren Einheit.
- Du wirst Deinen Freien Willen dazu nutzen, zwischen den Ebenen zu wechseln und
- Du wirst den inneren Frieden finden und den äußeren Frieden erlangen, wenn sich die dualen Gegensätze auflösen.

Der „Weg zurück in die Einheit" und das „vollständige Bewusstsein" ist der bestehende, kollektive Plan. Welche Erfahrungen Du dazu machen wirst, welche Lektionen noch abgeschlossen werden wollen, ist von Deinem individuellen Lebensplan geprägt. Wie Du diesen Plan erlebst und gestaltest, unterliegt Deinem Freien Willen.

Du bist ein schöpferisches Wesen und Dir obliegt die Ausgestaltung der Welt! Es ist Dein göttliches Recht, Deinen Freien Willen zu gebrauchen, um eine Welt zu schaffen, die Deinem Herzen und Deiner Seele entspricht. Lass Dich nicht von rückwärtsgewandten Kräften in Konflikte ziehen, die das Ziel der Spaltung verfolgen. Spaltung und Trennung manipulieren den Freien Willen und führen in Abhängigkeit und Unfreiheit.

Folge der Stimme des Herzens, denn über Dein Herz bist Du mit Deiner Seele, Deinem Höheren Selbst, Deiner geistigen Familie und den Engelreichen in Verbindung. Wir alle sind eine Einheit und wirken an einem gemeinsamen Plan. Wir unterstützen Dich, wann immer es uns erlaubt ist, wir achten stets Deinen Freien Willen und handeln in Liebe.

Ich segne Dich und Deinen selbstgewählten Weg mit der „bedingungslosen Liebe der Quelle allen Seins". Ich bin Uriel

Trauer, Trauung und Vertrauen

Hier ist Uriel, das Licht Gottes.

Ich grüße Dich, geliebtes Wesen und ich spreche heute über Trauer, über Trauung und über Vertrauen. Auch wenn die Bedeutung dieser Worte sehr unterschiedlich ist, so zeigt Dir doch der verwandte Wortstamm an, dass es eine Gemeinsamkeit gibt. Eure Sprache leitet es von dem Wort „Treue" ab, doch ich möchte Dich einladen, Dich zu den verborgenen, geistigen Inhalten führen zu lassen.

Wie entsteht **Trauer** und was verbirgt sich dahinter? Ein Jeder von Euch kennt Trauer und hat schon Trauer erlebt, ausgelöst durch den Verlust eines nahestehenden Menschen oder eines geliebten Tieres. Trauer dringt bis auf die Seelenebene und wird daher im Herzen wahrgenommen. Es entsteht ein Gefühl von Leere, ein Schmerz, der durch alle Ebenen des Seins dringt und alle Schichten der Aura umfasst.

Was macht diesen Schmerz so besonders, so einzigartig und unterscheidet ihn von jedem anderen Empfinden? Es ist die tiefe Beteiligung der Seele, denn dieser Schmerz kommt der Aufspaltung der Seele und Trennung der Teile gleich. Es ist die Erinnerung an den Verlust der Einheit, welche die Zeit der Trauer zu einem ganz besonderen Ereignis im Leben werden lässt.

Hinter jedem Schmerz stehen meist ein Wandel, eine Veränderung und eine Chance zu neuen Erfahrungen und gemahnen Euch zum Innehalten, damit etwas Neues entstehen kann. Dies wird besonders deutlich bei der Geburt und beim Tod – doch auch hinter Krankheiten und Verletzungen, die zur Ruhe mahnen, steht das gleiche Prinzip. Trauer führt zu einer inneren Einkehr und Trauernde ziehen sich zurück, um den Schmerz zu verarbeiten und den Verlust zu wandeln.

Diese Trauerarbeit ist wichtig und heilend, denn in diesem Prozess werden eigene Seelenanteile bewusst und integriert. So ist die Trauer eine Zeit der Heilung der Seele, denn hinter dem Schmerz stehen Wachstum und Entwicklung. Wer den Wert der Trauer erkennt, dem wird es leichter gelingen, den Geliebten in Liebe und Frieden gehenzulassen, um die bewusst gewordenen Seelenteile nun selbst zu finden und zu integrieren.

Das Ziel, die vollständige Seele, das vollständige Bewusstsein wiederzuerlangen, erfordert Mut, Offenheit und das Geschehenlassen der eigenen Empfindungen. Hinter dem Schmerz wartet neben Freude und Wahrhaftigkeit das Erleben, dass die Liebe, das Leben und die innere Verbindung mit dem Tod nicht enden. Traue Dich!

Unter **Trauung** wird meist der Bund des Lebens verstanden, das Versprechen, das ein Paar sich gibt, wenn es heiratet. Durch die Bildung eines Paares wird die Dualität durch Ergänzung überwunden. Es gelingt auf diesem Wege, wieder Einheit zu erfahren und so der Seele die Erinnerung an ihr wahres Sein zu ermöglichen.

Die Trauung ist daher fürwahr ein heiliger Akt, da sie zum Seelenheil und so zur Erkenntnis der eigenen, göttlichen Natur beiträgt. Die von Euch dabei praktizierten Rituale tragen ihren Teil dazu bei, doch dies ist unabhängig von der Religion oder der kulturellen Gepflogenheit, denn es geht hier in erster Linie um ein inneres Versprechen, dass sich die Seelen dabei auf einer höheren, geistigen Ebene geben beziehungsweise einlösen.

Trauung und Hochzeit haben noch eine weitere Bedeutung, doch dabei geht es nicht um Partnerschaft und Ehe, sondern um einen inneren Einweihungsprozess, der in einer *inneren* Hochzeit gipfelt. Auch hier geht es um die Erfahrung der Einheit durch die Überwindung der Dualität. Dieser Prozess wird „kymische Hochzeit" genannt und bezeichnet die Rück- und Zusammenführung aller Seelenanteile zu einer vollständigen Seeleneinheit.

Dies ist die höchstmögliche Erfahrung von stiller Ekstase und Glückseligkeit, die für Euch erreichbar ist. Es ist der eine, große Schritt, der Euch zurück in die Einheit führt und gleichzeitig die Begrenzungen des Bewusstseins aufhebt, die Euch von den Geistigen Welten trennen.

Auf dem Weg dorthin können und werden wir Dich gerne führen und leiten, mit Begegnungen und Heilung, mit Liebe und Verständnis, doch diese Trauung wirst Du selbst vollziehen, selbst-bestimmt mit Selbst-vertrauen.

Vertrauen zu Dir selbst ist der wichtigste Schlüssel für Fortschritt und Erkenntnis. Das Selbst ist direkt mit Deinen Seelenkräften verbunden und Deine Seelenkräfte sind Teile der göttlichen Kreativität, sind individualisierte Schöpferkraft. *„Hilf Dir selbst, dann hilft Dir Gott"*, dieses Sprichwort enthält die reine Wahrheit!

Vertrauen wird von Euch oft mit Naivität in Verbindung gesehen und Naivität wird mit „Dummheit" gleichgesetzt. Beides ist ein Irrtum des Egos und wurde von ihm zur Stärkung ersonnen. Naivität bedeutet, ohne Hintergedanken zu handeln und unvoreingenommen zu sein. Es bedeutet, offen für Neues, für Wunder, für Wachstum und Überraschungen zu sein. Dies ist die Haltung, die Jesus Euch empfahl, als er sprach:

„Wahrlich, ich sage euch, wenn ihr nicht umkehrt und werdet wie die Kinder, so werdet ihr keinesfalls in das Reich der Himmel hineinkommen."

Vertrauen ist das Gegenteil von Dummheit, denn es setzt positive, aufbauende Kräfte frei. Vertrauen ist nicht Erwartung, denn Erwartungen grenzen ein. Vertrauen ist Offenheit und Hingabe, es speist sich aus der Liebe der „Quelle-allen-Seins" und dem Wissen, dass alles, was ist, auch sein darf.

Wie auch immer sich Dein Lebensweg bisher gestaltet hat, sei sicher, es hatte einen Sinn für Dich und auch Du wirst den Weg zurück in die Einheit Deines Selbst finden, denn dies ist Deine Bestimmung.

Mein geliebtes Wesen, das „Reich der Himmel" ist in Dir! Liebe zu Dir selbst und Vertrauen in Dich selbst werden Dir dieses Reich eröffnen. Ich segne Dich mit der „bedingungslosen Liebe der Quelle allen Seins"! Ich bin Uriel.

Das Innere Kind

Hier ist Uriel, das Licht Gottes.

Geliebtes Wesen, ich umfange und grüße Dich mit der „bedingungslosen Liebe der Urquelle-allen-Seins". Ich werde nun ein Thema aufgreifen, welches an mich herangetragen wurde, das mit Missverständnissen belastet ist und der Aufklärung bedarf.

„Wer oder was ist eigentlich das ‚Innere Kind' und welche Bedeutung hat für mich die Beschäftigung damit?"

Eine oft gehörte Erklärung ist, dass das „Innere Kind" die persönliche Kindheitserfahrung sei, die im Bewusstsein und im Unterbewusstsein abgespeichert ist. Demnach wäre das „Innere Kind" hauptsächlich ein Produkt der elterlichen Prägung und es kann sowohl liebevoll, neugierig und verspielt wie auch verletzt und enttäuscht sein, je nachdem, wie die Kindheit erlebt wurde. Als psychologisches Modell mag eine solche Betrachtung hilfreich sein, denn es eröffnet sowohl ein Verständnis als auch einen therapeutischen Ansatz für die eigene Entwicklung von Kindheit an.

Wenn Du, mein geliebtes Licht, jedoch wissen möchtest, wie Deine Seele auf die Erde kam, welche Aufgaben und Themen Dich begleiten und wie Dein wahrer Kern aussieht, hilft Dir ein anderes Verständnis des „Inneren Kindes". Du hast bereits erfahren, dass das Abbild Deiner vollständigen Seele von Deinem Höheren Selbst in einer anderen Dimension gehütet wird und Du über Dein Herz damit verbunden bist. Du weißt auch bereits, dass Du nur mit einem Teil Deiner Seele inkarnieren konntest, da die Dichte der Dualen Welt in der dritten Dimension es nicht anders zuließ.

Das „Innere Kind" ist genau dieser Teil, der Deine Person beseelt hat. Es ist noch frei von jeder Prägung Deiner jetzigen Inkarnation, doch es trägt in sich alle Deine Talente, ist sich seiner selbst bewusst und ist rein, frei und offen für Entwicklung. Alle prägenden Kindheitserlebnisse verschleiern für Euch den Blick auf diesen inneren Kern Eurer Existenz.

Wenn Ihr Euch nun auf den Weg macht, um diesem Teil von Euch zu begegnen, werdet Ihr zuerst den prägenden Schleiern begegnen, die auch Schmerz, Angst, Sehnsucht und Mangel beinhalten können. Doch diese Inhalte seid nicht Ihr und sie gehören nicht zu Eurem „Inneren Kind".

Damit eine Erfahrung prägend ist, bedarf es bestimmter Bedingungen, die für Euch nur zum Teil leicht zu erkennen sind. Da ist zum einen die Intensität einer Erfahrung, die von der emotionalen Ladung abhängt und die Ihr fühlen und erkennen könnt. Auch sind es Wiederholungen von bestimmten Ereignissen, die eine nachhaltige Wirkung zeigen und die Ihr in der Regel nur erkennen könnt, wenn die Wiederholung in der selben Inkarnation stattfindet.

Und es gibt eine Resonanz auf bestimmte Reize, die für Euch nicht erkennbar ist, da es sich um „energetische Schlüssel" handelt, die auf der Seelenebene wirken und mit Eurem Lebensplan verbunden sind. Ihr erlebt solche Schlüsselreize manchmal als Begegnung, die ohne erkennbaren Grund einen tiefen Eindruck hinterlassen hat, sich auf Dauer ins Gedächtnis eingräbt oder Euch spontan verändert. Auch „schicksalhafte" Krankheiten oder Unfälle können ebenso dazugehören wie auch ein entscheidendes Buch zur richtigen Zeit oder ein Lottogewinn.

Die prägenden Kindheitserlebnisse, die das „Innere Kind" veränderten, erfüllten alle diese verschiedenen Bedingungen. Die Intensität ergibt sich allein durch die Offenheit und Schutzlosigkeit der Seele, denn es gibt keine Filter und keine Abwehr. Auch erlebt das Kind eine Wiederholung von bereits gemachten Erfahrungen, denn vieles ist ritualisiert und wird von Generation zu Generation weitergegeben und ist so aus anderen Inkarnationen bekannt.

Wenn Ihr die Prägungen, die in der Kindheit erfahren werden, verstehen wollt, sind die für Euch verborgenen, energetischen Schlüssel von entscheidender Bedeutung. Denn hier findet Ihr die individuellen Muster, die Lernaufgaben und die Wege zur Seelenheilung verborgen.

Geliebtes Licht, sei versichert, es geschah nichts aus „Zufall", Deine Eltern haben Dich geprägt, so wie es für Dich und die Erfüllung Deiner

Lektionen des Lebens richtig ist. Die frühen Prägungen zeigen Themen auf, die die Seele nicht erst in diesem Leben belasten.

Wenn Du Dich auf die Suche nach dem „Inneren Kind" in Dir machst, wirst Du vielleicht Angst und Schmerz begegnen – dann sind dies Themen, die Du noch nicht aufgelöst hast.

Wenn Du Dich als Opfer fühlst, ist es an der Zeit zu lernen, dass Du diese Haltung mitgebracht hast und Du nun die Chance hast, sie zu wandeln.

Wenn Du an Wut und Hass, an Ungerechtigkeit und Unterdrückung vorbeikommst, beginne die eigene Wahl zu erkennen und übe Dich im Verzeihen.

Wenn Du Dich endlich mit Deinem „Inneren Kind" vereinst, wirst Du frei, offen und durch Liebe mit dem All verbunden sein.

So war Dein Start ins Leben und Dein Weg soll Dich wieder dahin zurückführen. Deine Prägungen sind die Aufforderung zur weiteren Entwicklung, zum Wachstum und zum Verstehen. So erkenne Dein Potential und Deine selbstgewählte Aufgabe. Hinter den Schwächen und Ängsten verbergen sich oft die größten Stärken, die es zu entwickeln gilt. Finde die Liebe hinter dem Schleier und heile Deine Seele.

Ich segne Dich mit der „bedingungslosen Liebe der Quelle allen Seins". Ich bin Uriel.

Was uns eint

Hier ist Uriel, das Licht Gottes.

Geliebtes Wesen, hast auch Du Dir schon Gedanken gemacht, was es heißt, dass wir alle Eins sind? Was eint uns und was unterscheidet uns? Wir entstammen alle der gleichen einen Quelle, wir sind somit gleich. Unser Leben, der göttliche Funken, lässt uns sein und gibt uns den Wert. Wir sind gleichwertig, es gibt kein niederes oder höherwertiges Leben! So verdient jedes Leben Achtung und Respekt, denn jedes Leben ist ein Ausdruck göttlichen Seins. Das Leben eint so den Menschen und die Tiere, die Pflanzen und die Mutter Erde wie auch die geistige und die materielle Welt.

Das Leben unterscheidet nicht in wertvoll und weniger wertvoll – es gibt diesen Unterschied nicht. Denn welches Leben wäre wertvoller: Das Leben der Pflanze, die auf der Wiese blüht oder das des Schmetterlings, der sie bestäubt und ihren Nektar trinkt? Tiere, die Pflanzen fressen, sind auch wichtig für die Pflanzen, denn sie geben ihren Dung, der wiederum Nahrung für die Pflanze darstellt. Leben ist ein Nehmen und Geben und ist ein energetischer Fluss, verwoben und mehrfach rückgekoppelt.

So ist auch Dein Körper nicht nur das Gefäß für Deine Seele, sondern gleichzeitig Lebensraum für eine Vielzahl von Lebensformen, wie zum Beispiel auf Deiner Haut und in Deinem Darm. Diese tragen sehr zu Deiner Gesundheit und Nahrungsaufnahme bei, Du könntest ohne sie in dieser Form nicht existieren. Vor Gott ist alles Leben von gleichem Wert, es gibt keine Unterscheidung und es gibt keine Hierarchie. Die Formgebung und alle individuellen Unterschiede entstehen auf einer anderen Ebene, die mit dem Leben verbunden ist und wir nennen es „Bewusstsein".

Reines Bewusstsein ist freie Energie und reines Bewusstsein ist der Ursprung allen materiellen Seins.

Eure Wissenschaften werden es durch Beobachtungen im weiten Universum(er)finden,, wo sich das jetzt als Entstehung der gesamten Schöpfung, was Ihr als Urknall bezeichnet, als zeitloses Bild zeigt. Und Ihr werdet „bewusste Reaktionen" an den kleinsten Teilen der Materie entdecken, die auf Euch, Eure Erwartungen, Gefühle und Wünsche reagieren. Ein neues Verständnis wird erzeugt, das ein Umdenken erzwingen wird. Das vorherrschende, technisch-mechanistische Weltbild wird bald durch ein lebendiges, vom Bewusstsein geprägtes Weltbild ersetzt werden.

„Bewusstsein" ist nicht an Materie gebunden, jedoch in der Lage, Materie fein- oder grob-stofflich zu beeinflussen, zu verändern und sogar zu erzeugen. „Bewusstsein" ist geistiges Sein, ist Absicht und wenn sich „Bewusstsein" mit dem „Leben", der göttlichen Energie, verbindet, entstehen geistige Wesenheiten und Schöpferkraft. Nur wenn diese Wesenheiten beseelt werden, entstehen dann individuelle, geistige Wesen, die sich entsprechend ihrer Ursprungsenergie entwickeln und wachsen.

So wird beispielsweise eine von einer Gruppe getragene Idee oder Vision zu einer geistigen Wesenheit, die von der lenkenden Gestaltung der Gruppe lebt, jedoch auch eine eigene Kraft und Dynamik entwickelt. Sie hört allerdings auf zu existieren, wenn die Gruppe zerfällt oder ihr das Leben, die Grundlage entzogen wird.

Alle geistigen Wesen können die Schöpferkraft leiten, lenken und zur Gestaltung nutzen. Je höher die Frequenzen der Schwingungsmuster sind, desto tiefgreifender und umfassender sind die Beeinflussungen, die auf geistiger und materieller Ebene möglich werden. Mit dem Erreichen höherer Ebenen des Bewusstseins steigt auch die Verantwortung, die für die Schöpfung übernommen wird.

Auf diesem Prinzip gründet sich auch die menschliche Vorstellung der himmlischen Hierarchien. Jedes geistige Wesen ist sich seiner selbst als Teil des All-Einen stets bewusst und handelt so im Einklang mit dem Universum und seiner Gesetze.

Alles Leben auf der Erde ist beseelt, entweder individuell wie die Menschen oder durch eine Gruppenseele, wie es bei Tieren und Pflanzen üblich ist. Die Dichte und die „Schwingungsmuster des Bewusstseins" sind die Faktoren, die den Unterschied zwischen den chemischen Elementen ebenso ausmachen wie den Unterschied zwischen Gras und Kuh oder Dir und mir.

Es ist „Dein Bewusstsein", das Dich zu dem macht, was Du bist!

Es ist „Dein Bewusstsein", das entscheidet, in wie weit Du Deine Schöpferkraft nutzen kannst oder nicht. Du kannst „Dein Bewusstsein" senken, kannst leben wie ein Tier und auf die Herausforderungen der

Umwelt mit Flucht oder Angriff reagieren. Doch Du kannst „Dein Bewusstsein" auch erheben und Dir Deines geistigen Ursprungs bewusstwerden. Als geistiges Wesen bist Du „Schöpferin und Schöpfer" und stehst mit Dir selbst und Deiner Ursprungsenergie in Verbindung, die durch Dich in Deine Umwelt fließt.

Du bist Dir Deiner Verantwortung für Dein Leben und für das Leben um Dich herum bewusst und handelst so aus einem inneren Selbstverständnis zum Wohle des Ganzen. Mit steigendem Bewusstsein steigt auch Deine Schöpferkraft und Du wirst zum aktiven Gestalter der Welt. Gern begleite ich Dich auf diesem Weg – wir sind All-Eins.

Ich segne Dich mit der „bedingungslosen Liebe der Quelle allen Seins". Ich bin Uriel.

Kommunikation

Hier ist Uriel, das Licht Gottes.

Geliebte Wesen, der Austausch von Informationen, das „Miteinanderreden" findet auf allen Ebenen des Seins statt und ist zentrales Element für das Leben in der Einheit. Je höher die Schwingungsebene ist, desto schneller und klarer ist auch die Übermittlung. Sprache, wie Ihr sie benutzt, ist recht langsam und missverständlich, denn sie versucht Gedanken und Empfindungen zu festigen, zu formen und zu benennen und stellt somit bereits eine Interpretation dar. Geschriebene Worte, wie diese, die Du gerade liest, haben eine noch festere Form angenommen. Sie werden nicht nur geprägt von dem ursprünglichen Gedanken und dem übermittelten Bild, sondern auch von dem Raum und der Zeit, die jeweils beim Schreiben und Lesen zugrunde liegen, denn auch beim Schreiben und Lesen findet wiederum eine Interpretation statt. So kann ein ursprünglicher Gedanke sich verändern und durch Interpretationen den Sinn verlieren. Wenn nun diese geschriebenen Worte noch einmal in andere Sprachen übersetzt werden, geht oftmals gar die Quintessenz der Aussage verloren.

Dies ist auch zu einem großen Teil mit den Religionen der Menschen geschehen. Es sind oft nur einzelne Worte, die den Sinn komplett verändern. Manch einer unter Euch betet: „*Und führe uns nicht in Versuchung...*". Doch im Ursprung hieß es einst: „*Und führe uns in der Versuchung*"! Das ist ein sehr großer Unterschied, denn das Göttliche führt Dich nie in Versuchung, von ihm abzuweichen – das tut lediglich Dein Ego. Diese Wahl zu haben, gehört zur dualen Welt und es war auch Deine Wahl, diese zu betreten. Wenn Du sagst: „*Und führe mich nicht in Versuchung...*" verbietet Dein Freier Wille darüber hinaus auch noch der Geistigen Welt, Dich zu führen, wenn Du in einer „Versuchung" bist! Wenn Du jedoch um Führung *in* der Versuchung bittest, wirst Du sie erhalten! Dies sei nur ein Beispiel dafür, wie trügerisch Worte sein können.

Mein geliebtes Licht, ich werde nicht weiter Eure Bücher besprechen, denn sie sind Zeugnis Eurer Geschichte und Entwicklung. Sie gehören so zu dem Schatz Eurer gesammelten Erfahrungen und jede Erfahrung trägt seinen Wert in sich. Meine Hilfe für Dich soll eine andere sein. Ich möchte Dir zeigen, wie Du klarer mit anderen Menschen und ebenso mit dem göttlichen Selbst, mit Deiner inneren Führung, Deinem Schutzengel und Deiner geistigen Familie kommunizieren kannst.

Stell Dir vor, Du betrittst eine fremde Insel, auf der freundliche, Dir wohlgesonnene Menschen leben und die Menschen dort sprechen eine Dir fremde Sprache. Wie wirst Du zu ihnen den Kontakt aufnehmen? Du wirst neben klaren Gesten Deine Augen und Dein Herz benutzen, wirst Dich mit Deiner Kommunikation auf das Wesentliche konzentrieren und Du wirst alles Verwirrende und Unklare vermeiden. Du wirst den Blickkontakt suchen, denn Du wirst diesen Menschen offener begegnen als Du es aus Deinem Alltag gewohnt bist.
Wirklich hinzuschauen, öffnet das Herz, es schafft Nähe und Vertrauen. In den Augen eines Menschen spiegelt sich die Seele, die im Herzen verankert ist. Du wirst Dich an die Sprache der Herzen erinnern und Du wirst aufmerksam gegenüber Dir selbst sein. Denn im

Herzen sprechen alle die gleiche, universelle Sprache, die seit Urzeiten unverändert ist.

Was Worte nur beschreiben und der Verstand nur verstehen können, wird im Herzen zur inneren Schau und zur Wahrhaftigkeit. Die Sprache des Herzens ist direkt und klar und bedarf keiner Interpretation, denn das Herz erkennt und weiß. Die Voraussetzung für diese Kommunikation ist Ehrlichkeit und Auf-Richtigkeit. Auf der Ebene des Herzens und der Seele hat die Lüge weder Platz noch eine Chance, denn sie entlarvt sich selbst.

Wenn Du diese Ebene für Dich trainierst und wenn Du auch in Gesprächen, die vom Verstand geführt werden, Dein Herz sprechen lässt, wirst Du Dich selbst erkennen und Deine wahren Kräfte entfalten können. Auch Deine geistige Führung wird für Dich leichter erreichbar sein und Du wirst Unterstützung erhalten, da Deine Signale eindeutig sind. Der Kontakt zur Geistigen Welt ist eine Frage der Offenheit, der Klarheit, der Ehrlichkeit und der Liebe. Was Dich hindert, sind alte Muster, Ängste, Zweifel und Bedenken, denn sie verschließen die Chakren und Energiebahnen.

Gern helfe ich Dir dabei, diese aufzulösen, um den Weg zu freier, klarer Wahrnehmung zu ebnen. Ich höre, wenn Du mich rufst und ich werde antworten. Ich segne Dich mit der „bedingungslosen Liebe der Quelle allen Seins". Ich bin Uriel.

Ich gelobe

Hier ist Uriel, das Licht Gottes.
Geliebte Wesen, auf dem Weg zur Vervollständigung Deiner selbst wirst Du Dich von den alten Vorstellungen, Mustern und selbstauferlegten Begrenzungen trennen. Du wirst Normen und Werte hinterfragen und mit dem Herzen prüfen. Dein Herz wird Dir in einer klaren Sprache zeigen, was göttlichen Ursprungs ist und so Bestand haben wird und es wird Dir zu verstehen geben, was auf menschlichen Einfluss wie Konventionen, Moralvorstellungen, Gier, Machtansprüchen und anderen

niederen Beweggründen entstand. Eine besondere Beachtung wird hier die Unterscheidung zwischen Kirche und Gott, sowie die der göttlichen Gesetze und die der Religionen erfordern. Im Namen der Götter oder des einen Gottes, welchen Namen Ihr ihm auch immer gabt, wurde mehr Leid, Not, Zerstörung und Tod über die Menschen gebracht als unter irgendeinem anderen Vorwand.

Es ist nun eine Zeit der spirituellen Selbstfindung, denn die Menschen befinden sich auf der Sinnsuche und sie dürsten nach Erkenntnis und Wahrheit. Die Autoritäten der Religionsgemeinschaften spüren, wie sie an Macht und Einfluss verlieren, da ihre Lehre auf Trennung aufgebaut ist und in den Herzen aller nun die Saat der Sehnsucht nach Vereinigung aufgeht. So suchen die weisen Führer nach der Gemeinsamkeit und beginnen die Abgrenzungen aufzulösen. Die Fanatiker werden scheitern und untergehen.

Religionen werden wieder das werden, was sie ursprünglich einmal hervorgebracht hat, nämlich der Wunsch, dem spirituellen Selbstverständnis einen Raum zum Ausdruck zu geben. Erst später wurde daraus ein Machtinstrument, welches das spirituelle Selbst in eine Form zwingt und des Selbstausdrucks beraubt. Wann immer etwas Altes geht, entsteht Raum für etwas Neues und jede Neuerung, jede Erweiterung braucht Raum zur Entfaltung. Dies ist auf jeder Ebene zu erkennen, egal ob im Garten beim Gemüsepflanzen oder beim Bau eines Hauses, immer beginnt Ihr damit, Platz zu schaffen und den Boden zu bereiten.

Du erkennst dieses Prinzip auch, wenn Du in Deinem Leben einen neuen Weg einschlagen möchtest und Dein Job Dir keinen Raum und keine Zeit zur Entwicklung von etwas anderem gibt – denn meist erst nach der Lösung aus der alten Verpflichtung entwickeln sich plötzlich Vorstellungen und ergeben sich kreative Möglichkeiten für einen Neuanfang, für die es vorher keinen Raum gab. Selbst auf der mentalen und der emotionalen Ebene ist es Dir vertraut, denn solange Dich zum Beispiel Angst oder Ärger umtreibt, ist für das Selbst-Vertrauen und die Liebe kein Raum im Bewusstsein.

Somit ist klar, warum Du von mir und allen anderen aus der Geistigen Welt immer wieder aufgefordert wirst, Dich von alten Mustern,

Vorstellungen, Ängsten und so weiter zu trennen. Diese Bewusstseinsarbeit ist für Dich ein wichtiger Teil Deines Lebensplanes und wichtig für den Aufstieg sowohl von Dir als auch vom kollektiven Ganzen. Auch Heilung auf der Seelenebene ist davon abhängig, dass alte, zum Schutz aufgebaute Verhärtungen abgelöst werden, denn diese verengen und verhindern Kontakt und Entwicklung.

Nun werde ich mich den Sonderfällen zuwenden, in denen Deine Bewusstseinsarbeit besonders gefordert ist, jedoch manchmal nicht genügen kann und Du auf Hilfe angewiesen bist. Hier handelt es sich um Bindungen auf der Seelenebene, die einer besonderen Lösung bedürfen. Einige von Euch haben sich durch Schwüre und das Geloben von zum Beispiel Verzicht, Enthaltsamkeit oder Treue über eine Inkarnation hinaus gebunden.

Ob diese Bindungen von der betreffenden Person allein gelöst werden kann, hängt sehr von der Art des Gelöbnisses ab. Leicht zu lösen sind Versprechen sich selbst gegenüber, wie zum Beispiel *„Ich werde niemals wieder...“*, denn das „Ich“ wird nicht wiedergeboren, sondern nur das „Selbst“! Ebenso kann ein Gelöbnis einer anderen Person gegenüber durch eine freie Willensentscheidung aufgehoben werden. Auch ein „Gelöbnis vor Gott“ kann relativ einfach widerrufen werden, wenn es sich lediglich auf den inkarnierten Seelenteil bezog.

In diese Gruppe fallen viele Entsagungen, die sich auf materiellen Besitz, die körperliche Liebe, Selbstständigkeit und persönliche Freiheit beziehen. Ein Beispiel ist: *„Ich gelobe, auf materiellen Besitz zu verzichten und den spirituellen Weg zu beschreiten“.* Ein derartiges, altes Gelöbnis kann nachhaltig zu Mangel in späteren Inkarnationen führen, wenn es nicht mit dem Bewusstsein aufgelöst wird. Die Auflösung durch eine bewusste Entscheidung des Freien Willens ist aus dem Herzen heraus mit Verbindung zum Höheren Selbst grundsätzlich jedem möglich. Schwieriger wird es, wenn eine zeitliche Festlegung wie *„bis in alle Ewigkeit“* formuliert wurde, denn zumindest einige Seelenteile fühlen sich dauerhaft daran gebunden.

Es kann bei eigenen Lösungsversuchen zu inneren Widerständen und Zweifeln kommen, auch tauchen die damit verbundenen Muster oft selbst nach erfolgreicher Ablösung als Echo wieder auf. Echos alter Schwüre verursachen ein unbestimmtes „ungutes Gefühl" oder auch eine Art unbestimmtes Schuldgefühl. Sowohl weltliche als auch religiöse Institutionen haben über Zeiten hinweg Menschen mit derartigen Schwüren und Gelübden an sich gebunden, abhängig gemacht und so der inneren Freiheit beraubt. Zur vollständigen Ablösung kann hier die Hilfe eines Meisters, Lehrers oder Therapeuten sehr hilfreich sein.

Besondere Probleme bereiten Gelübde, die mit Formulierungen wie zum Beispiel *„Bei meiner Seele"* oder *„Ich möge verdammt sein, wenn..."* belegt sind. Jeder Befreiungsversuch ist hier mit Ängsten und Schuldgefühlen auf der Seelenebene verbunden und wird oft schon frühzeitig von unbewusst ablaufenden Reaktionsmustern abgewehrt. Derartige Seelenbindungen sind mit einer einfachen Entscheidung oder Absichtserklärung nicht zu lösen, sondern bedürfen der Befreiung auf einer höheren, geistigen Ebene. Solche Gelübde wurden meist unter Druck und Fremdeinfluss gegeben, widersprechen dem göttlichen Gesetz und dürfen daher von den Erzengeln aufgehoben werden.

Die von den Erzengeln geführten Medien werden Dich beraten, wenn Du Dich auf diese Art gebunden fühlst. Du bist ein freies, multidimensionales Wesen! Deine Bestimmung ist, in dieser Freiheit als kreativer Mitschöpfer Deine Welt zu gestalten und der göttlichen Liebe in Dir Ausdruck zu verleihen.

Deinen Weg in die Freiheit begleite ich mit meinem Segen und der „bedingungslosen Liebe der Quelle allen Seins". Ich bin Uriel.

Glauben oder Wissen

Hier ist Uriel, das Licht Gottes.

Geliebte Wesen, kannst Du sagen, was Dir wichtiger ist: das, was Du glaubst oder das, was Du zu wissen glaubst? Zugegeben, es ist eine Frage, die, wenn sie so gestellt wird, keine freie Wahl lässt, doch ich wollte Dich bewusst provozieren, um Dich für dieses Thema zu öffnen. Wie ist es eigentlich um das Wissen der Menschen bestellt, sind die Menschen in ihrem Wissen so weit fortgeschritten, wie man Euch glauben macht? Na so was, da habe ich ja schon wieder das Wissen mit dem Glauben verbunden...

Was ist eigentlich Wissen? Wenn Du in Eurer Bibliothek nachschlägst, wirst Du erfahren, dass unter „Wissen" „wahre, gerechtfertigte Meinung" verstanden wird. „Gerechtfertigte Meinung" orientiert sich am „allgemein üblichen Verständnis" und an den als „Fakten" anerkannten Meinungen.

Wenn Du, geliebtes Wesen, die Irrtümer Eurer „Wissenschaften" der letzten Jahrhunderte anschaust, die einst als „erwiesene Fakten" betrachtet wurden, wirst Du verstehen, warum „Wissen" kaum vom Glauben zu trennen ist. Jedes „Wissen" kann also der Wahrheit entsprechen oder auch nicht!

Was bedeutet denn nun eigentlich Glauben? Unter Glauben wird die vermutete Wahrheit verstanden, die sich auf die *eigenen* Erfahrungen stützt. Glauben setzt Vertrauen in die *eigene* Wahrnehmung ebenso voraus, wie die Bereitschaft zu Wachstum, Entwicklung, Veränderung und Irrtum. Zu „glauben" unterscheidet sich jedoch von religiösem „Glaube", denn der „Glaube" ist nicht mit den eigenen Erfahrungen verbunden, sondern an Überlieferungen und Dogmen gebunden, die von einer Autorität zur Wahrheit erklärt werden. Der „Glaube" ist mit Gehorsam, doch das „Glauben", die innere Annahme, ist mit der freien Meinungsbildung verknüpft!

Du siehst, mein liebes Licht, wie sehr sich die Grundlagen verändern, wenn Du „Dein Bewusstsein" auf die Details richtest. Der gelehrte Glaube der Religionsführer ist für Dich ebenso eine fremde Meinung wie das gelehrte Wissen Eurer Wissenschaftler. Darum richte ich noch einmal meine Eingangsfrage an Dich, *„was ist für Dich wichtiger, was Du glaubst oder was Du zu wissen glaubst?"* Beides ist nicht unumstößlich, beides ist nicht sicher oder von dauerhaftem Bestand, denn beides kann den Irrtum bereits in sich tragen. Doch es gibt einen Unterschied, denn was Du glaubst, entspricht Deinem inneren Wissen und nur bei Deinem inneren Wissen kannst Du eine weitere Fehlerquelle ausschließen: die bewusste Manipulation.

Es ist ein Gräuel, wie sehr die Lüge und der Betrug Einzug gehalten haben in das, was Ihr als Wissenschaften bezeichnet. Da werden Ergebnisse verfälscht und Erkenntnisse ignoriert, es werden Wahrheiten unterdrückt und Wissen zurückgehalten oder nur verstümmelt weitergegeben.

Wenn Du Dich heute nur auf das anerkannte „Wissen" verlässt, sind auch die Täuschung und der Irrtum gegenwärtig. Denn die Herrschaft über das Wissen wurde in der Vergangenheit stets zur Manipulation und zur Versklavung der Massen benutzt, von religiösen Führern ebenso wie von machthungrigen Königen, Politikern und Unternehmern. Sie waren es, die bestimmten, was als „wahre, gerechtfertigte Meinung" gilt und was als ketzerisch, unrealistisch, aufrührerisch und revolutionär unterdrückt wird. So erging es vielen genialen Forschern schlecht, die mit neuen Erkenntnissen oder Erfindungen einen wichtigen Beitrag zum geistigen Fortschritt hätten leisten können.

Doch es gibt auch ein Wissen, welches von solchen Manipulationen unberührt ist, es ist Dein „inneres Wissen"! Inneres Wissen und Glauben sind eng verbunden und lassen sich oft nur schwer abgrenzen. Doch diese Abgrenzung ist auch nicht sinnvoll, denn sowohl Dein „inneres Wissen" als auch Deine Vermutungen, die sich auf Deine erlebte Erfahrung stützen, sind Deine individuelle Wahrheit! Lasse Dir nicht einreden, dass irgendeine andere „Wahrheit" besser wäre als Deine, wenn sie sich für Dich nicht stimmig anfühlt. An Dich selbst und Deine innere Wahrheit zu glauben, wird Dich zu wahrem Wissen führen.

Es ist das Ego, welches immer wieder Bestätigung haben möchte, Recht zu haben. Das Ego gefällt sich in der Rolle des Experten der Mehrheitsmeinung und es misstraut dem „Bauchgefühl", wenn es sich wider „besseren Wissens" sträubt. Selbst diejenigen unter Euch, die um geistige Führung baten, die beten oder die Engel um Hilfe bitten, lassen sich allzu oft verleiten, willfährig dem Verstand mit seinem „gesicherten Wissen" zu folgen.

Liebes Licht, wenn Du wirklich höheres Wissen und die Wahrheit suchst, wirst Du sie in Deinem Inneren finden, denn auch Du bist ein Kanal göttlicher Inspiration. Dies ist kein Widerspruch zur Bildung durch Studium, Lehrer, Bücher und Medien, doch solltest Du stets prüfen, ob das Wissen, welches Du Dir aneignest, in Harmonie mit Deiner inneren Wahrheit ist. Dann wird Dich jedes Wissen bereichern. Wenn Du Dir etwas aneignest und einverleibst, was nicht mit Deinem Selbst, mit Deinem Inneren übereinstimmt, wirst Du Zweifel in Dir sähen. Du kannst es vielleicht irgendwie nicht recht glauben, obwohl Du es ja weißt oder Du wirst es schnell wieder vergessen. Vielleicht beschäftigt es Dich auch in Gedanken immer wieder wie ein Traum, der ohne Dein bewusstes Zutun über Dich kommt.

Dieses „falsche Wissen" kann sich nur durch ständige Wiederholung im Gedächtnis verbinden und so funktionieren zum Beispiel auch Propaganda und Eure Werbung, die, obwohl sie als Lüge erkannt wird, sich in Euer Unter-Bewusstsein gräbt. Wer viel von diesem „zweifelhaften Wissen" in sich trägt, der verliert zunehmend die Klarheit der inneren Stimme und so den Kontakt zur Wahrheit. Für diese Menschen trennen sich Glauben und Wissen. Das Ego erhebt das Wissen zur Wahrheit und etwas zu glauben, wird in die Nähe von spielen, wünschen, einbilden und träumen gerückt. Die innere Stimme wird zum (schlechten) Gewissen und manch einer bezeichnet sie gar als Über-Ich, welches durch frühkindliche Prägung entstand und therapiert werden sollte.

Was ist wichtiger, Glauben oder Wissen? Du wirst diese Frage nicht beantworten können, wenn Du im Kontakt zu Dir selbst, zu Deinem „inneren Wissen" und so zu Deiner „inneren Führung" stehst. Beides ist in Dir sehr eng verbunden und es ist diese Verbindung, die nun beständig stärker wird. Über diese Verbindung des „inneren Wissens" führen wir Dich zur Gewissheit und zur „inneren Überzeugung".

Geliebte Wesen, Selbstliebe, Selbstannahme, das Selbst-Erkennen und das Vertrauen auf die „innere Wahrheit" sind der Weg des Aufstiegs Eures Bewusstseins. Ich segne diesen Euren Weg mit der „bedingungslosen Liebe der Quelle allen Seins". Ich bin Uriel

Zeit der Reife

Hier ist Uriel, das Licht Gottes.

Ich grüße Euch in dieser sehr bewegten Zeit, die sich gerade für Euch, ihr geliebten Wesen, als sehr herausfordernd zeigen kann. Denn das allesdurchdringende Licht der Liebe bringt nun auch die bisher tiefverborgenen Ängste und Vorbehalte ins Bewusstsein.

Es scheint so, als ob es keinen Fortschritt, sondern nur Behinderungen, Blockaden oder gar Rückschritte in der Entwicklung der Menschheit geben würde. Angesichts der Gewalt und der Not in der Welt, scheint der Aufstieg zu höherem Bewusstsein und ein Leben in Frieden und Fülle für manche geradezu absurd. Lichtarbeiter sehen sich von verschiedenen Seiten angegriffen, fühlen sich alleingelassen oder ringen um ihre körperliche Gesundheit. Dies sind Zeiten der Prüfung.

Wer aus solchen Zeiten der Prüfung mit Zuversicht, Hoffnung, Freude und Liebe im Herzen hervorging, hat eine neue Stufe der Reife seiner Seele erreicht. Wer das Zentrum des eigenen Bewusstseins im Herzen verankert hat, wird auch in unübersichtlichen Situationen Führung und Sicherheit finden, denn die Orientierung erfolgt dann von innen nach außen.

Ihr seid die Menschenengel, die als Leuchtturm in stürmischer Nacht den anderen Orientierung geben und den Weg weisen. Den eigenen Weg zu finden, ist für jeden in Zeiten der Umgestaltung unabdingbar, denn Ihr erlebt das Scheitern der alten, überholten Strukturen, die bisher Sicherheit versprachen. Das beharrliche Festhalten an bestehenden Strukturen verzögert lediglich jede Weiterentwicklung und vergrößert die Ängste – es kann den Wechsel jedoch nicht aufhalten.

Der Zusammenhang von Unsicherheit, Angst, Verharren und Verzögerung ist der Hebel, der benutzt wird, um Euch in Abhängigkeit zu halten. So ist es wichtig für Euch, zu erkennen, wer, warum und auf welche Weise man mit Euren Ängsten spielt. Angst bedeutet Enge und wer Angst hat, engt sich und seinen Aktionsradius ein. Kreativität und Wachstum werden durch Enge begrenzt und das innewohnende Potenzial kann so nicht ausgeschöpft werden. Ein Mensch in Angst orientiert sich am Außen und das Ego sucht einen Weg, der den früher gemachten Erfahrungen gleicht und das Überleben sichert. Doch diese Strategie wird in der kommenden Zeit nicht mehr funktionieren!

Wer in der Angst verharrt, wird einen teilweise schmerzhaften Transformationsprozess durchlaufen. Ähnlich einer Raupe, die um sich einen sich langsam verhärtenden Kokon spinnt, werdet Ihr zunehmend Eurer Handlungsfähigkeit beraubt werden. Erst wenn der innere Wandlungsprozess abgeschlossen ist, werdet Ihr Euch von dem selbstgesponnenen Gefängnis der Angst befreien können und in einer veränderten Welt ein anderes Sein erfahren. Die jetzt angebrochene Phase der Wandlung kann als „Zeit der Seelenreifung" bezeichnet werden, auch wenn dies im Grunde ebenso auf vergangene Zeiten zutrifft.

Der Unterschied besteht für Euch in der einmaligen Gelegenheit, einen Quantensprung der Entwicklung mit klarem, erwachendem Bewusstsein nicht nur mitzuerleben, sondern zu gestalten. Wer im Herzen verankert ist, wird aktiv in den Prozess der Schöpfung einbezogen und wird erleben, wie die eigenen Bilder, Wünsche und Vorstellungen sich im Außen zu manifestieren beginnen.

Die Basis hierzu ist Vertrauen, Liebe und Hingabe, die auf den gelebten Erfahrungen des Herzens gründen. Ihr werdet durch Ausrichtung des Bewusstseins und die Verbindung mit dem Energiestrom der geistigen Welten lernen, Eure Schöpferkräfte zu bündeln und zu nutzen.

Um die Ängste zu überwinden, gibt es viele individuelle Wege, doch alle führen in die Verbindung zur eigenen Seele, zum Herzzentrum. Manch einer wählt erschütternde Ereignisse wie schwere Krankheiten, Unfälle oder Nahtoderlebnisse, um den eigenen Weg zu finden. Auch erhebende spirituelle Erfahrungen oder die Begegnung und Berührung durch eingeweihte Meister, Lehrer oder Engel können die entsprechende Herzöffnung bewirken und so den Weg bereiten. Auswählen, gehen und beschreiten wirst Du Deinen Weg jedoch immer selbst.

Je mehr Seelenanteile Du in Dir integriert hast, desto klarer wirst Du die innere Stimme Deiner Seele im Herzen wahrnehmen und ihr folgen können. Dies ist der Grund, warum Liebe zu Dir Selbst, Selbstannahme und sowohl die Erinnerung als auch die Rückverbindung zum eigenen Ursprung von allen Lichtkräften als so grundlegend wichtig betont und daher gefördert wird.

Erlaube Dir, in Freiheit und Selbstbestimmung dem Weg Deines Herzens zu folgen. Identifiziere Dich nicht mit den angstbesetzten Strukturen, sondern wende Dich immer wieder dem inneren Licht der Wahrheit in Deinem Herzen zu. Erkenne, dass Deine körperliche Manifestation nur ein kleiner Teil Deines wahren Selbst ist, denn Du bist ein großartiges, multidimensionales und geistiges Wesen!

Ich segne mit der „bedingungslosen Liebe der Quelle allen Seins". Ich bin Uriel.

Die Grenzen der Wahrnehmung

Hier ist Uriel, das Licht Gottes.
Geliebte Wesen, heute möchte ich über Wahrnehmung sprechen. Dieses Wort beschreibt in Eurer Sprache genau das, worum es geht, nämlich die *Wahrheit anzunehmen*. „Annahme" hat jedoch oft auch mit *Vermuten* zu tun, wenn Ihr zum Beispiel sagt: *„Ich nehme an, dass es morgen regnen wird"*. Was Ihr als „Wahrheit" nehmt, beruht ebenso auf einer Mischung von Vermutung, Erkenntnis, Erfahrung und Interpretation. So bleibt für Euch die Wahrheit stets etwas Individuelles, auch wenn Ihr Euch darum bemüht, sie allgemeingültig zu definieren.

Eure physischen Körper sind mit fünf eher groben Sinnen ausgestattet, die Euch jedoch in ihrem Zusammenspiel eine recht komplexe Wahrnehmung gestatten. So werdet Ihr im Tierreich für jeden Eurer Sinne Arten finden, deren Fähigkeiten den menschlichen Sinn um ein Vielfaches übertreffen. Auch finden sich im Tierreich physische Sinne, die den Menschen nicht gegeben wurden. So gibt es Organe, die elektrische und magnetische Felder erkennen und deuten können, es gibt Augen, die Wellen im infraroten Bereich sehen oder in der Dämmerung das Licht verstärken. Dass Eure Nasen im Vergleich zu den meisten Tieren eher unterentwickelt sind und Euer Hörbereich auf einen engen Frequenzbereich beschränkt ist, ist Euch bekannt, doch oft nicht bewusst. Selbst Euer Fühlen ist gegenüber etlichen Tieren stumpf, die Euch schon auf weite Entfernung nur durch die Vibrationen des Bodens, die Eure Füße beim Gehen verursachen, als Menschen erkennen. Ja, es gibt sogar kleine Krebse, die ein wesentlich größeres, differenzierteres Farbspektrum unterscheiden können als Ihr.

Wenn nun Wahrnehmen die *Wahrheit zu nehmen (zu erkennen)* bedeutet, welche Gedanken hast Du nun nach dem eben Gelesenen? Wirst Du nun vielleicht Deine Überzeugungen der Wahrheit, Deine Wahrnehmungen eher als Deine „individuelle Sicht der Wahrheit" erkennen? Das menschliche Ego mit seiner materiellen Sicht bemüht sich ständig um eine konstante, klare Orientierung. Es ist bemüht, aus jeder Erfahrung eine Erkenntnis und aus der Erkenntnis wiederum Sicherheit zu gewinnen. So entstanden die wissenschaftlichen Grundlagen, die ihre Erkenntnisse zu allgemeingültigen Dogmen erheben. Mit technischen Hilfen ist es Euch gelungen, alle Eure Sinne zu erweitern, tiefere Einblicke in die Materie zu gewinnen und so etliche Vorstellungen von der Wahrheit zu korrigieren. So kannst Du nun erkennen, wenn Du diese Worte hörst, dass es einen direkten Zusammenhang zwischen dem Ego und seinen Vorstellungen auf der einen und der Wahrnehmung und der Wahrheit auf der anderen Seite gibt.

Die Vorstellungskraft und die Erwartungen des Egos haben direkten Einfluss auf die zu beobachtenden Ergebnisse. Dies zeigt sich sowohl bei der Beobachtung kleinster Elementarteilchen als auch in Eurem täglichen Leben, denn *Ihr* zieht die Ereignisse an, nicht der „Zufall". Was Ihr Euch nicht vorstellen könnt, werdet Ihr nur schwerlich erkennen können, denn *er-kennen* bedeutet *er-innern* und mit inneren Bildern in Beziehung bringen. Je fester Ihr von Eurem Wissen als „Die Wahrheit" überzeugt seid, desto weniger werdet Ihr Euch innerlich entwickeln können.

Es sind Euch Worte überliefert, die vor über zweitausend Jahren von einem Weisen gesprochen wurden und sie haben immer noch Gültigkeit, wenn es um den Ausdruck wahrer Weisheit geht: *„Ich weiß, dass ich nicht weiß!"* (Anm.: Rede, die Sokrates im Jahr 399 v.Chr. vor dem athenischen Volksgericht hielt). Diese Haltung wird Euch öffnen für wirkliche Erkenntnis und Wahrnehmung, denn sie öffnet Eure feineren Sinne der nichtphysischen Wahrnehmung. Euer Vorstellungsvermögen und Euer *Glaube* bestimmt deren Stärke und Verlässlichkeit.

Ihr sagt: *„Glauben heißt nicht wissen".* Das ist richtig, denn was Ihr als Wissen bezeichnet, ist begrenzt und hat nur Gültigkeit bis zur nächst höheren Erkenntnis – doch Glaube ist unbegrenzt. Der Glaube ist nicht an die Erkenntnisse der physischen Sinne gebunden, sondern zeigt die innere Gewissheit, die persönliche Überzeugung. Was Ihr als „Bauchgefühl" und Intuition bezeichnet, gehört hier ebenso dazu wie Eingebungen auf metaphysischer Ebene, die Eure „Wissenschaft" nicht erklären kann.

Die Wahrnehmungsfähigkeit ist von der Vorstellungskraft abhängig. Wer sich an die „bewiesenen wissenschaftlichen Erkenntnisse" klammert, begrenzt sein Selbst und stärkt sein Ego. Wer alles glaubt, was er von anderen hört oder liest und wer dabei den Verstand an die Seite drängt, wird die Bodenhaftung verlieren und sich als Spielball fremder Mächte empfinden. Der *Ver-stand* hilft Euch, wie schon das Wort sagt, auf dem Boden zu stehen und in der materiellen Welt zu *be-stehen*. Nur wer seiner eigenen Empfindungen, seinem Fühlen, seinem inneren Wissen und der eigenen, inneren Stimme vertraut und dann auch seinen

Verstand gebraucht, wird die eigene Vorstellungskraft und Wahrnehmungsfähigkeit erweitern.

Ihr seid so wundervolle Wesen mit so vielen besonderen Fähigkeiten und Kenntnissen, benutzt sie ALLE! Wer bereit ist, zu lernen und sich entsprechend seines Lebensplanes weiterzuentwickeln, findet in mir jederzeit Hilfe und Unterstützung.

Ich segne Euch alle mit der „bedingungslosen Liebe der Quelle allen Seins". Ich bin Uriel.

Neue Fähigkeiten leben

Hier ist Uriel, das Licht Gottes.

Geliebte Wesen, vieles für Euch verändert sich und der lichtvolle Wandel der Welten schreitet voran. Ihr werdet auf der energetischen Ebene vorbereitet, nun auch in Euch noch fremde, „übermenschliche" Fähigkeiten zu etablieren. Das von mir geführten Medium wurde in die Lage versetzt, die erforderlichen Informationen zu verarbeiten und an Euch weiterzugeben.

Ihr werdet nun je nach persönlicher Entwicklung und seelischer Entscheidung Schritt für Schritt in eine neue Erfahrungsebene geführt. Jedes Lernen von geistigen Fähigkeiten erfordert eine Abfolge bestimmter Schritte, um zum Erfolg zu gelangen. Als erster Schritt steht meist das Erkennen und das Begreifen, um was es überhaupt geht. Es folgt das Kennenlernen der „Rahmenbedingungen" und der angewandten „Technik". Die Übungs- oder Trainingsphase wird sehr unterschiedlich lang sein und sie ist nicht zuletzt von Eurer Beständigkeit und Hingabe abhängig. Letztlich werdet Ihr die Meisterschaft erreichen und die neuen Fähigkeiten werden für Euch so selbst-verständlich sein wie das Hören, das Sehen, das Sprechen und das Laufen. Ihr steht an der Bewusstseinsschwelle zu einer neuen Dimension, die alte Begrenzungen und Vorstellungen auflösen wird.

Kannst Du Dir zum Beispiel vorstellen, frei mit der Geistigen Welt zu kommunizieren? Hast Du eine Vorstellung über die Chronik der

Akasha und wie es wohl ist, sie so selbst-verständlich zu nutzen wie das Internet? Glaubst Du daran, an zwei Orten gleichzeitig sein zu können oder Freunde in der Ferne einen kleinen, geistigen Besuch abzustatten, wann immer es Dir gefällt?

Diese Fragen wird vielleicht Dein Herz mit Ja beantworten, doch wahrscheinlich wird Dein Kopf Zweifel und Bedenken haben. Doch auch wenn Dein Verstand sagt: *„Ja, ich habe davon gelesen, das ist mir bestimmt alles möglich"*, wird es durch die Prägungen der dualen Welt im Unterbewusstsein für Dich Beschränkungen geben, die Dich von der Umsetzung abhalten. Wieso ich das behaupte? – *„Du würdest diese Fähigkeiten sonst bereits nutzen!"*

Mein geliebtes Licht, jetzt liegt es an Dir, ob Du weiter als Raupe leben wirst oder ob Du nach einer Zeit der inneren Entwicklung Deine Flügel entfaltest und losfliegst. Als Beispiel für das Erlernen geistiger Fähigkeiten zeige ich Dir nun den Weg zur Kommunikation mit der Geistigen Welt auf.

Als Erstes geht es darum zu verstehen, wie diese Kommunikation überhaupt funktioniert und um was es dabei geht. Ihr habt verschiedene Begriffe wie Hell-hören, Hell-sehen, innere Stimme, inneres Wissen oder auch Intuition, welche die möglichen Variationen einer Kommunikation beschreiben. Und wie es sich für *Dich* darstellt, ist durch *Deine* Individualität geprägt. Auch der Begriff „Geistige Welt" ist für viele sehr unklar, weil die Vorstellungen darüber naturgemäß begrenzt und unter anderem von der Gesellschaft und den Religionen beeinflusst sind. Wenn Du jedoch mit jemandem sprechen möchtest, solltest Du wissen, mit *wem* Du sprichst und *wo* (auf welcher Bewusstseinsebene) er sich befindet.

Im zweiten Schritt geht es um die „Rahmenbedingungen" und die „Technik" zur Kommunikation. Da die Verbindung über das Herzzentrum erfolgt, ist eine Öffnung dieses Chakras ebenso wichtig wie die Öffnung des Kronenchakras. Die Reinigung der entsprechenden Energiekanäle (Nadis) und eine gute Erdung schließen die erforderliche

Vorbereitung ab. Dies alles geschieht mit guter Anleitung und Führung durch die Geistige Welt in relativ kurzer Zeit.

Nun geht es ums Üben, um Vertrauen und Hingabe. Alles, was im Alltag vielleicht wichtig ist, kann jetzt zum Hindernis werden, Selbst-Zweifel ebenso wie Wünsche oder Befürchtungen. Selbst-Vertrauen und das Erkennen des Selbst-Wertes entwickeln sich dabei durch die Schulung und den Kontakt mit dem Höheren Selbst und den Engeln. Du übernimmst Selbst-Verantwortung und wirst zum Lichtkanal, zum Channel.

Die Meisterschaft hast Du erlangt, wenn Du jederzeit im Bewusstsein des „All-Eins-Seins" lebst. Du bist es, der bestimmt, wann und mit wem Du den Kontakt pflegst. Egal ob Engel oder Aufgestiegener Meister, wir alle sind eins und Du wählst! Du vertraust Deiner inneren Führung und Dir selbst. So gehst Du Deinen individuellen Weg.

Mein geliebtes Licht, dies ist einer der Wege zu Deinem erweiterten Bewusstsein. Das höhere Bewusstsein ist bereits vorhanden, wird jedoch vom erlernten Verstand und dem aus dem Unterbewusstsein steuernden Ego zurückgehalten. Auch sind Einflüsse jener Kräfte, die den Aufstieg hinauszögern wollen, vorhanden und durch das Schüren von Angst und Ablenkung jeder Art das Bewusstsein der Menschen senken. So gilt es für Dich, sowohl im Innen als auch im Außen die störenden Einflüsse zu erkennen und zu lösen. Jede Lösung durch wachsendes Bewusstsein sollte in Liebe und Verständnis geschehen. Wähle den Weg, der Deinem jetzigen Bewusstsein entspricht und erkenne den Schatz an Erfahrungen, der Dir gegeben wurde.

Werde FREI! Sei Du SELBST! Erkenne Dein Potenzial!

Ich segne Dich mit der „bedingungslosen Liebe der Quelle allen Seins". Ich bin Uriel.

Das dritte Auge

Hier ist Uriel, das Licht Gottes.

Geliebte Wesen, bestimmte Entwicklungen, die zu beobachten sind, bringen mich dazu, heute noch einmal über Eure Chakren zu sprechen. Über die Wichtigkeit der Herzöffnung und auch der guten Erdung und dem Kontakt zu Gaia habe ich schon an anderer Stelle oft gesprochen und setze nun das Wissen bei den Betroffenen voraus.

Da jetzt eine Zeit angebrochen ist, in der sich bei vielen von Euch das sogenannte „dritte Auge" zu öffnen beginnt, gilt es für Euch, achtsam zu sein. Bevor ich jedoch auf das „dritte Auge" und deren Bedeutung und Funktion zu sprechen komme, ist es wichtig, ein anderes Zentrum zu verstehen, denn sie arbeiten beide zusammen.

Das Zentrum der energetischen Steuerung liegt im dritten Chakra, das mit dem Sonnengeflecht, dem *Solarplexus*, verbunden ist. Wenn hier keine Harmonie herrscht, gibt es keine Ruhe, keinen inneren Frieden, keine Gesundheit und auch keine spirituelle Entwicklung. Der Solarplexus ist so etwas wie das unbewusste Gehirn des Körpers und eine Schaltzentrale des vegetativen Nervensystems. Hier laufen sowohl die sympathischen als auch die parasympathischen Fasern zusammen und werden eine Einheit. Hier treffen sich Yin und Yang und steuern nicht nur wichtige Körperfunktionen, sondern über die Energetik auch die Psyche, die Emotionen und die Wahrnehmungen.

Das „Sonnengeflecht" ist, wie die Sonne Eures Sonnensystems, der Dreh- und Angelpunkt. Hier kannst Du Deine Energien des Körpers ausgleichen und so inneren Frieden und Harmonie finden. Hier wird jedoch auch der innere Widerstreit sichtbar, der häufig zwischen Kopf und Herz, zwischen Ego und Selbst herrscht. Dabei kann es zu den unterschiedlichsten körperlichen Beschwerden kommen – von Atem- und Verdauungsbeschwerden, über Unruhezustände und Schlafproblemen bis hin zu Herz-Kreislaufstörungen.

Da das Chakra im Solarplexus für das Gleichgewicht der gegensätzlichen Kräfte verantwortlich ist, zeigt es auch Euer Verhältnis und die Einstellung zur „Macht". Denn Macht hat immer etwas mit Ungleichgewicht zu tun, auch wenn es vielfältige Formen von natürlicher Macht gibt. Macht an sich ist weder positiv noch negativ, erst Euer Verhältnis zu ihr gibt ihr eine Wertung.

So komme ich nun zu meinem eigentlichen Thema, zu der sich abzeichnenden Öffnung des sechsten Chakras, dem „dritten Auge". Zu diesem Chakra gehören sowohl die Hypophyse, die Hirnanhangsdrüse, als auch die Epiphyse, die Zirbeldrüse. Verschiedene Schulen auf der Erde rechnen nur entweder die eine oder die andere diesem Chakra zu. Beide Drüsen sind endokrine Drüsen und produzieren verschiedene Hormone und Botenstoffe, die lebenswichtige Funktionen des Körpers steuern. So werden beispielsweise Wachstum, Stoffwechsel, Schlaf, Fortpflanzung und Ausscheidung von ihnen beeinflusst, um nur einige zu nennen.

So ist klar, dass es bei keinem von Euch ein vollständig geschlossenes, inaktives Chakra geben kann. Die Chakren sind wie Brücken zwischen den verschiedenen Körpern des Menschen. Sie verbinden den physischen stofflichen Körper mit den feinstofflichen Körpern, dem emotionalen, dem mentalen und dem spirituellen Körper. Je offener ein Chakra ist, desto durchlässiger ist es und der Austausch von Informationen zwischen den Körpern ist direkter. Bisher war das sechste Chakra vornehmlich auf wichtige innere Abläufe ausgerichtet, denn nur im Schlaf und in tiefer Meditation waren die „Durchgänge" geöffnet.

Wenn nun eine Phase beginnt, in der sich die Chakren öffnen werden, werdet Ihr durchlässiger, sensibler und die Wahrnehmungsfähigkeit wird gesteigert. Die zunehmende Durchlässigkeit, das „Lüften des Schleiers", wird entsprechende Wirkungen zeigen. Ihr erwartet, dass Ihr plötzlich Dinge seht, die Ihr vorher nicht sehen konntet. Ihr glaubt daran, den Kontakt zur Geistigen Welt direkter zu erfahren.

Nun, das ist durchaus richtig, doch es gibt auch eine andere Seite, denn nun wird Euer energetisches System und damit auch Euer physischer Körper auch von anderen Ebenen „angesprochen". Jeder wird auf seine individuelle Weise darauf reagieren, denn es wird sich sehr unterschiedlich äußern. Vielleicht bekommst Du Schlafprobleme, bist unausgeglichen, bekommst Angst oder fühlst Dich unwohl. Vielleicht bist Du euphorisch, voll Tatendrang und weißt nicht, wohin mit der Energie. Ebenso kannst Du Dich müde und energielos fühlen, doch Du wirst eine Veränderung in Dir spüren. Einige werden nun eine Erweiterung ihrer Sinne erleben, Visionen haben oder plötzlich wieder Zugang zu ihrem inneren Wissen bekommen. Auch dies kann für einige mit Verwirrung und Unsicherheiten einhergehen.

Ich habe hier die sehr komplexen Zusammenhänge in einfacher, reduzierter Weise dargestellt, um Euch vorzubereiten und Ängste zu nehmen, denn Ihr seid dem nicht einfach ausgeliefert. Neben dem individuellen Schutz und Beistand durch die Schutz- und Führungsengel wird das Höhere Selbst für das richtige Tempo Eurer Entwicklung sorgen und mit Euren Lebensplänen abgleichen.

Wenn Du spürst, dass Dein Leben aus dem Gleichgewicht gerät, einer Richtungsänderung oder einer Wandlung bedarf, nutze die Gelegenheit und halte inne! Werde Dir bewusst, dass die Welt im Wandel ist und auch Du davon betroffen bist! Versuche nicht, das, was gehen möchte, zu erhalten, sondern bereite Dich auf einen Neuanfang vor. Sei bereit, neue Fähigkeiten zu erlernen und anzuwenden. Du selbst kannst durch eine Ausrichtung auf den Solarplexus Deine Energien in Harmonie bringen, damit Dein Leben von Freude und Liebe getragen wird.

Neben allen anderen Formen von Meditation, Selbstheilung, Gebeten und was immer Du als gut für Dich erkannt hast, empfehle ich Dir, so oft Du magst, mit dem Bewusstsein im Sonnengeflecht um Harmonie und inneren Frieden zu bitten. Hilfreich ist es auch, die Hände auf dieses Chakra zu legen und die sich ausbreitende Wärme zu genießen.

Das Licht ist nicht aufzuhalten und wird das Dunkle vertreiben – in Dir und in der Welt. Die eingeweihten Lichtarbeiter sind nun aufgerufen, mit Aufklärung und Beratung diesen Prozess zu begleiten. Wenn Du bereit bist, Deinen Weg zu gehen, wird es Dir gelingen! Folge dem Streben Deines Herzens und suche den Frieden in Dir selbst.

Ich segne Euch mit der „bedingungslosen Liebe der Quelle allen Seins". Ich bin Uriel.

Das verhüllte Licht

Hier ist Uriel, das Licht Gottes.

Ich grüße und segne Euch, geliebte Wesen, mit dem Licht der „bedingungslosen Liebe". Meine wunderbare Botschaft für Euch lautet heute, dass das, worauf Ihr so lange gewartet habt, geschehen ist. Die Menschen haben als Kollektiv den Aufstieg in ein neues Bewusstsein erreicht! Der sanfte Wandel, ohne die vorherige, komplette Auflösung aller alten Strukturen, ist nun geschehen. Denn es wurde eine energetische Neuausrichtung geschaffen, die nun den Zerfall der alten und den Aufbau neuer Strukturen bewirkt. Jetzt ist das Licht in jedem allgegenwärtig und wartet darauf, gefunden und enthüllt zu werden.

Wer jetzt schon als Lichtarbeiter und geöffneter Kanal für die Geistige Welt wirkt, hat dies bereits erfahren dürfen. Doch nun sind auch die vielen potentiellen Helfer, jene, die sich verbargen, aufgefordert, ihr Licht zu enthüllen, hervorzutreten und Zeugnis abzulegen. Die Zeit des Versteckens endet und mit ihr die Zeit des Zweifels und des Unverständnisses.

Viele von Euch, die diese Worte empfangen, sind angesprochen, denn Ihr habt auf dieses Signal gewartet. Ihr alten Seelen, Ihr alten Magier und Hexen, Ihr Schamanen und Heiler, Ihr Weisen, Ihr Priester, Seher und Dienerinnen der alten Götter, erinnert Euch an Euer gesammeltes Wissen! Zeigt Euch, schließt Euch zusammen und helft, den Weckruf zu verbreiten.

Sprecht nun auch mit jenen Menschen über den Wandel der Zeiten, die bisher noch schlafend in der Materie verhaftet sind. Wir haben den Keim in einen Jeden gelegt, helft ihnen nun, diesen Keim wachsen zu lassen. Auch in vielen jungen Seelen wartet nun dieser Keim auf den Impuls des Lichts und diesen Impuls zu geben, ist nun Eure Aufgabe. Legt die Scheu und die Ängste ab, die Euch vom Offenbaren Eures geistigen Wesens abhalten. Ihr werdet Euch nicht lächerlich machen und Ihr werdet nicht verfolgt werden, wenn Ihr zu Eurer inneren Wahrheit steht.

Auf der geistigen Ebene hat die Neue Zeit, das Goldene Zeitalter bereits begonnen und nun ist es an Euch, die materielle Welt neu zu gestalten. Eine besondere Erfahrung steht für Euch an, denn nun existiert Ihr nicht nur auf mehreren geistigen Ebenen, sondern gleichsam auch auf zwei materiellen Welten parallel und durch Euer Bewusstsein wechselt Ihr von einer zur anderen. Das Wechseln der Ebenen ist ähnlich dem Wechsel zwischen Schlafen und Wachsein, denn auch hier wechselt das Bewusstsein von einer Ebene in eine andere.

Der große Unterschied ist jedoch, dass Ihr es nun mit Eurem Freien Willen und bewusster Absicht machen könnt. Der bewusste Übertritt von einer Ebene des Erlebens zur anderen ist ein Quantensprung in der menschlichen Entwicklung und beschert Euch eine höhere Stufe des Freien Willens. Ihr werdet beginnen, eine neue Welt zu gestalten und so zu wahrhaftigen Schöpferwesen reifen. Auf der Grundlage spirituellen Verstehens wird sich auch ein technischer Fortschritt erzielen lassen, der allen die höchste Lebensqualität bescheren wird.

Doch die Basis dafür liegt in jedem Einzelnen, denn die Lösung der inneren Widerstände ist eine individuelle Aufgabe.

Zur Bewältigung dieser inneren Aufgabe ist es vollkommen gleichgültig, in welcher Gesellschaft jemand lebt. Auch ist es gleichgültig, ob jemand arm oder reich, alt oder jung ist, denn es ist ein Schritt auf der Seelenebene, der im Herzen vollzogen wird. Ihr werdet diesen Schritt unterschiedlich erleben, denn Ihr seid Individuen, doch es wird für jeden von Euch eine spürbare Verbindung zum All-Einen bedeuten.

Auf dem Weg dorthin können noch einmal alte Widerstände oder Zweifel und Ängste auftauchen und bieten Dir die Chance, die alten Muster nun endgültig aufzulösen, denn sie haben keine Kraft mehr, sobald Du Dein wahres Wesen erkennst. Wenn das Bewusstsein des „ICH BIN" verankert und auch im Alltag präsent wird, ist der Übergang für Dich vollzogen: Du bist nun ein Mittler zwischen den Welten. Jetzt ist Dein Licht auch für andere offen-sichtlich und es gibt für Dich weder Anlass noch Möglichkeit, es zu verbergen.

Wenn Du zu jenen gehörst, die gleichgültig, ob aus Bescheidenheit, Angst, Zweifel oder Scham ihr Licht verhüllt gehalten haben, biete ich Dir, wann immer Du mich im Herzen rufst, meine Hilfe an. Lass uns teilhaben an den „Visionen der Neuen Welt", die in Deinem Herzen ruhen und lasse sie uns gemeinsam realisieren.

Ich segne Euch mit der „bedingungslosen Liebe der Quelle allen Seins". Ich bin Uriel.

Erwachte Kinder, aufgeschreckte Massen

Hier ist Uriel, das Licht Gottes.

Geliebte Wesen, es tut sich viel in Eurer Welt, denn das „Neue Denken" einer „Neuen Zeit" gelangt nun zum Durchbruch. Es sind die Kinder einer anderen Zeit, die sich nun lautstark Gehör verschaffen. Viele Erwachsene reagieren verwundert und können die Tragweite nicht im Mindesten abschätzen.

Es nützt Euch nichts, wenn Ihr Euch weiter schlafend stellt, denn Ihr wisst im Herzen, dass die Kinder, die jetzt auf die Straße gehen, nur den Anfang einer globalen Neuausrichtung des Bewusstseins darstellen. Wer sich gegen die Kinder stellt, stellt sich gegen das Leben selbst. Der wirklich entscheidende Unterschied zwischen den Kindern und den Erwachsenen ist nicht das Alter, die Erfahrung, das Wissen, die Größe oder Kraft, ja, es ist auch nicht die geistig-spirituelle Entwicklung, sondern das, was für Euch auf dem Spiel steht. Die Erwachsenen fürchten um das, was in der Vergangenheit erworben, angeeignet wurde − doch für die Kinder geht es um die Zukunft und ums Überleben!

Wenn diese Tatsache akzeptiert wird, kann die Frage, wohin die Energie fließt, wo sich eine Investition lohnt und wo die Wahrheit liegt, sehr einfach beantwortet werden. Das Leben fließt niemals zurück und immer in die gleiche Richtung zu laufen, bringt auf Dauer keinen Fortschritt, wenn Du in eine Sackgasse läufst. Viele sind verunsichert, weil sie erkennen, dass es nun die junge Generation ist, die der alten erklärt, was zu tun ist.

Ich habe Euch schon vor geraumer Zeit offenbart, dass die „kritische Masse" erreicht ist und nun so viele Menschen erwacht sind, dass der Aufstieg für Euch alle erreicht ist. Es liegt nun an Euch, zu begreifen, dass es vor allem die Kinder sind, die dies bewirkt haben. Es sind die Kinder, die nun für ihre Zukunft kämpfen werden, da es die alten Männer und Frauen sind, die dabei sind, diese zu verspielen.

Die Sorge um das Klima ist berechtigt, doch auch dies umfasst nur einen Teil der anstehenden Aufgaben, die für die Zukunft der Menschheit elementar wichtig sind.

Die Summe aller Aufgaben mündet in die **Überwindung der Trennung** im Inneren und im Äußeren.

Wenn die Menschheit überleben will, wird es keinen Platz mehr für Egoismus und Ausbeutung geben, weder für den einzelnen Menschen noch für Gruppen, Parteien, Religionsgemeinschaften oder Staaten. Wer sich im Lichte der neuen Energie um die Zukunft Gedanken macht, wird immer an alle und an das Ganze denken! Es wird keine Trennung mehr geben, denn die Tatsache, dass jeder Einzelne mit allen Menschen und die Menschen mit dem Planeten und die Erde mit dem Kosmos verbunden sind und eine Einheit bilden, wird zum Selbstverständnis.

Zukünftige Generationen werden keinerlei Verständnis mehr dafür aufbringen, dass es als „normal" galt, Ressourcen zu verschwenden, um Maschinen und Stoffe herzustellen, die nur den Zweck haben, zu zerstören und Euch gegenseitig zu töten. Sie werden wissen, dass alles, was Du anderen antust, Du Dir letztlich selbst antust. Wer mit der Erde und der Schöpfung verbunden ist, wird diese auch nicht zerstören und ausbeuten, vergiften oder verdrecken – nur für einen kurzfristigen Gewinn. Tausendfach haben sich schon ganze Arten von dem Planeten zurückziehen müssen, weil ihr Lebensraum nicht mehr vorhanden ist. So werdet Ihr niemals reicher werden, sondern immer nur ärmer!

All dieses beginnt nun auch die Masse der Menschen zu begreifen und so hat der Wechsel begonnen. Es geht jetzt darum, alte Gewohnheiten aufzugeben und dem neuen Bewusstsein entsprechend zu handeln! Damit sich der Friede und die Harmonie nun über den Planeten ausbreiten kann, ist der innere Frieden in jedem Einzelnen und ein Leben in Harmonie mit dem Umfeld Aufgabe, Weg und Ziel gleichermaßen. Damit der Wandel so geschehen kann, wurden die sogenannten „Indigokinder" geboren, deren Aufgabe die Erschütterung und der Umsturz der alten Strukturen ist. Ihnen folgten die „Kristallkinder", die neue Ideen, Träume und Vorstellungen einer neuen Welt in sich tragen. Sie sind die „Ingenieure" der zukünftigen Gesellschaft. Jetzt werden auch viele „Sternenkinder" geboren, deren reine Seelen nahezu vollständig inkarnieren. Sie bringen alles mit, was zur Heilung der Erde und des Lebens auf ihr gebraucht wird.

Alle diese Kinder werden Euch viele „kleine Probleme" bereiten, damit die wahren Probleme und Aufgaben sichtbar und angegangen werden können. Nehmt ihre Anliegen ernst und seid bereit, von ihnen zu lernen! Bedenke auch immer, dass diese Kinder einst bei Deiner Reinkarnation die Generation Deiner Eltern oder Großeltern sein werden. So bist Du schon jetzt auch für Deine zukünftigen Lebensbedingungen verantwortlich. Die Liebe ist die verbindende Kraft, sie bewirkt den Wandel, die Entwicklung und die Heilung von Dir, der Gesellschaft und der Erde.

Ich segne Euch mit der „bedingungslosen Liebe der Quelle allen Seins". Ich bin Uriel.

Reichtum und Glück

Hier ist Uriel das Licht Gottes.
Geliebte Wesen, es gibt wohl keinen unter Euch, der nicht auch schon einmal Glück oder Reichtum ersehnt hat und nun werden Zeiten des Reichtums und des Glückes anbrechen. Beides ist für Euch in erreichbare Nähe gerückt und Ihr seid es, die es kreiert und ausgestaltet. Doch

um diese auch wahrzunehmen und zu erleben, ist als Erstes die Klärung dieser Begriffe wichtig: Was bedeuten Reichtum und Glück für Dich? Schauen wir uns einmal an, was Reichtum für einen Menschen bedeuten kann.

Auf der Ebene der materiellen Existenz, entsprechend Eures Wurzelchakras, beginnt Reichtum bereits dort, wo mehr vorhanden ist als die lebensnotwendige Versorgung mit Wasser und Nahrung. Jeder Mensch, der unterhalb dieser Schwelle lebt, wird Reichtum so definieren: Reichlich zu essen und zu trinken zu haben.

Auf der emotionalen Ebene bedarf ein reiches Gefühlsleben der Selbstannahme und der Selbstliebe, wie auch des liebevollen Austausches mit anderen. Hierzu gehören Partnerschaften ebenso wie Gruppen und Familien. Aus emotionalem Reichtum erwachsen Kreativität, Kunst und Kultur. Für viele Menschen wäre auch ein Leben ohne Kinder arm und sinnentleert. Kinderreiche Familien definieren Reichtum auf ihre eigene Art.

Auch Begriffe wie Macht und gesellschaftliches Ansehen werden von Euch häufig mit Reichtum in Verbindung gesehen. Reich an Bildung, reich an Einfluss, ja sogar Staatengebilde werden teilweise als „reich" bezeichnet, wenn Herrschaft, Macht und Einflussnahme ausgedrückt werden sollen. Auch geistige Werte sind als Reichtum definiert, sowohl als Bildung und Wissenschaft wie auch als spirituelle Erfahrung und Reife.

Reichtum ist also gar nicht eindeutig zu benennen, denn er findet sich auf unterschiedliche Weise auf den verschiedenen Erfahrungsebenen. So werden Dich die Menschen entweder als reich oder auch nicht reich bezeichnen, je nach ihrer eigenen Sichtweise. Der durstige Mann aus der Wüste wird Dich als reich erachten, nur weil Du Wasser im Überfluss hast. Die Frau aus der Nachbarschaft schaut vielleicht auf Deine einfache, billige Kleidung hinab und der gestresste Geschäftsmann neidet Dir Deine Gesundheit. Wer ist also reich?

Schauen wir nun einmal auf das Glück. Ihr wünscht es Euch selbst und Ihr beglückwünscht Euch gegenseitig. Was meint ihr damit eigentlich?

Schauen wir zunächst auf die materielle Ebene, sehr häufig verbindet Ihr hier mit Glück ein „zufälliges" Bekommen eines Gewinns oder eines Sieges, selten jedoch etwas Erworbenes. Glück zu haben, scheint in Eurer Vorstellung etwas zu sein, was Ihr nicht verdient, sondern geschenkt bekommt. Das jedoch, obwohl Ihr behauptet, dass *„Jeder selbst seines Glückes Schmied ist"*.

Auf der körperlichen Ebene ist das Erleben von Glück mit dem Ausstoß von Hormonen zu erklären, die bestimmte Reaktionen wie zum Beispiel Schmerzreduktion, Erregung und verändertem Stoffwechsel hervorrufen. Emotional entsteht ein Hochgefühl, es dringen Freude und Liebe ins Bewusstsein und Ihr fühlt Euch glücklich. Ist es dieses Gefühl, das Ihr meint, wenn Ihr Euch glückwünscht?

Dieses Glücksgefühl und die auslösenden Hormone sind bei allen Menschen gleich, alle anderen Aspekte des Glücks sind sehr subjektiv und individuell. Was als Glück empfunden wird, ist einzig vom Bewusstsein abhängig, denn dieses entscheidet darüber, ob zum Beispiel eine Schwangerschaft als Glück oder Unglück empfunden wird. Ebenso kann ja auch ein schöner Sonnenaufgang oder ein sonniger Frühlingstag Glücksgefühle hervorbringen, wenn sich das Bewusstsein darauf einstellt.

Was bedeutet nun „Glück" für Dich? In Frieden zu leben? Dich selbst und andere zu lieben? Die schönen Dinge des Lebens zu genießen? Eine erfüllende Arbeit? Das Leben mit Kindern? Der kreative Selbstausdruck? Durch eine offene, das Leben bejahende Haltung Raum für Geschenke und Überraschungen lassen? Gesundheit? Ein Leben in der Fülle? Der Kontakt und Austausch mit Deiner geistigen Führung? Seelenfrieden?

Reichtum und Glück sind auch für Dich greifbar und erlebbar. Ob Du ein Leben in der Fülle oder in Armut führen wirst, ist eine Frage des Bewusstseins, nicht des Materiellen. Materieller Besitz macht nicht glücklich, doch die Materie folgt dem Bewusstsein und so werden sich auch Deine Lebensumstände entsprechend formen. Reichtum bedeutet auch nicht, sich alles kaufen zu können, sondern die Fülle des Lebens auszukosten und den inneren Reichtum im außen sichtbar werden zu lassen. Dein reifendes Bewusstsein und die Liebe im Herzen werden Dich dabei führen.

Auf Deinem Weg zu Reichtum und Glück begleite ich Dich mit meinem Segen und der „bedingungslosen Liebe der Quelle allen Seins". Ich bin Uriel.

Der Weg in Wohlstand und Sicherheit

Hier ist Uriel, das Licht Gottes.
Geliebte Wesen, nun ist für jeden von Euch sichtbar geworden, worum es für Euch geht, nicht wahr? Auch Eure Politiker können nun nicht mehr die Augen verschließen oder die wahren Probleme der Welt durch Manipulation verschleiern. Wie schon in früheren Botschaften angekündigt, stehen Menschen vor Euren Türen, die unter den Fehlentwicklungen der letzten Jahrzehnte besonders zu leiden hatten. Sie zeigen Euch durch ihre Präsens, dass es keine Trennung gibt, alles ist Verbunden und strebt nun zur Vereinigung. Es gibt keine „sichere Herkunft" und es gibt keine „sichere Grenze", die Euch vor der Wahrheit der „Einheit allen Seins" bewahren könnte. Alle Systeme, die darauf aufbauen, künstliche Trennungen zu erzeugen oder zu erhalten, brechen nun in sich zusammen. Jetzt gibt es keine Möglichkeit mehr, wegzuschauen oder sich zu verstecken, Ihr werdet nun offenbaren, wer Ihr seid. Ihr werdet zeigen, ob Euer Mitgefühl größer ist als Eure Angst und Selbstsucht und die Gier werden als menschlicher und gesellschaftlicher Makel erkannt.

Es ist verfügt worden, Eure Herzen zu öffnen, denn die Herzöffnung wird Euren seelischen Aufstieg initiieren und die Mittel dazu sind vielfältig. Neben den Legionen von Helfern der Geistigen Welten wirken Millionen von Lichtarbeitern auf der Erde. Nur die Wenigsten sind sich dabei ihrer Aufgabe bewusst – sie arbeiten mit und für Euch als Lichtkanal, als Heiler, Berater und Therapeut oder wirken als Pfleger, Gärtner, Umwelt- oder Tierschützer.

Eine große Zahl von Lichtarbeitern hat einen anderen Weg gewählt, nämlich den anderen ein Beispiel zu geben. Ihr begegnet ihnen in allen Gesellschaftsschichten und allen Berufen. Sie leben einfach etwas anders, sind freundlich, großzügig und strahlen für Euch Liebe und Verständnis aus. Ihnen scheint es an nichts zu fehlen, selbst dann, wenn sie nicht zu den materiell Begünstigten zählen, denn sie leben in der „inneren Fülle".

Eine andere Gruppe der Lichtarbeiter trägt stellvertretend das Leid der Menschheit für Euch und diese sind als Träger des Lichtes kaum zu erkennen. Sie bereinigen das gemeinsame Karma, leisten so die schwerste Arbeit von allen und bekommen von Euch dafür weder Lohn noch Anerkennung. Sie werden verstoßen, vertrieben, gedemütigt und gequält. Ihnen wird das Letzte genommen, wenn sie aus ihren geplünderten Ländern fliehen, in denen Kriege toben, an denen nur Wenige verdienen. Nun stehen diese Lichtwesen vor Euren Türen und führen Euch die Schande des Ungleichgewichts und des bestehenden Unrechts vor Augen! Erkennt die Lehre, die sie Euch bringen!

Erkennt die einmalige Chance, die sich nun für die Menschen entwickelt! Hilfsbereitschaft und Teilen der in Fülle bestehenden Güter wird zu einer neuen Gemeinschaft der Menschen führen. Ihr werdet die eigenen Ressourcen erkennen und es wird weniger Verschwendung geben. Begreift, dass Menschen zu Euch kommen, die Erfahrungen, Talente und Gaben mitbringen, die Euch sehr helfen können, durch die Erfordernisse der Zeit zu kommen. Gebt ihnen die Chance, selbst für sich zu sorgen. Verbietet es Euren satten Firmen, weiter massenhaft Lebensmittel und andere Ressourcen zu vernichten und erlaubt es Bedürftigen, diese Waren in Selbstverwaltung zu verteilen.

Begreift endlich, wie reich Ihr seid, alles ist im Überfluss vorhanden und wenn nichts mehr vernichtet, sondern gerecht verteilt wird, gibt es keinen Hunger auf der Welt! Wenn das massenhafte Anhäufen von Ressourcen jeder Art verboten und geächtet wird, ist für jeden genug vorhanden und es gibt kein „Sicherheitsproblem" mehr.

Die Ängste vor Verlust entstehen aus der irrigen Annahme, dass es ehrbar ist, mehr zu besitzen als andere und mehr als man selbst braucht. Wer so fühlt, hat sich von dem Bewusstsein des „All-Eins-Seins" sehr weit entfernt. Dieser Besitz wird geschützt und verteidigt, vergrößert und erweitert und das mit allen Mitteln – Habsucht, Neid und Krieg sind die Folge.

Jetzt, wo sich die Völker wieder neu mischen, besteht die Chance zur Vereinigung. Werdet Euch bewusst, dass Ihr nicht nur einmal inkarniert und jeder von Euch macht seine Erfahrungen in den unterschiedlichsten Regionen der Erde. Vielleicht sind es Deine engsten, geistigen Verwandten, die nun aus fernen Ländern kommend, an Eure Türen klopfen.

Es geht für Euch um weit mehr als darum, endlich wieder zur Liebe und zur Mitmenschlichkeit zurückzufinden, es geht darum, die Menschheit zu einen. So wie ein jeder von Euch zur individuellen Einheit im vollständigen Bewusstsein zurückkehren wird, finden nun auch die „Seelenteile der Menschenseele" zueinander. Wie für jeden Einzelnen ist es auch für Gemeinschaften ein herausfordernder Prozess, der nicht ohne Verluste und Schmerzen vonstattengeht. Doch der Lohn, der zu erwarten ist, rechtfertigt jede Anstrengung, ja sogar auch jedes Opfer, das gerade von so vielen Lichtarbeitern gebracht wird.

Nehmt die Zeichen wahr, die nun überdeutlich geworden sind. Lasst nicht länger zu, dass die Interessen einiger Weniger die Welt in Krieg, Not und Elend halten. Seht mit Euren Herzen, in welchem Zustand sich die Welt befindet und dann denkt, redet, fühlt und handelt, wie es Euch die innere Stimme im Herzen empfiehlt. Was Ihr zu verlieren habt, ist die Angst – zu gewinnen gibt es eine Welt in Frieden, Freundschaft und Wohlstand! Der Wandel schreitet voran!

Geliebte Wesen, nun wird sichtbar, wonach Ihr immer wieder gefragt habt, es zeigt sich der „Aufstieg im Außen". Du wirst nun auch in der Öffentlichkeit Menschen erleben, die sich plötzlich von den alten Vorstellungen lossagen und neue fortschrittlichere Positionen vertreten. Vorurteile werden ebenso fallen wie alle trennenden Unterscheidungen. Dies sind die entscheidenden Veränderungen im Bewusstsein, die Euch im Endergebnis zu einer gerechteren Welt mit Wohlstand für jeden, Freiheit und Sicherheit führen wird. Die ersten Schritte dazu sind nun getan.

Doch ist es auch wieder für Dich wichtig – bei allem Engagement im Außen, bei aller Hilfe, die Du anderen gibst, – pflege und heile Dich weiterhin auch selbst! Der gemeinschaftliche Bewusstseinsaufstieg ist nur möglich, wenn jeder Einzelne seinen eigenen Weg erkennt und für sein Seelenheil und für seine innere Überzeugung eintritt. Erstrebe weiter Deine Vollständigkeit, die Du durch Anerkennung und Annahme Deiner Seelenanteile erreichen kannst. Je mehr Du Dein Potential erkennst, desto leichter wird der Weg.

Ich umarme und segne die Welt mit der „bedingungslosen Liebe der Quelle allen Seins". Ich bin Uriel.

Geld

Hier ist Uriel, das Licht Gottes.

Geliebte Wesen, noch immer lebt Ihr in einer Welt, in der gehandelt, getauscht und bezahlt wird. Daran ist nichts falsch oder schlecht und es wird auch noch eine Weile so weitergehen. Erst wenn Ihr fest in der 5. Dimension verankert seid, werdet Ihr ein Zahlungsmittel und eine Wertbemessung für Leistung nicht mehr benötigen, im Gegenteil, es wird Euch geradezu absurd vorkommen.

Doch bis Ihr an diesem Punkt angelangt seid, wird sich noch vieles vorher ändern. Das Erste, was sich ändern muss, ist die Einstellung zum Geld. Ihr seid mit dem Thema Geld auf der emotionalen Seite sehr verflochten. Manch einer liebt Geld, manch einer von Euch hasst Geld.

Der Eine macht sich ständig Sorgen darüber und lebt in Angst, etwas zu verlieren, ein Anderer grämt sich darüber, dass jemand mehr besitzt als er selbst. Und dann gibt es die Menschen, die es gewählt haben, im Mangel zu leben. Auch wer kein Geld besitzt, denkt ständig daran und ist nicht frei.

Ihr sagt: Geld regiert die Welt. Ich sage, es ist nicht das Geld, sondern Eure Einstellung dazu. Es ist nicht der Knüppel, der schlägt, sondern die Hand, die ihn führt! Geld wird missbraucht, um Macht auszuüben und andere in Unfreiheit zu führen und zu manipulieren.

Auch unter Euch Lichtarbeitern herrscht große Unsicherheit, was den richtigen Umgang mit Geld betrifft. Dürft Ihr eigentlich noch Geld haben? Sollt Ihr in Armut oder in Fülle leben? Wie sollt Ihr Geld „verdienen"? Sollt Ihr Euren Besitz verschenken? Dürft Ihr für Eure Lichtarbeit Geld annehmen? Wenn ja, wieviel? Wenn ich als Lichtarbeiter kostenlos den Menschen diene, soll ich dann als Ausgleich einen Job nur fürs Geld machen, auch wenn er mir nicht gefällt und meinem persönlichen Wachstum entgegensteht? Das, meine geliebten Wesen, sind die Fragen, die durch den Raum ziehen.

Einige „Erleuchtete" gehen so weit, dass sie dem anderen nicht das Brot, nicht den zuständigen Lohn gönnen, denn es wird alles *umsonst* gefordert. Hütet Euch vor den falschen Propheten und wisse, dass *umsonst* mit *vergeblich* verbunden ist. Jede Mühe war *umsonst*, wenn der Erfolg, der Ausgleich fehlt – ob nun materiell oder geistig zum Beispiel als Lernerfahrung.

Ich jedoch, Uriel, sage Euch „*nichts ist umsonst!*" Alles in der Schöpfung kommt aus der einen Quelle, alles gehört zu dem Einen, nichts existiert außerhalb und es gibt keinen Besitz! Du kannst Dich aus der Fülle des „Großen Seins" bedienen, Du kannst es nutzen, doch nie besitzen und wenn Du etwas nimmst, gibst Du etwas anderes. Denn allein durch das Benutzen gibst Du Energie ab. Im Idealfall veredelst Du das Genommene und gibst es weiter. Nichts ist „umsonst", nichts geht verloren. Immer, wenn etwas gegeben wird und immer, wenn etwas genommen wird, ist ein Ausgleich fällig! Das ist ein universelles Gesetz!

Wie nun ist der Umgang mit dem Geld in dieser für Euch schwierigen Übergangszeit? Ihr werdet in der Phase des Übergangs Geld als Tauschmittel weiter benötigen. Das ist auch völlig richtig so, denn Geld hat den Sinn, Energie in materieller Form zu symbolisieren. Darin ist auch der richtige Umgang schon enthalten, denn wie geht der Weise mit Energie um? Sorgsam, spielerisch, aufbauend, nutzbringend zum besten Wohle aller. Niemals wird der Weise Energie horten und niemals wird Energie mehr, wenn ich mich darauf setze, nein, der Weise weiß, dass Energie nie verlorengeht, nie verschwindet, sondern nur die Form wandelt.

Das lebensfeindliche, gottferne System, das sich auf Eurem Planeten ausgebreitet hat, wird vergehen. Die ungeheuerliche Bereicherung einiger Weniger zu Lasten der Massen wird keinen Bestand haben. Das „System" war ein Spielplatz fürs Ego und hat keine Berechtigung mehr. Schon einmal wurden die Wucherer mit der Peitsche aus dem Tempel getrieben. Es wird wieder geschehen!

Mein geliebtes Wesen, nähre diese alten Strukturen nicht mit Deinen Emotionen. Der Hass aufs Geld wird es nicht abschaffen, er nährt nur das alte, kranke System, das auf diesen Emotionen aufbaut. Löst Euer Mangeldenken auf, trennt Euch von Eurem Armutsbewusstsein und gebt dem Geld nicht mehr Bedeutung als es hat! Geld ist nichts mehr als ein Symbol für Energie. Wenn Du etwas gibst, sollst Du auch einen Ausgleich erhalten und die Form ist beliebig. Es ist Deine Entscheidung, wieviel Energie Du ausgibst, um Dich mit Tabak, Alkohol oder Drogen zu vergiften.

Wenn Du Geld nimmst, ist das Maß wichtig – Maßlosigkeit und Gier führen Dich zu Neid, Missgunst und Verlustangst. Wenn Du den eigenen Wert nicht lebst und den Ausgleich nicht annimmst, entsteht ein energetisches Ungleichgewicht, eine Schuld und eine subtile Herabstufung des anderen.

Und Du, geliebtes Kind, das alles geschenkt haben möchte, schau Dir mal Dein Schuldbedürfnis an: Kann es sein, dass Du ein ungelöstes Schuldgefühl in Dir trägst, für das Du einen Anker suchst? Oder ist die

Welt Dir noch was schuldig, weil Du aus falschverstandener Selbstlosigkeit andere Dir gegenüber in Schuld gebracht hast? Die Zusammenhänge sind für Euch oft nur schwer zu durchschauen, doch seid versichert, dass sie existieren.

Ein Leben im Recht und in der Gerechtigkeit führt Euch zwangsläufig in die Fülle, denn die Fülle ist Euer von Gott gegebenes Recht.

Spielt das Spiel mit Freude und Leichtigkeit, denn die Zeit wird sich für Euch noch einmal spürbar beschleunigen. Es hat keinen Sinn, etwas festhalten zu wollen, sondern bleibt in Bewegung und in Euren Plänen auf das große Ziel des Dimensionswechsels fixiert. Es wird die Zeit kommen, wo es um den Aufbau neuer, auf Beständigkeit ausgelegter Strukturen in Gesellschaft und Umwelt geht, und bis dahin achtet auf Eure Gedanken, Gefühle und Träume, denn heute wird schon der Samen gelegt für die „Neue Zeit".

Die Quelle allen Seins legt Euch die unerschöpfliche Fülle zu Füßen und ich lege meine Liebe und meinen Segen dazu. Ich bin Uriel.

Recht haben, Rechte einfordern

Hier ist Uriel, das Licht Gottes.

Meine lieben, weisen, klugen Wesen, heute möchte ich Euch wieder ein Stück weiter zu Euch selbst führen. Du weißt bereits, dass Du in der Vergangenheit betrogen wurdest. Du wurdest Deiner Rechte, Deiner Freiheit, Deiner Fähigkeiten, ja sogar Deines Selbst beraubt. Du wurdest ausgebeutet, versklavt, gequält und in den Tod geschickt.

Auch wenn die Erkenntnis schmerzhaft ist und zu Wut und Hass fühlen kann, bedenke, dass Du eingewilligt hast, diese Erfahrung zu machen. Und nicht nur das, Du warst auch Täter, denn das Spiel des Lebens hat Dich auf alle Seiten geführt, um Dich in allen Rollen zu erfahren. Der Entzug der von Gott einer jeden Seele gegebenen Rechte war im ursprünglichen Plan jedoch nicht vorgesehen. Diese Entwicklung wurde von dunklen, selbstsüchtigen Kräften vorangetrieben, die sich bewusst vom Licht abgewendet und universelle Gesetze missachtet haben.

Diese Fehlentwicklung wird jetzt korrigiert, andere Kanäle berichten ausführlich darüber und mein Ansinnen ist, Dich wachzurütteln. Es ist von höchster Stelle verfügt, den Menschen ihre Selbstbestimmung und ihr Recht auf Freiheit und Teilhabe am universellen Reichtum zurückzugeben. Da jeder Eingriff und jede Verfügung den Freien Willen berücksichtigt, ist es den Menschen gegeben, sich diese Rechte zurückzuholen. Ich sehe mit Stolz, wie die Massen sich erheben und friedlich für ihre Rechte einstehen.

Das Einfordern der Seelenrechte und das Lösen aus den Fesseln der „Gegebenheiten", ist ein wichtiger Schritt, den Ihr alle gehen werdet. Einige haben es sich in ihrer Abhängigkeit bequem eingerichtet und haben ihre Freiheit gegen eine scheinbare Sicherheit getauscht. Diese Sicherheit jedoch beruht auf Strukturen, die nicht länger Bestand haben werden. Ihr habt Eure Rechte freiwillig, das bedeutet aus Freiem Willen, den „Gegebenheiten" geopfert und macht Euch zu Lohnsklaven oder zu Sklaventreibern.

Geliebtes Wesen, es liegt mir fern, zu urteilen, ich bin voll Liebe zu Dir und jede Deiner Entscheidungen wird vom Himmel akzeptiert. Ich werde Dich nur an Deine Rechte und an die Liebe erinnern und spreche in Dein Herz und in Deinem Herzen. Denn nur mit dem Herzen lässt sich die Wahrheit erkennen. Ich spiele nicht mit bei dem Spiel: *Ich hab Recht, – nein, Ich habe Recht.*" Kennst Du das Spiel? Ja, es ist ein Spiel des Egos. Rechthaben ist für das Ego sehr wichtig, denn es hat keine Rechte!

Wer seine Seelenrechte aufgibt, braucht ein starkes Ego, um zu überleben! Und es ist bei Euch so, je öfter ein Ego Recht hat, desto stärker wird es. Ihr streitet und diskutiert oft scheinbar ohne Nutzen, weder für Euch noch für die Allgemeinheit, denn die Sache selbst wird oft unwichtig, es geht nur noch ums Rechthaben. Dein Ego muss Recht bekommen, damit Du überlebst. So hat der Verstand die Oberhand über das Herz gewonnen und so gibst Du Deine wahren Rechte preis.

Kannst Du das nachvollziehen, liebe Seele, die sich einen Menschenkörper mit einem Ego teilt? Verstehst Du jetzt, warum das Ego so stark und wichtig ist? Ja, es sorgt für Dein Überleben, weil Du Deine Rechte nicht einforderst! Weil Du Deine Liebe nicht frei fließen lässt und Deine Schöpferkraft versteckst. Wenn Du Dir Deiner Kraft, Deiner Weisheit, Deiner Liebe, Deiner Hingabe, Deiner Kreativität und Deines Mutes bewusst wirst, braucht Dein Ego nicht mehr ums Überleben kämpfen!

Du wirst dann frei, kraftvoll und voller Liebe sein. Bedenke, dass dieser Zustand Dein Geburtsrecht ist. Hast Du Dich schon bei Deinem Ego bedankt? Es hat seine Aufgabe ja gut gemeistert, denn Du hast überlebt. Dein Ego ist bereit, alles dafür zu tun, damit Du überlebst. Wenn es darauf ankommt, kennt es keine Skrupel und keine Moral. Es kennt eigentlich nur zwei Dinge, die wichtig sind: Überleben und Rechthaben.

Deine Seele hat andere Ziele, nicht wahr? Ja, zum Beispiel den Frieden. Schließe mit Dir und Deinem Ego Frieden. Verurteile Dich nicht wegen Deines Egos, Du hast ein tolles Ego, denn Du lebst! Verstehe, Dein Ego hat Angst, zu versagen, denn das wäre eine Katastrophe! Hülle Dein Ego in Liebe und zeige ihm, dass *Du* stark bist. Stehe für Deine Seelenrechte, Liebe, Freiheit und Selbstausdruck ein und wenn Du dafür kämpfen musst, kannst Du auf Dein Ego als erfahrenen Kämpfer vertrauen. Wenn Du Deinem kampferprobten Ego die Kraft und die Macht der Liebe Deiner Seele an die Seite stellst, wirst Du alles erreichen!

Ihr großartigen Seelen, Ihr seid schon so weit gekommen und ich versichere Euch, das Ziel ist zum Greifen nahe! Nehmt Euch Zeit für den „Weg nach innen" und in Euren Herzen werde ich Euch begrüßen, wenn Ihr es wünscht. Ich hülle Euch in meine Liebe und das Licht der Quelle durchströmt Deine Körper, Du Kämpfer der Liebe, Du Lichtbringer im Dunkel – ich danke Dir und danke Euch! Ich bin Uriel.

Kapitel 3 – Gemeinschaft

Wahrnehmung und Gruppen

Hier ist Uriel, das Licht Gottes.

Geliebte Wesen, ich spreche nun über ein wichtiges Thema für Euch und Euren individuellen Weg. Ihr seid gleichermaßen Individuen und Gruppenwesen und es liegt in Eurer Natur, sich einzufügen in Familien, Organisationen, Vereinen, Kirchen, Firmen, Kommunen, Fakultäten und vielem mehr. Die Zugehörigkeit zu einer Gemeinschaft ist ein tief verwurzeltes Bedürfnis und entspricht Eurem Wesen. Soziale Kompetenz zeichnet sich unter anderem dadurch aus, als Teil einer Gruppe zu funktionieren.

Gruppen entwickeln eine besondere Kraft und Dynamik, die Energien der Einzelnen werden potenziert und Ihr könnt gemeinsam Ziele erreichen, die für den Einzelnen in unerreichter Ferne liegen. Das Verbinden mit der Gruppenenergie erinnert Euch auf tiefer Ebene mit dem Gefühl des All-Eins-Seins, das Eure Seele verlor. So ist Gemeinsamkeit für Euch und das Leben auf der Erde überaus wichtig, denn es sind nicht zuletzt die „Gemeinschaften des Lichts", die in diesen Zeiten Großes bewirken.

Doch in der Dualen Welt ist es so angelegt, dass dort, wo Licht ist, sich auch Schatten zeigen können. Der Schatten der Gemeinschaft liegt in der Gefahr, die Individualität zu verlieren, Verantwortung an die Gruppe abzugeben und so den Weg des Herzens zu verlassen beziehungsweise gar nicht zu finden. Gruppen erzeugen eine starke Kraft und eine besondere Magie, die Menschen zu einem zwanghaften Verhalten und zu unreflektiertem Mitmachen verführen kann. Diese Kraft wird von einigen bewusst genutzt, um Euch zu manipulieren und Euren Freien Willen zu übergehen.

Doch Ihr seid es meist selbst, die die Normen, Werte und Ziele der Gruppe zumindest zeitweise über die eigenen stellen. Ihr entfernt Euch dabei von Eurem Selbst und das Ego übernimmt die Führung. Dann geht es plötzlich primär um Anerkennung in der Gruppe und nicht aus der Norm zu fallen ist wichtig, um dazuzugehören.

Mein geliebtes Licht, ich möchte Deine Aufmerksamkeit, Deinen Fokus wieder auf das Wesentliche lenken. Das *Wesen*tliche bist Du – Deine Seele, Dein Selbst, mit Deiner Individualität, die Dich ausmacht! Es ist die wichtigste aller Formen der Wahrnehmung und die Basis eines *selbst*-bestimmten Lebens, auf die ich Dich hinweisen möchte, ist Deine *Selbst*wahrnehmung.

Beobachte Dich in den Situationen, wenn Du beginnst, eine Gruppenenergie wahrzunehmen. Was beginnt sich zu verändern oder gar aufzulösen? Ist es Dein Ego oder ist es Dein Selbst? Beides ist in der gleichen Gruppe möglich und macht doch für den Einzelnen einen großen Unterschied aus.

Ich liebe es sehr, mich in die Energien einzubinden, die Eure Gruppen erzeugen können. Ihr seid sehr kraftvolle, schöpferische Wesen, die, wenn sie aus dem Herzen heraus agieren, ein mächtiges, lichtvolles Gruppenselbst entstehen lassen. Lichtvolle Gruppen sind ein wichtiger Baustein für die „Neue Welt", verankern Energien und wirken wie Katalysatoren des Lichts.

Wenn die Anbindung an die Herzen fehlt, entstehen große Schatten, die abgrenzen, die Druck und Ängste erzeugen, spalten, trennen und manchmal auch zu Intoleranz, Hass und Gewalt gegen andere führen. Menschen sind in Gruppen verführbarer als Einzelindividuen, da Ihr mit der Gruppenbildung einen Teil der individuellen Freiheit aufgebt.

Ich möchte Dich jetzt bitten, Deine Wahrnehmung in Gruppen zu erweitern. Fühle mit dem Herzen in den Raum, den die Gruppe bildet und spüre den Geist der Gruppe. Fühlst Du Licht oder Schatten? Oder vielleicht beides? Wenn Du selbst im Herzen verankert bist, wirst Du das „Wesen" der Gruppe fühlen und kannst Dir gleichzeitig sicher sein, dass Dich diese Gruppe nicht aus Deinem Selbst gezogen hat. Wenn Du Schatten erspürst, ist es Deine Entscheidung, zu gehen oder die Schatten zu vertreiben. Manchmal sind es nur die Ängste eines Einzelnen, der sich verschließt, doch manchmal sind Gruppen auch durch Neid, Eifersucht und Konkurrenz vergiftet. Du kannst diese Schatten erspüren und helfen aufzulösen, wenn es gelingt, Herzen zu öffnen.

Mein geliebtes Wesen, schule Deine Wahrnehmung, denn Du wirst nun neue Fähigkeiten entwickeln. Pflege Dein individuelles Selbst und erlebe mit offenem Herzen die Gemeinschaft der Menschen. Ihr seid auf dem Weg zum Erkennen des „All-Eins-Seins" und mit zunehmender Erkenntnis werden sich die Gruppenenergien verändern. Beobachte und lerne.
Ich segne Dich mit der „bedingungslosen Liebe der Quelle alles Seins". Ich bin Uriel.

Individualität und Gemeinschaft

Hier ist Uriel, das Licht Gottes.
Geliebte Wesen, noch immer gibt es bei vielen von Euch einen inneren Konflikt und einen Widerspruch darüber, was „Eins-Sein mit Allem" eigentlich bedeutet. Die Rückkehr in die Einheit ist jedoch das Ziel Eurer Existenz und so müssen Widerstände verstanden und gelöst werden, um dieses erreichen zu können. Individualität und die Verbindung mit anderen zu einer einheitlichen Gruppe erfordert in Eurer Welt einen Kompromiss, denn Euer Gruppenverständnis ist immer zweck- oder zielorientiert.
Um ein gemeinsames Ziel zu erreichen, ordnet Ihr Euch unter und Ihr verzichtet dafür auf einen Teil Eurer persönlichen Ressourcen, Freiheiten oder Zeit. Nur wenn Ihr einen Sinn oder Gewinn für Euch darin seht, schließt Ihr Euch freiwillig (aus Freiem Willen heraus) einer Gruppe an. Andere Gruppen ergeben sich scheinbar unfreiwillig, Familien, Haus- und Dorfgemeinschaften, Ethnien, Völker und Staaten.

Auch diese Gruppen verlangen eine Art Tribut und sie verpflichten den Einzelnen. Wenn diese Verpflichtungen zu hoch und unangemessen werden, kommt es früher oder später zu Aufständen.

Individualismus hingegen wird bei Euch häufig auch mit Außenseitertum gleichgesetzt. Gemeinschaften verehren und bewundern diese Individuen oft gleichermaßen wie sie sie verachten oder fürchten. Individualisten bedrohen die bestehende Gemeinschaft, denn sie verweigern den Tribut und ordnen sich nicht ein, sondern legen Wert auf Freiheit. Es sind jedoch auch gerade diese Menschen, die sich von der Masse unterscheiden, die anders sind und die oftmals durch ihre Kreativität die Grundlage für eine Gemeinschaft bilden. Das Thema Individualität und Gemeinschaft ist für Euch insgesamt sehr ambivalent, denn beides ist Euch wichtig, erscheint jedoch meist unvereinbar.

Solcher Widerspruch besteht nicht mehr auf einer höheren Bewusstseinsebene, im Gegenteil: Himmlische Gemeinschaften achten, fördern und nutzen die individuellen Stärken und Besonderheiten jedes Einzelnen. Es ist die Summe der individuellen Besonderheiten, die die Gruppe prägen und so zu Aufgaben und Entwicklungszielen führen. Kraft und kreative Ausdrucksmöglichkeit einer Gruppe wachsen mit der Entwicklung der individuellen Eigenschaften jedes Einzelnen.

Der große Unterschied zwischen den Welten wird durch Euer Ego ausgelöst. Im Gegensatz zu Eurem Seelen-Selbst besitzt Euer Ego keinerlei Erfahrung oder gar Erinnerungen an höhere Welten. Es bezieht sein Wissen ausschließlich aus der materiellen Welt und Eurer jetzigen Existenz.

An anderer Stelle beschrieb ich bereits, welchen Wert und Sinn Euer Ego besitzt und wie Euer Ego arbeitet. Um Eure Existenz in der dualen Welt zu sichern, benutzt das Ego auch bewusste und unbewusste Ängste, um Euer Verhalten zu steuern. Um sich den Schutz und die Unterstützung einer Gruppe zu sichern, wird nämlich häufig die eigene Einzigartigkeit aus Angst verdrängt und durch ein der Gruppenvorstellung entsprechendes Bild ersetzt. Da so die innere Wahrheit verlorengeht, ist es für das Ego wichtig, diese durch Regeln, Normen, Strukturen und Vorstellungen zu ersetzen und auf deren Einhaltung, besonders bei anderen, zu drängen. Aus dieser Haltung heraus wird alles Andersartige zur Bedrohung und schürt Konflikte.

So, mein liebes Licht, entstehen auch Kriege, denn Menschen, die den Kontakt zur inneren Wahrheit und zu sich selbst verloren haben, sind leicht zu manipulieren. Ein Leben in Frieden und Freiheit wird es für solche Menschen nur geben können, die bereit sind, ihre Individualität anzuerkennen und zu leben. Und wenn sich Gemeinschaften bilden, die diesen Grundsatz verstehen, werden sich die Widersprüche auflösen.

Darum ist es so wichtig, dass *Du*, mein geliebtes Wesen, Dein wahres Selbst erkennst.

Du bist in Deinem Kern liebevoll, stark, unabhängig und weise.

Du hast eine einmalige energetische Prägung, die Dich zu etwas ganz Besonderem macht. Denn das Ganze, die Einheit, ist nur vollständig, wenn auch *Du* Deinen Teil lebst.

Du machst Deine Gemeinschaft reich, wenn *Du* Deine Talente, Deine Vorlieben, Deine Eigenarten lebst und einbringst. Lass nicht zu, dass Dein Ego oder gar äußere Einflüsterer mit Deinen Ängsten spielen, um *Dich* von Deinem Selbst zu trennen und gefügig zu machen.

Sei selbst-bewusst und liebe Dich bedingungslos, denn wahre Selbstliebe ist die Liebe zu Deiner göttlichen Ursprünglichkeit. Somit ist Selbstliebe das Gegenteil von Egoismus und bewirkt so auch das Gegenteil von Trennung und Angst. Liebe verbindet, stärkt und führt Dich zur Einheit.

Ich segne Dich und Deine Gemeinschaften mit der „bedingungslosen Liebe der Quelle allen Seins". Ich bin Uriel.

Sich einigen und Frieden schaffen

Hier ist Uriel, das Licht Gottes.

Geliebte Wesen, nun werde ich mich dem wohl schwierigsten und auch drängenden Thema zuwenden, welches Eure Ebene prägt, dem Erreichen des Friedens. Ich werde mich dabei nicht den Kräften zuwenden, die den Frieden verhindern und an der Zwietracht profitieren, sondern werde die Grundlage des Friedens zeigen, denn meine Worte sind die Saat der Liebe und des Friedens, die in Euren Herzen aufgehen möge. Alle Zwietracht (zwei) wird durch Einigung (eins) aufgelöst.

In der materiellen Welt der dritten Ebene ist das Erleben der Dualität der wichtigste Aspekt für Euch. Die duale Welt ermöglicht es Euch, sich zu entscheiden und sich zu unterscheiden. Durch diese Unterscheidung, dieses „Anderssein", werden viele Aspekte des Lebens, des Lichts und der Schöpfung erst wahrnehmbar. Die Schönheit eines Bildes entsteht nicht zuletzt durch das Spiel von Licht und Schatten. So ist die Dualität oder die dritte Ebene der materiellen Dichte nichts „Schlechtes", sondern etwas Besonderes.

Der Kern einer jeden Seele sucht die Einheit und sehnt sich zurück in die Harmonie der Vollständigkeit. Ihr erlebt die Trennung von Eurer geistigen Heimat und den Verlust der Einheit als innere Verletzung. Die Entwicklung des Egos wurde Euch als Ausgleich und zum Schutz der verletzten Seele gegeben. Doch das Ego kennt nur die duale Welt, für die es geschaffen wurde und identifiziert sich durch Unterscheidung und verschiedene, messbare Faktoren und Attribute. Das Ego wertet und ordnet im Dienste des Selbst, um das Überleben zu sichern.

Für das Selbst, für die Seele, bedeutet das Erkennen des dualen Gegensatzes, die verlorene Seite wiederzufinden und so die Vollständigkeit zu erfahren. So finden sich die Paare, ergänzen sich und schaffen eine harmonische Einheit. Die in Herzen verankerte Liebe erblüht. Für das Ego, das ein Produkt der Dualität ist, bedeutet der duale Gegenpol jedoch nicht Ergänzung, sondern Bedrohung durch Andersartigkeit und Gegnerschaft. Daraus entstehen Machtkämpfe, der „Krieg der Geschlechter", Unterdrückung, Abhängigkeit und Besitzanspruch.

Welchen Verlauf eine Partnerschaft nehmen wird, hängt in erster Linie davon ab, wie stark das Selbst ist. Ein starkes Selbst ist sicher (selbstsicher), es vertraut (Selbstvertrauen) und ist offen und bereit zur Annahme (Selbstannahme). Ein Mensch, der aus sich selbst lebt, lebt in der Liebe und im Frieden.

Das Gelingen einer Beziehung wird nicht durch Verzicht und Unterordnung erreicht, denn beides sind Begriffe des Egos, sondern durch Offenheit und Ehrlichkeit sich selbst und dem Partner gegenüber. Diese Erkenntnis ist nun langsam in das Bewusstsein der Menschen gedrungen und so verändern sich Eure Beziehungen zusehends.

Was für die Paarbeziehungen richtig ist, stimmt auch für Gruppen. Nur ist die Lage hier noch erheblich komplexer. Gruppen potenzieren die Energie eines jeden Einzelnen und entfalten eine eigene Energie. Es bildet sich ein „Bewusstseinsfeld der Gruppe", dessen Kraft von der Gruppenstärke und der Identifikation der Einzelnen mit dieser Gruppe abhängig ist. Das so entstandene „Gruppenwesen" vereinnahmt auf gewisse Weise seine Mitglieder, die dafür von der Sicherheit und Stärke profitieren. Zu einer Gruppe zu gehören, ist ein dem Menschen angeborenes Bedürfnis, es erinnert Euch daran, dass Ihr Teil einer großen Gemeinschaft seid und entspringt dem Streben, den Weg zurück in die Einheit zu beschreiten.

Die Basis einer Gruppe kann von verschiedenen Inhalten und Anlässen, spiritueller oder auch materieller Art geprägt sein und sowohl das Ego als auch das Selbst der Einzelnen kann sich in der Gruppe spiegeln. So können Gruppen sowohl stärkend und aufbauend wie auch zerstörend für das Seelen-Selbst sein – entscheidend sind hier die Ausrichtung und der Umgang miteinander. Wenn sich Eure Gruppen innerhalb der dualen Welt entwickeln, grenzen sie sich ab und treten dann in Beziehung zur „Außenwelt", wobei andere Gruppen Euch entweder als gemeinsame Partner oder die „Außenstehenden" als Konkurrenten oder als Gegner angesehen werden.

Ihr findet dies auf allen Ebenen, im Freundeskreis, im Sportverein, in der Religionsgemeinschaft und in der politischen Partei ebenso wie für

Volksgruppen und Staaten. So besteht für den Einzelnen innerhalb der Gruppe die Chance, das Gefühl von Trennung zu überwinden, doch wird dieses häufig nur nach Außen verlagert und entzieht sich so dem Bewusstsein. Dies macht den einzelnen Menschen manipulierbar und ist die Basis für unendlich viel Leid auf der Erde. Trennungsängste und die Bedrohung der Gruppen-Einheit lassen Individuen noch immer, entgegen jeder Vernunft, in den Krieg ziehen.

Ver-Einigung schafft Frieden. Um einen Weg in den Frieden zu eröffnen, sehen wir noch einmal zu den Paarbeziehungen und wie Ihr dort Einigung erzielt. Um mit dem Partner in Frieden und Harmonie zu leben, ist der innere Frieden des Einzelnen die wichtigste Voraussetzung, denn innere ungelöste Konflikte spiegeln sich im Außen, um so bewusst und erfahrbar zu werden. Wer im inneren Frieden lebt, wird diesen im Außen nicht nur erstreben, sondern wird ihn um sich herum erschaffen.

Liebe, Empathie und Verbundenheit blühen in solchen Beziehungen auf, es fällt Euch darin leicht, die Position des Partners einzunehmen und Meinungsverschiedenheiten gemeinsamen Lösungen zuzuführen. Ihr werdet als Paar auf das gemeinsame Umfeld immer einen harmonisierenden, friedensstiftenden Einfluss ausüben.

In größeren Gruppen wirken die gleichen Prinzipien, denn wer aus innerem Selbst-Verständnis heraus sich als Teil einer Gruppe versteht, wird zur Gruppenharmonie beitragen. Wer sich jedoch einer Gruppe anschließt, um das Ego zu stärken, Mängel und Ängste zu kompensieren oder um Ansehen, Einfluss und Macht zu erlangen, der wird sein Selbst schwächen und innere Stärke verlieren. So lauft ihr Gefahr, dass Manipulation und Gruppenzwang die Selbstbestimmung dominieren. Meinungsverschiedenheiten werden innerhalb der Gruppe nach Möglichkeit unterdrückt und abweichende Ansichten nicht toleriert. Derart geprägte Gruppen sehen die Außenwelt als Bedrohung und verbreiten eine entsprechende Energie. Doch es werden Gruppen von freien, selbst-bestimmten Wesen sein, die den Frieden auf der Erde bewirken.

Mein geliebtes Licht, um den Frieden auf der Welt zu erleben, wirst Du ihn zuerst in Dir finden. Unterschätze niemals Deinen Einfluss auf das Ganze, Du bist der Träger und der Kanal göttlicher Energie – durch Dich wirkt die Geistige Welt. Du trägst göttliches Licht, Liebe, Freiheit und Frieden in Deine Partnerschaft und in alle Gruppen, in die Du über die Bewusstseinsfelder verbunden bist. Durch die Anhebung der Frequenzen wird der Einfluss von allen Frieden und Verständnis fördernden Aktivitäten deutlich erhöht werden!!

Nutze diese Hilfe, um Dein Leben im inneren und äußeren Frieden zu gestalten. Im „Bewusstsein der Einheit" ist nur noch Frieden möglich.

Ich segne Dich mit der „bedingungslosen Liebe der Quelle allen Seins". Ich bin Uriel.

Beziehungs-Wandel

Hier ist Uriel, das Licht Gottes.

Geliebte Wesen, Ihr befindet Euch in einer Phase der Beschleunigung, was für Euch zu besonderen Herausforderungen führt. Ihr selbst und so auch Euer Umfeld verändern sich in bisher unbekanntem Tempo. So werden sich nicht nur die bisher schon bekannten Lichtkörpersymptome weiter zeigen, sondern vor allem Euer emotionales Befinden kann Schwankungen und Unsicherheiten offenbaren. Diese Unsicherheiten werden sich insbesondere in den bestehenden Beziehungen und Partnerschaften zeigen, denn in Euren Ehen und Liebesbeziehungen vollzieht sich nun ein Wandel.

Schon seit einiger Zeit läuft ein Prozess, der die alten Vorstellungen und die Verteilung von Rollen in Beziehungen verändert. Ob in der einzelnen Partnerschaft zweier Menschen oder im Zusammenhalt der Gesellschaften und Staaten, es verändert sich der „Kern" und so ist ein Wandel in allen Bereichen angezeigt. Alle jetzt so sichtbarwerdenden Konflikte werden durch ein Verstehen der energetischen Felder erklärbar.

Wie an anderer Stelle erklärt, besteht alles Sein, materiell oder auch feinstofflich, aus energetischen Feldern, die ineinander verwoben sind und immer größere Einheiten bilden (siehe Kapitel »Bewusstseinsfelder«). So ist Dein Körper eine energetische Einheit aus der Vielzahl von Energiefeldern, die jedes Atom, jede Zelle, jeden Muskel und jedes Organ bilden. Die Energiefelder schaffen die Materie, nicht umgekehrt!

Der „Kern" eines Energiefeldes ist Bewusstsein. In seiner reinen Form, wie es in der kleinsten Einheit existiert, ist dieses Bewusstsein „bedingungslose Liebe". Bedingungslose Liebe durchdringt alles Sein, ist Leben und ist unvergänglich. Aus dieser Energie erneuert und regeneriert sich auch Euer Körper und wenn er bei Störungen krank wird, heilt er sich von innen selbst.

Wenn jedoch die Energie, die Liebe in den Zellen, nicht mehr bedingungslos fließt und es untereinander zum Kontaktverlust kommt, führt es über einen Mangel zum ungebremsten Sammeln und Festhalten von Energie und in der Folge zur Krebserkrankung.

Es ist das gleiche energetische Prinzip, das in Euren Völkern untereinander wirkt. Wenn ein „Bewusstsein der Verbundenheit" besteht und Ihr wieder wahrnehmen könnt, dass Ihr alle eins seid, wird die Gemeinschaft der Menschen heil und gesund sein. Es ist das noch immer vielerorts vorherrschende Mangeldenken, welches zu Selbstsucht, Maßlosigkeit, Gewalt und Unterdrückung geführt und sich wie ein Krebsgeschwür ausgebreitet hat.

Und auch in den zwischenmenschlichen Beziehungen wirkt das gleiche Prinzip. Wenn beide Partner ein gemeinsames, von der „bedingungslosen Liebe" durchdrungenes Energiefeld weben, wird es in der neuen Energie ein tragfähiges Fundament sein. Und genau darin besteht die Prüfung, durch die Ihr jetzt geht. Schon seit einiger Zeit hat die Veränderung bei einem Jeden(!) begonnen. Auf der kleinsten, energetischen Ebene hat es begonnen und immer größere, komplexere Energiefelder werden davon erfasst.

Mit der Veränderung geschieht Heilung, denn die hochschwingende Energie, die sich nun in ihrer Wirkung entfaltet, ist die reine, „bedingungslose Liebe der Quelle". So, wie es Heilungskrisen bei körperlichen Heilprozessen gibt, kommt es auch bei der Umgestaltung der Paarbeziehungen zu unerwarteten Herausforderungen. Wenn Du Dich mit Deinem Partner früher perfekt ergänzt hast, weil er Deine Schwächen mit seinen Stärken ausgeglichen hat, mag er sich nun vielleicht überflüssig und nicht mehr gebraucht fühlen, wenn Du in Deine Kraft findest. Es kann sich nun für ihn so anfühlen, als ob die alte Liebe dahin sei.

Wenn Du nur wenig Kontakt zu Deinen Emotionen gehabt hast, wenn Du den Ausdruck von weichen Gefühlen Deiner Partnerin überlassen hast und sie es für Dich stellvertretend übernahm, wird es vielleicht glückselige Momente geben, wenn alte Strukturen brechen, doch es wird auch etwas in der Beziehung fehlen und möglicherweise geht ein Reiz verloren. Doch wenn sich eine Partnerschaft nur auf den Ausgleich von Mängeln gegründet hat, mag es sein, dass sie an Bedeutung verliert. Dann trennt Euch in Liebe und Freundschaft und dankt Euch für den gemeinsamen Weg, im Wissen, dass keine Trennung ewig ist.

Wenn Du Deine, Dich begrenzenden Muster löst, wird es keine Abhängigkeiten, keine Eifersucht, keinen Besitzanspruch und keine Bedingungen mehr in Deinen Paarbeziehungen geben, denn diese erwachsen einem Mangelbewusstsein. Paare in der neuen Energie werden sich in Freiheit und Offenheit finden und begegnen. Ihr werdet bewusst Verbindungen eingehen, um gemeinsam die Energien zu potenzieren und kreativ auszuleben. Etliche Veränderungen im Miteinander wird es geben und nicht jede Partnerschaft wird diese überdauern. Ihr alle geht einen individuellen Weg, mit ausgewählten Erfahrungen im eigenen Tempo. Doch wie auch immer es sich gestalten mag, die Kraft, die diese Veränderungen bewirkt, ist Liebe!

Wer sich aus Angst vor der Liebe verschließt und an alten, überholten Strukturen und Formen festzuhalten versucht, wird am Ende von einer Welle der Veränderungen überrollt werden. Ihr könnt es an vielen Punkten auf der weltpolitischen Bühne beobachten, was passiert, wenn die Zeichen der Zeit nicht beachtet werden und aus niederen Beweggründen an alten Strukturen festgehalten wird.

Liebe ist frei – die Liebe kann nicht aufgehalten werden, sie stärkt und heilt, sie wirkt von Innen nach Außen und ist Wachstum und Verbindung zum „All-Eins-Sein". Doch die Liebe steht auch für sich selbst ein, sie erkämpft, wenn nötig ihr Recht, doch nicht mit Gewalt. Und so möchte ich Dir noch einmal die Worte Sanandas ins Gedächtnis rufen, der als Jesus zu Euch sprach: *„Liebe Deinen Nächsten wie Dich Selbst".* Nur wenn Du Dich selbst liebst, kannst Du auch von anderen die Liebe annehmen. Nur wer sich selbst liebt, kann auch seine Liebe teilen und den Nächsten lieben! Wer wahrhaft in der Liebe ist, für den ist auch der Satz *„Liebe Deine Feinde"* kein Widerspruch, denn wahre Liebe ist bedingungslos.

Ich segne Dich und Deinen Weg, möge die „bedingungslose Liebe" in Dir wachsen und Dein Sein erfüllen! Ich bin Uriel.

Begegnungen

Hier ist Uriel, das Licht Gottes.

Ich grüße Euch in Liebe, geliebte Wesen. Euer erwachendes Bewusstsein hat Euch sensibler werden lassen. Ihr nehmt jetzt intuitiv und manchmal auch körperlich Dinge wahr, die Euch früher verschlossen waren. Wenn bis vor einiger Zeit die sexuelle Anziehungskraft die größte Kraft war, die Menschen zusammengeführt hat, so ist es jetzt die Wahrnehmung einer geistig-seelischen Gemeinsamkeit und Verbindung. So wandeln sich nun Eure Beziehungen, wie ich Euch bereits dargelegt habe. Je weiter Ihr Euch in das Eins-Sein entwickelt, desto weniger tragen die alten Konzepte der dualen Welt, die auf den Ausgleich eines Mangels gründen.

So kommt es, meine geliebten Wesen, bei einigen von Euch zu einer Phase, in der Ihr Euch möglicherweise einsam und getrennt fühlen werdet, obwohl sich das genaue Gegenteil entwickelt. Es ist nur Euer Ego, das eine Bedrohung durch Verlust befürchtet und die altbewährten Mechanismen aktiviert, um wieder Sicherheit und Kontakt zu finden. Je nach Persönlichkeit und Prägung kann Euch dies zu Aktionismus, Rückzug, Selbstverleugnung oder ängstlichem Rollenverhalten führen. Wie auch immer Euer Reaktionsmuster der Vergangenheit ausgesehen hat, Euer Selbst leidet dabei unter Beschränkung.

Doch es ist gerade die Erweiterung des Selbst, die Euch in Kontakt zur Liebe, zur Selbst-Sicherheit und in das „All-Eins-Sein" bringt. Die Erweiterung des Selbst ist es, die Eure Wahrnehmung verändert und auch den Kontakt zu Geistigen Welten eröffnet. Dein im Herzen verankertes Selbst verbindet Dich mit Allem-Was-Ist. Im Herzen fühlst Du auch manchmal die unerklärliche Vertrautheit bei der ersten Begegnung mit Dir unbekannten Menschen.

Oft erreicht mich die Frage, ob Du die Person aus einer anderen Inkarnation kennst und meist ist die Antwort ein klares *„Ja, aus vielen Inkarnationen"*. Keine Begegnung ist zufällig und oft bietet sie eine Möglichkeit zur Reife und persönlichen Entwicklung. So kannst Du zum Beispiel plötzlich die Liebe entdecken, in einem einzigen Moment, der Dein Herz öffnet und die Erinnerung an Deine geistige Heimat belebt und im nächsten Moment weißt Du, diese Liebe ist das Größte, was Du je erlebt hast und doch war es nur ein flüchtiger Augenblick, der in diesem Leben keine Fortsetzung findet.

Im Herzen vermagst Du den Sinn und das Glück zu erkennen und es liegt an Dir, diese Fähigkeit zu entwickeln. Du bist umgeben von Deiner geistigen Familie, denn Du bist nicht als Einziger inkarniert! Du bist ein Teil einer großen Gemeinschaft, der von Anbeginn an seine Erfahrungen teilt, Hilfe und Unterstützung gibt und erhält.

Seit Du selbst entschieden hast, den Schritt in die Verkörperung zu gehen, begleiten Dich viele Deiner Geschwister durch Zeiten und Räume. Nicht alle haben sich entschieden, einen physischen Körper auszubilden, sondern übernehmen wichtige Aufgaben für Dich, ohne selbst je diesen Weg gehen zu können. Auch ihnen begegnest Du immer wieder aufs Neue und es nähert sich der Moment, dies auch bewusst zu tun.

Wahrscheinlich kennst Du Momente plötzlicher Inspiration, in denen Ideen Form annehmen oder sich plötzlich Lösungen für Probleme zeigen, die lange nicht sichtbar waren. Die Möglichkeit, dass dabei „Engel", Deine geistigen Geschwister, mitgewirkt haben, ist groß. Vielleicht gehörst Du zu denen, die unter Zeitdruck plötzlich Termine erreichen, wo es vorher ausgeschlossen erschien, dass dies möglich wäre. Gehörst Du zu denen, die in der Stadt immer einen Parkplatz finden, auch dann, wenn es viel zu wenige gibt?

Du darfst sicher sein, dabei helfen Dir Deine geistigen Geschwister und einige betreiben es als „Sport", Zeit und Raum so zu biegen, dass Du möglichst wenige Probleme damit hast. Ermöglicht wird es durch Deine Absichtserklärung, denn Dein Freier Wille ist für sie unantastbar. Dein in den Kosmos gesandter Wunsch nach einem Parkplatz oder nach freier Fahrt, um den Termin zu erreichen, findet so seine Erfüllung.

Das größte Interesse jedoch hat die Geistige Welt an Deiner spirituellen und geistigen Reife und Vervollkommnung. Es stehen immer Teile Deiner nichtinkarnierten, geistigen Familie bereit, mit Dir in Kontakt zu treten, um Dir behilflich sein zu können. Deine eigene Entwicklung und die beständige Erhöhung der energetischen Schwingung haben hierfür die Möglichkeiten erweitert.

Der Schlüssel ist das lebendige Bewusstsein der Verbundenheit mit der Schöpfung und dem Schöpfer, die „Bedingungslose Liebe". Dieser Schlüssel liegt in einem jeden Herzen – finde und benutze ihn und werde Eins! Wenn Du Deine Nächsten im Herzen als Deine geistigen Geschwister erkennen kannst, bist Du gut auf Deinem Weg. Lass Dich von der Liebe leiten und sei offen, ihr zu begegnen.

Ich segne Dich, mein geliebtes Wesen, und ich umarme Dich mit Deiner Erlaubnis und hülle Dich ein in die „bedingungslose Liebe der Quelle allen Seins". Ich bin Uriel.

Wandlung der Beziehungen

Hier ist Uriel, das Licht Gottes.

Meine geliebten Wesen, ich grüße Euch in „Bedingungsloser Liebe"!
Eine neue Energie trägt jetzt Eure Welt, sie gerät dadurch immer mehr
aus den Fugen und die Veränderungen werden auf allen Ebenen spürbar.
Es ist ein Wandel, der sich in allen Bereichen des Lebens bemerkbar machen und zu einiger Verunsicherung führen wird. Frühzeitig werden alle
Eure zwischenmenschlichen Beziehungen davon betroffen sein, daher
möchte ich heute zu Euch über Eure sich wandelnden Beziehungen
sprechen.

Ihr geht weiter auf die Liebe zu und mit der Liebe ist Kontakt und
Gemeinsamkeit eng verknüpft. In der Liebe ist alles verbunden, es gibt
keine Trennung in Ich und die Anderen. Es gibt nur *eine* Liebe, sie ist
universell, göttlich und der Ursprung allen Seins.

Wer sich der „Wahren Liebe" bewusst ist und in ihr lebt, der vermag
wohl die Liebe zu verschiedenen Menschen unterschiedlich wahrzunehmen, er kann sie jedoch nicht trennen oder fixieren. Wer in der Liebe angekommen ist, wird kaum noch in der Lage sein, eine auf Aus-
schließlichkeit ausgerichtete Paarbeziehung zu führen. Für die reine
Liebe ist ein *„Ich liebe nur Dich"* schlichtweg nicht möglich!

Jeder Versuch, die Liebe einzugrenzen, wird früher oder später mit
einem Akt der Befreiung beantwortet werden. „Liebe und Freiheit" gehören zusammen, beide gründen im Inneren eines jeden von Euch, sie
sind Euch als Geburtsrecht ins Herzzentrum mitgegeben und beide
wachsen in Euch nach außen.

Ich habe oft betont, wie wichtig es ist, sich selbst zu lieben, denn so
beginnt die „Bedingungslose Liebe". An anderer Stelle berichte ich
Euch über den Weg zur „inneren Freiheit" und gebe ein Werkzeug, diesen Weg zu finden. Denn nun ist es an der Zeit, den Kontakt unter den
Menschen zu erneuern. Es ist der „Weg der Liebe und der Freiheit", der
in jedem Individuum angelegt ist und der letztendlich eine neue Gesellschaft entstehen lässt.

Mein geliebtes Wesen, glaube nicht, dass es ein leichter Weg sein wird, denn Du wirst mit Widerständen konfrontiert, die über viele Inkarnationen gewachsen sind. Dein Ich wird sich gegen zu viel Liebe wehren und auf „innere Freiheit" wird es mit Unsicherheit und Angst reagieren. Und was sich in Deinem Inneren abspielt, wird sich auch im Äußeren spiegeln, wenn die Veränderungen sichtbar werden. Vielleicht wirst Du von Eifersucht heimgesucht, wenn sich Dein Partner in Liebe öffnet und andere auch davon profitieren. Vielleicht hast Du plötzlich das Gefühl, Dein Partner ist nicht mehr wichtig für Dich, weil Du nicht mehr von seiner Liebe abhängig bist, seit Du sie in Dir befreit hast.

Es kann eine Phase der Prüfung und Reinigung der Paarbeziehungen kommen und es werden Beziehungen ein Ende finden, die der Liebe nicht standhalten werden. Es wird sich am Ende immer die Liebe durchsetzen, auch wenn es manchmal mit Schmerz verbunden sein mag.

Ihr alle habt den Weg gewählt, Gaia beim Aufstieg zu begleiten und nach Kräften daran teilzuhaben. Jetzt ist es an der Zeit, Deinen Partner auf den Weg mitzunehmen, auch wenn er sich bisher weigerte, sein Leben und Werte der Gesellschaft zu hinterfragen. Denn nur wenn sich beide Partner des Weges bewusst sind, gibt es die Möglichkeit, eine Beziehung auf neuer Ebene weiterzuentwickeln.

Jede Beziehung ist von den Veränderungen betroffen, denn die Entwicklung findet *in Euch* statt. Es gibt keine Ausnahme(!), es ist lediglich eine Frage, wie lange die Impulse ignoriert oder verdrängt werden. Es ist die sanfte, doch unaufhaltsame Kraft der Liebe, die allem ein Ende setzen wird, was sie blockiert.

Eure Verbindungen werden intensiver, erfüllender und liebevoller sein. Ihr werdet Beisammensein und Euch gegenseitig bereichern. Ihr werdet Euch nicht brauchen, sondern wollen. Ihr werdet nicht mehr einsam sein, wenn der Partner nicht da ist, jedoch glückselig im Beisammensein. Eifersucht und Besitzansprüche werden vergehen und Vertrauen, Offenheit und tiefe, innere Verbundenheit an ihre Stelle treten. Liebe wird jede Freundschaft beleben und Ausdruck finden. Oberflächliche Begegnungen werden immer weniger werden, denn es entstehen spontan Verbindung, Verständnis und Zuneigung. Ihr werdet neue

Formen des Zusammenlebens entwickeln, in denen persönliche Freiheit und liebevolle Gemeinschaft sich ergänzen. Ideologien und gesellschaftliche Normen werden keinen Bestand haben, wenn sie nicht mit dem im Herzen gefühlten Streben übereinstimmen.

Eure Kinder werden zu selbstbewussten, liebevollen Wesen heranwachsen.

Die „schwierigen Kinder" spiegeln noch den Widerspruch, die Angst, Unsicherheit und die von falschen Idealen geprägte Gesellschaft wider. Sie zeigen das Ende einer Ära an und sie tragen bereits so viel neue Energie in sich, dass ihnen ein Anpassen an alte, überholte Strukturen nicht mehr möglich ist. Diese Kinder spiegeln den Egoismus, der die Gesellschaft prägt und der das natürliche Recht eines jeden nach Freiheit, Liebe und gesicherter Entwicklung missachtet. Nur wenn Ihr ihnen mit Liebe begegnet, wird es einen friedlichen und einen sanften Übergang innerhalb der Gesellschaft geben, denn ein Wandel ist nun unumgänglich!
Diese Kinder sind gekommen, um den Wandel durchzusetzen. Es gibt für den großen, gesellschaftlichen Wechsel nur den einen Weg, der durch das Herz des Einzelnen führt. Mit dem ersten Schritt zur Öffnung der Herzen wurde ein Prozess begonnen, der nicht mehr aufzuhalten ist. Das Licht wird bei jeder Begegnung weitergegeben und erfasst nun in kürzester Zeit die gesamte Menschheit. Keiner wird sich auf Dauer entziehen können und je später die Einsicht, desto größer wird die Scham sein, die beim Erwachen über das eigene Leben kommen wird.

Und wenn Du immer noch zweifeln solltest, mein geliebtes Wesen, ob sich die Gesellschaft, die Welt ändern wird, so frage Dich einmal
„Wie könnte die Gesellschaft sich nicht verändern, wenn es aber die Menschen tun? Wie sollte eine lieblose Gesellschaft weiterbestehen, wenn in jedem Herzen die Liebe erwacht und nach Ausdruck verlangt? Werden liebende Herzen weiter herzlose Führer akzeptieren?"

Die göttliche Intervention hat längst stattgefunden und die sanfte Flut hoher Energie durchdringt bereits alle Strukturen der festen und der feinstofflichen Materie.

Eure Körper beginnen sich zu verändern, Ihr habt bereits mehr Kontakt zu Eurem Emotionalkörper entwickelt und seid so Euren Gefühlen nähergekommen. Viele empfinden es erst einmal als zusätzliche Last, da es schwerer fällt, Dinge fortzuführen, die nicht mit Eurem Selbst harmonieren. In der Folge fühlt Ihr Euch auch ausgebrannt, der Körper verlangt nach Ruhe und Ihr schafft Euch Raum zur Besinnung. Erst wenn Ihr dann zurück zur Liebe findet, ist die Schwächephase überwunden.

Liebe, mein geliebtes Licht, ist die einzige Kraft, die Dir beständig in unbegrenzter Menge zur Verfügung steht. Liebe heilt, Liebe erschafft — vertraue auf ihre Kraft. Beginne bei Dir und Deinen engen Beziehungen und dann gehe hinaus und verändere die Welt. Du bist das Licht der Welt!

Ich begleite Dich und segne Deinen Weg mit der „bedingungslosen Liebe der Quelle allen Seins". Ich bin Uriel.

Nun folgen hier einige Auszüge von persönlichen Channelings, die Uriels Sicht auf unsere Beziehungen deutlich machen.

Auszug 1:
Mein geliebtes Wesen, Du bist nun auf dem Weg zu Deinem wahren Kern, jetzt beginnst Du das Wesen der Liebe zu sehen und zu begreifen. Es ist, wie wenn Du eine Zwiebel zu schälen beginnst, erst müssen harte trockene Krusten weichen, bevor der erste Saft zu fließen beginnt. Dabei fließen manchmal Tränen, aber mit jeder Schicht näherst Du Dich dem Kern, der Essenz, die als Keimzelle das Leben selbst in sich trägt. Die innewohnende Lebenskraft wird meistens erst dann sichtbar, wenn die Schale sich bereits in Auflösung befindet.

Die Liebe die Du erfahren hast, ist ein Spiegel Deiner selbst: Zeiten der Freude, der überfließenden Fülle und Zeiten des Zweifels, der Unsicherheit. Du trafst eine verwandte Seele, um Dich selbst von allen

Zweifeln lösen zu können. Eure Energien potenzieren sich und schaffen so für jeden von Euch Möglichkeiten, die alleine nur schwer zu finden sind.

Die Wahrheit ist jedoch, die Essenz Eurer Liebe liegt in jedem von Euch verborgen. Es ist wie bei der Zwiebel, wenn die Schale erst gebrochen ist, kann sie nie wieder werden wie vorher. Die Liebe verändert und transformiert Euch unwiderruflich.

Es ist ein göttliches Gesetz, dass jeder seinen eigenen Weg in seinem eigenen Tempo gemäß des eigenen Willens geht. Und so kann es sein, dass das Tempo einer Beziehung für den einen zu schnell und für den anderen zu langsam wird. Dies ist unvermeidlich und selbst bei Treffen von eng verwandten Seelen möglich. Es gibt nur den Rat, Geduld und Vertrauen zu haben.

Jetzt ist die Zeit gekommen, in der eine jede Seele aufgerufen ist, den ganz persönlichen, individuellen Weg zu gehen, denn das Ziel ist das Eins-Sein und daher die Erfahrung der „vollständigen Seele" zu erleben.

Jede Beziehung, jede Partnerschaft ist lediglich ein Meilenstein, eine verabredete oder auch unerwartete Hilfe auf dem Weg. Versuche nichts festzuhalten, denn das wird nicht funktionieren. Gehe Deinen Weg, sei bereit, den Weg gemeinsam zu beschreiten, aber bleibe nicht stehen und biege nicht ab. Versuche nicht, Deine Liebe zu verschließen, sondern lass sie „bedingungslos" fließen. Doch das Lösen der Schalen ist manchmal mit Tränen verbunden.

Wenn Dir der Geliebte nicht mehr folgen kann, sei Dir immer gewiss, dass jede Trennung eine Illusion ist! Ihr seid verbunden auf ewig und werdet wieder zusammenfinden. So erübrigt sich die Frage, mein liebes Licht, was Du tun kannst um, diese Beziehung zu retten.

Du wirst Dich um Dein Herz, um die Liebe zu Dir und um die schöpferische Kraft der Liebe bemühen. Die Liebe wird sich Ausdruck verschaffen, also enge sie nicht durch Fixierung ein. Dein Herz kennt viele Formen der Liebe und viele Formen des Glücks, versuche nicht festzuhalten, was von Natur aus Bewegung und Ausdehnung ist!

Ich werde Dich zur „bedingungslosen Liebe" führen, denn dies ist der Weg zurück in Deine geistige Heimat.

Auszug 2:
Die Dir vertraute duale Welt funktioniert und besteht durch Trennung und Entscheidung. Die Einheit wurde aufgespalten, geschieden und besteht weiter durch die Ergänzung der gegensätzlichen Pole. Durch die Vereinigung von Mann und Frau bekommt Ihr Zugang zur Einheit und ein Gefühl von Erfüllung und Ganzheit wird so auch in der dualen Welt möglich. So funktionierte die duale Welt seit Jahrhunderten, doch jetzt wird die Erde energetisch angehoben und die alten Mechanismen verlieren zunehmend an Gültigkeit.

In der alten Energie basierten alle tiefen Beziehungen der Paare auf Mangel. Der jeweilige Partner füllte die energetischen Lücken auf, die durch die Spaltung der Seele in die verschiedenen Anteile entstanden war. Der erlebte Mangel durch Unvollständigkeit offenbarte sich als Trieb zur Vereinigung.

Religiöse oder gesellschaftliche Dogmen verzerrten den eigentlichen Sinn dieses Strebens und es entstanden Rollenbilder des Männlichen und Weiblichen. Du hast Deine abgespaltenen Seelenanteile zurückbekommen und Du bist jetzt dabei, sie zu integrieren. Diese Integration verbraucht viel Energie und führt häufig zur Verwirrung, da sich das vertraute Umfeld plötzlich als fremd oder unpassend zeigt. Am Ende jedoch wirst Du wieder als das vollständige göttliche Wesen dastehen, welches Du in Wirklichkeit bist.

Es ist für Dich so, dass Du bereits alles in Dir trägst und es gibt keinen substanziellen Mangel mehr, der einen Trieb begründet und nach einer Ergänzung im Partner sucht. Du trägst einen weiblichen Körper, dies entspricht auch der Gewichtung Deiner Seelenanteile, jedoch hast Du auch männliche Teile in Dir vereinigt und dies entspricht auch Deiner ursprünglichen Seele.

In dieser außergewöhnlichen Zeit ist dieses Phänomen nicht selten. Viele langjährige Partnerschaften werden dadurch auf eine harte Probe gestellt, denn alte „Spiele" funktionieren nicht mehr. Wenn beide Partner sich gleichermaßen entwickeln und wenn sie ein Bewusstsein über ihre inneren Prozesse erlangen, wird die Beziehung auf einer höheren Stufe weiterbestehen.

Die menschlichen Beziehungen werden sich wandeln, wie es jedes Individuum wird, wenn die Dimensionsgrenzen überschritten sind. Es wird keine Abhängigkeit mehr in Euren Liebesbeziehungen geben, denn es wird keine Beziehungen mehr geben, die auf Mangel beruhen. Besitzansprüche und Eifersucht werden keinen Platz mehr haben, wenn Ihr Eure Liebe von der alten Last der Dualität befreit habt.

Was ist nun mit der Sexualität, wirst Du fragen. Nun, auch die sexuelle Vereinigung wird Euch erhalten bleiben, doch auch sie wird vom Zwang befreit werden. Ihr werdet Euch als vollständige Wesen begegnen, wenn Euch danach ist und gemeinsam lust- und liebevoll miteinander spielen. Ihr werdet keine Forderungen oder Erwartungen an den Partner stellen, sondern Euch bedingungslos austauschen.

Wie ist es nun, wenn die Partner sich nicht gemeinsam entwickeln, sondern einer zurückbleibt? In dieser Frage ist die Antwort schon enthalten, einer bleibt zurück. Partnerschaften, die an der alten Energie verhaftet sind und keine Veränderung zulassen, werden sich lösen, wenn ein Partner in den Seelenaufstieg geht.

Wo stehst Du jetzt? Frage Dein Herz! Es geht für Dich nicht darum, die Vergangenheit zu ergründen und zu verstehen, es geht um die Gestaltung des „Jetzt"! Du erlangst gerade Deine Schöpferkraft zurück, nutze sie und lebe in der Liebe, wie es Dir Dein Herz empfiehlt. Du hast alles, was Du für Dein Glück benötigst, lerne wieder, Dich selbst „bedingungslos" zu lieben, dann dehne Deine Liebe aus auf die Welt und Du bist zuhause.

Auszug 3:

Die Beziehungen und Partnerschaften der Menschen unterliegen einem grundsätzlichen Wandel. In der dualen Welt wird jede Seele nur in Teilen geboren. Es erfolgt eine Abspaltung, damit eine solche Erfahrung wie Trennung überhaupt möglich wird.

In der Zeit des Wandels (hin zur fünften Dimension) wird diese Trennung nun aufgehoben und die Seelenanteile, die vorher getrennt waren, werden wiedervereinigt. Die Beziehungen waren bisher von der Trennung geprägt, der Partner füllte die Lücken auf, und so ergab sich ein Gefühl von Einheit und Vollständigkeit.

Jetzt werden immer weniger andere Menschen benötigt, um sich selbst vollständig zu fühlen, da die Menschen erwachen und Seelenanteile zurückgeführt werden. Es wird eine neue Art von Beziehung entstehen, die auf Gemeinschaft beruht. Abhängigkeiten werden verschwinden, ebenso wie Besitzansprüche und Eifersucht. Es liegt an Euch, Formen des Zusammenlebens zu entwickeln, die für alle positiv und unterstützend sind. Macht Euch frei von überholten Vorstellungen und lebt einen offenen, liebevollen und ehrlichen Umgang miteinander.

Auszug 4:

Deine Beziehung ist geprägt durch eine Rollenverteilung, die auf Mangel und Ergänzung beruht. Dieses Prinzip ist in der dualen Welt weit verbreitet, der Partner füllt dabei genau die Lücken aus, die durch eigene, abgespaltene Seelenanteile entstanden sind. Auf diese Weise ist in der Dualität ein Gefühl von Vollständigkeit und von Eins-Sein möglich.

Doch jetzt ist eine Zeit, in der diese Rollenverteilung nicht mehr funktioniert. Du bist erwacht und Deine Seele ist dabei, sich zu vervollständigen. Es fehlen, einfach ausgedrückt, die großen Lücken, die Dein Partner ergänzen könnte, um ein Gefühl von Glück und Vollendung zu erzeugen. Es ist eine Entscheidung Deines Freien Willens, ob Du an dieser Beziehung festhalten möchtest.

In Deinem Herzen weißt Du, dass Liebe und Partnerschaft für Dich nur noch auf gleicher Ebene und in der liebevollen Begegnung zweier selbständiger Personen funktioniert, die sich vereinen, um ihre Kräfte zu potenzieren und etwas Neues entstehen zu lassen. Der Partner hierfür wird kommen, wenn Du dazu bereit bist.

Auszug 5:

Abhängige Beziehungen können Dich niemals zur Liebe führen, im günstigsten Fall wirst Du weniger Angst fühlen, doch Du wirst die Angst nicht überwinden, denn Angst und Abhängigkeit verstärken sich gegenseitig und begrenzen die Freiheit.

Nun bin ich bei der Frage angekommen, warum es Dir so schwer fällt, Dich von Deinem Freund und seinem Einfluss zu lösen. Er ist mit Deiner Angst verbunden. Diese Verbindung ist weniger eine bewusste, sondern eine energetische Anziehung. Bei Euch beiden wirken hier Kräfte, in denen sich alte, überholte Muster ausdrücken. Das gibt ein trügerisches Gefühl von Sicherheit, wenn der eigene Wille aufgegeben oder die Freiheit entzogen ist.

Dies hängt mit einer falschen Form der Hingabe zusammen, die in Wahrheit ein Sich-opfern ist. Doch Opfer werden aus Angst gebracht, Hingabe dagegen erfolgt aus Liebe. Diese setzt Vertrauen voraus und Vertrauen ist das Thema, welches Deine Inkarnation prägt.

Vertrauen und Liebe sind die natürlichen Attribute einer jeden Seele. Beides wirst Du Dir wieder in Dein Leben ziehen, denn Deine Seele möchte sich wieder in die Vollständigkeit begeben und die Getrenntheit überwinden. Die „Getrenntheit" meint in diesem Zusammenhang nicht die Trennung von anderen, sondern die Aufspaltung der Seele in verschiedene, nicht integrierte Seelenanteile. Es geht darum, wieder zur „inneren Einheit" zu gelangen. Das Wichtigste ist die Liebe zu Dir selbst! Es gibt noch immer Teile von Dir, die Du ablehnst, für die Du Dich schämst und die Du verbergen möchtest.

Doch glaube mir, so, wie Du gerade jetzt bist, wirst Du unendlich geliebt! Du verdienst die Liebe, denn Du bist ein göttliches Wesen. Nur Du selbst entscheidest darüber, wie viel Liebe Du Dir zugestehst. Nur wenn Du Dich selbst wahrhaftig liebst, bedingungslos, kann sich die Liebe auch im Austausch mit anderen im Außen zeigen. Das ist es, was die Worte *„Liebe Deinen Nächsten wie Dich selbst"* bedeuten. Die Liebe zu Dir selbst, zu Deinem göttlichen Kern, ist der Schlüssel für ein freies, von Freude und Liebe getragenes Leben.

Ängste und Abhängigkeit haben dann keinen Platz mehr. Du wirst einige Zeit brauchen, vielleicht tauchen noch einmal alte Ängste auf, doch Du wirst den Weg der Liebe gehen, denn Dein Herz wird Dich leiten. Begrüße jeden Morgen, wenn Du vor den Spiegel trittst, die Göttin in Dir mit den Worten *„Ich liebe Dich!"* Schau Dir dabei in die Augen und lächle Dir zu. Benutze das „Feuer der Transformation", um Ängste in die Liebe zurückzuführen, vertraue und folge Deinem Herzen (siehe Kapitel »Werkzeuge«).

Auszug 6:
Besonders die fortgeschrittenen Seelen empfinden die Trennung von der „Einheit allen Seins" stark als eine Sehnsucht nach Liebe und Verschmelzung, denn dies ist die Kraft, die Dich auf dem Weg zur Seeleneinheit leitet. Doch je weiter eine Seele auf ihrem Weg ist, desto schwieriger wird es, einen entsprechenden Partner zu finden. Früher war es erheblich einfacher, denn die Menschen suchten sich einen Partner, der die eigenen Schwächen mit seinen Stärken füllt. Doch das Prinzip „Gegensätze ziehen sich an" funktioniert nicht mehr, wenn eine Seele sich der eigenen Vollständigkeit annähert, weil es dann einfach keine gravierenden Mängel gibt, die ein Partner auffüllen kann, um eine Einheit zu bilden.

Wenn erwachte Seelen versuchen, eine Partnerschaft nach diesem Muster des Mangels und der Ergänzung zu führen, entstehen Gefühle der Enge, der Bevormundung und der Beschränkung. Die Reaktion darauf ist Frustration und Befreiung.

Für Dich, mein liebes Licht, geht es in dieser Inkarnation um die Befreiung der Liebe im Herzen. Dazu ist es wichtig, die Liebe neu und auf eine andere Art zu entdecken. Es gibt einen Weg, der Dich zu erfüllter Liebe, zu liebevollem Austausch und zur gemeinsamen Entwicklung einer neuen Art von Beziehungen führt: Das Schlüsselwort für Dich ist „innere Freiheit"!

Der Umgang miteinander

Hier ist Uriel, das Licht Gottes.

Meine geliebten Lichtwesen, ich freue mich sehr über Euren Erfolg, Eure Arbeit und die herrliche Resonanz, die das „Licht der Quelle" jetzt auf der Erde findet. Ihr seid wichtige Vermittler der Energie, die über Euch einen Kanal in die materielle Welt und damit zu Gaia, Eurer Mutter Erde, findet.

Einige Lichtarbeiter haben sich schon soweit „gelichtet", dass das Energieniveau in ihrer Umgebung soweit gehoben wird, dass Menschen um sie herum, die bisher noch fest schliefen, erwachen und beginnen, Fragen zu stellen. Ihr werdet jetzt auch verstärkt beobachten können, dass nichts mehr einfach hingenommen wird. Autorität wird nur noch anerkannt, wenn sie auf Weisheit und Liebe begründet ist – eine Tatsache, die sich besonders alle Eltern unbedingt bewusstmachen sollten.

Die Menschen werden weiter nach Führung und Anleitung verlangen, doch eine Führungs- oder Leitungskraft wird sich nicht mehr auf seine Rolle oder Funktion im Betrieb berufen können. Jeder Personalchef ist gut beraten, sofort die menschlichen und sozialen Kompetenzen seiner Führungsmannschaft zu überprüfen und nötigenfalls zu verbessern. Die innere Revolution ist bei den Menschen in vollem Gange und jetzt wird sie in der Folge im außen sichtbar. Die Menschen erheben sich und fordern ihre Rechte ein. Wo früher die Angst eine Form bestimmt oder aufrechtgehalten hat, wird es zur Auflösung oder zum grundsätzlichen Wandel kommen. So werden viele Arbeitsplätze verschwinden, die nicht in die „Neue Zeit" passen. Ihr Lichtarbeiter wisst ja, dass es so gut und richtig ist, dass erst das Alte verschwinden muss, damit Platz für das Neue entsteht.

Doch es wird viele geben, die dem Zusammenbruch mit großer Angst, Wut oder Depression begegnen. Diesen Menschen gilt jetzt meine besondere Aufmerksamkeit, denn jede Krise im menschlichen Leben beinhaltet eine Chance zum Innehalten, Erkennen und zur Neuorientierung.

Der Wandel wird sich jetzt schnell entwickeln und für alle, die dem Licht zugewandt sind, wird sich schnell der neue Weg zeigen, sodass kein wirklicher Mangel entsteht. Wer jetzt versucht, mit allen Mitteln alte Strukturen oder Privilegien über den Wechsel zu retten, wird scheitern. Und nicht nur das, denn mit dem Versuch, die dritte Dimension festzuhalten, wird eine wichtige Entscheidung durch den Freien Willen getroffen. Du weißt, was das bedeutet, nicht wahr?

Der Aufstieg in die höheren Dimensionen ist auch in dieser besonderen Zeit für niemanden ein Automatismus. Jeder hat die Chance, in der jetzt kommenden Zeit aufzusteigen und es wird für *alle* sichtbar werden, was dies bedeutet – doch der innere Wandel des Einzelnen ist hierfür unumgänglich. Wer zurückbleibt, wird entsprechend seines Bewusstseins neue Möglichkeiten für weitere Erfahrungen in 3D bekommen.

Es geht niemand verloren, jeder findet irgendwann den Weg zurück. Manch einer von Euch fragt sich, wie er mit Freunden und Familienangehörigen umgehen soll, die von alle dem nichts wissen wollen. Sollt Ihr versuchen, sie zu überzeugen? Könnt Ihr sie irgendwie mitziehen?

Ich rate Euch, habt Vertrauen und bleibt in der Liebe! Das Zeitfenster für den Aufstieg ist groß und weit und ein Jeder wird sich bewusst entscheiden können. Bis „der Zug abgefahren ist", wird jeder eine sehr bewusste Entscheidung getroffen haben. Es reicht für Dich, wenn Du zu Dir und dem Licht stehst. Du brauchst keinen zu überzeugen, denn der Weckruf geht von der Geistigen Welt aus!

Deine Arbeit als Lichtarbeiter beginnt, wenn Dir die Menschen Fragen stellen. Es ist so einfach, denn wenn Du Vertrauen und Liebe aussendest, werden die Menschen zu Dir kommen – wenn ihre alte Lebensplanung sich auflöst, weil sich die Zeiten geändert haben. In jedem Menschen schlummert die Erinnerung an den Seelenauftrag und das Licht und die Liebe sind in jedem Herzen verankert. Ihr werdet gerufen und erwachen, wenn es für Euch richtig ist.

Du liebes Lichtwesen, sei nicht traurig und verzage nicht, wenn Dein Partner oder Deine Eltern Dich nicht verstehen. Jeder hat seinen eigenen Weg zu gehen und das Festhalten an Verbindungen, die nicht mit dem Weg des eigenen Herzens übereinstimmen, wird auf Dauer nicht möglich sein. Vielleicht musst Du Dich von ihnen trennen, um Deinem Seelenauftrag und der Liebe in Deinem Herzen gerecht zu werden, denn es gibt keinen wichtigeren Menschen als Dich! Wenn es so ist, dann gehe in Liebe!

Vielleicht ist es nur eine Trennung für eine kurze Zeit, denn auch entschlossenes Handeln des einen Partners kann ein Weckruf sein und einen Neubeginn für den anderen ermöglichen. Doch eines ist ganz sicher, jede Trennung ist letztlich eine Illusion, denn Du bist mit Allem ständig verbunden. Liebe und Beziehung ist eine Frage von Bewusstsein und Schwingungsebene, nicht von Raum und Zeit.

Sei Dir bewusst, dass es eine große Gemeinschaft von lieben Seelen gibt, von denen Du „getrennt" bist und Du empfindest keinen Schmerz darüber, vielleicht jedoch eine stille Sehnsucht, endlich wieder nachhause zurückzukehren. Deine geistige Familie wartet auf Dich und trotz der Trennung durch die Dimensionsschleier seid Ihr wirklich nie getrennt, sie begleiten Dich mit ihrer Liebe durch die Jahrhunderte. Das Zusammentreffen mit ihnen, Deiner wahren Familie, ist das Ziel am Ende Deiner Reise. Die Schleier werden immer dünner und die ersten Kontakte zur Geistigen Welt werden bald für viele von Euch möglich sein.

Noch ist die „Zeit der Reinigung" und diese wird auch noch andauern, doch Du kannst sie für Dich gut nutzen, um alles loszulassen, was nicht mehr dienlich ist. Trenne Dich von dem, was im „Licht der Liebe" keinen Bestand hat. Sei gut zu Dir und Deinem Körper, denn der Umbau des physischen Körpers ist mit einigen Beschwernissen verbunden, die häufiger nach Ruhephasen verlangen.

Als Ausgleich wirst Du bemerken, dass das Schlafbedürfnis langsam nachlässt. Du wirst weniger Lichtkörpersymptome entwickeln, wenn Du Deinen Lebensrhythmus anpassen kannst. Sehr hilfreich kann sein, wenn Du Dir mehrmals am Tag 5 Minuten Zeit nimmst, um Dich bewusst auf das göttliche Licht in Deinem Herzen einzustimmen.

Mein Segen und die Liebe der „Quelle alles Seins" begleiten Dich! Ich bin Uriel.

Gemeinschaft

Hier ist Uriel, das Licht Gottes.

Geliebte Seelen, könnt Ihr den Aufstieg fühlen, der begonnen hat? Ja, vieles ist leichter geworden, auch Dein innerer Widerstand ist geringer geworden. Alle, die sich der höheren Schwingungen bewusst werden und die diese Schwingungen integrieren können, werden jetzt Stück für Stück ins „Land der Wunder" geführt. Dieses Land der Wunder ist geprägt von der eigenen Schöpferkraft. Ja, Du weißt schon, was jetzt kommt, nicht wahr? Und genau darum geht es: Du bekommst Deine ursprünglichen Fähigkeiten zurück.

Du hast gewusst, dass ich jetzt davon spreche, dass Du mit Deinen Gedanken Deine Zukunft kreierst – Du hast es geahnt, gefühlt, geglaubt, gewusst. Und ob Du es jetzt glaubst oder nicht, Du hast damit auch diese Zeilen geschaffen. Natürlich nicht Du allein, doch die Gemeinschaft Aller, die diese Botschaft lesen, lassen mich, Uriel, durch mein Medium diese Worte für Euch finden! Beginnst Du die Tragweite zu ahnen? Euer kollektives Bitten, im Aufstieg vorwärtszukommen und Euer Verlangen, wieder in den Besitz der Schöpferkraft zu gelangen, bringt diese Worte zu Euch!

Dieses direkte Reagieren der Geistigen Welt auf Eure Bedürfnisse hat es so für Euch noch nicht gegeben. Früher gab es eine Zeitverzögerung für Euch, die Räume, in denen wir uns bewegten, waren noch weiter voneinander getrennt. Wenn auch die höhere Wahrheit etwas anders liegt, sind die Begriffe Zeit und Raum doch recht treffend, um zu beschreiben, was sich verändert. Wir kommen einander immer näher und Ihr bekommt immer mehr Eure Schöpferkraft zurück, denn Ihr kommt der Liebe immer näher! Schöpferkraft ist reine Liebe.

Ist Dir schon aufgefallen, wie viele gute Channelkanäle es inzwischen gibt? Noch vor ein paar Jahren war es zum Beispiel nur einer Handvoll Menschen möglich, meine Energie zu kanalisieren, da mein Licht, das die reine Liebe ist, als loderndes Feuer und verzehrende Flamme erlebt wurde. In der Meditation baden heute wieder die Menschen in meiner Liebe und glaubt mir, keiner freut sich darüber so sehr wie ich! Wir sind uns schon sehr nahegekommen.

Der Schlüssel dafür ist die Gemeinschaft, die „Gemeinschaft des Lichts"! Auch Du gehörst zu dieser Gemeinschaft, ja, auch Dein noch schlafender Nachbar oder Kollege gehört dazu, er ist sich darüber nur nicht bewusst. Jeder Mensch, der sich seiner Seele, seines Herzens bewusst wird, verstärkt die Gemeinschaft. Und der gemeinschaftliche Wille, die bewusste Absicht, Liebe zu leben und den Seelenaufstieg zu erleben, hebt Euch in immer größere Höhen und integriert immer höhere Frequenzen des Lichts.

Ich möchte hier noch einmal den Rat wiederholen: *„Schließt Euch zusammen und meditiert in Gruppen"*. Die Energie, die eine Gruppe erzeugt, ist etwas völlig anderes als die Summe der Einzelnen. Zum einen wird die Energie vervielfacht, steigt in Potenzen an und das allein spricht schon für die Kraft der Gruppe und ist vielen bekannt. Doch etwas anderes ist entscheidender: Jeder, der schon einmal Oberton singen gehört oder miterlebt hat, kennt den Effekt, dass da plötzlich Töne erscheinen, die keiner singt. Aus den sonst unhörbaren Obertönen der Stimmen formen sich im Raum schwebenden Engelgesängen gleiche Klanggebilde. So entsteht etwas ganz Neues.

Was auf der Frequenzebene der Töne geschieht, passiert analog auch beim Meditieren in Gruppen auf einer viel höheren Ebene. Du bist pure Energie und Energie ist Schwingung, Deine Körper schwingen in unterschiedlichen Frequenzen, der physische Körper langsamer als der emotionale, der spirituelle höher als der mentale. Jedes Chakra hat eine eigene Frequenz und jeder Gedanke, jedes Gefühl ist Schwingung.

Jeder von Euch ist wie ein gewaltiges Orchester, das Euer persönliches Lied spielt. Wenn Ihr in guter Stimmung seid, klingt Ihr rein und klar und Ihr wirkt anziehend auf andere. Wenn dagegen Missstimmung vorherrscht, wird man Euch meiden und Ihr seid mit Euch unzufrieden oder werdet krank.

Doch zurück zur Gruppe: Bekommst Du jetzt eine Ahnung davon, was passiert, wenn gutgestimmte Menschen zusammenkommen — ja, eine tolle Feier — doch was ist, wenn Ihr dabei gemeinsam einem hohen Ziel zustrebt? Wenigen unter Euch ist es vergönnt, die Energien zu sehen, die da entfesselt werden. Ihr schraubt Euch in Höhen, die Ihr allein nicht erreichen könnt und es entstehen hochschwingende Muster.

Und dann geschieht das „Wunder", denn zu der sich potenzierenden Energie gesellen sich die geistigen Helfer, die nur auf die Gelegenheit warten, eingreifen zu können.

Es gibt auf den höheren Ebenen Wesen, die erst aktiv werden können, wenn Ihr eine bestimmte Schwingung erreicht habt, denn wie Ihr Eure Energie nur auf eine bestimmte Stufe anheben könnt, können sie Euch nur bis zu dieser Ebene entgegenkommen, wobei sie dafür ihre Schwingung absenken. Wenn dieses Zusammentreffen in Gruppen passiert, bildet sich die „kosmische Gemeinschaft", die für Euch ein sehr erhebendes Erlebnis und wie ein Nachhausekommen ist.

Die „kosmische Gemeinschaft" hat eine ungeheure Anziehungskraft, die hochschwingende Energie zieht die Schwingung der ganzen Umgebung in die Höhe und da alles miteinander verbunden ist, hebt Ihr den ganzen Planeten an. Glauben kann *Berge* versetzen, doch die Energie der „kosmischen Gemeinschaft" auch *Planeten*.

Ich habe versucht, mit einfachen Worten die Zusammenkunft der Dimensionen zu beschreiben, etwas, wofür es keine Worte gibt, denn es ist ein spirituelles Erleben und ein Erwachen. Ich möchte Euch zu diesem Erleben führen, denn dahinter liegt das Paradies. Wenn Ihr mich in Eure Gruppen ruft, werde ich da sein und Euch helfen, die Energie zu heben, um Euch mit Euren himmlischen Geschwistern zu verbinden. Diese Treffen werden Euch wandeln, Ihr werdet sensibler, reiner und durchlässiger werden. Eure Intuition wird geschärft, Eure angeborenen Heilkräfte werden aktiviert und die oft störenden Lichtkörpersymptome verschwinden.

Viele unter Euch sind mit der eigenen Klärung schon sehr fortgeschritten und leben in der Liebe und im Vertrauen, während andere weiter vom Zweifel, der die beherrschende Kraft in der Dualität ist, gehalten werden. Sie treten auf der Stelle und warten auf das große, eindeutige Zeichen, dass der Seelenaufstieg keine Illusion ist, sondern wirklich schon begonnen hat.

Dir, mein geliebtes Wesen, möchte ich sagen: Nutze meinen Rat, benutze die „Werkzeuge" zur Reinigung und Vorbereitung, und dann mach Dich auf den Weg, denn Du hast jetzt die Möglichkeit, die Wahrheit zu erleben! Du bist nicht auf die Worte eines Mediums angewiesen und es ist nicht förderlich, in den Himmel zu schauen und auf die Zusammenkunft zu warten. Geh Deinen himmlischen Brüdern und Schwestern entgegen. Jetzt könnt Ihr die Gemeinschaft durch eine Gruppe erreichen – *macht Euch auf den Weg!"*

Das ist auch meine Antwort auf die Frage, wann denn die „Galaktische Föderation" landet oder endlich sichtbar wird. Schau nicht nach außen, lass Dich nicht von Dir und Deinem Seelenauftrag ablenken, denn Du bist hier, um *Deinen* Weg in den Aufstieg zu finden und zu gehen. Es war *Dein* freier, heiliger Wille, jetzt hier zu sein und Du hattest damals nicht beschlossen, hierher zu kommen, um zu warten.

Du bist ein Lichtwesen mit einer einzigartigen Erfahrung und Geschichte und hast die Absicht geäußert, für das Licht und die Liebe einzustehen und wenn nötig, zu kämpfen. Dein Weg und Deine Aufgabe sind schwer und Du bist für Deinen Mut hochgeachtet. Ich hülle Dich ein in meine Liebe und segne Dich mit meinem Licht – es dauert nicht mehr lang und Du wirst klar und deutlich sehen können, was für großartige Arbeit Du schon geleistet hast. Sei Dir Deines eigenen Wertes bewusst, denn in Deinem Herzen lebt die Liebe und die göttliche Flamme – lass sie strahlen, verstecke sie nicht und sei stolz auf Dich!

Die unendliche, „bedingungslose Liebe der Quelle allen Seins" begleitet Dich. Ich bin Uriel.

Kapitel 4 – Lebensaufgaben

Sinn und Aufgabe des Lebens

Hier ist Uriel, das Licht Gottes.
Geliebte Wesen, die Reaktion auf die Offenbarungen über Eure Besuche in der Geistigen Welt, die in der Nacht stattfinden, haben gezeigt, dass Aufklärung und ein sich daraus ergebendes Verständnis Fortschritte bringen (siehe das Channeling »Schlaf und Traum«).

So hat für einige von Euch allein dieses Verstehen eine deutliche Verbesserung des Schlafes und des Allgemeinempfindens verursacht. Dies ist der Grund, warum ich nun weiter einige Grundlagen Eures Lebens erklären werde. Zunächst einige Worte zu Eurem Ursprung.

Jede Seele entspringt der Schöpferenergie der einen Quelle. Sie wird unter der Führung höchster Lichtwesen aus Lichtenergie „geboren". Die Seele erhält eine individuelle Prägung, sowohl von den bei der Schöpfung anwesenden Engeln als auch durch die sich beständig ändernden Frequenzen von Raumzeit, Lichtfarbe und Lichtton, die wir als Ursprungsenergie bezeichnen. Ähnliche Prägungen bilden Lichtfamilien mit engen Seelenverbindungen.

Die verwandten Schwingungen wirken anziehend durch Zeit und Raum, es besteht eine beständige Verbindung, die sowohl auch ein gemeinsames Lernen und Entwickeln als auch Gruppenerfahrungen ermöglichen. Deine einzigartige Ursprungsenergie ist sowohl Ausdruck Deines individuellen Seins als auch der Deiner geistigen Heimat, Deiner Seelenfamilie.

Nun möchte ich noch einmal das Thema „Sinn des Lebens" ansprechen, denn es gibt bei Euch dazu eben so viel Klarheit wie auch Verwirrung. Ihr habt zu diesem Thema tausende Bücher geschrieben, lebenslange Studien betrieben und Glaubenssysteme aufgebaut – doch ich werde nun kein neues Buch hinzufügen, denn alles Wissen, das nur für den Kopf bestimmt ist, dient dem Ego und bringt neue Fragen, Zweifel und Trennungen in die Welt.

Dein Herz weiß, es gibt nicht den *einen* Sinn des Lebens, es gibt Ethik und Moral, es gibt Gesetze des Lebens, göttliche und weltliche, es gibt Wachstum und Entwicklung, es gibt Erfolge und Misserfolge, Liebe, Angst und vieles mehr und alles hat Einfluss und Wirkung auf die Lebensgestaltung – doch der *Sinn* ist darin nicht begründet. Auch der Dir bevorstehende Aufstieg in eine höhere Bewusstseinsebene ist nicht der Sinn des Lebens, sondern ist Aufgabe und Ziel – doch selbst das Erreichen dieses Ziels ist nicht der Sinn des Lebens! Ist das Leben also sinnlos? Ist es egal, was Du denkst und tust? – Nein, das Gegenteil ist der Fall.

Dein Leben, mein geliebtes Licht, hat nicht nur einen individuellen, einzigartigen Sinn, der in Dir begründet ist, sondern Du gehörst gleichzeitig zum Bodenpersonal oder zum Außenerfahrungsteam Deiner Lichtfamilie!

Es ist der Wille der einen „Quelle allen Seins", sich durch seine Schöpfung auf allen möglichen Ebenen zu erfahren, auch durch Dich(!) und es ist Dein Freier Wille, der Dich auf Deine jetzige Erfahrungsebene geführt hat. So ist der „Sinn des Lebens" Deine Selbst-erfahrung und Dein Selbst-ausdruck! Sei Dir bewusst, dass Du ein Gesandter der Geistigen Welt bist und Du den Willen des Höchsten erfüllst. Und das ist wahrlich Sinn genug!

Geliebtes Wesen, wenn Du jetzt in Dein Herz hineinfühlst, kannst Du vielleicht eine zarte Berührung spüren. Dein Herz sehnt sich nach dem liebevollen Kontakt, nach dem Eins-Sein und Deine geistige Familie kommt Dir so nah, wie es ihr möglich ist, denn Deine Lebenserfahrungen ist auch die ihren.

Je mehr Du *Du selbst* bist und je klarer Du *Dein eigenes Selbst* ausdrückst, desto wertvoller ist jede Deiner Erfahrungen, denn Du bist einzigartig! Wenn Dein Denken, Fühlen und Handeln ego- oder fremdbestimmt sind und wenn Du anderen nacheiferst, ohne auch Dein Herz zu fragen, dann sind Deine Erfahrungen möglicherweise angenehm, doch nicht sinnerfüllend. Je sicherer Du mit Deiner Ursprungsenergie verbunden bist, desto klarer wirst Du Deine individuelle Eigenart ausleben und keine Fragen nach dem Sinn stellen. Du bist unendlich wertvoll, wichtig und liebenswert, wenn Du der Welt Dein „wahres Selbst" zeigst – trau Dich, die Fesseln der Selbst-beschränkung zu lösen.

Neben der Frage nach dem Sinn steht oft auch die Frage nach der Aufgabe im Leben, wobei häufig Sinn und Aufgabe verwechselt wird. Jede Inkarnation wird mit Euch von einem Beraterteam geplant und das letzte entscheidende Wort habt Ihr. Die meisten von Euch kommen mit einem ganzen Bündel von zu lernenden Lektionen, Verabredungen, Absichten und Wünschen zur Welt. Doch vom Zeitpunkt der Geburt an unterliegt die Erfüllung Eurem Freien Willen. Euer Beraterteam unternimmt nun Schutz und Führungsaufgaben für Euch, hat jedoch dabei Euren Freien Willen strikt zu respektieren. Um den Sinn des Lebens, Selbst-Erfahrung und Selbst-Ausdruck, nicht zu begrenzen, wird die Aufgabe durch den Schleier des Vergessens vor dem Tagesbewusstsein verborgen.

Wenn Du, mein geliebtes Licht, nun zu Deinem Selbst gefunden hast und Du Dich im Herzen verankerst, wirst Du Dich an Deine Aufgaben erinnern. Du wirst Fragen stellen, was für Dich das passende Umfeld oder die richtige Arbeit ist, wirst alte Verhaltensmuster und Beziehungen in Frage stellen und Du wirst Antworten erhalten.

Es gibt dafür viele Möglichkeiten für Dich. Du kannst Dir Rat und Hilfe sowohl beim „Bodenpersonal" als auch direkt bei der Geistigen Welt erbitten. Wenn Du Dich dabei von Deinem Herzen führen lässt, wirst Du an die richtigen Adressen geleitet und es gilt nur, achtsam zu sein und die Zeichen zu erkennen.

Eine sichere Möglichkeit ist, konsequent die Liebe zu leben. Mach einfach nur noch Dinge, die Du mit Liebe tun kannst. Diese Methode funktioniert jedoch erst, wenn Du Dich selbst „bedingungslos" lieben kannst und Dein Ego sich unter Dein wahres Selbst gestellt hat. Eure Aufgaben sind so vielgestaltig wie Ihr selbst und doch habt Ihr eine große Aufgabe, die alle verbindet: Ihr seid die Kanäle des Lichts! Durch Euch gelangt das Licht auf die Welt!

Einst sprach der Christus „Ich bin das Licht der Welt". Nun jedoch heißt es „Ihr seid das Licht der Welt"! Bewahre dies im Bewusstsein und alles ist gut.
Ich segne Euch mit der „bedingungslosen Liebe der Quelle allen Seins". Ich bin Uriel.

Lebensplan und Schöpferkraft

Hier ist Uriel, das Licht Gottes.
Geliebtes Wesen, schon verschiedene Male habe ich über die Gestaltung Deines Lebens gesprochen, um Dich an Deine Schöpferkräfte zu erinnern. Gerade in schwierigen oder unsicheren Zeiten, in denen eine kreative Neuausrichtung gefragt wäre, neigen die Menschen dazu, sich an Bestehendem festzuklammern oder sich zu verstecken, quasi abzutauchen und abzuwarten.

Dieses reflexartige Verhalten ist dann verständlich, wenn bewusst ist, dass hier das Ego die Menschen leitet, denn die Aufgabe des Egos ist es ja, das Leben zu bewahren. Das Ego kennt nur das, was es im Laufe der Inkarnation über seine fünf physischen Sinne aufgenommen und gespeichert hat. Die größte Motivation bezieht das Ego aus der Verlustangst, doch Angst verfügt über kein kreatives Potential. Es gibt auf verschiedenen Ebenen Kräfte, die die Menschen in Angst halten wollen, um sie weiter gefügig und manipulierbar zu machen.

Doch wenn Du mit Deinem wahren Selbst und Deiner unsterblichen Seele in Verbindung bist, eröffnen sich Dir neue Möglichkeiten. Wirklich „neu" bedeutet „bisher unbekannt", also dem Ego fremd. Ob jedoch das Ego sich auf etwas Neues einlassen kann, ist eine Frage des Selbstvertrauens, des Vertrauens zum Selbst und zur Seele! Der Weg in die Freiheit beginnt also immer mit der Selbst-Erkenntnis – nur dann, wenn auch Dein Ego Dein Selbst (an)erkannt hat, wird es ihm vertrauen können.

Deine Seele hat einen Plan für Deine Inkarnation. Du bist nicht „zufällig" zu dieser Zeit mit Deinen Fähigkeiten und Talenten in Deine Familie geboren worden. Alles ist von Dir gewählt und in ein größeres Ganzes eingefügt. Hinter Momenten der Erleuchtung steht genauso wie hinter „Schicksalsschlägen", körperlichen Defiziten oder erfüllenden Begegnungen der Plan des Wachstums und der Erkenntnis.

Dein Wesen ist einmalig, individuell und ständig verbunden mit dem All-Einen. Du bist ein individueller Teil des göttlichen Ganzen – und in diesem Punkt sind wir alle gleich! Uns beide unterscheidet in erster Linie das Selbst-Bewusstsein. Das *Bewusstsein* ist gleichbedeutend mit der Schwingung und diese entscheidet über das Maß der Liebesfähigkeit, der Freiheit, der Selbständigkeit und der Schöpferkraft. Es sind die (Selbst)Zweifel und inneren Kämpfe zwischen Ego und Selbst, die Dich von Deinem Potenzial trennen. Nicht die äußeren Bedingungen blockieren Dich, sondern Dein Unverständnis und der daraus resultierende Umgang mit ihnen.

Für ein durchschnittliches Ego ist es nur schwer hinnehmbar, für das eigene „Schicksal" verantwortlich zu sein, denn für das Ego wäre dies gleichbedeutend mit einem Schuldeingeständnis. Das Ego greift lieber auf bewährte Reaktionsmuster zurück und verlagert die „Schuld" ins Außen. „Schuldige" lassen sich im Außen immer schnell finden: Politiker, Eltern, Ämter, Arbeit, Schule bis hin zu Bakterien, dem Wetter und kosmischen Einflüssen. Und diese Aufzählung ließe sich endlos verlängern – natürlich bist Du mit jedem dieser Faktoren in Kontakt und doch bist *Du* es, der über *Dein* Leben entscheidet, denn *Dein* Leben ist *Deine* Wahl! Erst wenn Du verstehst, dass es keine Frage der Schuld ist, weil es keine Schuld gibt, wirst Du bereit sein, wahrhaft Verantwortung zu übernehmen. Du wirst Dich selbst wahrnehmen und erkennen können – jenseits jeder Wertung – und so auch Dich selbst wertschätzen lernen.

Dies, mein liebes Licht, ist nun die innere Haltung, die Dir erlaubt, Deinen Seelenplan zu ergründen, Deine Ziele zu erkennen und so Deinem Leben Sinn und Richtung für die Neue Zeit zu geben. Da Deine Seelenpläne auf der zeitlosen Ebene im Einklang mit den universellen, immerwährenden Gesetzen beschlossen wurden, steht Dir für deren Verwirklichung auch die universelle Energie in Form der Schöpferkraft zur Verfügung. Doch um die Schöpferkraft zu nutzen, ist zuvor der blockierende Einfluss des Egos auszuschalten. Dies bedeutet jedoch nicht, das Ego zu „überwinden", zu „besiegen" oder gar es zu „verlieren", sondern den Zustand des „inneren Friedens" zu erreichen. Das Ego ist wichtig und es hat seine Daseinsberechtigung, denn es ermöglicht Dir das Überleben!

Wenn im Zustand des „inneren Friedens" die Seele ihre Absichten und Ziele offenbart und diese keinen Widerstand erfahren, konzentrieren sich die ehemals widerstreitenden Energien und bekommen, geleitet durch Dein Bewusstsein, eine besondere Kraft. Durch die Verbindung zum All-Einen und zur Geistigen Welt ist Dir der Anschluss an die Schöpferkraft und so auch deren Nutzung möglich und Du wirst zum bewussten, aktiven Gestalter.

Mache Dich auf, den „inneren Frieden" zu finden und Deinen Lebensplan zu ergründen. Durch die Liebe zu Dir selbst wirst Du Deine Schöpferkraft entdecken und Deine Bestimmung finden.

Ich segne Dich mit der „bedingungslosen Liebe der Quelle allen Seins". Ich bin Uriel.

Der individuelle Weg

Hier ist Uriel, das Licht Gottes.

Meine geliebten Wesen, immer wieder erreichen mich Eure Bitten und Wünsche nach Führung und Beistand. Wer mich im Herzen ruft, wird gehört und ich antworte mit dem Licht der einen Quelle, das durch mich fließt. Wer sich als Kanal öffnet, wird das empfangende Licht weiterleiten zu Gaia, zur Erde und allem Leben auf ihr. Dies ist ein natürliches Geschehen entsprechend der universellen Gesetze und so wirken viele von Euch als Träger des Lichts, als Botschafter der Liebe und der Neuen Zeit, ohne sich der Bedeutung des eigenen Seins bewusst zu sein. Wer es vermag, wird auch die Botschaften hören und so neben Trost und Liebe auch Rat und Er-Klärung empfangen. So wie ich wirken auch meine Brüder und Schwestern des Lichts durch Euch und es ist für alle Kräfte des Lichts von Bedeutung, dass Ihr Euren individuellen Anteil an der großen Aufgabe und deren Erfüllung erkennt.

Manch einer hat mich gefragt, ob er am richtigen Platz stehe, um ihn herum sei so wenig Liebe und von der Neuen Zeit sei auch gar nichts wahrnehmbar, es scheine keinen Fortschritt zu geben. Meine Hinweise gaben für den einen den Impuls, sich zu lösen, sich aus den selbstauferlegten Begrenzungen zu befreien und neue Wege zu gehen. Ein anderer wurde sich seiner Bedeutung an dem dunklen Ort bewusst und erhielt dort das Licht für alle anderen mit. Er ist der Ankerpunkt, über den das Licht wirken kann und er ist es, der seine Aufgabe genau an diesem Platz gefunden hat. Diese Erkenntnis eröffnet eine völlig neue Wahrnehmung der eigenen Situation, zerstreut Zweifel und stärkt das Selbst. So ist ein jeder aufgefordert, den eigenen Weg zu finden und zu gehen. Denn es gibt nicht den einen, den richtigen Weg für alle.

Die Welt und die Menschen brauchen viel Heilung in allen Schichten des Seins, doch es wird deshalb nicht nur Heiler geben, denn auch Brot und Häuser werden gebraucht. Viele werden sich umstellen und ihren Tätigkeitsbereich verändern, doch wird es auch viele geben, die genau dort weiterwirken, wo sie jetzt sind.

Wo auch immer Du Dich jetzt befindest, Du bist dort nicht „zufällig"! Du bist im Leben sanft geführt worden, so wie es Deinem Lebensplan entspricht, Du hast eigene Entscheidungen getroffen und Deinen Freien Willen benutzt. Du arbeitest bei der Gestaltung Deines Lebens von Geburt an mit der Geistigen Welt zusammen und diese Zusammenarbeit findet unabhängig davon statt, ob es Dir bewusst ist oder nicht. Wenn Du jedoch ein *Bewusstsein* über diese Zusammenhänge entwickelt hast, ist Dein Einfluss größer und die Zusammenarbeit viel harmonischer – Dein Leben wird sich entsprechend positiv gestalten.

Dein Bewusstsein macht Dich zum Schöpfer Deines Lebens, denn Bewusstsein ist Schöpferkraft. Ihr werdet wieder Eure volle Schöpferkraft erhalten und sie anwenden, um die neue Erde zu gestalten.

Dies nun ist die Lektion, Dir Deiner eigenen Wichtigkeit, Deiner eigenen Person und Position bewusst zu sein. Durch Dich wirkt die Geistige Welt mit unendlichen Ressourcen an Energie, Kreativität und Liebe. **Zur Umsetzung des großen, gemeinsamen Planes bedarf es Deines Bewusstseins!** Jede materielle Schöpfung beginnt mit Impuls, dem Gedanken und dem Wort. Zielgerichtetes Bewusstsein ist Energie, die weitere Energie anzieht und sich verdichtet. Wer mit dieser Energie in Resonanz ist, wird durch das „Gesetz der Anziehung" angezogen und wirkt als Verstärker. Dies gilt für Menschen ebenso wie für alle (anderen) geistigen Wesen. In der Folge wird aus dem Gedanken eine Vision, die beseelt durch die gemeinsame Energie eine Art Eigenleben entwickelt und wie ein Magnet weitere Energien anzieht. So entsteht ein Drang zur Materialisierung, der sich je nach Art in unterschiedlichen Einzelschritten vollzieht.

Wenn sich jetzt in der Zeitenwende das menschliche Bewusstsein auf die Geistige Welt und die Universellen Gesetze einstellt, wird die notwendige Resonanz hergestellt und Euch stehen die unendlichen Energien und Ressourcen der Geistigen Welt zur Verfügung.

Mein geliebtes Licht, wenn auch Du zu denen gehörst, die sich fragen, wie lange dauert das denn bloß noch mit dem Aufstieg, wirst Du nun vielleicht verstehen, dass es keinen festen Termin geben kann, an dem die Welt plötzlich ganz anders ist. Trotzdem ist es sicher, dass es geschehen wird! Ihr seid inmitten des Aufstiegsprozesses und alle lichten Kräfte stehen auf ihrem Platz.

Du weißt nun um die Wichtigkeit Deines Seins und Deiner individuellen Aufgabe an Deinem Platz. Sei stolz auf Dich – gerade dann, wenn Du mit Dunkelheit und Kälte konfrontiert wirst, sei Dir bewusst, dass

Du gerade wieder dort das Licht verankerst, wo es besonders wichtig ist! Lade uns ein, Dir bei Deiner Aufgabe zu helfen.

Ich segne Dich mit der „bedingungslosen Liebe der Urquelle allen Seins". Ich bin Uriel.

Lebensaufgaben

Hier ist Uriel, das Licht Gottes.

Mein liebes Licht, es ist fürwahr verwirrend, wenn ich immer wieder betone, dass wir alle gleich sind und doch auch einzigartig. Es gibt jedoch etwas Verbindendes zwischen diesen Wahrheiten, nämlich gemeinsame Aufgaben, die Ihr übernommen habt. Diese Art von Lebensaufgaben entspricht unterschiedlichen „Typen" oder Charakteren mit verschiedenen Stärken und Besonderheiten. Innerhalb dieser „Typen" gibt es wieder viele individuelle Unterschiede und einzigartige Lektionen zu lernen. Doch das Anerkennen und Annehmen dieser verbindenden Aufgabe ist ein Grundpfeiler der Selbsterkenntnis. Es geht dabei um einen über-persönlichen Dienst, den sehr viele von Euch übernommen haben und der Euch mit dem kollektiven Geschehen vernetzt. So leistet Ihr, oftmals ohne Euer Wissen, einen wichtigen Beitrag für das Kollektiv.

Manch hohes, wundervolles Licht unter Euch hat für diese Inkarnation einen Ort gewählt, der besonders dunkel erscheint. Es ist nicht immer „übles Karma", wie Ihr es nennt, das Euch in schwierige Lebensumstände bringt, sondern manches Mal der Mut und die Hilfsbereitschaft Eurer großen Seele. Ohne Euren Beitrag und ohne Euer Licht wären die dunklen Orte noch finsterer und es gäbe für die Menschen dort weniger Hoffnung. Ihr seid in der dualen Welt nur dazu in der Lage, den äußeren Schein zu bewerten, die geistige, spirituelle und energetische Grundlage der entsprechenden materiellen Erscheinungen entzieht sich jedoch noch zum großen Teil Eurer Wahrnehmung. Ihr könnt aus Eurer Perspektive niemals die gesamten Zusammenhänge erfassen, daher ist auch jedes *Urteilen* über Euch selbst und besonders auch über andere nicht förderlich.

So mögen die nun folgenden Hinweise zu Lebensaufgaben dazu dienen, das Verständnis zu erweitern und einen Einblick gewähren, wie auf unterschiedlichen Wegen ein Jeder zum gleichen gemeinsamen Ziel strebt. Ich bin Uriel.

Lebensaufgabe – Mäßigung

Hier ist Uriel, das Licht Gottes.

Geliebtes Licht, haderst Du auch mit den Gegebenheiten dieser Zeit? Empfindest Du auch diese großen Widersprüche zwischen den lichten und den dunklen Ereignissen als Belastung? Wenn auch Du immer wieder zwischen Bangen und Hoffen, zwischen Angst und Zuversicht schwankst, wenn Du betrachtest, was so auf der Weltbühne vor sich geht, gehörst Du zu einer Gruppe von Menschen mit einer besonderen Aufgabe. Zu der Aufgabe dieser Gruppe werde ich mich heute äußern, da diese Menschen Unterstützung brauchen.

Hier geht es nicht um die strahlenden Leuchttürme, die ihr allzeit positives Licht in die Welt senden, auch wenn mal eine Erschütterung oder ein Zweifel auftritt und es geht auch nicht um die Pessimisten, die alles nur dem Untergang geweiht sehen, auch wenn für sie da mal das Licht oder ein Fortschritt zu sehen ist. Heute betrifft es diejenigen unter Euch, die gleichsam beide Seiten leben. Jene, die sich immer wieder fragen, in welche Richtung schlägt das Pendel wohl als nächstes aus?

Ihr werdet von anderen oft nicht verstanden, manchmal als wankelmütig oder als Opportunisten bezeichnet, Ihr jedoch versteht die Anderen sehr gut und manchmal wünscht Ihr Euch selbst auch etwas mehr „Klarheit und Geradlinigkeit". Ihr seid weder Krieger noch Friedens-Aktivisten, denn Ihr vermeidet es, Stellung zu beziehen. Irgendwie habt ihr sogar das Gefühl, Außenseiter zu sein und nicht wirklich dazuzugehören, auch wenn Ihr es Euch wünscht.

Wenn Du Dich nun angesprochen fühlst, mein liebes Licht, so lass Dir gesagt sein: Du bist nicht allein, sondern gehörst vermutlich zu einer ganz besonderen Gruppe. In den letzten hundert Jahren wurden immer wieder Menschen aus dieser Gruppe geboren, die einen besonderen Auftrag erfüllen, sich jedoch darüber nie im Klaren waren. Der Auftrag heißt Ausgleichung und Mäßigung.

Es ist ein rein energetisches Geschehen, das im Stillen abläuft. Es bedarf keiner Anstrengung, ja nicht einmal der Beachtung, um wirksam zu sein. Doch es ist ein elementar wichtiger Aspekt, um das Zeitgeschehen zu steuern und den Aufstieg zu gewährleisten. Und Ihr seid sowohl Anzeiger beziehungsweise Melder für das energetische Geschehen als auch Regulator.

Es gibt keinen vollständig passenden Vergleich in der materiellen Welt, der es verständlich machen könnte. Am ehesten entspricht noch der Vergleich einer speziellen Schleuse, die einen Nebenfluss von einem Strom nahe seiner Mündung trennt. Diese Schleuse gewährleistet, dass der Pegel des Nebenflusses reguliert wird. So werden regelmäßige Überflutungen des Nebenflusses vermieden, denn durch die Nähe zur Mündung des Stromes wäre auch der Nebenfluss von Ebbe und Flut betroffen. Bei extremem Niedrigwasser des Stromes jedoch hält unsere Schleuse das Wasser zurück und verhindert so ein Trockenfallen des Flussbettes und Austrocknen des umliegenden Landes. Durch diese Regulierung kann der Fluss nun für eine gleichmäßige Bewässerung der umliegenden Landschaften sorgen und so die Lebensgrundlage für eine ganze Region sichern.

Für jeden Menschen gilt dies: Mäßigung ist eine der großen menschlichen Tugenden, wenn es um spirituelle Reife und um seelische und menschliche Entwicklung geht. Das „rechte Maß" zu finden ist mehr als eine Beschränkung und es geht schon gar nicht darum, Verzicht zum Lebensprinzip zu erheben. Das „rechte Maß" entspricht dem Leben aus der inneren Mitte und Mäßigung ist das Prinzip, die innere Mitte zu erreichen. Ein Übermaß in eine Richtung lässt das Leben aus den Fugen geraten und findet seinen Ausgleich auf einer anderen Ebene – das entstehende Ungleichgewicht führt dann mittelfristig zwangsläufig zu Störungen entweder im Psychischen, Emotionalen oder im Physischen. Mäßigung verhindert also letztendlich keine Freuden, sondern erhält und sichert sie langfristig. Mäßigung ist mit Selbstverantwortung und Selbstbewusstsein verknüpft, die sich gegenseitig bedingen.

Jene unter Euch, die eine entsprechende Aufgabe der Mäßigung übernommen haben, erleben die Energien ähnlich wie eine Schleuse den Strom beschreiben würde, mal sehr behäbig, fast stockend, dann wieder aufbrausend und mitreißend. Dadurch bereitet es Euch Schwierigkeiten, wenn es darum geht, eine längerfristige Ausrichtung zu finden. Die eigenen Ziele wirken verschwommen und die Euch umgebenden Bedingungen wechseln und erfordern ständige Flexibilität und Anpassung. Vielleicht sagt man Euch nach, dass Ihr wankelmütig oder gar unzuverlässig seid, doch ich versichere, Ihr seid das genaue Gegenteil.

Ihr schafft den geistig-energetischen Ausgleich in Eurem Umfeld. Es sind Wesen wie Du, die quasi als Regulatoren wirken, um den Wechsel der Dimensionen auf erträgliche Weise zu gewährleisten. Um das große, gemeinsame Ziel des Erhebens in die fünfte Ebene zu verwirklichen, werden *alle* unterschiedlichen Kräfte gebraucht und so sei auch Du selbst-sicher, Deine Aufgabe zu erfüllen, wenn Du nach dem eigenen Herzen handelst. Nicht alles, was von großer Bedeutung ist, zeigt sich für alle sichtbar an der Oberfläche.

Mein Segen begleitet Dich auf Deinem Weg. Ich bin Uriel.

Lebensaufgabe – Schützen und Bewahren

Hier ist Uriel, das Licht Gottes.

Geliebtes Wesen, ich werde nun über eine Gruppe von Seelen berichten, die groß und auch in Eurer Gesellschaft recht angesehen und akzeptiert ist – ich spreche heute über die „Bewahrer". Die Bewahrer sind auch Hüter und es gibt sie auf allen Ebenen des Seins. Auf der geistigen Ebene sind sie die Bewahrer von Wissen und von Informationen. Auf der energetischen Ebene wirken die „Bewahrer" wie Akkumulatoren, die Energie zu speichern vermögen und dann abzugeben, wenn andere Quellen erschöpfen. Auf der materiellen Ebene sind sie die Sammler, legen Vorräte an und denken an den Winter oder andere zukünftige Zeiten. Die Bewahrer sind es auch, die sich um den Erhalt von Kultur und Errungenschaften der Gesellschaft bemühen, oft ohne selbst die kreative Gestaltungskraft zu besitzen, die sie bei anderen schätzen und deren Werke sie zu schützen suchen. Das Anerkennen und Wertschätzen allen Lebens und jeder Leistung ist eine ihrer herausragenden Eigenschaften.

Hierin liegt die Unterscheidung zu den der Materie verfallenen Menschen, die nur für ihr eigenes Ego sammeln, raffen und horten. Die Gefahr, in den Materialismus abzugleiten, ist für jeden Bewahrer vorhanden, wenn er aufgrund eines schwachen Selbst-Bewusstseins seinem Ego die Führung überlässt. Das Ego hat, wie Du schon weißt, die Aufgabe, Dein Überleben zu sichern und so wird dann das Sammeln von Angst bestimmt. Die Angst vor Verlust, vor Armut und so weiter bestimmen dann das Leben und hin zu Gier und Geiz ist es dann nur noch ein kleiner Schritt. Wer von Gier und Geiz besessen ist, verliert jede Wertschätzung für andere und somit auch jeden Bezug zur eigentlichen Lebensaufgabe.

Wenn Du eine Aufgabe als „Bewahrer" übernommen hast, ist für Dich die Verbindung zum Herzen besonders wichtig, denn Du gehörst zu der Gruppe von Menschen, die sehr bewusst ein hohes Risiko eingingen. Die Möglichkeit, zu scheitern und sich in der Materie zu verstricken, ist in keiner anderen Gruppe in so hohem Maße gegeben. Deine Lektion besteht in der Prüfung Deiner inneren Überzeugung und Verführbarkeit. Du wirst sehr wahrscheinlich in Deinem Leben immer wieder sowohl mit Anerkennung und Bewunderung als auch mit Missgunst, Neid und Ablehnung bis hin zur Verachtung konfrontiert werden.

Als „Bewahrer" wirst Du so als Erstes lernen, Dir selbst und Deiner inneren Überzeugung treuzubleiben. Zu Deiner späteren Aufgabe gehört es, die Errungenschaften der Menschen und der Natur zu erhalten. Dabei wirst Du lernen, zu unterscheiden, was für das Ganze dienlich ist und was nicht. Dabei ist insbesondere Deine im Herzen verankerte Wertschätzung als Maß gefragt, denn diese ist nicht an Moden oder kulturelle Gepflogenheiten gebunden.

Eine besondere Beachtung wird es erfordern, zu unterscheiden, ob vorrangig der Schutz oder das Mit-Teilen wichtig ist. Im Grundsatz soll jedes Wissen, jede Erkenntnis, jede Erfahrung, jede Erfindung und jede Schöpfung immer dem Ganzen zugänglich sein und zu dienen – doch gibt es eine Grenze des Bewusstseins, die immer zu beachten ist. So sind die „Bewahrer" auch die Hüter des Wissens und der Geheimnisse. Menschen haben oft genug das zerstört, was für sie nicht verständlich war. Es ist somit auch Eure Verantwortung, das rechte Maß zu finden und abzuwägen. Ihr entscheidet darüber, ob das *Bewahren* im *Verwahren* besteht oder ob es wichtig ist, zu verbreiten und öffentlich bewusst zu machen, so wie der Akkumulator zu gegebener Zeit die gesammelte Energie wieder freigibt.

Bewahren bedeutet nicht besitzen, sondern schützen, pflegen und erhalten. Nicht Eigentum anzuhäufen ist das Ziel, sondern kultureller Werterhalt! Du darfst es Dir dabei gut gehen lassen, ohne Scham und ohne Schuldgefühl. Ein Leben in der Fülle oder im Überfluss ist ein Geschenk und soll genossen und angenommen, doch nicht als Selbstzweck gelebt werden.

Geliebte Wesen, die Ihr nicht zu dieser Gruppe gehört, auch Euer Verständnis ist gefordert. Gerade in der Phase der großen Umbrüche werden die „Bewahrer" leicht in Angst und Panik geraten. Ihre Suche nach Sicherheit, um ihren Auftrag zu erfüllen, wird für Euch leicht als rückwärtsgewandte, den Aufstieg verlangsamende Kraft angesehen. Auch werdet Ihr einige erkennen, die dabei dem Materialismus und Egoismus verfallen, doch vertraut darauf, dass der Himmel diese Entwicklungen auflösen wird.

Das Anerkennen der verschiedenen Wege und Aufgaben bei dem gemeinsamen Ziel des Aufstiegs ist eine der großen Herausforderungen, die zum Frieden führen wird. Ihr seid alle gleich und doch auch sehr verschieden in Eurer individuellen Besonderheit. Keiner von Euch ist „zufällig" an dem Platz, an dem er steht und Selbsterkenntnis und Annahme des eigenen Weges führt Euch zum Ziel.

Ich segne Euch und Euer wundervolles Sein. Ich bin Uriel.

Lebensaufgabe – Heilen

Hier ist Uriel, das Licht Gottes.

Geliebte Lichter, ich fahre nun fort, über die Lebensaufgaben zu sprechen, die von Euch über die persönlichen Belange hinaus übernommen wurden. Heute werde ich über die Heiler sprechen, die nun in großer Zahl unter Euch sind. Es geht dabei jetzt nicht nur um die Ärzte und Heiler der Menschen, sondern um eine viel größere Gruppe, die einen Dienst versieht, der nicht so offensichtlich ist.

Heilung ist ein Prozess, der auf vielen Ebenen stattfindet, von denen jedoch die *Seelenebene* die entscheidende ist. *Nur hier* findet wahre Heilung statt, denn die untergeordneten Ebenen, egal ob energetisch, geistig, fein- oder grobstofflich, bilden lediglich seelische Zustände als Symptom ab, die verändert oder zwischen den Ebenen verschoben werden. Da alle Ebenen miteinander verbunden sind, wirkt jede Veränderung immer auf das gesamte System und wirkt so auch auf die entscheidende seelische Ebene. Diese Wahrheit gilt sowohl für Menschen, Tiere und Pflanzen ebenso wie für Planeten, Sonnensysteme und Galaxien.

Die Heiler, um die es heute geht, heilen Seelen, vorrangig die eigene, die anderer Menschen und die von Gaia. Jede Seele, die den Weg in die materielle Dichte ging, bedarf der Heilung, um wieder in die lichten Ebenen aufzusteigen zu können. Die höheren Frequenzen dort lassen es zu, dass Abspaltungen überwunden werden und vollständige Seelen in einem ausgestalteten Körper wohnen. So sind die Schwingungserhöhung sowie die Rückholung und die Integration der einst abgespaltenen Seelenanteile für die Heilung und für den Aufstieg gleichermaßen von Bedeutung.

Ich spreche heute von und zu den „verletzten Heilern", von jenen, die in zahlreichen Inkarnationen viel Wissen, Können und Erfahrung angesammelt haben und durch Verfolgung und Unterdrückung einst ihrer Kräfte beraubt wurden. Heiler sind Katalysatoren für das Licht, sie haben die Fähigkeit und Aufgabe, das göttliche Licht durch ihren feinstofflichen Körper und das System der Chakren an die Erde zu leiten. Diese Lichtarbeit geschieht weitestgehend autonom, ohne dass es irgendeiner Absicht bedarf. Die hohen Schwingungen des durch ihn strömenden, göttlichen Lichtes bewirken eine langsame, aber stetige Erhöhung des Bewusstseins des Heilers und somit Heilung, Schwingungserhöhung und Vereinigung der Seelenanteile. Über das Wurzel- und die Fußchakren leiten die Heiler beständig Licht zu Gaia und in ihre unmittelbare Umgebung und sind Bestandteil eines Lichtnetzes, das den gesamten Planeten umspannt. So wirken die Heiler heute schon ohne ihr Zutun, einfach durch ihr Sein.

Es gibt für keinen Außenstehenden eine Möglichkeit, dies zu unterbinden oder zu kontrollieren. So sind die Heiler jetzt auch vor Verfolgung geschützt, denn sie werden von niedrigschwingenden Kräften nicht einmal erkannt. Wenn die eigene Seelenheilung einen bestimmten Punkt erreicht hat, wird oft auch die Aufgabe des Heilens Schritt für Schritt im Herzen erkannt. Viele beginnen dann Ausbildungen oder Studien, um ihre Aufgabe, zu der sie sich hingezogen fühlen, nun auch mit Bewusstsein zu erfüllen.

Damit die eigene Seele heilen kann, werden viele alte Themen im Leben berührt, die mit Verletzungen verbunden sind. Ihr berührt diese Themen mit Eurem Bewusstsein, um den Kontakt herzustellen und so der Seele eine schnelle Heilung zu ermöglichen. So kann das Leben eines „typischen Heilers" von frühkindlichen Verletzungen und Brüchen im Lebenslauf gekennzeichnet sein, ohne dass die sich dabei erfüllende, eigentliche Lebensaufgabe je erfasst wurde, da die Heilung auf der Seelenebene im Verborgenen stattfindet.

Jeder Heiler profitiert besonders von einer innigen Verbindung zu Gaia, der Seele Eures Planeten, die für die meisten deutlich spürbar ist. So wie Ihr gekommen seid, zu ihrer Heilung beizutragen, verstärkt sie Eure Schöpferkraft und trägt zu Stabilität und innerem Gleichgewicht bei. So finden sich unter den „Erdheilern" auch sehr viele reiselustige Menschen. Diese werden immer wieder zu verschiedenen Orten auf der Welt gezogen und sie folgen diesen Impulsen in die Ferne mehr oder weniger bewusst. Einige davon haben eine auslösende Funktion, indem sie durch ihr Erscheinen an bestimmten Plätzen Kraftlinien auslösen, die eine energetische Veränderung bewirken. Du kannst zum Verständnis diesen Vorgang vergleichen mit der Akupunktur oder Reflexzonenmassage bei Mensch und Tier. Oftmals werden dadurch diese Orte mit Heilenergie geflutet, die dann wiederum von Gaia, der lebendigen Mutter Erde, zu den dort verweilenden Menschen fließt. So erfolgt der Ausgleich und es findet Heilung statt.

Ich habe schon an anderer Stelle oft betont, dass Ihr es seid, die die Arbeit auf der Erde verrichten und so den Dimensionswechsel bewirken – und ich betone erneut, dass Ihr es durch Euer individuelles Sein tut. So sind sich viele große Heiler nicht über ihre Handlung bewusst, doch sie wirken dadurch, dass sie tun, was ihnen gefällt! Wer seinem Herzen folgt, tut immer das Richtige, auch wenn es nicht verstanden wird und für die Außenwelt nicht ersichtlich ist!

So segne ich Euch mit der bedingungslosen, heilenden Kraft der Liebe, die uns allen durch die „Quelle allen Seins" im Überfluss geschenkt ist. Ich bin Uriel.

Lebensaufgabe – „Motivator" sein

Hier ist Uriel, das Licht Gottes.
Geliebte Wesen, jetzt werde ich über eine Gruppe von Menschen sprechen, die immer, wenn sie in Erscheinung treten, große Aufmerksamkeit auf sich ziehen und möchte diese Menschen „Motivatoren" nennen. Ihr findet sie in allen Schichten Eurer Gesellschaften und in allen Bereichen des Lebens. Manche mögen als Antreiber oder als Animateur auftreten, doch es zählen ebenso große Visionäre, Forscher, Entdecker oder Lehrer zu ihnen. Alle eint eine Besonderheit: Sie rütteln auf, sie überschreiten Grenzen und haben das „besondere Etwas", das andere Menschen anzieht und sie zu Anführern werden lässt.

Ihr bezeichnet diese besondere Kraft der Anziehung, wenn sie für Euch deutlich hervortritt, als „Charisma". Charisma kann nicht erlernt werden, denn es hat nichts mit Rhetorik, Wissen oder Schauspiel zu tun, sondern ist eine Seeleneigenschaft, die auf energetischer Ebene wirkt. Doch da die energetische Ebene für Euch nur eingeschränkt zu begreifen ist, bleibt die Anziehungskraft, die einige Menschen ausstrahlen, für Euch rätselhaft. Und es sind hier nicht nur die großen Herrscher von Nationen, die Religionsstifter oder Anführer von Massenbewegungen gemeint, die Euch sicher gerade in den Sinn kommen.

Ich meine die gleiche Energie, die sich schon bei den Kindern zeigt, die zum Beispiel immer bestimmen, nach welchen Regeln welches Spiel gespielt wird, jene, denen andere nacheifern und ihre Nähe suchen. Auch findest Du diese Energie, die leicht mit Talent verwechselt wird, bei etlichen, teilweise nur mäßig begabten Musikern oder Schauspielern, denen die Massen zujubeln.

Dahinter steht eine besondere Lebensaufgabe, die in dem richtigen Umgang mit Energie liegt. „Motivator" zu sein, ist zunächst einmal weder gut noch schlecht, sondern bedeutet erst einmal, eine besondere Verantwortung übernommen zu haben, denn ein „Motivator" bündelt Energie und gibt ihr eine Richtung. Er bedient sich dabei der Schöpferkraft seiner Gefolgschaft, denn erst diese geliehene Energie verleiht ihm Macht und Einfluss.

Wofür diese Kraft benutzt wird, ist nun die entscheidende Frage. Ein Mensch mit einem großen Ego wird die Kraft in erster Linie benutzen, um seinen Einfluss noch weiter auszubauen und abzusichern, denn dies entspricht der ursprünglichen Egofunktion, das Überleben zu sichern. Die Gefolgschaft in Abhängigkeit oder Hörigkeit zu halten, ist für ein großes Ego das Mittel der Wahl. Ob dies mit Schmeicheleien und Versprechungen oder durch Druck und das Erzeugen von Angst erreicht wird, ist dabei austauschbar, denn das Motiv ist entscheidend. Egoistische Ziele dienen niemals dem Ganzen, denn das Ego ist vom „All-Eins-Sein" getrennt.

Wer hingegen die geliehene Kraft für Herzensangelegenheiten nutzt, gibt die Energie an die Gemeinschaft zurück, denn das Herz und das Selbst sind niemals getrennt und stehen mit allem in Verbindung. So wird zum Beispiel ein Künstler, der aus seinem Herzen schöpft, Werke schaffen, die für andere eine tiefe Bedeutung und einen anhaltenden

178

Wert erhalten. Er wird erfüllt sein und innerlich frei und reich. Wer jedoch etwas darbietet, nur um dem Publikum zu gefallen, wird nur dünne Hüllen präsentieren und vielleicht einen kurzfristigen materiellen Erfolg haben, doch er wird innerlich leer werden und bald vergessen sein.

Macht, Einfluss und der Umgang mit verliehener Energie bergen die Gefahr der Sucht, wenn das Selbst nicht die Oberhand über das Ego behält. Dies ist der Stolperstein für alle „Motivatoren". Die eigentliche Aufgabe jedoch kann nur mit einer inneren Verbindung zum Kollektiv und dem All-Einen erkannt und erfasst werden. Sie ist bei jedem individuell geprägt, denn die Motivatoren sind es, die den „Zeitgeist" prägen. Sie führen Gruppen zu gemeinsamen Zielen, leiten und motivieren. Durch die Verbindung im Herzen erkennen sie die gemeinsamen Wünsche und höheren Ziele. Sie erfassen Möglichkeiten und kanalisieren die gemeinsame Energie.

Wenn Dir ein „Motivator" begegnet, schaue ihm in die Augen! Höre auf das, was hinter den Worten schwingt! Versuche seine Seele zu fühlen, wobei es Dir nur dann gelingen wird, wenn er im Herzen verbunden ist. Lass Dich nicht blenden vom Aussehen oder von gefälligen Versprechungen, bedenke immer, dass der „Motivator" sich *Deiner* Schöpferkräfte bedient! Es ist nun eine Zeit, in der es wichtiger denn je ist, dass Ihr die rechten Anführer findet! JETZT werden die Weichen gestellt, die Eure weitere Entwicklung bestimmen!

Wenn Du selbst zu denen gehörst, die diese Aufgaben übernehmen, so sei achtsam und bescheiden. Sei Dir bewusst, dass „Deine Macht" nur geliehen ist! Du wirst von Deinem Ego in Versuchung geführt werden und es ist Dein Herz, das Dir den rechten Weg weisen wird. Über Deine Herzensverbindung erhältst Du Unterstützung und Weisung und solange Du Deinem Herzen folgst, wirst Du jeder übernommenen Verantwortung gerecht. Wenn Du gar den Weg der „bedingungslosen Liebe" wählst, bist Du der Erfüllung sehr, sehr nahe!

Mein Segen begleitet Euch, so wie die „bedingungslose Liebe der Quelle allen Seins" auf immer Euch gehört. Ich bin Uriel.

Lebensaufgaben – der ruhende Pol

Hier ist Uriel, das Licht Gottes.

Geliebtes Wesen, liebst Du die Abgeschiedenheit und die Stille? Möchtest Du Dich am liebsten zurückziehen und der Hektik des Alltags entfliehen? Fällt Dir der *small talk* schwer und Du fühlst Dich dabei unsicher? Dann gehörst Du wahrscheinlich zu der Gruppe von Seelen, über die ich jetzt sprechen werde.

Einige unter Euch haben dabei eine besondere Verantwortung übernommen. Ihre Aufgabe ist es, ein Anker für die hohe Energie zu bilden. Dies unterscheidet sich von der „normalen" Kanalfunktion, die Ihr alle innehabt, dadurch, dass Ihr Euch weniger verändert und weniger auf schwankende Energien reagiert. Die Basis hierfür ist eine starke, göttliche Präsenz, die Ihr im Selbst bewusst wahrnehmt, sie nach außen strahlt und sie dann so auch von anderen gefühlt werden kann.

Menschen, die zu dieser Gruppe gehören, fühlen sich häufig als Außenseiter der Gesellschaft und es fällt ihnen schwer, Freundschaften zu schließen oder ein Gruppenzugehörigkeitsgefühl zu entwickeln. Obwohl sie freundlich und offenen Herzens sind, scheint der zwischenmenschliche Kontakt oftmals gestört und sie bleiben irgendwie distanziert. Oft leiden sie selbst darunter und wünschen sich, „*doch auch so richtig*" dazuzugehören, wenn andere feiern, spielen oder einfach Gesellschaft pflegen. Für Außenstehende wirken sie dann vielleicht etwas „komisch", „seltsam" oder „merkwürdig", wenn sie versuchen, es anderen gleichzutun und „normal" zu sein. Ja, sie sind *merk-würdig*, was ja bedeutet, dass sie es würdig sind, sie sich zu merken! Für die wirklich wichtigen Fragen Deines Seins findest Du in ihnen die besten Zuhörer oder Ratgeber.

Es handelt sich bei jenen, die ich meine, um große Seelen, die den Schritt in die duale Welt nicht so vollständig gehen wie die meisten anderen. Sie übernehmen eine lichtvolle Aufgabe und nehmen dafür Defizite im weltlichen Leben in Kauf. Das Göttliche, der Schöpfergeist wirkt durch das *Leben* auf der Erde. Euer System der Chakren spielt dabei eine entscheidende Rolle. Sie schaffen den Raum und den Zugang für göttliches Wirken. Zu allen Zeiten hat es Menschen gegeben, die sich genau dieser Rolle bewusst waren. Um sich dieser Aufgabe widmen zu können, gab es meist nur einen Weg, nämlich sich einer entsprechenden Gemeinschaft anzuschließen. So entstanden Bruderschaften, Klöster, Pilger- und Kultstätten aller Art.

Der eigentliche Sinn ist, dem Göttlichen Raum zu geben. Das, was Ihr als Gottesdienst bezeichnet, dient auch dem Zweck der physischen Ruhe, der Einkehr und des energetischen Ausgleichs, um „inneren Frieden" zu erlangen. Dieser Effekt wird durch Gruppen erheblich gesteigert, die gemeinsam beten oder meditieren. Das Bewusstseinsfeld wird so harmonisiert und wirkt nun auch ausgleichend auf das Umfeld ein. Diese spirituellen Gemeinschaften tragen im großen Maße zum Gleichgewicht auf Eurem Planeten bei, unabhängig davon, welcher religiöse Hintergrund dabei die Riten bestimmt oder welches Gottesbild ihnen zugrundeliegt.

Die Menschen, die hierfür geprägt sind, wirken wie ein Anker in der Geistigen Welt und verbinden über ihr Energiefeld sich selbst, andere und ihr Umfeld mit dem göttlichen „All-Eins-Sein". In vielen Kulturen werden diese Menschen als Heilige verehrt und die Gemeinschaft trägt für sie die materiellen Lasten.

Für etliche dieser Menschen ist in der jetzigen Zeit jedoch der Weg in die Abgeschiedenheit eines Klosters nicht vorgesehen, sondern sie leben inmitten der unruhigen Massen. So entsteht der gleichzeitige Wunsch nach Abgeschiedenheit und Gemeinschaft, der in seiner Widersprüchlichkeit die Probleme im Kontakt schafft. Wer von Euch, die sich nun angesprochen fühlen, erkennt, dass es eine besondere Lebensaufgabe mit sich bringt, wird damit besser zurechtkommen.

Ihr wirkt nicht über die Materie so wie andere, die als Lichtkanal über die Fußchakren und über das Steißchakra Lichtenergie zur Erde leiten, denn Ihr bewirkt ein Streuen des göttlichen Lichtes direkt nach außen. Für Dich wird es sich jedoch eher so anfühlen, als ob sich die Energie nach innen zurückzieht. Versucht nicht, Euch anzupassen, sondern entdeckt und entwickelt die wundervollen Einflussmöglichkeiten, die Euch gegeben wurden. Wenn Ihr Euer Bewusstsein auf Verständnis, Anteilnahme und liebevollen Ausgleich richtet, werdet Ihr inneren und äußeren Frieden bewirken.

Du bist der ruhende Pol der Gemeinschaft, erkenne Dich selbst und sei *Du selbst* in Liebe und Selbstachtung. Schaffe Dir Deinen Raum der Ruhe, doch fliehe nicht vor den Menschen, sondern lebe Dein spirituelles Sein im Dienste aller.

Wie auch immer Dein persönlicher Lebensweg aussieht, ich begleite Dich gern und sende meinen Segen in „bedingungsloser Liebe". Ich bin Uriel

Tue, was Du liebst und liebe, was Du tust

Hier ist Uriel, das Licht Gottes.

Geliebte Wesen, noch einmal werde ich auf die Frage des richtigen Lebensweges eingehen, denn es gibt bei Euch noch immer viele Fragen und auch eine entsprechende Unsicherheit darüber, wenn es um den Weg und die Ziele Eures Lebens geht. Die Quelle, die alles Leben schuf, drückt sich in einer für Euch unvorstellbaren Vielfalt und Fülle aus und so ist das Leben selbst schillernd bunt und vielgestaltig. Jede Seele trägt zu dieser Vielfalt ihre eigene individuelle Färbung, Schwingung und Ausrichtung bei. Wir alle sind Eins, entstammen der einen Quelle, sind Teil von ihr – doch wir alle sind auch einzigartig! Eins-sein bedeutet nicht, die Einzigartigkeit zu verlieren, denn das Gegenteil ist richtig, Eins-sein erfordert die Erkenntnis und den Ausdruck des individuellen eigenen Selbst. Und so wird die Antwort auf die Frage, was der richtige Weg für Dich ist, immer sein: Finde es heraus, frage Dein Herz und lass Dich von der Liebe leiten!

Auch mir ist es nur erlaubt, Dir Deine Möglichkeiten aufzuzeigen, denn die Ausgestaltung des Lebens ist das Privileg des Freien Willens. Oft ist nur ein Wechsel in der Wahrnehmung von Nöten, um aus einem aus Deiner Sicht „verpatzten Leben" eine Erfolgsstory zu machen. Ob

Du ein Leben in Freude und Glück erlebst, weil Du es mit Pflanzen und im innigen Kontakt mit Mutter Erde führen kannst oder ob Du unglücklich bist, weil Du es „nur zum Gärtner" geschafft hast, der gesellschaftlich nicht hochangesehen ist – es ist und bleibt einzig Deine Entscheidung! Wertungen, gesellschaftliche Übereinkünfte und antrainierte Muster sind die großen Hindernisse auf Deinem Weg. Und es ist Dein Ego mit seiner Aufgabe, Dein Überleben in der materiellen Welt zu sichern, das erkannt, angenommen und integriert werden möchte.

Es geht nicht um die Frage, ob diese Übereinkünfte der Gesellschaft gut oder schlecht sind, die entscheidende Frage ist, ob Du im Herzen bei Dir selbst bist – wenn Du Dich selbst kennst (Selbsterkenntnis), wenn Du Dein Selbst ausdrückst (Selbstausdruck) und Dich selbst liebst (Selbstliebe), wirst Du ein erfolgreiches, glückliches Leben führen. Hinter der Frage nach der eigenen Bestimmung und dem richtigen Weg stehen oft Selbstzweifel und Zweifel des Egos an dem Wissen des Herzens. Dein Herz weiß um Deine Bestimmung, doch es ist auf die Unterstützung Deines Egos angewiesen, um diese zu leben. Solange in Dir Zweifel und Misstrauen vorherrschen, wirst Du nur langsam vorankommen.

Es ist auch nicht der Weg, alle Bedenken in den Wind zu schlagen und gegen die eigene Vernunft zu handeln, denn so besteht die Gefahr, dass Du Probleme von innen nach außen verlagerst und so dort auf Widerstand und Ablehnung stößt. Du bist auf dem richtigen Weg zum „inneren Frieden", wenn Dein Verstand Dir sagt, dass es das Beste für Dich ist, Deinem Herzen zu folgen! Den Frieden hast Du erreicht, wenn dies ohne Zweifel und Ängste geschieht, und wenn sich Dein Leben wie von selbst fügt und Dir zufließt, was Du brauchst.

Es gibt kein Leben ohne Spiritualität, denn Ihr seid spirituelle Wesen, Ihr seid „Engel im Außendienst" und tragt durch Euer Sein das Licht der einen Quelle in die Materie. Für ein Leben im inneren Gleichgewicht, in Liebe und Harmonie ist ein Bewusstsein darüber keine Bedingung, denn es ist der natürliche Zustand. Doch wenn dieses Gleichgewicht verloren wurde, gibt es nur den Weg der Bewusstwerdung, der Hinwendung zur Liebe und dem eigenen Herzen, der wieder zurückführt. Eine Veränderung im außen kann Dich dem „inneren Frieden" nur dann näherbringen, wenn sie dem Streben Deines Herzens entspricht.

Mein geliebtes Licht, ich werde nicht müde, zu wiederholen: Alles, was Du brauchst und alles was Du suchst, ist in Dir in Deinem Herzen vorhanden. Du findest Liebe, Rat, Trost und Führung. Was Du für Dich im Inneren gefunden und erschlossen hast, wird sich für Dich auch im Außen manifestieren. Du wirst, wenn Du Deinem Herzen folgst, die Weichen stellen und die Schritte tun, die für Dich bestimmt sind. Bestimmung bedeutet *gestimmt* zu sein, in Harmonie und in der richtigen Schwingung, um das eigene Selbst mit dem individuellen Ton auszudrücken. Wer fremdbestimmt lebt, kann niemals in seiner eigenen Frequenz schwingen, denn das eigene Schwingungsmuster ist einzigartig. Fremdbestimmung, eine fremde Stimmung, verfälscht, verformt und verkrüppelt das Individuum.

Wenn Du einer Arbeit nachgehst, sei Dir Deiner selbst dabei bewusst. Es schadet Dir nicht, wenn Du bewusst für eine Aufgabe und in einem definierten Zeitrahmen Deine Energie, Kraft und Einzigartigkeit anderen zur Verfügung stellst, denn entscheidend ist die bewusste Absicht! Du bist es mit Deinem Freien Willen, der die Arbeit übernimmt und dafür den gerechten Lohn erhält! Sei Dir Deiner selbst bewusst! Du kannst auch Gräben ausheben und Klos putzen, keine Arbeit schändet – es sind die antrainierten Muster, die gesellschaftlichen Gepflogenheiten, das ungerechte System der Bewertung nach gut und schlecht, hoch und niedrig, die eine Schande sind. Wenn niemand diese Arbeiten tatsächlich übernehmen würde, wäre schnell für alle sichtbar, wie hoch der Wert in Wahrheit liegt.

Sei Dir Deiner Einzigartigkeit bewusst und lebe sie aus. Erlaube Dir, Dich nicht nach fremden Kriterien zu bewerten oder Dich bewerten zu lassen. Erlaube Dir, „anders" zu sein als andere – denn jeder ist anders! Versuche nicht, den „Vorstellungen" zu entsprechen, sondern traue Dich, Du selbst zu sein.

Tue, was Deinem Herzen und der Liebe entspricht! Segne das, was Du tust, mit Deiner Liebe! Du wirst nirgendwo einen besseren Rat finden, denn es gibt nichts, was Dich schneller und sicherer zu Dir selbst und in Deine Individualität führt. Wenn Dein Handeln von Liebe getragen und geleitet ist, wirst Du beständig in der Liebe leben. Du wirst für andere ein Beispiel sein, sie werden Dir folgen und die Welt wird sich verändern. **Denn es ist nun die Zeit, in Liebe zu leben!**

Ich segne Deine Einzigartigkeit, Deinen Mut, Dein Vertrauen und das Erwachen der Liebe, die Deinen individuellen Weg beschreiben. Ich bin Uriel.

Hier veröffentliche ich nun einige Auszüge von persönlichen Channelings zum Thema „Liebe und Selbstliebe".

Auszug 1:
Geliebtes Wesen, Du fragst nach Deinem persönlichen Weg und wie Du ihn erkennst, dabei weißt Du die Antwort im Herzen doch bereits. Es ist eine Frage des Vertrauens in Dich selbst, in die eigene, innere Weisheit und in Dein intuitives Wissen, wie Du Dir diese Frage selbst beantwortest. Und es ist genau dieses, was Du in dieser Inkarnation entdecken und ausdrücken willst.

Du fragst *„Was steht für mich bereit?"* Und ich antworte Dir: Alles, was Du wirklich willst, ist für Dich bereit und es ist eine Frage der Anziehung, was für Dich in Dein Leben eintritt. In der Anlage Deines Lebensplanes wurde auf vieles geachtet und doch ist nichts soweit festgeschrieben, dass es nicht immer auch eine Wahl geben würde, die Du im Hier und Jetzt treffen könntest. So ist vorgesehen, dass Du mit dieser Inkarnation diesen Zyklus beenden kannst, denn es wurde altes Karma ausgeglichen und Reste durch göttliche Gnade getilgt. So darf ich antworten: Es steht für Dich bereit, in der göttlichen Gnade zu leben und den Weg ins „vollständige Bewusstsein" zu beschreiten.

Wie Du Deinen Weg jedoch ausgestaltest, ob Du in der Gemeinschaft der Menschen eine führende Position für andere übernimmst, unterliegt Deinem Freien Willen. Nur Deine Hinwendung zum Licht und die Verpflichtung, Deinem Herzen und Deiner inneren Stimme zu folgen, sind ohne Alternative.

Du fragst „*Wie erkenne ich es?*" Im Wort *erkennen* steckt das Wort *kennen*. Wenn Du etwas erkennst, ist es wie ein erinnern und im *erinnern* steckt das Wort *innen*. Was für Dich gut und richtig ist und was für Deinen Weg in Harmonie schwingt, wirst Du im Innern erkennen. Dies können Menschen sein, die in Dein Leben treten und irgendetwas in Dir zum Schwingen bringen oder auch ein plötzlicher Impuls, eine innere Eingebung, ein intuitiver Gedanke, die Dich sanft leiten.

Du erkennst, erfühlst und erinnerst Dich im Herzen und Dein Emotionalkörper wird reagieren. Doch der Kopf, der Verstand und das Ego stehen dem Erkennen entgegen. Es sind meist die eigenen Wertungen und Ängste, die die Menschen davon abhalten, ihrem Herzen zu folgen, es sind Zweifel an der eigenen Stärke und mangelndes Selbstvertrauen. Achte auf Resonanzen und fühle da hinein. Du kommst dann in innere Resonanz, wenn sich ein Teil Deines Selbst „erinnert" und es sich selbst „erkennt".

So wie meine Worte einen inneren Nachhall in Dir finden, so wird auch eine Dir vertraute, alte Seele etwas in Dir zum Schwingen bringen. Mit Dir gemeinsam sind zahlreiche vertraute Seelen aus Deiner geistigen Familie inkarniert. Einige sind oder waren in Deiner Nähe, andere werden noch in Dein Leben treten, wenn es an der Zeit dafür ist. Diese Zusammenkünfte unterliegen dem Gesetz der Anziehung und der Resonanz und es ist ein besonderes Erlebnis, wenn dies zu einem bewussten Wieder*erkennen* führt.

Seelengruppen inkarnieren gemeinsam, um sich gegenseitig zu helfen oder auch um bestimmte Lektionen lernen zu dürfen. So sind es nicht immer nur die geliebten Partner, die für Euch wichtig sind, sondern manchmal auch die besonders herausfordernden Beziehungen.

Du fragst „*Wie gelingt die Umsetzung?*" Die Antwort ist ganz einfach: „*Sei Du selbst!*" Sei Dir stets bewusst, es gibt nichts für Dich zu tun, das nicht mit Deinem wahren Selbst verbunden wäre! Wenn Du aus Deinem Herzen lebst, wenn Du Dich selbst „bedingungslos" liebst, wirst Du aus einem inneren Selbst-Verständnis genau das tun, was richtig ist. Es gibt im Außen niemanden, der irgendetwas besser weiß als Du, wenn Du mit Dir selbst in Kontakt bist. Wenn Du im Herzen im Kontakt zu Dir selbst bist, bist Du auch mit Deinem Höheren Selbst, Deiner geistigen Führung und dem universellen Wissen verbunden und Du wirst wissen, ohne zu fragen, woher es stammt.

Du wirst erleben, dass es eine Verbindung von Dir zum All, zum All-Eins gibt. Du wirst keine Fragen mehr haben, doch unendlich viel Neues entdecken und erleben. Dein Handeln wird von innerer Sicherheit und Klarheit bestimmt sein und die Kraft, die durch Dich wirkt, ist die „bedingungslose Liebe".

Auszug 2:
Für Dich sollte die Entwicklung der Selbstliebe in den Vordergrund rücken. Selbstliebe, wie ich sie meine, hat nichts mit Egoismus gemeinsam, denn Ego ist das Ich, der Verstand, das Denken, die Abgrenzung — das Selbst ist das Herz, die Einheit, das All-Eins-Sein, die Verbundenheit. Selbstliebe ist die Liebe zum göttlichen Kern und zu dem Gott in Dir selbst ist Gottesdienst. Nur wer die Liebe in seinem Herzen entwickelt, ist zur Selbstliebe fähig und nur wer sich selbst zu lieben vermag, ist fähig, auch andere „bedingungslos" zu lieben.

Meine geliebte Seele, dies ist Dein Weg zurück zu Deiner Seelenfamilie. Du hast alles, was Du brauchst bekommen, nutze Deine Talente und gestalte Dein Leben nach Deinen Wünschen.

Auszug 3:
Deine abgespaltenen Seelenanteile kehren zurück und es ist nun Deine Aufgabe, sie zu integrieren. Dies geschieht durch liebevolle Annahme Deiner selbst im Herzen. Liebe Dich selbst „bedingungslos", nimm auch die Teile in Liebe an, die Dir nicht gefallen, mit Ängsten besetzt sind oder nicht den Ansprüchen von Moral und Anspruch genügen. Alle Wertungen des Verstandes begrenzen die Selbstliebe und diese ist die Voraussetzung für den Austausch „bedingungsloser Liebe".

„Liebe Deinen Nächsten wie Dich Selbst", das bedeutet: Liebe Dich selbst und gehe mit Deiner Liebe weiter zu Deinem Nächsten, auf dass er auch von der Liebe erleuchtet wird. Denn in der „bedingungslosen Liebe" zu sein, ist Erleuchtung und ist vollerwachtes Bewusstsein!

Fülle und Erfüllung

Hier ist Uriel, das Licht Gottes.
Geliebte Wesen, ein Leben in Fülle und Erfüllung ist Euch bestimmt. Ihr habt es schon oft gehört und wartet nun darauf. Doch was bedeutet es, was ist denn die Fülle eigentlich? Nicht gemeint ist zum Beispiel ein Überangebot von Konsumgütern, das einen bedenkenlosen und ungeregelten Verbrauch provoziert und so zur Leibes-Fülle führt. Auch die Überproduktion von Nahrungsmitteln, die dann in großen Mengen vernichtet werden, haben mit dem, was ich mit Fülle meine, nichts zu tun. Um Fülle richtig zu verstehen und auch er-leben zu können, schauen wir uns zunächst an, was *Erfüllung* ist.

Kennst Du das Gefühl, von Liebe erfüllt zu sein, zu spüren, wie Dein Herz überfließt, den Wunsch, die Welt zu umarmen und alle an der Liebe teilhaben zu lassen? Auch Trauer kann Dein Sein komplett erfüllen, Du bist vom Schmerz ergriffen, alles andere tritt weit zurück und verliert an Bedeutung. In beiden Fällen, Trauer und Liebe, treten die eigenen Bedürfnisse in den Hintergrund oder lösen sich auf. In beiden Fällen gibt es nichts, was auch nur annähernd die Bedeutung hat, wie das eigene Erleben.

Wer auf ein erfülltes Leben zurückblickt, ruht in sich selbst und vermisst nichts und ist frei von unerfüllten Wünschen. Die Erfüllung von Wünschen jedoch führt nur selten zu einem erfüllten Sein, denn Erfüllung ist ein innerer Zustand. Das Erfüllt-Sein bedingt einen intensiven Kontakt zur eigenen Seele und schließt Trennung aus. Wer sich an das intensive Erleben des „All-Eins-Seins" erinnert, weiß, was höchste Erfüllung bedeutet.

188

Fülle und Erfüllung bedeuten, im vollen Kontakt zu stehen. Wer im vollen Kontakt steht, wird keinen Mangel leiden, denn der volle Kontakt bedeutet für jeden natürlich auch den Kontakt zur eigenen Schöpferkraft. In der Fülle zu leben, ist ein aktiver Zustand und hat wenig mit passiver Konsumhaltung, sondern mit Bewusstsein zu tun. Und das Bewusstsein erschafft die Lebensumstände, nicht umgekehrt. Das Erreichen des „vollständigen Bewusstseins" geht nicht zwangsläufig mit einem materiellen Überfluss einher, schließt ihn jedoch auch nicht aus.

Besitz ist weder gut noch schlecht und sagt nichts über den Wert oder den Bewusstseinszustand eines Menschen aus. Dies wurde Euch bereits von verschiedenen Meistern vorgelebt. Es ist eine Frage der individuellen Entscheidung, unterliegt dem Freien Willen des Einzelnen und ausschlaggebend ist lediglich das Herz. Wer im Herzen in Kontakt mit dem Leben, der Liebe und dem Kosmos ist und wer die göttlichen Gesetze aus einem inneren Selbst-Verständnis heraus achtet und lebt, wird auch immer in der Fülle leben. Es ist der vorherrschende Mangel, der sich an so vielen Orten zeigt, der ein Leben in Fülle so schwer vorstellbar macht.

Doch auch der Mangel verhält sich ähnlich wie die Fülle. Um Mangel zu erleben, ist es unerheblich, ob ein materieller Notstand vorliegt oder nicht, denn allein die Angst vor Verlust und weniger Besitz löst das Mangelgefühl aus. Angst und Unselbständigkeit sind die treibenden Kräfte des Mangels. Angst und Unselbständigkeit haben die Menschen seit Jahrhunderten geprägt und beeinflusst. Sie wurden von den Herrschenden zur Manipulation der Massen benutzt und galten lange Zeit sogar als geeignetes Mittel zur Erziehung der Kinder. Schluss damit!

Der Himmel hat verfügt, Euch in ein Leben der Fülle zu führen. Der Weg in die Fülle beginnt im Herzen, der Kontakt zur Liebe und zum Selbst, die Transformation der Ängste und der erste Schritt zur Selbständigkeit, zur Freiheit sind ein innerer Prozess. Du wirst nun lernen, Deiner inneren Stimme zu vertrauen und Sicherheit in Dir selbst finden. Dann beginnt der Weg im Außen und Du wirst beginnen, Dein Umfeld bewusst zu gestalten. Dein Herz wird Dich lenken und Deine

Wünsche und Visionen beginnen Gestalt anzunehmen. Du trennst Dich von dem, was Deiner Entwicklung im Wege steht und die innere Freiheit zeigt sich nun auch in Deinem Leben.

Jetzt hast Du den Raum geschaffen, Dein Leben kreativ zu gestalten, jetzt kommst Du in Deine Kraft und Deine Schöpferkraft zieht entsprechende Ereignisse und Unterstützung an, um Deine Vorhaben zu verwirklichen. Die Materie folgt dem Geist und Du lebst in der Fülle.

Dies, mein geliebtes Wesen, ist der Weg des Aufstiegs in knappen Worten und sehr allgemein gehalten, doch auch Du wirst ihn beschreiten – auf Deine Art, so wie Du es für Dich wählst. Die Fülle des Lebens und die Freiheit der eigenen kreativen Entfaltung kann nicht wie ein Lottogewinn von außen kommen, sie liegen in Dir und möchten von Dir auf die materielle Ebene gehoben werden, denn Du bist Dein eigener Schöpfer.

Gern begleite ich Dich mit meiner Liebe und mit meinem Segen, lade mich ein und erlaube mir, Dich zu unterstützen. Ich bin Uriel.

Viele Wege – ein Ziel

Hier ist Uriel, das Licht Gottes.

Meine geliebten Lichtfreunde, die Aufbruchstimmung macht sich unter Euch breit. Ich sehe, wie so mancher unter Euch eiligst versucht, verschiedene Dinge nachzuholen, die er „vergessen" hatte. Manch einen ergreifen plötzlich Zweifel über den eigenen Weg, angesichts der Tatsache, dass jetzt die Zeit des Aufstiegs ist und es doch noch so viele unfertige Dinge im Leben gibt. Du denkst *„Es gibt so viele Menschen, mit denen ich Probleme habe, bei denen ich keine Liebe spüre, sondern bestenfalls Gleichgültigkeit empfinde, ich kann einfach nicht alle lieben".* Ich sehe den Zweifel bei Euch, ob Ihr wohl wirklich bereit und fertig für den Aufstieg seid?

Mein lieber Freund, wenn Du Dich eben wiedergefunden hast, möchte ich Dir sagen, *vertraue!* Wenn Du das Gefühl hast, nach der langen Zeit des Wartens läuft Dir jetzt die Zeit weg, alles zu regeln, sage ich Dir, *entspanne!* Wenn Dir drei Wege gesagt werden, die Dich fit für den Aufstieg machen, sage ich Dir, *wäre doch toll, wenn Du einen vierten Weg kreierst!* Bist Du jetzt verblüfft, hast Du erwartet, dass ich Dir den einen richtigen Weg weise? Doch den einen richtigen Weg gibt es nicht.

Jeder geht *seinen* Weg und derer gibt es viele. Wenn Du jetzt im Außen nach dem Weg suchst, wirst Du Dich verzetteln. Wichtig ist, dass Du den Fokus auf Dein Ziel behältst. Was für Ziele hast Du? Hast Du eines oder viele? Wenn Du mehrere Ziele hast, liegen sie beieinander oder auf dem gleichen Weg oder widersprechen sich Deine vielen kleinen Ziele sogar? Was ist eigentlich wirklich wichtig für Dich in dieser Zeit der Transformation?

Wenn jetzt Dein Verstand versucht hat, diese Fragen zu beantworten, bist Du in die Falle getappt. Die Falle, die ich meine, ist ein Produkt Deines Egos. Dein Ego entwirft Pläne, mit Deiner gesammelten Erfahrung, mit Deinem Verstand und Deiner Vernunft. Ich habe schon öfter über das Ego gesprochen und ich möchte mich nicht wiederholen, doch es ist wichtig für Dich, zu wissen, wie Du funktionierst.

Erinnerst Du Dich? Dein Ego hat zwei Funktionen, es sichert das Überleben und es muss Recht haben, um stark genug fürs Überleben zu werden. Doch das Ego gibt es nicht in der fünften Dimension! Ist Dir klar, was das für Dein Ego bedeutet? Ja genau, wenn sich Dein Ego nicht Deinem Selbst unterordnet und ihm vertraut, wird es alles tun, um Deinen Aufstieg zu verhindern, um zu überleben! Es wird Dich immer wieder zum Zweifeln bringen, wird Dich von der Beschäftigung mit Dir selbst abbringen und Dich auf Nebenschauplätze führen, wo Du so richtig Recht haben kannst. Das Ego ist ein Ersatz für das Selbst, wenn das Selbst zu schwach ist und seine Rechte abgetreten hat.

Und jetzt werde ich Dir sagen, was Dein einziges Ziel sein kann, wenn Du erfolgreich durch die Zeit und in die höheren Dimensionen gehen willst: „*Werde wieder Du selbst!*" Das ist das Einzige, was zu tun ist und dafür gibt es viele Wege. Doch egal, welchen Weg Du auch wählst, jeder Weg führt durch Dein Herz. Nur in Deinem Herzen bist

Du stärker als Dein Ego und Dein Herz ist die einzige Instanz, die von Deinem Ego in ihren Entscheidungen akzeptiert wird. Es ist die Herzensentscheidung für Dich selbst, die Dich in Kontakt mit Deiner Kraft bringt – je mehr Du aus dem Herzen lebst, lebst Du aus der Liebe.

Wenn Du wieder mal zu zweifeln beginnst, umarme Dein Ego, es wird Dich auch weiterhin begleiten, solange Du noch nicht in der fünften Dimension angekommen bist. Es tut nur das, was ein Ego tun soll, es will Dich beschützen. Kein Ego wird den Aufstieg in die fünfte Dimension wirklich verstehen können, denn kein Ego wird den Aufstieg überleben. Was ich eben erklärt habe, ist auch der Grund, warum die finsteren Kräfte auf der Erde den Aufstieg der Massen verhindern wollen, denn er ist auch ihr Tod. Denn wer im Egoismus verhaftet ist, kann und wird nicht mitgehen.

Doch Du, geliebtes Lichtwesen, *mach Dir keine Sorgen!* Habe Vertrauen zu Dir, Du hast das Licht in Dir gesehen und gefühlt und die Verbindung zu Deinem Hohen Selbst, zu den Engeln, die Dich seit Anbeginn begleiten, zu den Erzengeln und zu den Aufgestiegenen Meistern wird jetzt immer stärker. Du wirst weitere Hilfen bekommen, wenn es an der Zeit ist. Es kommt der Moment, an dem die abgeschaltete DNS wieder aktiviert wird und Du Dir Deiner Schöpferkraft wieder bewusst sein wirst. Bleibe bei Dir, lasse Dich nicht zu Egospielen verführen. Liebe Dich selbst und liebe den Gott/die Göttin in Dir. Und wenn Du Dich selbst lieben kannst, wirst Du auch den Gott, die Göttin in Deinem Gegenüber lieben können.

Wenn Dir ein Egoist begegnet, sieh in ihm das schwache Selbst, das seinem Ego erlaubt, es zu dominieren und solche Seelen sind zu bedauern. Wenn Du es schaffst, sein Selbst zu lieben, wird es ein klein wenig stärker werden, die Liebe findet immer den Weg und irgendwann kann auch diese Person sich selbst annehmen, den Weg durchs Herz gehen und das eigene Ego eindämmen. So erlöst die Liebe Euch von den Fesseln, die Ihr Euch selbst auferlegt habt.

Die Liebe ist die transformierende Kraft, aus ihr ist alles geboren und in der Liebe wird alles wieder aufgehen.

Liebe ist die Schöpferkraft und Dein Selbst ist der Schöpfer Deines Lebens. Die Liebe ist der Weg, die Wahrheit und das Leben. Diese Worte wurden den Menschen schon vor 2000 Jahren gegeben und mit diesen Worten wurde der Weg für Euch beschrieben und geebnet.

Jetzt ist die Zeit, die Wahrheit zu leben und den Weg der Liebe zu beschreiten. In Deinem Herzen ist die Liebe fest verankert und in Deinem Herzen ist Dein Weg vorgezeichnet. Der Weg durchs Herz führt zum Selbst. So werden Weg und Ziel eins und die Verschmelzung mit Deinem Seelenselbst findet im Herzen statt. Finde den für Dich stimmigen Weg, um aus dem Herzen zu leben. Ob Du allein oder mit anderen gemeinsam meditierst, ob Du mit Kindern spielst oder Kranke pflegst, ob Du malst, musizierst oder kochst – es ist gleichgültig, solange Du Deine Wahrheit aus Deinem Herzen lebst.

Geliebtes Wesen, suche nicht im Außen, suche in Dir nach Antwort und bleibe in der Liebe, so wirst Du sicher heimkehren! Die unendliche und „bedingungslose Liebe der Quelle" und mein Segen begleiten Dich. Ich bin Uriel.

Kapitel 5 – Lebenshilfen

An die Zukunft denken?

Hier ist Uriel, das Licht Gottes.

Liebe Freunde des Lichts, geliebte Wesen, eine neue, alte Unsicherheit ist zu spüren und eine schon überwunden geglaubte Einstellung zeigt sich gerade hinter dem Eifer vieler, schon weit entwickelter Lichtarbeiter. Es hat mit Materialismus zu tun, oh ja, geliebtes Wesen, und Du denkst, dass Du darüber schon längst hinweg bist – wirklich? Für welchen Zeitraum planst Du, wenn es um Finanzen geht? Wie hast Du Deine „Notgroschen" angelegt, um für die Zukunft gesichert zu sein? Investierst Du in Immobilien? Hast Du für Deine Rente vorgesorgt? Welche Sicherheiten hast Du angelegt, falls es nun doch keinen Dimensionswechsel geben sollte? Oder machst Du Dir Gedanken darüber, wie Du Deine „Habe" durch den Wechsel bringst?

Oh, Ihr Lieben, ich weiß, es ist unangenehm für Euch und doch ist es wichtig, dass ihr ehrlich mit Euch seid. Es ist keine Schande, wenn Du Dich eben in den Worten entdeckt hast, freue Dich, Du hast ein Stück Selbsterkenntnis gewonnen. Du hast Dein Leben lang gelernt, nicht nur im Augenblick zu leben, sondern auch an die Zukunft zu denken und Vorsorgen zu betreiben. Es war normal, aus vergangenen Erfahrungen den Schluss zu ziehen, sich schon mal Sorgen zu machen, für das, was wohl kommt. Das ist alte, drittdimensionale Energie aus dem Lehrbuch und der Tummelplatz des Egos, das sagt: *Ich hab Recht mit meinen Erkenntnissen und sorge fürs Überleben in der Zukunft!"* Denn Eure Welt war geprägt durch Sicherheits- und Mangeldenken!

Ihr Lieben, es ist völlig in Ordnung, wenn Ihr glaubt, dieses oder jenes für die Zukunft tun zu wollen, doch ich bitte Euch, verschwendet keine Zeit mit unnötigen Planspielen. Eure Zukunft wird anders sein als Ihr es Euch vorstellen könnt! Es gibt keine passenden Worte in Euren

Sprachen, die jene Bewusstseinsstufe und deren Wirkungen beschreiben, die für Euch vorgesehen ist. Ihr werdet noch Materie kennen und gebrauchen, nur anders und sie wird sich auch anders verhalten. Wenn ich jetzt *realistischer* sage, ist es zwar richtig, hilft Euch zum Verstehen jedoch nur wenig weiter. Es ist jetzt noch nicht der Moment gekommen, an dem die klärenden Worte bei Euch zum Erkennen der Wahrheit führen können. Es wird die Zeit kommen, noch vor dem Übergang, dass ich Euch Eure neue Welt beschreiben werde.

Doch heute werde ich wieder betonen, wie wichtig es ist, Dich *innerlich* vorzubereiten. Ich werde nicht nachlassen, um Deiner Seele willen immer wieder auf die Prägungen der Dualität und der materiellen Dichte Eurer Welt hinzuweisen. Gehe davon aus, dass Du nichts in die neue Welt mitnehmen kannst. Du wirst im wahrsten Sinne des Wortes „allein" – *Eins mit dem All* sein. Wenn Du nicht mit Dir im Reinen und wenn Du nicht klar bist, wirst Du auch mit all dem nicht klarkommen! Mit Dir werden viele aufsteigen, vielleicht alle und daher kann es sein, dass Du nach dem Aufstieg mit den gleichen Leuten gemeinsam die gleiche Arbeit machst.

Die Voraussetzung ist: Du in Deinem vollständig erwachten Bewusstsein hast es so gewählt, es ist im Einklang mit der göttlichen Ordnung, es passt zur Energie der Bewusstseinsebene und es ist mit dem Raum kompatibel.

Du kannst jedoch auch in einem völlig anderen Umfeld landen: Mit neuen Fähigkeiten, an neuartiger Technik oder in Eintracht mit einer einzigartigen Natur. Vor Dir liegt ein Feld voller Möglichkeiten, das Dein Vorstellungvermögen um einen Faktor übersteigt, den Eure Mathematiker nicht errechnen könnten.

Erkläre einer Fliege mal die Vorteile des Internets. Es ist klar, dass der Verstand, das Ego rebelliert, wenn Du beschließt, nicht an den Zukunftsentwurf zu glauben, den es für Dich ausgedacht hat. Überfordere Dich also nicht, sondern gehe sanft an die Gestaltung Deines Lebens heran. Beginne nicht damit, Dein ganzes Geld zu verschenken oder Dein Haus verkommen zu lassen, das würde Dein Ego auf die Palme bringen und Du würdest Probleme mit Dir selbst bekommen. Um im

Gleichgewicht zu bleiben und doch bewusst Veränderungen herbeizuführen, ist es ratsam, immer wieder den Fokus zu überprüfen.

Da Du noch nicht wissen kannst, wie es in der 5.Dimension ist und was Du dort brauchst, bleibe bei dem, was für Dich sicher ist – der Seelenaufstieg! Dir wurde gesagt, was für Deinen Seelenaufstieg wirklich wichtig ist und es gilt nach wie vor, Reinigung, Klärung und Trennung von nicht mehr dienlichen Mustern, Hinwenden an die Liebe, mit dem Schwerpunkt der Liebe zu Deinem Selbst sowie das Handeln aus dem Herzen. **Alles andere ist Ablenkung vom großen Ziel!**

Du darfst alles tun, jede Möglichkeit der Dualität nutzen, um Erfahrungen jedweder Art zu sammeln und solange Du den Fokus auf Deinen Seelenaufstieg hältst, wird Dein Bewusstsein beständig angehoben werden. Spiele mit der dichten Materie, wenn Dir danach ist, doch löse Dich von ihr, wenn sie für Dich die Bedeutung verliert. Es ist gleichgültig, wo Du jetzt stehst: Du bist auf dem Weg in die Fülle und es wird keinen Mangel mehr geben, denn Mangel ist in der fünften Dimension nur als bewusster, freiwilliger Verzicht möglich.

Also, sorge Dich nicht um Besitz oder Wohlstand, denn Du wirst hingeben, was Du nicht mehr willst oder nicht mehr brauchst und Du wirst bekommen, was du benötigst. Der Wohlstand und die Liebe, die Freiheit und der Frieden sind in Eurer neuen Welt so fest verankert, dass es gleichgültig ist, wo dort Euer zukünftiger Platz sein wird, denn es wird für Euch das Paradies sein.

Ich weiß, wie schwer es für Euch sein muss, den Mangel in der Dichte Eurer Welt zu sehen oder gar zu spüren und dabei im Herzen wahrzunehmen, das alles, was Dich umgibt, nur ein Spiegel und im Einklang mit dem Himmel ist. Aus Eurer Perspektive wirkt für Euch vieles ungerecht und willkürlich und Ihr habt dabei aus der 3D-Perspektive auch Recht.

Aus meiner Sicht jedoch entwickeln sich die Dinge nach einem göttlichen Plan, gegründet auf freien Entscheidungen und eingebettet in ein feinabgestimmtes System von Gesetzmäßigkeiten. Dein Leben, Dein

„Schicksal" unterliegt einer höheren Ordnung als Du sie zurzeit erfassen kannst. Dein Weg führt Dich raus aus der Zeit und die Ordnung wird sich Dir offenbaren und Du wirst sehen und begreifen, wie groß Dein Einfluss auf Dein „Schicksal" immer gewesen ist und unter welche Einschränkungen Du Dich selbst begeben hast.

Wer jetzt seine Schwingung erhöht, schafft die Basis zur Befreiung der Teile Eurer DNS, die es ermöglichen, über den Tellerrand von 3D zu blicken. Erlaube Dir, die Großzügigkeit zu leben – lebe die Weite eines liebenden Herzens, lebe die Freude und befreie Deinen schöpferischen Geist. Versuche nicht ständig, das Morgen zu finden, denn mit den Mitteln von Gestern ist es nicht möglich. Liebe und Leben findet ausschließlich im JETZT statt, genieße daher das Jetzt und Du wirst Dich nicht weiter nach einer Zukunft sehnen, sondern Du wirst sie gestalten. Beginne jetzt das Leben zu leben, so wie *Du* es willst. Klammere Dich nicht an die Vergangenheit und nicht an die Zukunft und lass Dich nicht ablenken, behalte Deinen Fokus auf dem Seelenaufstieg, denn der findet jetzt statt.

Ich segne Dich, geliebtes Herz, Du einzigartiges, multidimensionales Wesen! Die unerschütterliche Liebe der Quelle und die Bewunderung der Geistigen Welt für Deinen Weg ist Dir gewiss. Ich bin Uriel.

Die andere Backe

Hier ist Uriel, das Licht Gottes.

In „bedingungsloser Liebe" spreche ich wieder zu Euch, Ihr geliebten Wesen. Große Fortschritte sind bei den einzelnen Menschen, doch auch im Kollektiv zu sehen. Der „Aufstieg des Bewusstseins" findet hinter den Kulissen statt, die immer noch die alten Fassaden einer endenden Ära zeigen. Wer hinter die dünn gewordene Schicht des Scheins zu blicken mag, erkennt nun deutlich einen neuen „Trend" oder „Zeitgeist". Ein Umdenken hat stattgefunden und es ist wie immer: die Materie folgt dem Geist

Die Menschen haben den Wert, die Seele und auch die Verletzlichkeit von Gaia, Eurer Mutter Erde, erkannt. Der Raubbau endet und es beginnt das große Aufräumen. Gaia wird sich vollständig regenerieren und in eine neue Phase des Erblühens eintreten. Sie hat die Menschen eingeladen, diesen Weg mit ihr gemeinsam in der materiellen Verkörperung und in vollständigem Bewusstsein zu gehen. So ist das Erreichen des „vollständigen Bewusstseins" eine Eurer wichtigsten Voraussetzungen für den verkörperten Aufstieg. Die Bedingungen für dieses Ziel sind von der Quelle vorgegeben und sie werden von der Geistigen Welt für Euch geschaffen.

Der Weg in die Vollständigkeit der Seele und des Bewusstseins jedoch ist ein individueller, der von einem Jeden von Euch frei gewählt und gegangen wird. Und eine grundlegende Bedeutung haben dabei die nun wieder zu Euch zurückkommenden Seelenanteile. Was einst von Euch getrennt wurde und das, was Ihr von Euch gewiesen habt, kehrt zurück und verbindet sich mit Euren feinstofflichen Körpern. Dort warten sie auf die Integration in Euer Bewusstsein und führen solange eine Art „Eigenleben", um Beachtung zu finden. Manch einer entdeckt so plötzlich „eigenartige" Reaktionen, Wünsche oder Talente in sich, die ihm bislang unbekannt waren.

Oder Ihr geratet durch das „Gesetz der Anziehung" in Situationen und begegnet Menschen, die Euch bestimmte Teile von Euch spiegeln. Erkennen und Wahrnehmen (die Wahrheit annehmen) sind ein wichtiger Schritt vor jeder Integration, denn sie führen zur Selbsterkenntnis. Die Wertungen und (Vor-)Urteile des Egos sind wahrheits-verzerrende Filter, die das Annehmen blockieren. Doch das Hohe Selbst der Seele erkennt die Wahrheit, denn die Seele ist eins mit der Wahrheit und Verzerrungen und Täuschungen finden keine Resonanz. Und das offene, fühlende Herz ist für Dich die Instanz in Dir, die keiner Täuschung anheimfallen kann und so Deine Wahrheit zweifelsfrei erkennt.

Wenn Du die Welt, wie Du sie kennst, mit dem Herzen wahrnimmst, wird sie sich verändern. Du wirst Dich im Spiegel Deiner Umwelt selbst finden und Du wirst so auch Deinen Weg erkennen. Auch wenn Dein

Verstand dagegen rebellieren mag, sage ich Dir, nichts was Dir begegnet, geschieht durch Zufall – es gründet auf Deinen Entscheidungen, Deiner Wahl, wenn auch sie teilweise von den noch nicht ins Bewusstsein integrierten Teilen getroffen wurden. So sind auch die Begegnungen, die für Dich unerfreulich oder dramatisch verlaufen, unter diesem Blick eine gewählte Möglichkeit, Dich zu erfahren und Dein Bewusstsein zu erweitern.

Einst wurde Euch gesagt: *„Wenn Euch einer auf die eine Backe schlägt, haltet ihm die andere hin"* und *„Liebe Deine Feinde"*. Diese Worte wurden häufig missverstanden und aus dem ursprünglichen Kontext genommen und uminterpretiert, um zur Manipulation benutzt zu werden. Der, der Euch diese Worte hinterließ, trieb auch die Wucherer mit der Peitsche aus dem Tempel, denn nie wurde gesagt: lasse Unrecht zu.

Ihr seid nicht aufgerufen, still zu erdulden, sondern Ihr seid aufgefordert, Euer Bewusstsein zu erweitern und entsprechend zu handeln.

Was Du gespiegelt bekommst, findest Du auch in Dir, erkenne es, nimm es an und beginne dann, es zu verändern. Doch fange bei *Dir* an! Du bist ein machtvolles Wesen, doch Du kannst nur etwas verändern, wenn Du auch in Kontakt dazu bist. Dieser Kontakt ist die liebevolle Annahme (*„liebe Deine Feinde"*). Und schaue hin, ob es von dieser Person oder durch die Situation noch etwas für Dich zu lernen gibt (*„halte auch die andere Backe hin"*).

Hüte Dich vor schnellen Schuldzuweisungen, denn jedes gefällte Urteil verengt das Bewusstsein. Je *enger* Dein Bewusstsein ist, desto mehr wird Dein Leben von Deiner unbewussten Anziehung geprägt sein, denn Du ziehst das an, was Du verstoßen möchtest, solange in Dir eine Resonanz dafür vorhanden ist. Erkenne und handle – werde Dir Deiner Schöpferkraft bewusst. Gaia hat den Weg des Aufstiegs gewählt und Du bist eingeladen, Dich ebenfalls aus den dichten Ebenen zu erheben. Überwinde die Illusion des Getrenntseins, finde Deinen individuellen Weg und erfahre dabei Deine Schöpferkraft.

Ich segne Dich und Deinen Weg mit der „bedingungslosen Liebe der Quelle allen Seins". Ich bin Uriel.

Konsum

Hier ist Uriel, das Licht Gottes.

Geliebte Wesen, Euch wurde versprochen, dass Ihr in eine Zeit der Fülle eintreten werdet und dieses Versprechen wird eingelöst. Doch noch immer gibt es für viele von Euch eher den Mangel als die Fülle zu erleben und so werden die Wünsche immer drängender, nun endlich auch einmal aus dem Vollen schöpfen zu können. Doch was bedeutet das eigentlich? Durch die Prägungen der letzten Jahrzehnte wurde das Verbrauchen von Ressourcen und das Konsumieren im Bewusstsein als wertvoll implantiert. Man sagte Euch, dass es glücklich mache, dieses oder jenes zu besitzen. Auch wurde Euch gesagt, je mehr Ihr verbraucht, desto besser wird es der Wirtschaft und so letztlich Euch allen gehen. So bedeutet es für etliche von Euch, dass das Leben in der Fülle gleichbedeutend ist mit unbegrenztem Konsum.

Spätestens jetzt wirst Du erkennen, mein liebes Licht, dass dies ein implantierter Irrglaube ist, der Dich an alte Energien bindet. Konsum macht abhängig, schwach und arm, denn er fördert weder nachhaltig die innere Stärke, noch bringt er Dir wertvolle Erkenntnisse oder führt Dich in die Einheit. Im Gegenteil, der Lustgewinn beim „Kaufrausch" oder konsumieren von Luxus oder Genussmitteln ist schnell verklungen, denn nach dem Rausch folgt die Ernüchterung und führt bald darauf in ein Gefühl von Leere. Der Grund hierfür ist Energieverlust.

Energie ist nicht materiell, doch sie kann an Materie gebunden sein und sie ist dann in einem quasi eingefrorenen Zustand. Um wieder nutzbar zu sein, bedarf es wiederum Energie, um sie in einen anderen Zustand zu wandeln und so freizusetzen. Wie es zum Beispiel bei einem Stück Kohle ist, das erst einmal Wärme braucht, um zu brennen, und dann seine Energie in Form von Wärme abzugeben, bedarf auch Eure Nahrung erst Eurer Energie, um dann durch Stoffwechselvorgänge für Euren Körper nutzbar zu werden. Es ist ein energetischer Kreislauf, der Euch mit Gaia verbindet, denn auch Ihr gebt Energie zur Erde – durch Eure Arbeit, durch Euer Da-Sein, durch Eure Kreativität und Eure Gestaltungskraft.

Anders sieht es bei Euren überflüssigen Luxusgütern aus, die Ihr massenhaft produziert, hortet und sie dann irgendwann auf den Müll werft. Ihr verbraucht dabei Ressourcen, bindet Energien, verschmutzt die Umwelt und schädigt teilweise bewusst Euren Körper.

Liebes Licht, Du weißt, wovon ich spreche, es sind all die vielen Dinge, die so begehrenswert erscheinen, weil sie Erleichterung und Glück verheißen. Du kennst das Gefühl der Vorfreude auf ein erwartetes, wunderbares Geschenk, vielleicht aus Deiner Kindheit. *„Wenn ich dieses oder jenes erst habe, dann bin ich glücklich".* Doch wie lange hat danach das Glücksgefühl angehalten?

Das Leben in der Fülle kann also nicht gleichbedeutend sein mit materieller Wunscherfüllung, auch wenn es dies nicht ausschließt. „Fülle" ist ein Zustand sich ständig erneuernder Energie und ist ein Fluss des Erschaffens und des Gestaltens. Völlig anders als beim Konsum verhält es sich bei den Werten, die Du Dir selbst erschaffen hast, bei Erkenntnissen und Deinen kreativen Schöpfungen. Auch Kreativität entspringt der Fülle und sie ist ein unerschöpflicher Quell, wenn sie nicht verschüttet wird. Kunstwerke entstehen durch Kreativität aus „wertlosen Materialien" und Musiker erschaffen aus „dem Nichts" Werke, die den Künstler überdauern. Kaum eine Erfindung der Menschheit entstand aus dem Wunsch, Geld zu verdienen, sondern aus dem Wunsch eines kreativen Geistes, sich auszudrücken.

Wenn Du die Fülle leben möchtest, ist es für Dich wichtig, Dich selbst auszudrücken. Solange der Geist, der Fokus auf Konsum ausgerichtet ist und sich das Denken und Streben auf materielle Wunscherfüllung zielt, erschöpfst Du Deine Energie. Eine ganze Industrie ist darauf ausgerichtet, bei Dir ständig neue materielle Wünsche zu wecken und Dich so zu schwächen. Die scheinbare materielle Fülle der Überflussgesellschaft ist lediglich ein Trugbild und verschleiert die Leere und Schwäche.

In der Fülle zu leben bedeutet, den inneren Reichtum zu leben und wenn es Deinem inneren Wesen entspricht, wird sich der Reichtum dann auch im Äußeren zeigen. Diese Anziehung ist ein göttliches Gesetz und funktioniert nur in eine Richtung – die Materie folgt dem Geist. Die Energieleere, die dem Konsum folgt, findet entsprechend auch auf der geistigen Ebene bei einseitig, auf konsumorientierten Wünschen statt, denn durch diese Fixierung gehen Eigeninitiative und Kreativität verloren und das Bewusstsein sinkt. So verstärkt sich das Gefühl von Mangel und Leere und die Wünsche nach Fülle im Außen werden weiter zunehmen. Und so funktioniert die Falle, die Euch die „Wachstumsgesellschaft" stellt.

Mein liebes Licht, höre auf, wie der Esel hinter der Mohrrübe herzurennen, die ihm vorgehalten wird – halte inne und schaue, was für Früchte in Deiner unmittelbaren Nähe in Fülle auf Dich warten, entdeckt zu werden. Dein Leben kann voll Freude und Leichtigkeit sein, wenn Du Dich selbst aus dieser Falle löst. Gestalte Dein Leben so einfach wie möglich und entziehe Dich dem Immer-Schneller, Immer-Besser, Immer-Neuer, Moderner und Teurer. Ergründe Deine wahren Wünsche und Dein inneres Streben, erkenne Deine Gaben und beginne, sie mitzuteilen (mit anderen zu teilen). Dies ist der Weg in die Fülle für Dich und die Welt.

Dabei begleite ich Dich gern mit meinem Segen und der „bedingungslosen Liebe der Quelle allen Seins". Ich bin Uriel.

Humor

Hier ist Uriel, das Licht Gottes.

Geliebte Wesen, ich grüße Euch in Liebe, Achtung und Respekt und ich werde heute mit Euch über eine Eurer besten Gaben, den Humor, sprechen. Wie jede göttliche Gabe handelt es sich auch beim Humor um etwas ebenso Komplexes wie Einfaches, da er gleichzeitig auf vielen Ebenen wirkt. Ähnlich wie die Liebe ist Humor nicht nur erheiternd, sondern auch beglückend, heilend, erleichternd, verbindend und anregend.

So kannst Du Dir sicher denken, wie meine Antwort auf die Frage lautet, ob auch Engel Humor haben. Oh ja, wir haben Humor, auch wenn wir uns keine Witze erzählen, wie Ihr es tut, denn die Art der Kommunikation auf der Gedankenebene lässt wenig Raum für überraschende Wendungen oder einen gezielten Spannungsaufbau in der Erzählung, da im Jetzt alle Details offenbar sind.

Um Humor in Freude auszuleben und kreativ auszudrücken, gibt es kaum eine Ebene, die dafür geeigneter wäre als die Eure. So wirst Du vielleicht verstehen, warum die Geistige Welt so gern und mit so großer Freude Aufgaben in Eurer Nähe übernimmt. So ist zum Beispiel die Arbeit als Führungsengel eine sehr kreative Angelegenheit.

Kannst Du Dir vorstellen, wie viel Kreativität es oftmals erfordert, einen Menschen an seine gewählte Aufgabe zu erinnern und heranzuführen, ohne den Freien Willen zu verletzen? Du kannst es vielleicht mit der Arbeit eines Regisseurs vergleichen, der ein Stück auf die Bühne bringt und der Hauptdarsteller immer munter drauflos improvisiert, da er Text und Handlung vergessen hat. Der große Spaß liegt nicht zuletzt darin, dass das Drehbuch der Hauptdarsteller einst selbst verfasst hat. Durch geschicktes Einsetzen anderer Schauspieler, die im richtigen Moment ein wichtiges Stichwort liefern oder durch das plötzliche Erscheinenlassen vorher unsichtbarer Requisiten, nimmt das Stück Gestalt an. Es kommt zu überraschenden Wendungen, merkwürdigen Begegnungen und manchmal zu dramatischen Brüchen in der Handlung. Die Souffleuse flüstert permanent, für alle Außenstehenden unhörbar, den richtigen Text zu und wenn der Hauptdarsteller einmal in seinem Spiel oder Monolog innehält, kann er die Informationen aufnehmen und umsetzen. Doch es hängt von der kreativen Spielfreude, der Hingabe und Selbstsicherheit des Schauspielers ab, ob sich ein Drama oder eine Komödie entwickelt. Meist wechselt sich auch dieses ab und wenn sich am Ende die Liebenden bekamen, der Schatz geborgen, der Drache besiegt oder der Berg erklommen war, klatscht auch das Publikum, Deine geistige Familie, vor Begeisterung.

Vielleicht kannst Du in meiner kleinen Parabel erkennen, wie durch Annahme Leichtigkeit entstehen kann. Wenn der Schauspieler sich auf die anderen Mitspieler einlässt, Signale aufnimmt und auf die begleitende Stimme hört, wird es ihm leichter fallen, die Handlung zu erkennen und konstruktiv weiterzuführen. Jedes Missgeschick oder jede Korrektur durch den Regisseur wird als Hilfe verstanden, um wieder dem eigenen Drehbuch zu folgen. So liegt es an jedem selbst, aus dem Leben ein Lustspiel oder ein Trauerspiel zu machen – dies ist nicht von den äußeren Umständen abhängig.

Ihr sagt: *„Humor ist, wenn man trotzdem lacht"*. Für die Dramen des Lebens ist dies durchaus richtig, doch es bedarf nicht unbedingt des Dramas, um sich des Humors bewusst zu werden, auch wenn in schweren Zeiten die Sehnsucht danach besonders groß wird. Sich *„den Humor zu bewahren"* bedeutet, an das Positive zu glauben und den Sinn oder die versteckte Komik hinter den Dingen zu erkennen, was keine Schadenfreude ist, sondern Entwicklungsfreude und Freude an der Erkenntnis.

Ihr sagt auch *„Lachen ist die beste Medizin"*. Richtig, diese Erkenntnis ist eigentlich schon Allgemeingut geworden, doch irgendwie haben es die Menschen geschafft, das in dieser Erkenntnis enthaltene Wissen in die Form eines Kalenderspruches zu verpacken und dann zu vergessen. Ist es nicht wirklich komisch, dass aus dieser Erkenntnis nicht mehr gemacht wurde, nämlich alles daranzusetzen, eine fröhliche Gesellschaft und ein Leben mit Freude, Spaß und Vergnügen zu formen? Die Menschen wären gesünder und der unglaubliche Aufwand, der um Krankheit und deren Bekämpfung (Kampf) getrieben wird, könnte erheblich verringert und durch Gesunderhaltung und Heilung ersetzt werden.

Wenn es Euch gelingt, das Leben nicht mehr als Kampf, sondern als Spiel zu begreifen, werdet ihr viel glücklicher sein. Ein Spiel funktioniert immer nach Regeln und wenn Ihr Euch auf ein Spiel einlasst, habt Ihr die Regeln akzeptiert. Auch wenn ein Spiel ernsthaft und mit großem Einsatz gespielt wird, bleibt es ein Spiel, das auf einer freien Entscheidung und einer Übereinkunft basiert. Spiele dienen der Ertüchtigung, der Unterhaltung, der Lehre und der Freude der Seele, so wie jede Inkarnation auch.

Wenn aus dem Spiel jedoch ein Wettkampf wird, hört der Spaß oft auf. Es geht nicht mehr um persönliche Reifung, sondern darum, zu gewinnen, besser zu sein, klüger, schneller, stärker und so weiter. Es geht nicht mehr darum, möglichst schnell zu laufen, sondern darum, andere zu übertreffen und zu überholen. Dies ist ein Spiel des Egos und so bekommt das Spiel eine andere Bedeutung, denn das Ego hat ja die Funktion, das Überleben zu sichern, Du erinnerst Dich? Die Freude am Spiel vergeht, der Ehrgeiz ist geweckt und andere Spieler werden nun zu Gegnern. Die Spielregeln werden überprüft, neu interpretiert, ausgereizt und eventuell auch zurechtgebogen oder gebrochen, um zu gewinnen. Das Augenmerk ist nun auf den eigenen Vorteil gerichtet und das größere Ganze gerät außer Sichtweite. Vom Humor bleiben dann letztlich nur der Spott, die Ironie, die Schadenfreude oder der Sarkasmus bestehen, der Humor wird dann als Klinge im Kampf benutzt und kann sehr verletzen.

Humor ist so vielfältig, so grenzenlos wie die Liebe und beide können auch die harte Schale knacken, die das Herz so vieler noch umschlossen hält. Darum ist es für Euch von Wichtigkeit, darauf zu achten, auf welche Art sich der Humor entfaltet. Lacht *mit* den anderen, nicht *über* sie und seid Euch der möglichen heilenden Wirkung ebenso bewusst wie der verletzenden. So kann auch der Humor für den Lichtarbeiter ein wichtiges Werkzeug sein, wenn er in seiner umfassenden Wirkung verstanden wird. Ich meine hier die in der Tiefe wirkende Kraft der Veränderung.

Der spirituelle Weg der Vervollkommnung ist nicht zwangsläufig ernst und von Enthaltsamkeit geprägt. Oft ist das Gegenteil der Fall und die Weisheit, die durch tiefe innere Erkenntnis entsteht, drückt sich durch den feinen Humor der Weisen und Erleuchteten aus. Das Lächeln des Buddha ist das sichtbare Zeichen des Erkennen der göttlichen Einheit.

Es wäre doch auch zum Lachen, wenn sich das Erkennen der Liebe, der Schönheit, der Freude und der kreativen göttlichen Schaffenskraft ausgerechnet durch Humorlosigkeit erreichen ließe…. Wer Frohsinn, Freude und Spaß unter den Mitmenschen verbreitet, tut manches Mal mehr für die spirituelle Entwicklung der Gemeinschaft als der predigende Asket, der sich selbst der Erleuchtung so nahe wähnt. Dein Lächeln, Dein Lachen, Deine Freude und Dein Vergnügen werden auch von Deiner geistigen Familie miterlebt und geteilt – gönne es ihnen, sie werden es Dir danken!

Ich segne Dich, Deinen Weg und Deinen göttlichen Humor und begleite Dich mit der „bedingungslosen Liebe der Quelle allen Seins". Ich bin Uriel.

Wissen ist Verantwortung

Hier ist Uriel, das Licht Gottes.

Geliebte Wesen, in großen Schritten schreitet die Menschheit in ihrer Erkenntnis voran und so offenbaren sich weiter das Wissen und die Wahrheiten des Universums für Euch. Ihr beginnt, die großen kosmischen Zusammenhänge zu erkennen und findet im Mikrokosmos Erklärungen. Eure Wissenschaft entwickelt sich beständig weiter, von Irrtum zu Irrtum, und mit jeder neuen Erkenntnis werden alte Theorien erweitert oder verworfen. Theorien gelten solange als Tatsache, bis sie widerlegt werden und bisher hat sich noch nahezu jede materielle, wissenschaftliche „Tatsache" früher oder später entweder als Halbwahrheit oder als Irrtum herausgestellt.

Die Geschwindigkeit hat dabei rasant zugenommen und die einzelnen Felder sind so vielfältig geworden, dass es niemanden unter Euch gibt, der die Übersicht behält und die Verbindungen zwischen den unterschiedlichen Gebieten herstellt. Was zu früheren Zeiten ein Universalgenie geleistet hat, vermag jetzt nur noch das Kollektiv. Euer Bestreben, Euch mit technischen Hilfen untereinander zu vernetzen und so Informationen untereinander frei auszutauschen, ist ein wichtiger Schritt für Eure seelische Entwicklung, denn Ihr nähert Euch, wenn auch über einen Umweg, wieder dem gemeinsamen Bewusstsein an. Ihr überwindet gerade Grenzen, die Euch Euer bisheriges Verständnis gesetzt hat und Euer Bewusstsein erweitert sich. Das Erkennen des Geistes hinter der Materie erlaubt Euch nun, auch Euer eigenes Sein neu zu definieren.

Bewusstsein ist ein sehr unklar definierter Begriff für Euch und das hat seinen Grund, denn Ihr habt es noch nicht wirklich erfassen können. Manche sagen, Bewusstsein ist Denken, Fühlen und Handeln. Andere sagen, Bewusstsein ist die Fähigkeit der geistigen Erfahrung. Doch wenn auch Beides richtig ist und das Letztere der Wahrheit schon sehr nahe kommt, ist Bewusstsein noch viel mehr.

Jedes Wirken hinter jeder Materie setzt Bewusstsein voraus. Ohne Bewusstsein gibt es keine Materie, denn diese wird durch Bewusstsein erzeugt! Was Ihr als „Urknall" zu verstehen sucht, ist nichts anderes als das „Erwachen des göttlichen Einen" auf der materiellen Ebene, denn Bewusstsein fließt in diese Ebene und lässt materielle Welten entstehen. Eure Astrophysiker haben längst entdeckt, dass es eine „geheimnisvolle" Energie im Universum gibt, die Wirkungen wie Materie (Masse) erzeugt, jedoch keine Masse besitzt. Bezeichnungen wie „dunkle Materie", „Antimaterie" oder „dunkle Energie" zeugen jedoch noch von ihrem derzeitigen Unverständnis. Klar ist ihnen nur, dass diese „geheimnisvolle Nichtmaterie" die Materie an Menge übersteigt.

Das, was „da draußen" ist, ist „Bewusstsein"! Auch ich bin „da draußen", auch ich bin Bewusstsein und genau das ist es, was wir beide gemeinsam haben. Auch Du bist „da draußen", auch Du bist Bewusstsein. Nur ein Teil von Dir hat den Weg in die Materie gewählt und dadurch den Kontakt begrenzt. Alles Bewusstsein ist in Verbindung miteinander – Bewusstsein ist „Spirit", ist die „lebendige Schöpferkraft".

Wenn Du dies für Dich fassen kannst, mein geliebtes Licht, dann ist es keine Frage mehr, ob es andere Lebensformen gibt, auf fernen Planeten oder in geistigen Welten, denn Du wirst einfach wissen, dass Leben im „All-gegenwärtig" ist. Das Wissen um das wahre Wesen allen Seins bedeutet für Dich, aus dem Schatten und den Illusionen der Zeit, der

Begrenzung und der Trennung herauszutreten. Es gibt dann keine „tote Materie", sondern komprimierte Energie. Es gibt keinen „Zufall" und kein „Schicksal", sondern Rhythmus und Wahl.

Mit dem inneren Wissen erlangst Du Freiheit. Doch diese Freiheit ist verbunden mit Verantwortung für Dich Selbst, für Dein Umfeld, für den Planeten und für das Universum. Du kannst Dich nicht mehr aus der Verantwortung ziehen, wenn Du „weißt"! Verantwortung bedeutet, sich der Antwort des Kosmos auf den eigenen Impuls bewusst zu sein.

Vielleicht spielt die Angst vor dieser Verantwortung eine wesentliche Rolle dabei, dass sich Eure „Wissenschaft" immer mehr in Einzelheiten verliert und sich dem wahren Wissen dabei verschließt, dem sie doch so nahe ist. Es ist eben nicht alles messbar, was vorhanden ist – oder ist zum Beispiel Liebesfähigkeit messbar oder Großherzigkeit und Nächstenliebe? Könnt Ihr die Freude messen, die ein Regenbogen hervorzubringen vermag? Vieles von dem, was wirklich von Bedeutung wäre, wird ausgeklammert und als unwissenschaftlich abgetan.

Wissen, das dem Ego schmeicheln soll, wird verkompliziert, bis es keiner mehr versteht und akademische Grade werden benutzt, um sich abzugrenzen und zu erheben. Wer den Kern seiner Wissenschaft, die Quintessenz seines Wissens, nicht auch einem Kind verständlich erklären kann, ist selbst noch lange nicht am Ziel. Wahres Wissen ist universell für jeden frei und unabhängig von Herkunft und Bildung im Herzen zu empfangen. Ein jedes reines Herz ist dazu in der Lage, die „universellen Wahrheiten" zu verstehen, denn sie sind der Seele seit Urzeiten vertraut. Der Schlüssel zum Verständnis ist wie immer die Bereitschaft zur Annahme, die Offenheit und die Liebe zum eigenen göttlichen Kern.

Ich segne Euch mit der „bedingungslosen Liebe der Quelle allen Seins". Ich bin Uriel.

Die Infoschwemme

Hier ist Uriel, das Licht Gottes.

Geliebte Wesen, heute werde ich das Gegenteil von dem tun, was Ihr erwartet, denn ich werde nichts Neues offenbaren. Ich weiß um das Bedürfnis nach Erklärung und Hilfe zur Orientierung, denn Eure Welt ist immer schwerer zu überblicken. Das hat verschiedene Ursachen, die nicht alle im beschleunigten Wandlungsprozess begründet sind. Neben den Veränderungen auf energetischer, materieller und geistiger Ebene führen die vielen, sich teils widersprechenden Informationen zu einiger Verwirrung. Es gehört zu Schwingungen einer höheren Ebene, dass sich das einst Verborgene zeigt. Wissen, das geschützt und verborgen gehalten wurde, das als geheim galt, wird nun für jeden erreichbar, denn es fallen Schranken und es werden Filter durchlässig.

Die Flut von Informationen trifft viele Menschen unvorbereitet, denn diese sind es gewohnt, jede neue Information in ein bestehendes Weltbild einzufügen. Was nicht passt, wird entweder passend gemacht oder aber ignoriert, diffamiert und bekämpft. Dies geschieht meist ohne bewusste Absicht, denn es ist der „normale Umgang" eines durchschnittlichen Egos aus Angst vor dem Fremden. So werden manchmal die ursprünglichen Informationen verdreht und verfremdet. Und dieser Prozess wird nun auch der Masse bewusst, wenn von „alternativen Fakten" gesprochen und unbequeme Wahrheiten als „fake-news" bezeichnet werden.

So nehmen Misstrauen, Unsicherheit, Zweifel und Zukunftsängste trotz aller Aufklärung weiter zu. Auch finden sich rückwärtsgewandte Kräfte, die sich bemühen, jeden wahren Fortschritt nach Kräften zu verhindern. Es werden bewusst Lügen gestreut, die mit ein paar Fünkchen Wahrheit garniert, den Zweck der Desinformation verstärken. So befindet Ihr Euch wahrlich in einem Dilemma, wenn Ihr nun versucht, die Wahrheit über die Welt, die laufenden Prozesse und die zukünftige Entwicklung zu ergründen, denn je vielfältiger die Quellen sind, derer Ihr Euch bedient, desto verwirrender können die Aussagen für Euch sein.

Es gibt in dieser Zeit nur eine wirklich sichere Quelle der Wahrheit für Dich und die findest Du in Dir selbst! Ob etwas „wahr" oder „unwahr" ist, entscheidet oftmals lediglich die Ebene der Wahrnehmung, also Derjenige, der wahr-nimmt. Ich habe schon oft darauf hingewiesen und werde nicht müde, es erneut zu betonen: In Deinem Herzen findest Du Antwort! Es gibt kein geistiges oder irdisches Wesen, das mehr Dein Vertrauen verdient, als Dein Selbst, Dein göttlicher Teil. So haben auch alle meine Schulungen, sowie die Seminare und Workshops, die in meinem Namen für Dich angeboten werden, das Ziel, Dich wieder in Deine ursprüngliche Weisheit und Kraft zu führen.

Deine Seele ist dabei, sich zu erheben und es ist an Dir als Mensch, dieser zu vertrauen und zu folgen. Dein wahres Wesen ist mit Deiner unsterblichen Seele identisch, nicht mit Deinem menschlichen Dasein! Fühle in Dein Herz, wenn Du diese Worte liest und Du erkennst darin die Wahrheit. Das Fühlen und Erkennen Deines Selbst führt Dich zum Verstehen, zum Vertrauen, zum Wissen und zur Liebe.

Wer sich sehr mit seinem Verstand, seinem Denken, seinem Status, seinem Image oder seinem Berufs-Stand identifiziert, verstrickt sich leicht in einer Illusion. Er verliert den Kontakt zu seinem Selbst und so zu seinem inneren Wissen. Da dabei der innere Halt fehlt und die duale Welt von Veränderungen geprägt ist, wachsen nun Unsicherheit und Verlust- und Existenzängste.

Wenn der Mensch jetzt noch eine Flut von widersprüchlichen Meldungen und falschen Versprechungen mit manipulativer Absicht ausgesetzt wird, verliert er sich und seinen Seelenplan aus dem Blick. Die innere Suche nach der eigenen Wahrheit wird nun ersetzt durch die Sucht nach „News", nach Erkenntnis von außen, um so Sicherheit und Klarheit zu finden. In früheren Zeiten wurden die Menschen in Unfreiheit gehalten, indem ihnen Wissen vorenthalten wurde. Doch jetzt besteht eine Tendenz, die Menschen mit zu viel und mit falschem Wissen zu verunsichern und zu manipulieren.

Liebes Licht, der langersehnte Aufstieg hat bereits begonnen und Du bist darin eingebunden. Du spielst dabei die entscheidende Rolle, denn Deine Seele trägt einen einzigartigen, göttlichen Funken in sich und dieser Funke wird gebraucht, damit die Vollständigkeit des „All-Einen" erreicht wird – Du bist wichtig! Fühle in Dein Herz, erkenne Deine Individualität und lebe mit Freude! Freude führt wie die Liebe zum Vertrauen und so zur Selbst-Sicherheit.

Inneres Wissen wird Dich durch die Flut von Informationen leiten, sodass Du selbst in Deinem Inneren spürst, wo die Wahrheit für Dich liegt. Lass nicht zu, dass Du belogen und manipuliert wirst, Du bist im Herzen gerüstet, zu erkennen und Du wirst von der Geistigen Welt unterstützt, wenn Du dem von Deiner Seele gewählten Weg folgst.

So schließe ich nun ohne neue Informationen für Dich, doch mit der Ermutigung, dem Ruf Deines Herzens zu folgen und Dein Leben in Liebe, Vertrauen und Zuversicht zu gestalten.

Ich segne Dich und die sich wandelnde Welt mit der „bedingungslosen Liebe der Quelle allen Seins". Ich bin Uriel.

Neue Technik

Hier ist Uriel, das Licht Gottes.
Ich werde heute über die vernetzte, digitale Welt und die Veränderungen, die sie für Euch bedeutet, sprechen. Die Entwicklung, die durch diese Netzwerke hervorgebracht wird, hat auch einen direkten Zusammenhang mit dem geistig-spirituellen Aufstieg der Menschen. Die offensichtlichen Veränderungen für Euer Leben werde ich hier nicht weiter erörtern, denn diese sind bekannt. Der Nutzen, der durch eine weltumspannende Kommunikation und durch freien Austausch von Informationen entsteht, ist Euch allen bewusst. Ihr begegnet Euch in „sozialen Netzwerken" und trefft Euch in virtuellen Räumen und dies entspricht einer großen, vom Kollektiv gestützten Vision.

Die Kommunikation über die digitalen Medien ist ein Schritt auf dem Weg, der Euch ermöglicht, sich mit den Tücken und den Freuden direkter Kommunikation vertraut zu machen. Denn es bedarf für Euch in der höheren Dimension keiner technischen Hilfen mehr, um sich zu erkennen und auszutauschen. Der große Plan sieht vor, dass die Menschen auf der Erde lernen, sich bald so untereinander verständigen zu können, wie es in den Geistigen Welten üblich ist.

So werdet Ihr Informationen mittels der gerichteten Gedanken übertragen und empfangen und Ihr werdet auch „spüren und sehen" können, was den Menschen ausmacht, der vor Euch steht. Der Blick hinter die Fassade wird dann für Euch jederzeit möglich sein. Diese neuen, erweiterten Fähigkeiten haben jedoch auch ihren Preis, denn sie erfordern Ehrlichkeit und Vertrauen!

Euch bieten gerade auch die „sozialen Netzwerke" bisher nie gekannte Möglichkeiten der Selbstdarstellung, des Austausches und der Bewusstseinserweiterung. Doch welchen Wert haben diese Informationen, kannst Du ihnen trauen? Ihr benutzt falsche Namen, gebt Euch andere Identitäten und erschafft Euch Scheinwelten. Und dies alles aus Angst, erkannt zu werden oder bedeutet es, dass Ihr lieber jemand anderes wäret?

Ihr verspottet Euch gegenseitig, beleidigt Euch und nutzt die wunderbare Möglichkeit des Austausches für Lüge und Betrug. Daher sind in Eurer jetzigen Entwicklungsphase die Privatsphäre und der geschützte Raum noch sehr wichtig und die neuen digitalen Techniken zeigen deren Verletzlichkeit. Da die Technik auch genutzt wird, um Geld zu verdienen und Macht und Einfluss zu erreichen, wird sie so leicht zu einem Mittel der Manipulation und damit auch zu einer Gefahr für Eure Freiheit.

Nun stelle Dir einmal vor, Du könntest plötzlich „Hellsehen" und Du siehst jedem Menschen ins Herz, erkennst seine Absichten, Träume, Wünsche und Ängste. Du schaust nicht mehr auf die Fassade, sein Äußeres, sondern auf seinen inneren Kern, sein wahres Selbst. Und dann, im nächsten Moment begreifst Du, dass es anderen Menschen ebenso geht. Plötzlich fallen die Masken und jede Lüge wird offenbar. Es gibt kein Verstecken mehr, Du bist offen, nackt und verletzlich.

Ein solch plötzlicher Wandel wäre für die meisten Menschen noch nicht zu ertragen, denn die innere Bereitschaft ist dafür noch nicht erreicht. Alle bestehenden Ängste würden sich dramatisch zuspitzen und wären nicht mehr zu kontrollieren. So bestünde die Wahrscheinlichkeit, dass es zu einer durch Massenhysterie ausgelösten, globalen Katastrophe führen würde, denn Euer Freier Wille darf Euch nicht genommen werden. Solange Ihr Euch noch nicht einmal Selbst vertraut und Euch selbst mit Liebe, Achtung und Verständnis begegnet, seid Ihr auch nicht für eine „wahrhaftige zwischenmenschliche Begegnung" mit anderen bereit.

Doch damit nicht genug, Ihr habt nun auch freien Zugang auf das innere Wissen und darüber hinaus auf das gespeicherte Wissen, das Gedächtnis der Welt! So wird Euch plötzlich jeder „geistige Besitz" entzogen und jedes damit verbundene Privileg. So verliert Ihr auch ein Stück Eurer Identität beziehungsweise das, was Ihr dafür haltet. Ist die Menschheit dafür schon bereit?

Viele von Euch, geliebte Wesen, warten voll Ungeduld auf den „großen Durchbruch" des Lichts und beten dafür, dass der Wandel nun endlich sichtbar werden möge. Ich sage Euch, alles ist im Fluss, der Wandel findet JETZT statt. Doch es bedarf der inneren Bereitschaft, damit er sich in Frieden und Harmonie vollziehen kann.

Immer, wenn ein großer Fortschritt der lichtvollen Entwicklung erzielt wird, werden auch die Schatten sichtbar. So zeigen sich nun, durch die für Euch neuen digitalen Möglichkeiten der Vernetzung, die noch immer begründete Angst vor Betrug, Täuschung und Missbrauch. Doch jeder Fortschritt führt so auch zwangsläufig zur Reflektion eines jeden Individuums und dies ist der Weg zur Selbsterkenntnis, zur Selbstwahrnehmung und schließlich zur Selbstannahme und zur Selbstliebe.

So begrüßt die neuen Möglichkeiten in Euch selbst, die alten Blockaden, Muster und Ängste aufzuspüren und zu lösen, damit der eigene Lebensweg und die Seelenplanung Gestalt annimmt. Nur wenn gleichzeitig die überholten Muster gelöst werden, können die erweiterten Möglichkeiten ohne Schaden genutzt werden. Es ist das Höhere Selbst eines Jeden, das verhindert, dass Ihr durch vorschnelle Öffnung der Kanäle Schaden nehmt. Es liegt an Euch selbst, wie schnell Ihr in den Zustand einer erweiterten Wahrnehmung gehen könnt. Begreift die technischen Entwicklungen als Aufforderung für inneres Wachstum.

Es kommt die Zeit, in der Eure „3D-Drucker" sich der Leistungsfähigkeit der „Replikatoren" anderer Welten annähern. Spätestens dann ist ein anderes Verständnis von Arbeit und deren Entlohnung, dem Konsum und der Verteilung der Ressourcen auf der Welt gefordert. Ihr werdet heraustreten aus dem Mangelbewusstsein und die innere Fülle im außen sichtbar werden lassen. Kein Mensch sollte sich dann mit seiner Arbeit oder seinem Besitz identifizieren, sondern seinen göttlichen Ursprung erkennen. Das alte Wertesystem der Welt hat seine Grundlage verloren.

Die nun kommende Generation trägt alles in sich, was die Menschen für ein Leben in der fünften Dimension brauchen. Eure Kinder werden mit den alten Vorstellungen nichts mehr anfangen können.

Liebes Licht, der Weg ist bereitet. Entscheide nun Du mit Mut, Vertrauen, Liebe und Entschlossenheit, Deinem individuellen Pfad zu folgen. Ich segne Dich mit der „bedingungslosen Liebe der Quelle allen Seins". Ich bin Uriel.

Herzenswünsche

Hier ist Uriel, das Licht Gottes.
Geliebtes Wesen, gehörst Du zu denjenigen, die alles bekommen, was sie sich wünschen? Werden Deine Herzenswünsche erfüllt, so wie Du es willst? Oder gehörst Du zu jenen, die ihre Wünsche mit Traumvorstellungen gleichsetzen und nicht an eine Realisierung glauben? Hast Du vielleicht sogar den Zugang zu Deinen Herzenswünschen verloren und überlässt es Deinem Ego, sich Erfüllung in der Materie zu wünschen?

Alle Wünsche besitzen eine Kraft, die sie zur Erfüllung führen möchte, doch dabei gibt es große Unterschiede. Ihr kennt und benutzt verschiedene Techniken, die diese Kraft verstärken können. Dazu gehören zum Beispiel das Visualisieren und das Bitten um geistige Unterstützung oder göttlichen Beistand im Gebet. Auch die „Bestellungen beim Universum" und das bewusste Trainieren der „Kraft des positiven Denkens" gehören dazu.

Jede dieser Techniken dient dazu, die eigene Schöpferkraft zu stärken, die Gedanken zu fokussieren und eigene Zweifel und Widerstände zu überwinden. Jeder Wunsch braucht eine bestimmte Menge an Energie, um sich zu erfüllen und je klarer sich ein Mensch über seine Wünsche ist, desto wahrscheinlicher wird er die Realisierung erleben.

Neben der Gedanken- und Vorstellungskraft spielen auch die Emotionen eine zentrale Rolle. Liebe, Freude und Hingabe wirken verstärkend, Ängste und Zweifel hingegen begrenzend. So haben „verzweifelte Wünsche" wenig Kraft, hoffnungsvolle Wünsche mit dem gleichen Inhalt hingegen deutlich mehr. Da die Emotionen zum erheblichen Teil nicht im Bereich Eurer bewussten Wahrnehmung liegen, trägt auch Euer Unterbewusstsein einen großen Anteil an der Erfüllung Eurer Wünsche bei. Ja, es ist sogar so, dass Ihr Euch etliches herbeiwünscht, ohne es bewusst zu tun.

Die Wünsche des Herzens unterscheiden sich von denen des Egos, denn die Wünsche des Herzens entsprechen dem Streben der Seele. Herzenswünsche beziehen sich nur selten auf materiellen Besitz, denn die Wünsche der Seele beziehen sich in erster Linie auf gewünschte Erfahrungen. Natürlich kann die Erfüllung auch mit dem Besitz von Einfluss, Macht oder Geld verbunden sein, doch ist dies dann quasi „Beiwerk". Und die Wünsche des Egos rücken meistens solches „Beiwerk" in den Vordergrund, doch dahinter steht der Wunsch nach Sicherheit. Die Motivation ist Angst und so bleiben diese Wünsche kraftlos.

Wenn Deine Wünsche unerfüllt bleiben, mein liebes Licht, dann ist es für Dich an der Zeit, Dich auf Dein Herz zu besinnen, denn dort ist der Sitz Deiner Seele und ihre Wünsche haben Kraft. Die Wünsche Deiner Seele entsprechen Deinem Lebensplan, den Du im Raum außerhalb der Zeit selbst bestimmt hast. Jeder Lebensplan ist mit dem göttlichen All-Einen abgestimmt. Somit hat jeder Wunsch, der der Erfüllung des eigenen Seelenplanes entspricht oder der zu seiner Verwirklichung beiträgt, immer die Unterstützung des Universums.

Wenn Du einmal erlebt hast, was es bedeutet, „im Fluss" zu sein, kennst du das Gefühl von innerer Sicherheit und die Gewissheit, dass alles gelingen wird. Und immer dann, wenn Du das erstrebst und das tust, was Deinem wahren Wesen, Deinem individuellen Sein entspricht, wird sich dieses Gefühl zeigen. Dann wirst Du Dir selbst sicher sein und alle Ängste lösen sich auf.

Es ist eine irrige Vorstellung von vielen, dass die Kenntnis der Lebensaufgabe Verpflichtung, Einschränkung und Verzicht auf Freude und Entfaltung bedeuten könnte, denn das Gegenteil ist der Fall. Auch ist es nicht richtig, dass der Lebensplan vor Euch verborgen ist, wie etwa die Erfahrungen aus anderen Inkarnationen oder Eurer geistigen Heimat, die der Schleier des Vergessens verhüllt, um unbelastete, neue Erfahrungen zu ermöglichen. Dein Lebensplan liegt in Deinem Herzen und Du bist mit ihm in Kontakt.

Es liegt an Dir, Deine Aufmerksamkeit wieder auf Deinen inneren Kern zu richten und Dir so Deines inneren Strebens und Deiner Herzenswünsche bewusst zu werden. Dies ist der Weg in ein wahrhaft selbstbestimmtes, angstfreies Leben. Die Kraft Deiner Seele ist Deine „Schöpferkraft", die sich Dir offenbart, sobald Du Dir Deinem inneren Streben und Deiner Herzenswünsche bewusst bist. Lasse Dich von Deinem Herzen und der Liebe leiten, um Dir das Leben zu kreieren, welches Du schon immer wirklich wolltest.

Gern stehe ich Dir auf diesem Weg zur Seite, mit meinem Segen und der „bedingungslosen Liebe der Quelle allen Seins". Ich bin Uriel.

Organspende und Organhandel

Hier ist Uriel, das Licht Gottes.
Geliebte Wesen, wieder komme ich zu Euch, um eine an mich gestellte Frage zu beantworten, die für alle von Bedeutung ist. Ich wurde nach einer moralisch-ethischen Verpflichtung zur Organspende gefragt, die von bestimmten Gruppen eingefordert wird.

Moral und Ethik sind von Menschen geschaffene Werte, die eine Richtlinie für das gemeinschaftliche Zusammenleben geben. Sie sind von der jeweiligen kulturellen, spirituellen, wirtschaftlichen, politischen und wissenschaftlichen Entwicklung abhängig und wandeln sich mit der Zeit. Moral und Ethik sind dann von besonderer Wichtigkeit, wenn die Menschen den Anschluss an die inneren, die ewig gültigen, göttlichen Gesetze verloren haben. Wer mit dem All-Einen verbunden ist, braucht keine von Menschen erdachten Regeln für sein Handeln, denn es geschieht aus Liebe und aus einem Selbst-Verständnis der Verbundenheit heraus.

Wirtschaftlich interessierte Kreise appellieren an die moralische Pflicht, nach dem Tod seinen Körper oder Teile davon anderen Menschen zu spenden. Sie argumentieren, dass durch die Organtransplantationen vielen Menschen das Leben gerettet werden oder die Lebensqualität verbessert werden könnte. Diesen Kreisen geht es dabei jedoch vorrangig um Geld, Macht und Einfluss, und um ihren Gewinn zu steigern, streben sie mehr Umsatz an. Da es Menschen aus moralischen Gründen und durch Gesetze verboten ist, ihre Organe zu verkaufen, sind sie auf „Spenden" angewiesen. Viele Menschen jedoch fühlen sich von dem Gebaren dieser Organindustrie abgestoßen und zögern mit der notwendigen Einwilligung. So soll nun nicht mehr eine Einwilligung erforderlich sein, sondern diese wird vorausgesetzt, wenn nicht ausdrücklich widersprochen wurde. Die Unterscheidung „Sterbender" und „Verstorbener" ist absolut wichtig in diesem Zusammenhang, denn es können nur lebende Organe verpflanzt werden, die einem noch lebenden Organismus entnommen wurden.

Dieses, meine geliebten Wesen, ist jedoch weder mit Euren Gesetzen noch mit dem göttlichen Gesetz des Freien Willens vereinbar. Eine ethische oder moralische Pflicht zur „Spende" lässt sich also nicht ableiten. Eine solche Entscheidung gar für einen sterbenden Angehörigen zu treffen, überfordert einen jeden fühlenden Menschen. Die Bezeichnung „Hirntod" ist willkürlich und wird von nachfolgenden Generationen als barbarisch bezeichnet werden. Das Leben erfordert kein Hirn und ist nicht von dessen Funktionen abhängig. Es gibt auf Eurem Planeten auch Lebewesen, die keines besitzen. Ein „hirntoter" Mensch lebt und stirbt auf dem Operationstisch bei der Organentnahme.

Die Seele des Menschen ist nicht an dieses Organ gebunden, ihr Sitz ist das Herz, von dort breitet sie sich in jede Zelle des Körpers aus. Es ist den Menschen noch nicht gelungen, das Leben wirklich zu verstehen. Weder die Existenz der Seele noch ihr Weg durch die Inkarnationen ist von Eurer „Wissenschaft" bisher (an)erkannt. Doch gerade in diese Zusammenhänge greift eine Transplantation ein, denn der sterbende Mensch befindet sich in einem Übergangsstadium. Die Seele sammelt gerade, bildlich gesprochen, alle Fragmente, alle Seelenanteile zusammen, um vollständig in die Geistige Welt zu wechseln. Wenn Organe entnommen werden und in einem anderen Körper weiterleben, bleibt die Seele unvollständig und der Inkarnationszyklus wird unterbrochen.

Dies ist ein massiver Eingriff in die seelische Entwicklung, der von einem Menschen nicht vollständig überblickt und verstanden werden kann. Die Forderung nach einer Entscheidung darüber, ob „Organe gespendet" werden, ist unethisch, da kein Mensch die Folgen dieser Entscheidung übersehen kann. Lediglich die Spende an eine vertraute, sehr nahestehende Seele mag in einzelnen Fällen für beide förderlich sein, da sie eine besondere Verbindung schafft.

Für den Empfänger eines Organs bedeutet es nicht Gesundheit, ein fremdes Organ zu erhalten, auch wenn dadurch vielleicht ein Weiterleben ermöglicht wird. Der Körper wehrt sich gegen das fremde Organ, da die fremde Energie nicht dem eigenen Bauplan entspricht. Nur durch lebenslange, künstliche Außerkraftsetzung der natürlichen Abwehr mit entsprechend schwerwiegenden Nebenwirkungen kann es im Körper verbleiben. Die fremden, an das Organ gebundenen Seelenteile, können zudem schwere psychische Krisen hervorrufen, denn sie beinhalten ein Bewusstsein. Profitieren tut nur eine Industrie, die nur auf materiellen Gewinn ausgerichtet ist. Mit einem Bruchteil der für den Handel mit Organen und deren Folgekosten eingesetzten finanziellen Mittel ließ sich andernorts millionenfach der Tod durch Hunger, Durst und Elend vermeiden.

Wenn Du, mein liebes Licht, vor der Entscheidung stehst, ein Organ zu spenden oder zu empfangen, lasse Dich nicht von jenen moralisch unter Druck setzen, denen selbst jede Moral abhandengekommen ist und die nun ein Geschäft daraus machen! Wisse, dass Du auf einen ruhigen, würdevollen Tod verzichtest und Deine Seele über dieses Leben hinaus eine Bürde in Form einer Verletzung tragen wird. Informiere Dich sorgfältig über das, was bei einem derartigen Eingriff geschieht, fühle hinein in Dein Herz und vertraue Deinem inneren Impuls. Entscheide für Dich in Selbstliebe.

Ich segne Dich mit der „bedingungslosen Liebe der Quelle allen Seins". Ich bin Uriel.

Sterben und Sterbehilfe

Hier ist Uriel, das Licht Gottes.
Geliebte Wesen, als ich das letzte Mal in dieser Form zu Euch sprach, war mein Thema die „Organspende" und die damit verbundenen Probleme. Eng verknüpft mit diesem Thema ist auch der gesamte Komplex, den Ihr mit „Sterbehilfe" bezeichnet. Auch hier gibt es viele Missverständnisse und Unsicherheiten und so werde ich heute dazu einige Erklärungen geben.

Das Sterben gehört zu Eurem Leben wie die Geburt und aus Sicht der Geistigen Welten haben beide viele Gemeinsamkeiten. Sowohl die Geburt als auch das Sterben bezeichnen einen Übergang der Seele von einem Seins-Zustand in einen anderen. Ob Geburtshilfe erlaubt und richtig wäre, stellt niemand in Frage, bei der Hilfe des Sterbens sieht es jedoch vollkommen anders aus. Das ist auch verständlich, denn das Gebot *„Du sollst nicht töten"* ist für Euch bindend. Nicht zu töten ist ein göttliches Gebot, es steht somit über weltlichem Recht und über den Anschauungen und Meinungen, die durch gesellschaftliche Gegebenheiten und die Kultur geformt sind.

Doch was bedeutet dieses Gebot, das in jeder Religion verankert ist und was beinhaltet es alles? Es heißt: *„Du sollst nicht töten"*, klar und einfach. Es heißt nicht: *„Du sollst nicht sterben lassen"*. Der Übergangsprozess des Sterbens ist ein sehr wichtiger Teil des Lebens und es hat für die Seele eine große Bedeutung, diesen in Frieden zu begehen.

Schon vor dem eigentlichen Sterbeprozess wechselt die Seele häufig die Ebenen, während der Mensch schläft. Manchen ist es vergönnt, dies auch im Wachzustand zu tun und so kann sich der Betreffende auf sein Weiterleben in der Geistigen Welt vorbereiten. Wenn dies alles in Ruhe und Frieden verläuft, gibt es für Euch nichts zu tun. Der Übergang geschieht zum richtigen Zeitpunkt.

Doch das Sterben sieht bei Euch teilweise anders aus. Der Körper ist durch Krankheiten geschwächt und die Medizin mit ihren technischen und biochemischen Möglichkeiten hält seine Funktion aufrecht. Auch kommt es vor, dass dem Körper und so auch der Seele die Möglichkeit des natürlichen Schlafes genommen und durch einen künstlichen, durch Medikamente hervorgerufenen komatösen Zustand ersetzt wird. Die Steuerung des Sterbeprozess durch die Seelenkräfte wird so außer Kraft gesetzt und wird nun von der medizinischen Versorgung bestimmt.

Jetzt fragen sich häufig manche Angehörigen, jedoch auch die Ärzte oder die Pflegekräfte, ob es nicht besser wäre, den Menschen sterben zu lassen. Darf nun zum Beispiel die künstliche Beatmung oder Ernährung einfach eingestellt werden? Ist das Betätigen des Knopfes ein Verstoß gegen das Gebot *„Du sollst nicht töten"* oder ist es ein Akt der Liebe, der die Rückkehr in einen naturgemäßen Zustand bedeutet und Leiden beendet? Ist das Beenden eines künstlichen Zustandes *töten*? Schon vor diese Frage gestellt, gerät der Mensch in Bedrängnis, denn das Recht, welches das menschliche Zusammenleben regelt, berücksichtigt nicht die unsterbliche Seele, sondern bezieht sich ausschließlich auf die materielle Existenz.

Noch schwieriger wird es für Euch, wenn es um die Frage geht, ob es zulässig ist, einen Menschen sterben zu lassen, wenn er es denn möchte. Wenn körperliche oder seelische Leiden das Leben bestimmen, sehen manche den Sinn im Leben verloren. Ihr versucht, solche Menschen vom Freitod abzuhalten, bietet Hilfe an, zeigt andere Sichtweisen und wenn möglich, Hoffnungen und Perspektiven auf. Ihr appelliert an den Verstand und manchmal auch an die Verantwortung für die Familie oder an das Gewissen, um den Menschen zur „Vernunft" zu bringen. Dies kann in vielen Fällen ein großer Dienst für die Seele sein, die nun eine neue Möglichkeit bekommt, auf den Weg zurückzufinden. Doch kann von „Vernunft" die Rede sein, wenn diesen Menschen nur noch ein Leben in Schmerz und Qual, in Abhängigkeit von Maschinen und ohne Aussicht auf Besserung erwartet? Ist das Erhalten des Lebens unter allen Umständen geboten und was ist eigentlich „Vernunft"?

Das eigentliche Problem, geliebte Wesen, liegt in dem begrenzten Verständnis, was Leben eigentlich wirklich ist – das Leben endet nicht mit dem Tod! Das Sterben beendet jedoch einen Abschnitt Eures Lebens und Ihr lasst dabei etliches zurück: Den materiellen Körper, der zur Last geworden ist, Euren ganzen materiellen Besitz und mit ihm den Anteil Eurer Person, den ich als Ego bezeichne. Das Ego ist sterblich, es hat Angst vor dem Tod und kämpft sein Leben lang dagegen an, denn dies ist seine Bestimmung. Das Ego ist der Ort der „Vernunft".

Das Streben der Seele dagegen ist spiritueller Natur, es ist emotional geprägt und es erscheint dem Ego oft irrational. Doch die Seele ist das wahre Selbst, sie ist es, was den Menschen wirklich ausmacht. Wenn die Seele den Körper verlässt, stirbt der Mensch, doch die von der Materie befreite Seele lebt.

Wenn der Körper nun durch technische Hilfen am Leben erhalten wird, bleibt die Seele gebunden. Das Binden einer Seele gegen den Freien Willen ist jedoch mit dem göttlichen Gesetz nicht zu vereinbaren. Weder durch Magie noch durch Technik darf dies geschehen. Mit „Vernunft" ist es keinesfalls zu rechtfertigen.

Bei der Frage nach dem richtigen Umgang mit dem Sterben findest Du die Antwort immer im Freien Willen der Seele des Betroffenen. Lasse Dich immer von der Liebe in Deinem Herzen führen, denn auf der Herzensebene seid Ihr alle verbunden. Wenn ein Mensch den Kontakt zu seinem inneren Kern verloren hat und nun den Sinn im Leben nicht mehr fühlen kann, hilf ihm, diesen wiederzufinden. Wenn ein Mensch zum Ende seiner Zeit nicht gehen möchte oder kann, ermögliche ihm seine Zeit in größtmöglicher Qualität zu verbringen und sprich mit ihm über seinen wahren Kern, seine Seele. Wenn ein Mensch durch Krankheit und Schmerz gepeinigt ist, lindert seine Leiden, soweit es in Eurer Macht steht. Achtet immer den Freien Willen und vermeidet Situationen, die diesen unterdrücken.

Wenn eine Seele gehen möchte, helft ihr auf dem Weg, indem Ihr störende Einflüsse auflöst. Störungen können sowohl im Inneren des Menschen als auch im äußeren Umfeld liegen. So sind es häufig die Angst des Egos vor dem Tod oder auch die Sorge um die Hinterbliebenen, die den Prozess behindern können. Auch gibt es Seelen, die nicht gehen können, bevor bestimmte Beziehungen geklärt sind oder eine Lektion für sie abgeschlossen ist.

Im Prozess des Sterbens ist eine ruhige Atmosphäre wünschenswert. Jede Seele hat das Bestreben, den Übergang im inneren Frieden zu beginnen. Geburt und Tod sind gleichermaßen natürliche Prozesse des Übergangs, die, wenn es keine Störungen gibt, immer zur rechten Zeit geschehen. Für jede Seele bedeutet jeder Übergang einen wichtigen Schritt, der Vervollkommnung näherzukommen! Dieses Wissen ist für Euch Trost in den Zeiten der Trauer – doch auf der anderen Seite der Schwelle wird gefeiert.

Wenn eine Seele den Körper verlässt, gebt ihr Zeit, sich mit allen Seelenanteilen zu sammeln und zurückzuziehen. Reinigt den Körper und gebt ihm Frieden.

Ich segne Euch mit der „bedingungslosen Liebe der Quelle allen Seins". Ich bin Uriel.

Kapitel 6 – Gesundheit und Heilung

Dein physischer Körper

Hier ist Uriel, das Licht Gottes.

Geliebte Wesen, Ihr seid im Ursprung geistige Wesen und reines Bewusstsein. Schon mehrfach habe ich zu Euch darüber gesprochen und diese Erkenntnis ist für viele von Euch bereits zu einem inneren Selbstverständnis gereift. Dies ist ein großer Fortschritt in Eurer Entwicklung, da es die Identifikation vom Ego zum Seelen-Selbst verlagert. Auch ist diese innere Selbsterkenntnis eine Voraussetzung für die Erschließung Eurer schlummernden Kräfte. Schöpfung und Heilung sind zum Beispiel Begriffe, die für einen jeden eine völlig neue Bedeutung bekommen, wenn die eigenen Möglichkeiten erkannt werden, denn Ihr bewegt Euch aus der Position, ein Teil der Schöpfung zu sein, in die Position des Schöpfers selbst.

Die Erinnerung des wahren Selbst ermächtigt Euch, bewusst zu kreieren, zu gestalten und die Schöpferkräfte zu gebrauchen. Was Euch nicht gegeben ist, ist das Erschaffen von Leben, denn dieses stammt direkt aus der „einen Quelle allen Seins". Eure Aufgabe liegt im Bewahren, Fördern von Wachstum, Ausgestalten und Feiern des Lebens. „Spirit", der Geist des Lebens hinter den Dingen, steht Euch zur Verfügung, wenn Ihr die universellen Gesetze achtend Euer Bewusstsein erhebt. Die Verfeinerung des eigenen Selbst und die Loslösung von der Fixierung auf die Materie ist ein wesentlicher Schritt, den ein jeder auf seinem Weg gehen wird.

Doch es ist wichtig, zwischen der Lösung von Fixierungen und der Vernachlässigung, der Abwertung oder gar der Missachtung zu unterscheiden. In jeder Materie drückt sich auch das göttliche, universelle Wirken aus und so ist sie wertvoll und ihr gebührt Achtung und Respekt. So ist Dein physischer Körper materieller Ausdruck (Deiner) göttlichen Schöpferkraft.

Deine Seele ist mit einer jeden Zelle verbunden und es ist Deine Seele, die jede Zelle atmen, leben und wachsen lässt. Du erschaffst Deinen Körper ständig neu, durchdringst ihn und Du drückst Dein Selbst durch ihn aus – doch Du bist nicht Dein Körper. Dein Körper funktioniert als ein Geflecht von Bewusstseinsfeldern, die vielfach miteinander vernetzt und rückgekoppelt sind. Jede Zelle, jeder Zellverband, jedes Organ bildet ein eigenes Bewusstseinsfeld, jedes Bewusstseinsfeld ist Teil eines größeren Verbandes und es speist sich aus Dir und Deinem göttlichen Licht!

Du bist das die Materie belebende Bewusstsein und Dein Bewusstsein schafft, formt und erhält Deinen Körper.

Das vorwiegend materialistische Denken in Eurer Medizin schafft immer neue Probleme und beseitigt nur wenige. Ein großes Umdenken und eine neue Zielrichtung sind hier dringend erforderlich. Wenn nicht *die Liebe zum Leben und den Menschen* die Motivation eines Arztes ist, wird er eher zum „Mechaniker" als zum Heiler. Wie gut er als Arzt dann arbeiten kann, hängt sehr von seinem Wissen und den Bedingungen seines Wirkens ab. Wenn so ein „Mechaniker" jedoch die Funktion und den Aufbau des Menschen nur von der materiellen Sicht her kennt und darüber hinaus in erster Linie wirtschaftlichen Zwängen unterworfen ist, kann er auch in bester Absicht nicht heilen. Eure Körper sind keine Maschinen, die mit Ersatzteilen wieder instandgesetzt werden können, wenn sie defekt sind.

Nur in wenigen Fällen ist es ein wirklicher Segen für den Menschen, ein Ersatzteil für den Körper zu bekommen, wie zum Beispiel beim Verlust von Gliedmaßen oder Zähnen. In den meisten Fällen wäre eine frühzeitige Änderung des Lebens und der Einstellung förderlicher. Jeder Körper hat die Anlage zur Heilung und zur Regeneration, es gibt keine „unheilbare Krankheit"!

Liebe, pflege und feiere Deinen materiellen Körper, denn er ist noch viel wunderbarer als Du bisher geahnt hast. Sei Dir dabei Deiner Schöpferrolle bewusst, denn niemand kann Dich besser heilen als Du selbst.

Jede Heilung geschieht von innen aus den Feldern des Bewusstseins heraus. Wenn Du leidest, weil Du dies zu einem früheren Zeitpunkt nicht als den richtigen oder notwendigen Weg gehalten hast, kannst Du es nun wieder verändern. Identifizierst Du Dich mit Schmerz oder Leid, dann frage Dich, wer Du wirklich bist.

Wenn Du Dich selbst als geistiges Wesen empfindest, bekommst Du den Abstand, der Dir eine Veränderung erlauben kann. *Du* bist nicht der Körper, er ist *Deine* wunderbare Schöpfung und *Du* als Schöpfer hast das Recht und die Möglichkeit, mit *Deinem* Bewusstsein die Veränderungen geschehen zu lassen, die für *Dich* die richtigen sind.

Liebe ist der Schlüssel zur Macht, denn Liebe ist frei von Urteilen und Bedingungen. Nur wenn Du Dich selbst liebst und Deine Schöpfung, Deinen Körper annimmst und akzeptierst, wie er ist, verbindest Du Dich mit den Bewusstseinsmustern, die ihn bestehen lassen. Diese Verbindung zu Dir selbst ist die Voraussetzung der Veränderung durch Deine Schöpferkraft. Ohne diese „liebevolle Verbindung" ist jede Veränderung wie ein Eingriff von außen ohne Substanz. Wenn Du zum Beispiel ohne Liebe hungerst, um abzunehmen, wird sich Dein Körper bei jeder Gelegenheit das zurückholen, was er verloren hat, denn in den Bewusstseinsfeldern hat sich nichts geändert.

So heile Dich selbst mit der Liebe, die in Dir lebt. Schaffe Dir den Körper, der Deine Liebe nach außen strahlen lässt.

Ich segne Dich und Dein Wirken mit der „bedingungslosen Liebe der Quelle allen Seins". Ich bin Uriel.

Wenn der Körper streikt

Hier ist Uriel, das Licht Gottes.

Geliebtes Wesen, Dein Körper ist ein wunderbares Instrument, ein Werkzeug und gleichermaßen Ausdruck und Heimstatt Deiner Seele. Du hast diese körperliche Erscheinungsform gewählt, um für Deine

Seele die besten Voraussetzungen zu erschaffen und um einzigartige Erfahrungen zu machen. Die Seele sucht und erschafft sich den Körper, der ihrem Sein und den Plänen des Lebens entspricht. Das bedeutet nicht unbedingt, dass eine hohe, weit entwickelte Seele in einen makellosen Körper und eine mit schwerem Karma belastete Seele mit entsprechenden körperlichen Handicaps inkarniert. Häufig ist sogar das Gegenteil der Fall.

Grenzen der Leistungsfähigkeit, der Beweglichkeit und der körperlichen Gesundheit sind in den meisten Fällen von der Seele gewollt und sie bieten eine besondere Möglichkeit zum Seelenheil. Die schwierigsten und langwierigen Lektionen, die eine Seele zu bewältigen hat, lassen sich oftmals verkürzen oder vereinfachen, wenn die Seele bewusst eine Einschränkung zulässt. Beispielsweise verfeinern sich auch die Sinne, wenn einer von ihnen beeinträchtigt ist. So haben Menschen, die den Weg der Blindheit gewählt haben, oft nicht nur ein besonders ausgeprägtes Gehör, sondern auch das Fingerspitzengefühl und die „übersinnlichen" Wahrnehmungen sind gestärkt. Die fehlende visuelle Wahrnehmung wird zudem durch ausgeprägte Gedächtnisleistungen ausgeglichen, die eine andere Form der Orientierung im Raum erlauben.

Eine Seele mit diesen Erfahrungen lernt neben Konzentration, Struktur und Ordnung vor allem, wie wertvoll Selbstständigkeit und der Freie Wille sind. Bei anderen Begrenzungen ist es nicht so offensichtlich wie bei der Erblindung, doch immer verbirgt sich eine Aufgabe und eine Chance für den Einzelnen darin. Ein körperliches Handicap ist keine Strafe, sondern eine besondere Aufgabe, die in der Regel selbst gewählt worden ist. So verdient ein Mensch mit Behinderung weder Mitleid noch Verachtung, sondern Respekt und Anerkennung!

Wenn Du das eben Gesagte verstehen und annehmen kannst, wirst Du nun vielleicht auch jede „normale" Erkrankung etwas anders empfinden können. Denn auch bei den im Laufe des Lebens eintretenden Ereignissen ist immer die Seele von entscheidender Bedeutung. Der Weg Deiner Seele durch die Inkarnationen in der materiellen Welt ist – neben einem großen Abenteuer und Lernprozess – ein Heilungsweg.

Die durch die Trennung und Aufspaltung verletzte Seele sucht und erfährt durch Bewusstwerdung und Integration Heilung. Liebevolle Annahme und innerer Frieden sind der Schlüssel, um zur Einheit zurückzukehren.

Dein Körper reagiert auf die für den Verstand meist unbewussten Signale der Seele, um sie dem Tagesbewusstsein zugänglich zu machen. Manchmal fordert Dich Dein Körper so zum Innehalten auf, zur Ruhe und Dich vom Alltag zu distanzieren. Auftretende Krankheitssymptome sind immer mit seelischen Heilungsvorgängen verbunden, nicht nur bei den anerkannten, psychosomatischen Erkrankungen. Dein Körper verdient Beachtung, denn Du bist mit ihm zu einer Einheit verschmolzen und seine Botschaften können Dir den Kontakt zu Deinem Seelen-Selbst eröffnen. Doch achte darauf, dass Du nicht Beachten und Identifizieren verwechselst, denn Du bist nicht Dein Körper. Das Gesagte wirst Du nachvollziehen können, solange es sich um kleinere Probleme handelt. Doch was, wenn Dir nun Dein Körper sagt, bis hier her und nicht weiter?

Schwere oder schwerste Erkrankungen stellen immer wichtige Wegmarken auf dem Lebensweg dar. Die Seele lässt den Körper die Notbremse ziehen, um sich nicht weiter vom eigentlichen Ziel zu entfernen. Es geht nicht um die Frage, ob jemand „ein guter Mensch" ist, sondern in wieweit der Mensch mit seiner Seele und ihren Erfordernissen in Harmonie lebt. Inwieweit dieses der Fall ist, entscheidet nicht der Kopf, der Verstand, das Ego oder gar die Gesellschaft, sondern nur das Herz des Betroffenen.

Die Seele entscheidet mit ihrem Freien Willen, ob Heilung stattfindet – so ist keine Krankheit unheilbar und kein Arzt ist in der Lage, ohne ihr Einverständnis auch nur eine Krankheit zu heilen, sondern lediglich die Symptome auf eine andere Ebene zu verlagern. Deine Seele und Du selbst bestimmst über Dein Leben ebenso wie über Deinen Körper. Für Deinen Verstand, Dein Ego, ist es schwer zu akzeptieren, denn er hat nicht die Kontrolle, wohl aber die Verantwortung. Diese Selbst-Verantwortung beinhaltet die Antwort auf das Selbst, setzt also die Kenntnis und Umsetzung der Forderungen des Seelen-Selbst voraus.

Heilung, mein geliebtes Wesen, findet dann statt, wenn Du Dich selbst erkennst, Dich selbst ausdrückst und Deinen Verstand benutzt, um Deinem Herzen zu folgen.

Die persönlichen Ursachen und Umstände, die zur Erkrankung führen, sind individuell sehr verschieden und bedürfen der (Er-)Klärung, damit Dein Verstand die Möglichkeit zur Umkehr erhält. Zur Heilung jedoch bedarf es des Vertrauens in die eigene Kraft und die „Liebe der Quelle allen Seins", in die Kompetenz des Heilers oder Arztes und in die Weisheit der eigenen Seele, die den Weg zur Selbstheilung kennt.
Gern stehe ich Dir auf Deinem Weg mit Rat und Hilfe zur Seite. Ich segne Dich mit der „bedingungslosen Liebe der Quelle allen Seins". Ich bin Uriel.

Krebs

Hier ist Uriel, das Licht Gottes.
Ich wurde gebeten, über eine Erkrankung zu berichten, die zurzeit die größte Herausforderung für die Medizin darstellt. Eine systemische Erkrankung, die in vielfältiger Form auftritt und von Euch im Allgemeinen als „Krebs" bezeichnet wird. Eure Medizin hat es trotz aller Erkenntnisse noch nicht geschafft, diese Krankheit wirklich zu verstehen, zu heilen oder zu verhüten. Im Gegenteil, immer mehr Menschen erkranken daran und viele wählen den Weg, um über eine dieser Formen die Inkarnation zu beenden. Sowohl Patienten als auch Ärzte kämpfen mit dem Krebs, der als Feind besiegt werden soll. Was steckt dahinter?

Ich bezeichnete Krebs als systemische Krankheit und meine damit jedwede Form, unabhängig von der Region oder der Art der auffälligen Zellverbände. Eure Ärzte legen ihren Fokus auf Veränderungen im

Körper und so werden oft die wichtigsten Zusammenhänge nicht gesehen, obwohl das notwendige Wissen grundsätzlich vorhanden ist. Es gibt keine Krankheit, die *isoliert* vom ganzen Wesen her betrachtet werden sollte, denn um wahrlich zu heilen, sind nicht nur der Körper, die Psyche, das Ego mit seinen Mustern, die emotionale Innenwelt, sondern auch die Seele mit allen inkarnierten und nicht inkarnierten Teilen einzubeziehen.

Je mehr Ihr Euch auf Eure Spezialisten verlasst, desto weiter entfernt Ihr Euch vom wahren Verstehen. Im Kampf mit dem Krebs werden Körper verstümmelt, vergiftet und verstrahlt und viele Menschen sterben an den Folgen dieser Behandlung, ohne je über ihre Krankheit selbst wirklich nachgedacht oder nach einer versteckten Botschaft darin gesucht zu haben.

Was ist Krankheit eigentlich – ist sie das Gegenteil von Gesundheit oder gehört sie dazu oder ist sie ein Teil davon? Ist es Gesundheit, wenn der Körper gut funktioniert, die Seele jedoch leidet, weil das Leben fremdbestimmt, öde und sinnentleert ist? Oder ist es Gesundheit, wenn der physische Körper den Dienst verweigert, um einen Wandel im Leben zu bewirken und Zeit und Raum für die Beschäftigung mit dem eigenen Selbst schafft? Jede Erkrankung des Körpers hat ihre Ursache in der Seele, denn sie erinnert Dich so an Dein wahres Selbst. Mit was identifizierst Du Dich, was macht Dich, Deine Individualität aus? Du bist *nicht* Dein Körper, doch er ist *Deine* eigene Kreation und ein Ausdruck *Deiner* Seele.

Was hat es wohl für eine Bedeutung, wenn Wucherungen von Zellen zunehmen, die sich nicht mehr an die gemeinsamen Regeln und Pläne halten und Zellverbände, die rücksichtslos Gesundes verdrängen, Ressourcen plündern und so den eigenen Untergang fördern? Erinnert es Dich an den Umgang der Menschen mit Eurem Planeten? Oder erinnert es Dich an die kleine, raffgierige „Elite" Eurer Gesellschaft? Du wirst dieses Muster wiederfinden, im Kleinen auf der Ebene der Zellen wie auch im Großen zwischen Staaten oder Finanz- und Firmenimperien. Erkennst Du die Krankheit?

Doch zurück zu Deinem Körper, der ein Wunderwerk an vielfach rückgekoppelten und harmonisch miteinanderverbundenen Systemen ist. Alles steht miteinander in Verbindung und ist elektrisch über die Nerven, chemisch über Hormone und Botenstoffe und energetisch über Meridiane und Nadis in ständiger Kommunikation miteinander. Jede Zelle verfügt über den kompletten Bauplan des Körpers und hat ein eigenes Zellbewusstsein. Benachbarte Zellen der gleichen Art bilden ein gemeinsames Bewusstseinsfeld und mit weiteren Zellverbänden zusammen ein Organbewusstsein. Einige Organe bilden mit weiteren eine Funktionseinheit mit eigenem Bewusstsein, wie zum Beispiel das Verdauungssystem. Aus dem Gesamtbild aller Organe schließlich ergibt sich das Körperbewusstsein. So steht eine jede Zelle mit jeder anderen auch über die Bewusstseinsfelder in Verbindung.

Bewusstsein ist Geist, ist Spirit und Bewusstsein ist es, was das Leben ausmacht!

Wenn nun eine Zelle sich aus dem Verbund löst und ein vom Gruppenbewusstsein getrenntes Eigenleben führt, wird sie ausgeschlossen und von der körpereigenen Abwehr eliminiert. Dies geschieht laufend in Deinem Körper und gehört zu seiner gesunden Funktion. Wenn diese Selbstheilung beziehungsweise Selbstregulation nachhaltig gestört ist, kann es zu wucherndem Wachstum kommen, zur Krebserkrankung. Diese nachhaltige Störung besteht jedoch ebenfalls aus einer mangelnden Verbindung zum ganzen System. Das wichtigste Merkmal von Gesundheit ist Kontakt und wenn Kontakt verlorengeht, beginnt Entfremdung und aus Entfremdung entsteht erst Abgrenzung und später Ablehnung und Abwehr. Du wirst dieses Prinzip überall finden, im Organismus, im Ökosystem und in der menschlichen Gesellschaft.

Der Verlust von Kontakt ist für Euch und Euer Leben in der dualen Welt die größte aller Herausforderungen, denn Ihr alle habt den Kontakt zum All-Eins-Sein verloren. Und so spiegelt sich in den Dramen, die Ihr durch Kontaktverlust erlebt, der ursprüngliche Sinn Eurer Inkarnation: Finde zurück in den Kontakt zum Leben, zu Dir selbst, zur Liebe, zu Gott, zur Einheit!

Wenn Du von der Krankheit betroffen bist, die Ihr Krebs nennt, werden Dich keine Operation, kein Giftcocktail und keine zerstörenden Strahlen wirklich heilen können, denn Heilung findet auf der Ebene Deiner Seele statt. Doch wenn diese Art der Therapie das Überleben, den Fortbestand des materiellen Körpers bewirkt, erreichst Du damit eine Chance für einen Neuanfang. Wenn Du die Signale des Körpers für Dich richtig deutest und wenn Du bereit bist, Dein Leben neu, nach den Impulsen und Wünschen des Herzens zu gestalten, bist Du es selbst, der eine Heilung bewirken kann. Danke Deinem Körper dafür, dass er Dir zeigt, dass Du von Deinem eigenen Weg abgewichen bist, nimm bewusst Kontakt zu Deinem Körper und zu Deiner Seele im Herzen auf und bitte, die Heilung geschehen zu lassen.

Dein Körperbewusstsein ist nur ein Teil Deines gesamten Bewusstseinsfeldes, denn Dein wahres Sein geht weit über diese Grenzen hinaus. Auch die Felder der mentalen, emotionalen und spirituellen, feinstofflichen Körper Deiner Aura sind nur ein Teil Deines Seins. Du bist nicht „zufällig" auf dieser Welt, sondern Du bist auf der Welt, um Dich selbst zu erfahren. Nur wenn Du Deinem Herzen folgst, bist Du auf dem für Dich richtigen Weg, denn nur über Dein Herzzentrum bist Du in der Lage, Kontakt mit Deinem wahren Selbst, Deiner Seele zu halten.

Wenn sich Deine Seele direkt zu äußern vermag, bedarf es keiner Umwege mehr über körperliche Symptome. Du wirst beginnen, ein Leben zu führen, in dem es keinen „krankmachenden Stress" gibt und belastende Stoffe werden von einem Organismus, der in Harmonie ist, erheblich besser toleriert und leichter ausgeschieden. So steht Dir der Weg in die Gesundheit zu jeder Zeit offen – es ist der Weg zu Dir selbst, in Selbstliebe, Selbstannahme und in Selbstverantwortung.

Wenn Du Dich nicht Deiner eigenen Verantwortung für die Heilung stellst, kann auch der beste Arzt lediglich Deine „Krankheit" auf eine andere Ebene verschieben und ihr so andere Symptome verleihen. Nur Du selbst kannst Dich heilen, der Arzt kann Dir nur dabei helfen. Für ein Leben in Gesundheit und innerer Harmonie bedarf es nicht viel: Offenheit im Herzen, Ehrlichkeit Dir selbst gegenüber und die Bereitschaft, mit Dir selbst, Deinem Leben und Deiner Umwelt in echtem Kontakt zu sein.

Mein Segen und die heilende, bedingungslose Liebe der Quelle begleiten Dich. Ich bin Uriel.

Gesundheit und Heilung

Hier ist Uriel, das Licht Gottes.

Geliebte Wesen, ja, ich habe Euren dringenden Wunsch empfangen, mehr über die Felder des Bewusstseins zu erfahren und so werde ich weitere Details enthüllen, die mit dem energetischen System des Körpers und so mit der Gesundheit und Heilung von Körper und Geist verbunden sind. Das Verständnis über die untrennbare Einheit von Körper, Seele und Geist bei der Behandlung von Krankheiten hat sich bei Euch in den letzten Jahren durchgesetzt und es ist die Voraussetzung, um überhaupt zu erahnen, was Gesundheit im Kern beinhaltet. Doch es ist noch immer so, dass wenn Ihr von Gesundheit sprecht, im Allgemeinen nur der physische Körper gemeint ist und wenn Ihr von Krankheit sprecht, oft nur die Symptome oder Reaktionen des Organismus meint. Die dem zu Grunde liegende Ursache ist für Euch oft Nebensache.

Um zu verstehen, dass es sich aus meiner Sicht eher gegenteilig verhält, möchte ich Dir noch einmal ins Gedächtnis rufen, wer Du in Wahrheit bist. Du bist ein geistiges Wesen und eine unsterbliche, multidimensionale Seele, die sich Kraft ihres Geistes und Bewusstseins einen materiellen Körper schafft. Die hohe Dichte des materiellen Körpers bewirkt eine Einschränkung der Seelenkräfte und Senkung der Frequenzen des Bewusstseins.

Wenn Harmonie zwischen Bewusstsein (Seele), Absicht, Ausrichtung und Psyche (Geist) sowie der materiellen Grundlage (Körper) besteht, spreche ich von Gesundheit, auch wenn zum Beispiel der Körper gerade einmal Fieber entwickelt und Dich zur Ruhe bringt, um die

Harmonie aufrechtzuerhalten. Vielleicht will ja gerade Dein Bewusstsein eine neue Ausrichtung kreieren, die für Deinen Weg bedeutungsvoll ist und eine Konzentration der Seelenkräfte erfordert. Noch ist alles im Gleichgewicht, Du bist nicht „krank", Du erlebst es vielleicht als eine „Krise", aus der Du später gestärkt und gereift hervorgehst.

Wirklich krank wirst Du zum Beispiel erst, wenn Du Deinen Wachstumsimpuls unterdrückst, Tabletten schluckst, um das Fieber wegzudrücken, Dich zur Arbeit schleppst und dann die Dinge tust, die andere von Dir erwarten. Denn nun beginnst Du (Dein wahres Selbst) zu leiden, nicht nur auf der körperlichen Ebene, sondern auch mit Psyche und Seele. Es entsteht Disharmonie im energetischen System, es kommt zu Blockaden und Stauungen und in der Folge zu schweren Störungen.

Auf der Ebene der Bewusstseinsfelder ist eine derartige Blockade ein abgekapseltes System, das sich aus dem Verbund löst. Wenn nun nicht zu einem späteren Zeitpunkt die Verbindung wiederhergestellt wird, wird dieser Teil entweder degenerieren und wird letztlich die Funktion einstellen oder er wird ein Eigenleben entwickeln, wuchern und auf die Umgebung übergreifen. Ein solches Bewusstseinsfeld ist wie ein Fremdkörper im System und belastet und schädigt den gesamten Organismus.

Wahre Gesundheit ist ein lebendiger Austausch von Körper, Seele und Geist. Es gibt keine Gleichförmigkeit, sondern ein jeder Teil des Systems Mensch durchlebt Phasen, in denen eine Reaktion erforderlich ist, um die Harmonie des Ganzen zu erhalten – sei es jetzt ein körperliches Symptom oder auch eine Zeit der Trauer oder Unruhe. Der wichtigste Baustein für Gesundheit ist der Kontakt, die Kommunikation aller Zellen miteinander, die lebendige Verbindung und der Austausch zwischen Körper und Seele durch einen freien Geist. Das Leben selbst, die göttliche Liebe und die Lebensenergie können nur fließen, wenn ein offener Kontakt besteht.

Der lebendige Austausch bedingt beständiges Wachstum und Erneuerung. Heilung ist ein Prozess, der in einem jeden Individuum aus sich selbst heraus geschieht, wenn die Voraussetzung erfüllt ist. Denn

Heilung geschieht von innen und wird nicht von außen gegeben. Ein guter Heiler ist sich dessen bewusst, er wird helfen, die Störungen aufzulösen, die Energien wieder ins fließen zu bringen und die Selbstheilungskräfte zu stärken. Niemand kann eine Krankheit wegnehmen, sondern bestenfalls die Ursache beseitigen und Heilung ist dann die natürliche Folge.

Wer krank ist, ist aus seinem Gleichgewicht geraten, doch oft scheint die Schwere einer Krankheit nicht zu dem Ausmaß dieser „Gleichgewichtsstörung" zu passen. So erscheint es Euch, dass manchmal auch herzliche, lebensfrohe Menschen plötzlich von lebensbedrohenden Krankheiten heimgesucht werden. Die tiefliegenden Disharmonien werden jedoch sichtbar, wenn der ursprünglich gewählte Lebensplan mit dem später eingeschlagenen Weg verglichen wird. Häufig wurden einfach Teile der Persönlichkeit unterdrückt und abgespalten, sei es auf Druck durch die Gesellschaft oder durch einen Mangel an Selbstannahme – die Folgen sind gleich.

Selbst-Erkenntnis, Selbst-Annahme und Selbst-Liebe sind der Weg der Heilung. Und der freie Fluss der Lebensenergie, der „bedingungslosen Liebe" führt zu innerem Frieden und zur Gesundheit. Manchmal sind große persönliche Veränderungen von Nöten oder manchmal genügt eine kleine Veränderung in den Gedankenmustern. Auch gibt es Fälle, in denen wirkliche Einschnitte (Chirurgie) notwendig sind, um eine Trennung von alten Mustern zu erreichen. In solchen Fällen werden die Voraussetzungen für einen Neubeginn von außen geschaffen und die Heilung geschieht dann, wenn gleichzeitig die innere Kommunikation wiederhergestellt wird, was meist mit einem Umdenken und einer Neuausrichtung einhergeht.

Dem Herzen und der inneren Wahrheit zu folgen, ist der wichtigste Schritt. Das Ergründen des eigenen Ursprungs und des eigenen Seins führt Dich auf den für Dich richtigen Weg. Nur Du selbst kannst ergründen, wer Du wirklich bist – mach Dich frei von den Meinungen und Vorstellungen anderer und traue Dich, Du selbst zu sein.

Ich segne Dich mit der „bedingungslosen Liebe der Urquelle allen Seins". Ich bin Uriel.

Heilung und Verjüngung der Körper

Hier ist Uriel, das Licht Gottes.

Geliebte Wesen, es gibt unter Euch viele Unklarheiten und Zweifel über den Prozess der körperlichen Neugestaltung und so werde ich jetzt den Teil davon offenbaren, der für Euer Bewusstsein jetzt fassbar ist. Ihr befindet Euch bereits in der Phase der Umstrukturierung und Frequenzerhöhung der Körper. Dieser Umbau betrifft alle Schichten und Dichten Eurer Körper. Es ist eine langsam fortschreitende Veränderung, welche die Grundlagen Eures körperlichen Seins betrifft. Hauptsächlich sind Eure Lichtkörper betroffen, denn sie werden Euer neues Kleid bilden und in ihnen zeigt sich Euer neues Sein. Ihr werdet jedoch auch noch einige Zeit den festen, materiellen Körper tragen, der sich jedoch Eurem spirituellen Körper anpassen wird. So wird sich also auch Dein physischer Körper verändern.

Dein Körper hat viel erlitten, Krankheiten, Unfälle, Alterung, Vergiftung, Vernachlässigung, Überforderung und nicht zu vergessen, die somatische Verlagerung von emotionalem Stress auf die körperliche Ebene. Und so hat Dein Leben Spuren hinterlassen, die geheilt werden wollen. Und damit die Heilung geschehen kann, ist eine Verlagerung der körperlichen Erfahrungen auf eine feinstoffliche Ebene erforderlich.

Ich rede hier bewusst von Erfahrung, denn genau darum geht es. Du wirst verstehen lernen, dass zum Beispiel der Unfall, der zu körperlichen Einschränkungen geführt hat, Dir besondere Erfahrungen ermöglichte, die auf höheren Ebenen so nicht möglich wären. Diese Lernerfahrung, das Wissen und die Erkenntnisse daraus lassen sich auf höhere Ebenen übertragen, transformieren und auf der Seelenebene behalten. Nach dieser Übertragung ist eine körperliche Einschränkung nicht mehr förderlich oder hilfreich und kann beendet werden.

Eure Körper haben eine natürliche Fähigkeit zur Regeneration und Selbstheilung, die weit über das Euch bekannte Maß hinausgeht. Die Beschränkung dieser Fähigkeiten wird mit der „Freischaltung" von ruhender DNS aufgehoben. Du wirst in die Lage versetzt werden, alle körperlichen Belastungen zu überwinden und dies schließt auch die Alterung und den damit verbundenen Verfall des Körpers ein. Wichtig hierfür ist, zu begreifen, dass Du nichts auslöschen kannst, sondern es geht immer darum, die Erfahrung zu assimilieren und anzupassen. Denn die Erfahrungen sind Deine Ernte und Dein erworbener Schatz.

Es sind die Erfahrungen, die Du angestrebt hast, als Du inkarniertest. Du darfst jede Narbe Deines Körpers als Schmuck betrachten und jeder körperliche Schmerz ist eine Erfahrung, die andere Seelen, die nicht inkarnieren, so nie machen können. Wenn Du einen Weg gewählt hast, der Dich mit Krankheit und Leid in Kontakt gebracht hat, hast Du damit die letzte Chance genutzt, diese Erfahrung zu machen, denn mit dem Aufstieg endet die Möglichkeit für derartige Erfahrungen.

Mit der zunehmenden Frequenzerhöhung wird Heilung stattfinden. Früher oder später werden alle diese Heilung erfahren, denn es liegt an Dir selbst, wann es geschieht. Wenn Deine Chakren eine bestimmte Schwingung halten, findet die Übertragung der körperlichen Erfahrung auf die feinstoffliche Ebene statt und Heilung beginnt. Wie dann die Heilung abläuft, ist sehr unterschiedlich, es gibt „Spontanheilungen" genauso wie „Heilungskrisen", die alte chronische Muster noch einmal aufblühen lassen, um sie loslassen zu können. Für Dich ist es wichtig, eine positive Haltung für Deine Erfahrungen zu entwickeln, denn Ablehnung, Wut, Ärger, Verzweiflung und Angst binden sie durch ihre niedrige Schwingung.

Die Verjüngung der Körper ist ein Vorgang, der sich durch die Erhöhung der Grundschwingung einstellt. Es erfolgt eine natürliche Regeneration der Zellen, die in einen vitalen, gesunden Zustand führt. Ihr verliert nicht an Jahren und gemachter Erfahrung, werdet jedoch jünger oder vielleicht „zeitlos" aussehen. Der Euch jetzt als „normal" bekannte degenerative Verfall wird nicht mehr stattfinden. Eure Körper werden das Mehrfache an Lebenszeit überdauern und Ihr werdet Krankheiten und Gebrechen des Alters nicht mehr in der bekannten Form erleben. Du wirst leichter und lichter werden und Licht wird einen Großteil Deiner Nahrung ersetzen.

Hört sich das alles für Dich wie ein Märchen an, mein liebes Licht? Kannst Du dies als Deine Zukunft annehmen oder läuft Dein Verstand heiß, um Dir klarzumachen, dass dies alles nicht funktionieren kann und dass es nicht wahr ist? Prüfe meine Worte mit Deinem Herzen, denn die Wahrheit ist in Dir, alle Fähigkeiten, alle Möglichkeiten sind schon jetzt in Dir vorhanden und Du bist dabei, sie zu entdecken.

Wenn Du fragst, was es zu tun gibt, um dies alles zu verwirklichen, so sage ich Dir, dass es das Gleiche ist, was ich Dir schon oft gesagt habe:

- Trenne Dich von dem unnützen Ballast, transformiere Deine Ängste, Deine Zweifel, Deinen Neid, Deinen Hass und führe sie zurück in die Liebe.
- Wende Dich dem Licht und der Liebe zu, lebe in und aus Deinem Herzen und stelle Dich mehr und mehr auf die höheren Schwingungen ein.
- Liebe Dich selbst und urteile nicht – dann erst liebe Deinen Nächsten wie Dich Selbst.
- Bleibe Dir selbst und Deiner inneren Überzeugung treu.
- Vertraue Deiner inneren Stimme und suche den Kontakt zu Deinen Schutz- und Führungsengeln.
- Suche den Kontakt zu anderen Lichtarbeitern, meditiert gemeinsam und helft so, das Licht auf der Erde zu verankern.

Eine wunder-volle neue Welt beginnt sich zu manifestieren, die Energien haben sich verändert und das Licht dringt vor in die dunkelsten Winkel. Gaia badet in Liebe und Eure Sonne spendet hochfrequente Energien, die von vielen geistigen Helfern gefiltert und gelenkt werden. Erwarte jetzt die Wunder Deines Lebens.

Ich segne Gaia und Euch mit der „bedingungslosen Liebe der Quelle allen Seins". Ich bin Uriel.

Heilung

Hier ist Uriel, das Licht Gottes.

Geliebte Wesen, es gibt keinen anderen Wunsch, mit dem Ihr Euch so häufig an uns wendet, wie dem nach Gesundheit und der Bitte um Heilung. Viele von Euch erinnern sich an uns erst dann, wenn die Last des Lebens in der materiellen Dichte so schwer und die Verzweiflung so groß geworden ist, dass nur ein „Wunder" helfen kann. In einigen Fällen ist es uns erlaubt, auch in „aussichtslos" erscheinenden Situationen eine Wende herbeizuführen, doch Heilung ist für uns etwas anderes. Wenn wir von Heilung sprechen, sprechen wir über die Seele in ihrer Vollständigkeit, über die heile, die geheiligte Seele, die nur in Teilen inkarnieren konnte und nun auf dem Weg zurück in den göttlichen Urzustand ist.

Was Du, mein geliebtes Licht, als körperliche oder psychische Erkrankung erlebst, ist für uns ein Ausdruck der Seele. Eure Seele offenbart sich auch durch Euren Körper und nicht jede Unregelmäßigkeit und nicht jedes Symptom bedarf einer Behandlung, doch jede Seele braucht Heilung. Die Seele erschafft Euren Körper unablässig neu und so erlebt Ihr eine ständige Veränderung und Erneuerung. Manches, was Ihr als Symptom erlebt, ist der körperliche Ausdruck einer sich vervollständigenden Seele und so aus der Sicht der Geistigen Welt ein sehr erfreuliches Geschehen.

Es mag für Dich schwer zu begreifen sein, doch auch körperlicher Schmerz und Verfall sind oft Ausdruck von Wachstum und Heilung. Um es zu verstehen, ist es wichtig, zu wissen, dass Du ein multidimensionales Wesen bist. Du bist weit mehr als Du mit Deinen fünf Sinnen wahrnehmen kannst, denn Deine Sinne sind auf die Dimension gerichtet, in der Du Dich gerade bewegst – denn dafür hast Du sie Dir geschaffen.

Auch Dein Verstand wird Dein wahres Selbst nicht erfassen können, denn Dein Verstand ist begrenzt auf das, was er sich vorstellen kann und nur langsam wird es für Euch möglich, eine Vorstellung von ineinander verwobenen weiteren Dimensionen und Welten zu entwickeln.

Euer Vorstellungsvermögen erweitert sich durch jeden neu integrierten Seelenanteil und das Vorstellungsvermögen wächst mit der Heilung Eurer Seele.

Heilung findet jetzt für jede inkarnierte Seele permanent statt. Jede Seele ist nun in einem Prozess der ständigen Vervollständigung und somit in einem Heilungsprozess. Und es ist das Bewusstsein, welches die Ebene des Erlebens bestimmt, auf der sich dieser Prozess zeigt. Wenn Du ein körperliches Leiden hast, ist dies immer Ausdruck eines ganzheitlichen Geschehens. So kann es zum Beispiel sein, dass Dein Körper Deine Psyche entlastet und ihr über ein Symptom genau den Druck nimmt, der Dein Bewusstsein auf der psychischen Ebene zu stark belasten und zu Kurzschlusshandlungen führen würde. Eine nur auf den Körper bezogene Therapie wird in diesem Fall zu einer Symptomverschiebung führen, die ein Symptom durch ein anderes ersetzt, denn Deine Seele weiß sich zu schützen.

Wirkliche Heilung beendet das gesamte Geschehen durch Lösung der seelischen Ursachen, die immer in Trennung, Abspaltung und mangelnder Integrität begründet sind – Heilung bedeutet, wieder in den Zustand der Einheit zurückzukehren. Wir stehen Dir auf diesem Weg zur Seite und verbinden Dich mit Deinem Seelen-Selbst. Deine Krankheit, Dein Leiden oder die belastenden körperliche Symptome kommen nicht von außen und sieh sie daher nicht als etwas Fremdes oder von Dir Getrenntes an. Deine Seele erschafft Deinen Körper und will sich Dir auch auf diese Art offenbaren. Alles was ist, darf auch sein, doch es darf und kann sich auch alles ändern. Nichts ist unveränderlich! Es gibt immer Hoffnung und Heilung geschieht im JETZT!

Jede Seele heilt sich selbst und bekommt dafür die Unterstützung und Hilfe, die sie anzunehmen in der Lage ist. Wir heilen mit göttlichem Licht, der universellen Energie und mit „bedingungsloser Liebe". Du kannst nur das verändern, mit dem Du auch in wirklichem Kontakt bist. Du musst annehmen und akzeptieren, was zu Dir gehört, dann kannst Du es nach Deinem Willen umgestalten. Dies gilt genauso für

Deinen Körper wie für Deine Emotionen und Dein Denken – wenn Du Dich selbst erkannt und in Liebe angenommen hast, wirst Du zum Schöpfer Deines Selbst.

Wer in diesem Zustand um Hilfe ersucht, wird sie erhalten. Oft beginnt die spürbare Heilung direkt nach der Erkenntnis und Annahme und nicht selten ist das genau der Moment, wenn Du Dich an den für Dich richtigen Heiler oder Arzt wendest. So haben zum Beispiel viele Menschen keine Zahnschmerzen mehr, wenn sie auf dem Behandlungsstuhl sitzen, ohne dass schon eine Behandlung begonnen wurde. Schmerz verliert seine Funktion und Bedeutung, wenn Dein erster Schritt gegangen ist und das Bewusstsein die Weichen in eine andere Realität gestellt hat.

Du kannst die Geistige Welt um Hilfe bitten und es wird Dir jede Hilfe zuteil, wenn Du zur Annahme und zur Veränderung auf allen Ebenen Deines Seins bereit bist. Deine Seele ist heilig und in diesen Zustand der heilen Einheit kehre nun mit Deinem Bewusstsein zurück. Gern begleite ich Dich auf diesem Weg.

Ich segne Dich mit der „bedingungslosen Liebe der Quelle allen Seins". Ich bin Uriel.

Hier folgt nun eine Sammlung von Durchgaben aus Uriels »Workshop Heilung«:

Was bedeutet Heilung aus der Sicht der Engel?

Heilung bedeutet die Heiligung der Seele oder auch die Wiederherstellung des ursprünglichen Zustandes, der heilen (heiligen) Seele. Heilung bezieht sich immer zuerst auf den Seelenzustand, denn die Seele ist es, die sich den Körper erschafft und den Geist (Verstand, Intellekt, Denkmuster und Vorstellungen) hervorbringt. Geist ist hier nicht mit dem Spirit, dem göttlichen, belebenden Element zu verwechseln. Der ursprüngliche heilige Seelenzustand umfasst die Integration und Annahme aller Seelenanteile und das Bewusstsein der universellen Verbundenheit, das All-Eins-Sein.

Das bedeutet: Wir befinden uns alle ausnahmslos auf dem seelischen Heilungsweg und wir bedürfen alle der Heilung.

Körper und Seele

Die Seele bringt den Körper hervor und ein körperliches Symptom ist somit ein Merkmal und ein Ausdruck der Seele. Symptome zeigen Defizite oder Störungen an, machen sie sicht- und spürbar und sind damit bereits ein erster Schritt der Integration, Wandlung und Heilung. Heilung ist ein laufender Prozess, der sich wandelt und verändert. Du kannst jederzeit Heilung finden, doch wird Deine Heilung damit nicht beendet oder abgeschlossen sein.

Was Dir die Seele sagt

Die Seele spricht zu Dir über Dein Herz. Doch die Sprache des Herzens ist oft sehr leise. Auch kann Deine Seele verschlüsselt in Bildern oder Symbolen sprechen. Doch sei sicher, dass Deine Seele zu Dir spricht! So kann auch Krankheit, ein körperliches Handikap oder eine (Freudsche) Fehlleistung ein wichtiges Signal sein. Deine Seele will nur Eines: Heil werden! Und dazu ist ihr jedes Mittel recht.

Wer oder was heilt die Seele?

Jede Seele heilt sich selbst! Es gibt für jede Seele einen Plan, der weit über die Inkarnation hinausreicht. Jede Seele geht einen individuellen Weg, der sie am Ende zurück in die Einheit, in die Ganzheit und die Heiligkeit führt. Heilung geschieht in jedem Augenblick, auch wenn es sich aus der Sicht des Menschen oft völlig anders darstellt. Kaum ein Mensch kann eine schwere, zum Tode führende Krankheit als Heilung verstehen, doch aus höherer Sicht ist selbst der Tod ein Akt der Heilung für die Seele.

Brauchen wir überhaupt noch Heiler?

Heiler sind wichtig und hochgeachtet, denn auch wenn eine Erkrankung, egal ob körperlich oder psychisch, für die Seele einen heilsamen Sinn ergibt, dürft Ihr Euch natürlich trotzdem vom Leiden lösen. Der

Heiler hilft dem Patienten, die Sprache seiner Seele zu verstehen. Durch Vertrauen und Zuwendung schaffen beide gemeinsam die Grundlage, um Heilung geschehen zu lassen. Wichtig ist für Euch, ein Verständnis zu entwickeln, dass Heilung immer auf allen Ebenen des Seins stattfindet. Eine Therapie kann daher, um erfolgreich zu sein, auch auf jeder Ebene ansetzen. Es ist eine Frage der Verbindung und Durchlässigkeit der Systeme, ob die Behandlung die Seele erreicht und so zum dauerhaften Erfolg führt. Ihr könnt Heilung beschleunigen und verstärken, wenn Ihr Euer Bewusstsein auf energetische Ebenen richtet. Je feinstofflicher die Ebene und je höher die Schwingung ist, desto wirkungsvoller ist jede Hilfe der Engel.

Bewusstseinsfelder und Energetik sind die Verbindungen der Systeme. Therapien, die hier ansetzen, beeinflussen immer verschiedene Systeme gleichzeitig und wirken so tiefgehend bis auf die Seelenebene. Der Heiler wirkt als Mittler der Ebenen, hebt ein körperliches Geschehen auf eine höhere, emotionale oder mentale geistige Ebene und dort kann auch die Geistige Welt helfend aktiv werden. Engel heilen mit reiner Liebe und mit hochschwingender Lichtenergie. Das durch die Engel bereitgestellte Licht fließt bedingungslos, das heißt, ohne Absicht oder Ziel. Das menschliche Bewusstsein von Heiler und Patient wirkt wie ein Katalysator und wie ein Trichter, der das Licht bündelt. Und die Konzentration der Lichtenergie bewirken sowohl der Behandler als auch der Patient.

Die Bereitschaft des Patienten auf der Seelenebene lässt Heilung geschehen. Der Patient fördert diese bereits durch den Gang zum Heiler und die Absicht, sich heilen zu lassen. Die Bereitschaft zu innerer Veränderung und das Vertrauen in den Heiler wirken dabei weiter verstärkend. Dieses Bündeln der Heilkräfte begründet zum Beispiel auch das, was Ihr den Placeboeffekt nennt und macht diesen Zusammenhang deutlich.

Heilung oder Linderung geschieht erst auf geistiger Ebene und sie findet im Anschluss den Ausdruck im Körperlichen. Wenn die Seelenaspekte, die sich durch die Erkrankung ausdrücken, integriert oder bewusst werden, erfahren sie eine entscheidende Veränderung, es findet tiefgreifende Heilung statt und alle Symptome lösen sich auf. Dieses Geschehen drückt sich auch durch Spontanheilungen aus. Ist dies nicht der Fall, kann nur eine Linderung und eventuelle Verschiebung der Symptome auf eine andere Ebene stattfinden.

Welchen Einfluss hat der Heiler beziehungsweise der Arzt?
Die Persönlichkeit des Heilers hat eine große Bedeutung, denn jeder Heiler wirkt durch sein Bewusstsein. Hierzu gehören das Wissen, die Erfahrung, die Absicht, die Zuwendung, die Intuition, die Offenheit, das Selbst-Vertrauen und die Selbst-Sicherheit. Die Methode spielt bei echter Heilung eher eine untergeordnete Rolle. Einen wesentlich größeren Einfluss haben dagegen die eigene Anbindung zum eigenen Selbst, das Selbst-Vertrauen sowie die Verbindung zur Geistigen Welt und zum Patienten.

Wenn Ihr jedoch Eure moderne, westliche Medizin betrachtet, werdet Ihr sofort die Mängel erkennen. Denn die westliche Medizin ist vom Spezialistentum und der Zergliederung in verschiedene Bereiche geprägt. Die teilweise guten Leistungen werden durch mangelndes Verständnis der übergreifenden Zusammenhänge, falsche Zielsetzung der Behandlung und ein obendrein irrwitziges System der Bewertung und Vergütung beeinträchtigt. Die Nebenwirkungen der meist giftigen, lebensfeindlichen Medikamente weisen auf Symptomverschiebung hin und es findet durch sie nur selten echte Heilung statt.

Was ist Energetik?
Die „energetischen Systeme" verbinden nicht nur die einzelnen Organe des Körpers, sondern verbinden auch den Körper mit den Gefühlen und dem Denken. Die Energetik des Menschen ist somit ein Schlüssel zu einer ganzheitlichen Behandlung. So wurden schon vor Hunderten von Jahren energetische Zusammenhänge und daraus sich ergebende Heilverfahren und Richtlinien zur Ernährung und Lebensweise entdeckt, die sich bis heute gehalten haben. Aus Sicht der chinesischen Medizin ist jede Erkrankung eine Energieflussstörung. So wird jeder Schmerz und jede Dysfunktion als der Ruf des Körpers nach freiflutender Ener-

gie erkannt. Die Lebensenergie, das Chi, Qi oder auch die Orgonenergie ist allgegenwärtig und fließt in eigenen Bahnen, den Meridianen, durch den Körper. Wird zum Beispiel der freie Fluss durch Verletzungen, Verspannungen oder auch durch Ängste behindert, kommt es zu einer Energieflussstörung, die sich auf den gesamten Organismus auswirken kann. Eine Behandlung durch einen traditionellen chinesischen Heiler zielt auf die Wiederherstellung des Energieflusses ab.

Die chinesische Medizin ist mit dem Wissen und der Wertschätzung um die Endlichkeit des Lebens entstanden. In der ihr zugrundeliegenden Philosophie gibt es ein Leben nach dem Tod, doch die Reinkarnation und die Multidimensionalität der Seele sind unbekannt. Daher wird das Leben sehr geachtet und es gilt als erstrebenswert, möglichst gut zu funktionieren und uralt zu werden. Die Sinnfrage gerät dabei in den Hintergrund. Auch Seelenplan und Karma werden nicht berücksichtigt. Das Vergütungs- und Wertesystem im alten China stützte die Philosophie und Heilweise. So wurden früher die Ärzte von den Menschen solange bezahlt, wie sie gesund waren. Wenn ein Mensch erkrankte, stellte er die Zahlungen an den Arzt ein und begab sich in Behandlung.

Nun bringe ich noch einige Auszüge von persönlichen Channelings, die Uriels Sicht auf das Heilungsgeschehen deutlich machen:

Auszug 1:
Auch gesundheitliche Einschränkungen gehören zum Heilungsprozess dazu, denn wahre Heilung findet auf der Seelenebene statt. Jede Seele, die inkarniert ist, befindet sich auf einem permanenten Heilungsweg, denn es ist ihr Ziel, die Vollständigkeit zurückzuerlangen. Mit der körperlichen Erscheinung drückt sich die Seele aus und so zeigt sie durch jedes Symptom, dass ein Heilungsprozess stattfindet, denn jedes Symptom, egal ob klein oder schwerwiegend, trägt zum *Bewusstwerden* bei. So kann ein Heiler nicht nur durch die körperlichen Symptome erkennen, wie es der Seele geht, sondern er kann auch die Bereitschaft der Seele zu einer Neuausrichtung erkennen. So darfst Du Deine nun

überwundenen Infekte als erfolgreiche Seelenheilung betrachten. Alte blockierende Muster wurden so gelöst und es braucht einige Zeit, die entstehenden „Schlacken" aus dem Körper zu spülen, wozu es auch Ruhe und Entspannung braucht.

Auszug 2:

Dir sind die Gesetze von Ursache und Wirkung bekannt und es ist Dir gelungen, einen großen Teil des angesammelten, alten Karmas aufzulösen. Es ist sehr schwierig, Karma aufzulösen, ohne gleichzeitig neues Karma zu schaffen oder eine andere Seele zu belasten. Körperlicher Schmerz und körperliche Einschränkungen sind eine Möglichkeit, gleichzeitig mit dem Ausgleich von Karma weitere neue Erfahrungen zu machen, die wiederum anderen Seelen die Möglichkeit gibt, durch tätige Hilfe und Mitgefühl dem Licht näherzukommen. Kein Wesen ist von den anderen getrennt – alles ist verbunden und wirkt wie ein großer Organismus. Du erfüllst mit Deinem So-Sein wie *Du* bist, was eine wichtige Aufgabe ist!

Der Weg, den Du vor der Inkarnation gewählt hast, sollte frei von jeder Belastung sein, die neuerliche Bindung an Materie oder Menschen geschaffen hätte. Dir hat kein anderer Mensch etwas angetan, denn dies hätte wieder eine neue Serie von Karma bedeutet, sondern es kam eine Kollektivseele aus dem Tierreich zu Hilfe, die für die Erfüllung des Planes sorgte. Das Nichterkennen der Krankheit durch die Ärzte stellt keine Belastung dar und es gibt in diesem Zusammenhang keine Schuld. Du wirst Deinen Zyklus von Inkarnationen in dieser Dimension abschließen und Deine Lektion bestand unter anderem darin, vom Hochmut zur Demut zu gelangen. Diese Lektion hast Du gelernt.

Du bist von Deinen Schutz- und Führungsengeln geschützt und sicher geführt. Deine Gebete wurden immer gehört und Deine geistigen Helfer hätten Dich so gern von dem Leiden erlöst, wenn es schon mit dem Seelenplan vereinbar gewesen wäre, doch der Weg, den Du selbst gewählt hast, erlaubte es bisher nicht.

Auszug 3:

Heilung bezieht sich immer zuerst auf die Seele, denn eine Heilung ohne ihre Beteiligung gibt es nicht. Jede andere „Heilung" ist nur eine Verschiebung von Symptomen auf eine andere Ebene der Erscheinung. Es ist auch Deine Seele, die sich für eine ständige Erinnerung an Deine wahre Aufgabe entschieden hat. Daher sind Deine Ohrgeräusche nur auf der Seelenebene zu verstehen und zu heilen. Ich habe Dich schon in früheren Begegnungen auf das Thema Geduld und Annahme hingewiesen, denn dies ist der Weg Deiner Seele zur Vollständigkeit. Du bist fürwahr schon sehr lange in der dichten Ebene inkarniert und ein ums andere Mal bist Du hinabgetaucht, um Erfahrungen in allen Bereichen und Formen der menschlichen Existenz zu sammeln. So hast Du oft in Deinen Leben Teile hinter Dir gelassen, weil sie hinderlich, verboten, gefährlich, unmoralisch oder auf eine andere Art unangepasst und auffällig waren. Nur so war es Dir möglich, auch absolut neue, Deiner Seele unbekannte Erfahrungen zu machen.

Nun jedoch, mein geliebtes Wesen, bist Du auf der Heimreise. Nun geht es nicht mehr darum, Dich an Verhältnisse und Lebensbedingungen anzupassen, sondern es geht darum, Dich selbst zu finden und Deine Seelenanteile wieder zu integrieren. Dies, mein geliebtes Licht, ist Seelenheilung. Selbst-Zweifel und Ab-Wertungen einzelner Aspekte Deines Selbst sind ein hemmender Einfluss bei diesem Prozess. Liebevolle Selbst-Annahme und bedingungslose Selbst-Liebe fördern die Heilung. Ist es Dir möglich, die selbst-erzeugten Töne als liebevolle Hilfe Deiner Seele zu erkennen? Ich weiß, wie schwer es ist, dies zu begreifen, doch Deine Seele hat beschlossen, Dich auf diese Weise zu rufen. So ist es zur Zeit weder mir noch anderen erlaubt, diesen Seelenruf zu unterbinden. Es sind nur Deine Seele und Dein Höheres Selbst, die zu jedem Zeitpunkt eine Änderung herbeiführen können.

Seelenheilung

Hier ist Uriel, das Licht Gottes.

Geliebte Wesen, schon mehrfach sprach ich über Eure verletzten Seelen, über die Aufspaltung und über die nun begonnenen Veränderungen. Die höheren Frequenzen der Lichtenergie haben zu neuen Bedingungen geführt, sodass Ihr nun mit mehr Seelenanteilen Euren Körper bewohnen könnt als noch vor wenigen Jahren. Eure Seelen ziehen immer weitere Seelenanteile an und vervollständigen sich dadurch ständig, auch ohne Euer bewusstes Zutun. Die Integration weiterer Seelenanteile prägt die „Zeit des Aufstiegs" in höhere Bewusstseinsebenen. Da Euer Körper von Eurer Seele aufgebaut wird, verändert auch er sich beständig und unterliegt einem Prozess, der nicht immer nur angenehm ist.

Besondere Probleme bereiten Euch dabei häufig jene angezogenen Seelenteile, die noch nicht im Bewusstsein integriert sind, jedoch Euer energetisches System bereits beeinflussen. Das dadurch entstandene energetische Ungleichgewicht kann sich sowohl in psychischen wie in physischen Erkrankungen zeigen. Und diese sind nicht mit den allgemeinen Lichtkörpersymptomen gleichzusetzen, die lediglich durch die erforderliche Anpassung an die höheren Schwingungen entstehen. Lichtkörpersymptome kommen und gehen, wechseln häufig Form und Erscheinung und sind im Allgemeinen meist nur lästig und störend.

Bei den weiter oben beschriebenen Prozessen hingegen handelt es sich immer um ein sehr individuelles Geschehen, daher kann hierfür eine Hilfe aus der Geistigen Welt auch nur persönlich angepasst gewährt werden. In einigen Fällen reicht es für Euch, die Vorgänge zu verstehen, die *eigene* Seele neu zu erfahren und so zu einem erhöhten Bewusstsein zu gelangen. Erst wenn ein neues inneres Gleichgewicht gefunden wird, gestaltet sich der Körper neu und die Krankheitssymptome lösen sich auf.

Wahre Heilung, wieder „heilig" werden, findet jedoch auf der Seelenebene statt und sie begann schon vor dem Auftreten der ersten Symptome, die für Euch so auch ein Zeichen für den laufenden Heilungsprozess sind. Zur Heilung der Seele gehört das (wieder) Bewusstwerden *aller* Seelenteile, der männlichen und auch der weiblichen, denn im Ursprung seid Ihr nicht Mann oder Frau, sondern ein geistiges Wesen mit vielleicht überwiegend männlichen oder weiblichen Anteilen – doch beides gehört zu Euch. So können für einige auch Zustände der Verwirrung oder Orientierungslosigkeit auftreten, denn jene werden das Gefühl haben, dass mit ihnen etwas nicht stimmt. Die ihnen zugeschriebenen Geschlechterrollen passen nicht, sie haben das Gefühl, nicht in diese Welt zu gehören oder gar im falschen Körper zu stecken.

Wenn auch Du, mein geliebtes Licht, zu diesen Menschen gehörst, so sei Dir versichert, Du bist so richtig wie Du bist! Deine Seele vereint sich gerade mit ehemals abgespaltenen oder verdunkelten Seelenanteilen und Du bist auf dem Heilungsweg zur Vollständigkeit! Etliche haben dabei den Drang, ihren Körper zu verändern, sie finden sich zu dick, zu dünn, zu groß oder zu klein, entweder ist der Busen zu klein, das Gesäß zu dick, die Nase zu kurz oder die Haare haben die falsche Farbe. Ihr findet immer etwas, was nicht stimmt. Menschen, denen es nicht so geht, meinen, *„Ihr seid eitel und jagt nur einem falschen Schönheitsideal nach"*, doch auch das ist nur die halbe Wahrheit. Ihr spürt, dass Ihr eigentlich anders seid, denn der Körper entspricht einfach nicht mehr dem inneren Bild von Euch selbst.

Auch Dir möchte ich sagen, Du bist genau richtig, so wie Du bist! Du bist in einem Veränderungsprozess und Du wächst auf der Seelenebene über Dich hinaus – doch erlaube Dir, dies mit dem Bewusstsein zu erfahren. Wenn Du Deinen Körper vorzeitig künstlich durch operative Eingriffe veränderst, nimmst Du Deiner Seele und damit Dir selbst die beste Gelegenheit zur Reifung, zum Wachstum und zur Selbstfindung.

In der Phase der „Bewusstwerdung des eigenen Wesens" können auch Mutlosigkeit, Antriebslosigkeit, Trauer und Verstimmungen bis hin zur Depression auftreten. Häufig sind dies nur Phasen, die relativ schnell wieder vorübergehen, denn sie erzwingen eine Zeit der Ruhe, des Rückzugs und der inneren Einkehr. So kann dann die anstehende Integration geschehen und das innere Gleichgewicht wird wieder hergestellt. Wenn jedoch depressive Phasen anhalten und zum Dauerzustand werden, ist Deine Seele mit der anstehenden Integration überfordert.

Du wirst die Depression erst verlassen können, wenn Dein Bewusstsein die Themen erkannt und angenommen hat. Dazu brauchst Du eventuell Hilfe von außen, denn es ist Dein Ego und Dein Verstand, der sich verweigert. Das Ego sucht immer irgendwo nach einem Schuldigen, wenn es nicht so läuft, wie es möchte. Innen führt dies zu Schuldgefühlen und im Außen führt es zu Abgrenzung, Aggression oder Rückzug. Doch Schuld gibt es auf der Seelenebene nicht und so kann keine Integration stattfinden. Erst das Verstehen und Begreifen der individuellen Lektionen und die Identifikation mit dem „inneren Licht im Herzen" führt zur Selbst-Annahme und so in die Einheit.

Es ist die Aufgabe der vielen Lichtarbeiter und geistigen Heiler, den Menschen auf diesem Weg der Integration zu helfen. Sie führen Euch zum Licht, helfen die Verbindung mit der Seele zu finden, übernehmen Aufgaben der Vermittlung, stellen sich als Kanal zur Verfügung und dienen so der Menschheit und dem Licht – ob Heilung jedoch stattfindet, ist immer eine Entscheidung der Seele und des Freien Willens des Einzelnen.

Die Tore der Geistigen Welt sind offen und mit der hohen Lichtschwingung strömen Euch Eure Seelenteile entgegen. Du kannst Dir die Anbindung erleichtern, wenn Du Dich mit Deiner Ursprungsenergie verbindest (siehe Kapitel »Werkzeuge«) oder bewusst die Kommunikation mit der Geistigen Welt suchst.

Das Wichtigste, geliebtes Licht, ist jedoch immer die Verbindung zum eigenen Herzen, zur inneren Wahrheit und zur Liebe!

Mit der „Integrität der Seelen" erhebt sich die Schwingung des ganzen Planeten auf ein Niveau, das einen globalen, umfassenden Aufstieg in die fünfte Bewusstseinsebene erlaubt. Mein Segen und die „bedingungslose Liebe der Quelle allen Seins" begleiten Dich. Ich bin Uriel.

Liebe heilt

Hier ist Uriel, das Licht Gottes.

Geliebte Lichter dieser Welt, alles entwickelt sich so, wie es dem Wunsch des Kollektivs entspricht. Ihr beobachtet verstärkt ungewöhnliche Wetterphänomene und diese werden weitergehen. Auch längere Kälteperioden in Europa hängen mit der schwindenden Schicht der Eiskappe am nördlichen Pol zusammen. So mag es für Euch paradox klingen, doch die Kälte bei Euch ist eine Folge der Erwärmung. Die veränderten Luftströme dienen der Reinigung des Planeten. Die Extreme werden weitergehen, doch Eure Region wird auch weiter zu den gemäßigten zählen. Der Golfstrom fließt weiter in seinen bekannten Verläufen und ist nicht der Auslöser der jetzigen Veränderungen.

Euer System von Geld, Banken, Macht und Manipulation geht seinem Ende entgegen. Die Wahrheit kommt ans Licht und so werden sich die Nutznießer dieses korrupten Systems nicht weiter halten können. Die ganze Tragweite der Verbrechen gegen die Menschheit wird viele zutiefst erschüttern, so dass es viel Zeit, Liebe und Herzensarbeit brauchen wird, die Menschen wieder ins Vertrauen zu führen und Hoffnung zu geben. Doch genau das ist es, was die Welt braucht: Liebe, Vertrauen, Hoffnung, Zuversicht und kreative Schöpferkraft.

Taten werden überzeugen, nicht Worte, und so bitte ich Euch, meine geliebten Leuchttürme des Lichtes, werdet jetzt zu dem Vorbild, das Ihr im Herzen immer sein wolltet und lebt die „bedingungslose Liebe". Lange habt Ihr warten müssen, doch jetzt ist der Zeitpunkt für Euch gekommen, aktiv Euer Leben und die Zukunft aller zu gestalten. Es wird keinen lauten öffentlichen Aufruf geben, mit der Lichtarbeit zu beginnen, denn der Aufruf für einen jeden erklingt im Herzen. Wenn Du jetzt im Herzen eine Stimme vernimmst, die Dir sagt „*Ja, ich muss, will oder möchte was tun*", dann hat Dich der Ruf erreicht.

Um eine Welt zu erschaffen, die frei von Angst und Unterdrückung ist, ist Frieden eine Grundvoraussetzung. Die lichten Kräfte der Geistigen Welt sehen in der Unterbindung weiterer kriegerischer Handlungen die oberste Priorität. Jetzt ist der Zeitpunkt gekommen, um Frieden auf der ganzen Welt durchzusetzen und den letzten Kriegstreibern und Profiteuren der Angst das Handwerk zu legen.

Wir bitten, Euch uns anzuschließen und gemeinsam mit uns einen unaufhörlichen Strom von Liebe in die Krisengebiete im nahen und fernen Osten und im afrikanischen Kontinent zu senden. Sendet die Liebe „bedingungslos", sie wird den Weg finden und bereiten, der zum dauerhaften Frieden führt. Lass Dich nicht beirren, wenn das Säbelrasseln lauter wird, denn im „Strom der Liebe" wird die Welt Frieden finden. Eure Hilfe ist wichtig, denn Ihr seid es, die die Liebe in der Materie verankert.

Und so, wie Ihr die Liebe durch Euch fließen und wirken lasst, werdet Ihr selbst zur Liebe – Ihr kehrt heim!

Es ist kein leichter Weg für Euch, das zu lieben, was Euch ängstigt, einschränkt oder zu unterdrücken trachtet, doch es ist der Weg der „Meisterschaft der Liebe" und er wird erfolgreich sein. Ihr erhaltet die volle Unterstützung der geistigen Welten, der Engel und der Aufgestiegenen Meister.

Doch die wichtigste Grundlage für das erfolgreiche Beschreiten des Weges der Liebe ist: *Liebe Dich selbst!* Nur dann kannst Du Deinen Nächsten lieben oder gar Deine Feinde, wie es Euch seit zweitausend Jahren gelehrt wurde. Alles beginnt mit Dir selbst, mit Deiner Ausrichtung, mit Deinen Gedanken und mit den Visionen Deines eigenen Wesens! Und ich sage Dir: *„Du bist Liebe, Du bist Licht"!*

In Dir selbst ist alles vorhanden, was Du brauchst, um ein Leben in der Liebe zu leben – suche nicht im Außen, sondern finde im Innen.

Bete nicht: *„Führe mich nicht in Versuchung"*, denn die „Versuchung" ist Deine selbstgewählte Lektion des Lebens, sondern bitte Dein Inneres, Dein höheres Selbst oder Deinen Schutz und Führungsengel: *„Führe mich in der Versuchung"!* Vertraue Deiner inneren Führung gerade in schwierigen Situationen, wenn Zweifel in Dir aufkommen, ob der Weg der Liebe und der Weg der individuellen, selbst-bestimmten Lebensweise richtig ist.

Die „Versuchung", den scheinbar leichteren Weg der Anpassung und Unterordnung zu wählen, um materielle Vorteile oder Sicherheit zu erlangen, wird Dir noch einige Male begegnen, geliebtes Wesen, doch vertraue nur Dir selbst!

Wenn für Dich jetzt die Veränderungen sichtbar werden, begrüße sie. Nicht alles, was sich in Liebe und Harmonie wandelt, sieht in der Veränderung auch so aus! Es ist wie bei einer körperlichen Reinigung, bei der erst Gifte ausgeschieden werden, wenn die Heilung begonnen hat. Diese Phase kann bedrohlich wirken, ist jedoch ein sehr positives Zeichen der Heilung des Organismus.

Bleibe in der Liebe und im Vertrauen, ich begleite und segne Dich. Die „bedingungslose Liebe der Urquelle allen Seins" ist die Deine. Ich bin Uriel.

Kapitel 7 – Macht und Schöpferkraft

Spirit – Schöpferkraft I

Hier ist Uriel, das Licht Gottes.

Meine geliebten Seelen, heute werde ich über *Spirit* reden, den Geist, der alles durchdringt und die göttliche Schöpferkraft des Lebens ist. Spirit ist ein Aspekt Gottes und ist nicht mit „Gott" identisch. Spirit ist das der Schöpfung zugrundeliegende Bewusstsein.

Spiritualität ist die geistige Verbundenheit mit der allgegenwärtigen Schöpferkraft. Spiritualität ist unabhängig von Religion und Glauben eine auf menschlicher Erfahrung aufbauende Verbindung zum Eins-Sein. Sie hebt die Trennung der Individualität auf und fügt zusammen, was wahrhaftig nie getrennt war.

Den *Geist Gottes* in allem Sein zu sehen und zu erleben, ist sehr erhebend und befördert den menschlichen Geist auf hohe Schwingungsebenen. Wenn Bewusstsein auf dieser Ebene schwingt, sind alle Handlungen im Einklang mit der Natur und mit der Mutter Erde. Egoismus kann sich auf dieser Bewusstseinsstufe nicht entwickeln, da es keine Trennung des Individuellen vom Ganzen gibt.

Spirit ist die allesverbindende Kraft und der „Große Geist", der die Ureinwohner Amerikas über Jahrhunderte in Frieden und in Einklang mit der Natur leben ließ. Dann kamen Menschen in das Land, die ein anderes Gottesverständnis hatten. Das Bild Gottes in den großen Religionen der Welt ist ein Absolutes, ist das des „Einen Gottes", und die „Person" Gott herrscht und verlangt Gehorsam. Gott wurde von seiner Schöpfung getrennt und die Menschen verloren mehr und mehr die Verbindung zueinander und zu Spirit. Doch die Religionen behielten die Erinnerung an das Paradies und blieben ein Ort der Hoffnung und des Trosts.

Die zunehmende Trennung verdunkelte die Seelen und es wurden Vorschriften und Regeln erfunden, um die Menschen zu unterdrücken.

Es wurden Kriege und Eroberungszüge im Namen eines Gottes geführt, zu dem keiner mehr eine Verbindung hatte – weiter kann sich ein Mensch nicht vom Geist Gottes und vom Spirit entfernen.

Und doch sage ich, Erzengel Uriel, werft nicht alles fort, es sind Perlen der Wahrheit und Weisheit in den Religionen der Welt. Es ist der übertriebene Anspruch der absoluten Wahrheit, der alle monotheistischen Religionen in die Irre führt. Um dem Anspruch der alleinigen Wahrheit gerecht werden zu können, wurde die Wahrheit verbogen, mit Dogmen wurden Fragen unterdrückt und doch blieb immer ein Kern göttlicher Wahrheit erhalten. Und so wird sich bei der Enthüllung der Wahrheiten die Spreu vom Weizen trennen, viele Irrtümer werden aufgelöst, und im Licht der Wahrheit werden die Mysterien für alle greifbar.

Die Institutionen werden sich auflösen, denn ihre Zeit läuft ab. Es waren die Institutionen, die trennten, und der Glaube und die wiedererwachte, spirituelle Erfahrung in den Herzen werden die Menschen jetzt wieder vereinen. Es ist nicht wichtig, welchen Glauben ein Mensch hat, sondern dass er einen hat. Die jetzt stattfindende „Erweiterung des Bewusstseins" wird die Trennung aufheben. Die Menschen der neuen Welt werden die „Quelle allen Seins" verehren, ohne sich über den Namen oder die Art der Gebete zu scheren.

In der fünften Dimension wird eine direkte Gotteserfahrung möglich. Ihr werdet erleben, dass Gott in aller Materie, ob fein oder fest lebt, jedoch auch außerhalb existiert. Gott ist alles, was existiert und alles, was nicht existiert. Die Wahrheit ist mit Worten nicht zu beschreiben, das Denken in den Dir bekannten Dimensionen kann sie nicht erfassen. Doch Spirit wird Dir den Weg weisen. Spirit ist nicht Gott, doch durch ihn drückt sich die Urquelle aus und das Ergebnis ist die Schöpfung. Das Wesen hinter dieser Kraft zu schauen, ist die höchstmögliche Erfahrung einer jeden Seele.

Ihr lieben Seelen, meine geliebten Wesen, die jetzt angebrochene Zeit wird vieles erklären und verständlich machen. Ihr werdet einen technischen Fortschritt erleben, der einem Wunder gleichkommt. Doch ich bitte Euch, nicht in den technischen Wundern zu verharren, sondern den Blick auf Spirit zu richten, der alles durchdringt. Wenn Ihr im Herzen zentriert seid, werdet Ihr das wahre Wunder sehen können – göttliche Schöpferkraft.

Diese Schöpferkraft steht auch Dir zur Verfügung und Du wirst jetzt Stück für Stück an Dein wahres Potential herangeführt, das nur durch Deine Vorstellungskraft begrenzt ist. Alles, was Du Dir vorstellen kannst, liegt im Rahmen Deiner Möglichkeiten. Spirit ist die Kraft, die Deine Vorstellungen realisiert, wenn Du die Grundlagen beherrschst. Ich werde in der nächsten Zeit weitere Informationen zu den anderen Grundlagen geben, doch heute erkläre ich die erste, die wichtigste Grundlage – die „reine Absicht".

Bei dem, der die Schöpferkraft benutzt, darf es kein „Wenn und Aber", kein „Vielleicht oder Möglichst" geben. Wenn Zweifel oder Ängste im Herzen liegen, wirst Du keinen Erfolg haben. Denn Spirit wirkt aus Deinem Herzzentrum und eine Klärung, Reinigung und eventuelle Heilung sind unumgänglich. Schöpferkraft ist „reine Liebe" und alte Muster und Verletzungen müssen aufgelöst sein, Ängste und „negative" Emotionen werden in die Liebe zurückgeführt. Zur „reinen Absicht" gehört auch die Eindeutigkeit, die mit Ehrlichkeit zu tun hat. Damit Spirit Deiner Absicht folgen kann, muss sie klar sein, ohne Hintergedanken.

Ihr entwickelt Euch zu dem, was Ihr in Wahrheit seid, nämlich göttliche Lichtwesen. Bleibt in der Liebe und klärt weiter Eure Herzen, denn Ihr seid es, die mit reinen, liebenden Herzen die neue Welt gestalten. Ich führe Euch zurück in die Einheit und zu Eurer wahren Schöpferkraft.

Ich segne Euch, meine geliebten Wesen, die „bedingungslose Liebe der Quelle allen Seins" begleitet Euch. Ich bin Uriel.

Spirit – Schöpferkraft II

Hier ist Uriel, das Licht Gottes.

Geliebte Wesen, ich fahre fort mit den Erklärungen, die Euch mit der Schöpferkraft verbinden werden. Eure Wissenschaftler gehen immer noch von der Annahme aus, dass die Materie das Leben hervorbrachte und durch Veränderungen und Mutationen der Genetik die Vielfalt des Lebens auf dem Planeten Erde schuf.

Ich sage Euch, dieses Wissen ist ein Irrglaube, der auch durch ständige Wiederholungen nicht richtiger wird. Materie bringt niemals Leben hervor, es ist im Gegenteil so, dass das Leben die Materie schafft, formt und verdichtet. Es ist der Geist und das Bewusstsein, das die Vielfalt hervorbringt, denn es ist ein Akt der Schöpfung. Spirit ist die Schöpferkraft und es sind göttliche Wesen, die diese Kraft durch ihr Bewusstsein leiten und lenken. Bewusstsein schafft Materie in unterschiedlicher Dichte, doch niemals hat Materie von sich aus die Form einer Nervenzelle angenommen und plötzlich Bewusstsein entwickelt!

Dieser von Materialismus durchsetzte Irrglaube hat über Generationen Eure wissenschaftliche Elite verdummt. Frage Dein Herz und Du erkennst die Wahrheit. Wenn Du die gegebenen Worte als für Dich wahrhaftig annehmen kannst, bist Du Deinem Potenzial schon ein Stück näher gekommen. Bewusstsein über das „Ich bin" ist eine weitere Grundlage zur Anwendung der eigenen Schöpferkraft. Nur wenn Du Dir als göttliches Wesen *bewusst* bist, kannst Du Spirit leiten und lenken. Doch wenn Du Dich als zufällige Mutation der Evolution verstehst, wirst Du keine Schöpferkraft entwickeln.

Ich habe immer wieder auf die Wichtigkeit der Herzöffnung hingewiesen, denn nur mit dem Herzen kannst Du Dein wahres Wesen erfassen. Du bist ein mehrdimensionales, spirituelles Wesen, das sich für eine bestimmte Zeit einen materiellen Körper kreiert hat. Dieses Selbstverständnis bringt Dich zum nächsten Punkt:

Die Frequenz

Alles ist Schwingung, jeder Ton, jedes Licht, jede Zelle, jedes Atom. Und jede Veränderung der Schwingungsfrequenz verändert den Charakter grundlegend. Licht verändert die Farbe, Töne werden höher oder tiefer, die Zelle wird gesund oder krank, das Atom verliert die Bindung und die Materie verändert sich. Aus einer höheren Dimension betrachtet, ist Eure Welt ein in sich verwobenes Netz von Schwingungsmustern in einer unendlichen Fülle von Frequenzen. Und bei der Frage *„Was ist jetzt diese Schwingung?"* lautet die richtige Antwort *„sie ist Spirit, sie ist reine göttliche Energie"*.

Eine Grundregel bei der Anwendung der Schöpferkraft ist: Du kannst nichts erschaffen, was eine höhere Frequenz als Deine eigene hat. So wie es auf der emotionalen Ebene nicht möglich ist, mit dem Gefühl von Hass und Wut Frieden und Liebe zu erzwingen. Jetzt erkennst Du, warum es so wichtig für Dich ist, die eigene Frequenz anzuheben.

Die Erde und mit ihr alles Leben wird jetzt aus höherschwingenden Bereichen mit Frequenzen durchflutet, die höher schwingen als alles Leben auf dem Planeten. Auch dies ist ein Akt der Schöpfung, der eine neue Ära einläutet. Je besser Du Dich mit diesen Frequenzen in Einklang bringst, desto mehr wirst Du profitieren. Wenn Deine eigene Frequenz über der dichten Materie liegt, wirst Du diese beherrschen lernen. Dein Selbst handelt dabei aus der Ebene der feinstofflichen Materie, aus der Deine nichtphysischen Körper bestehen. Aus dieser Ebene des Seins kannst du auch Deinen physischen Körper beeinflussen, heilen oder verjüngen. Der feinstoffliche Körper ist Dein prägendes Bewusstseinsfeld und leitet die geistige Information (*In–Form*) in den physischen Körper. Das geschieht, soweit es in Einklang mit dem göttlichen Plan ist und hier sind wir bei der nächsten Grundlage der Schöpfung:

Harmonie mit den universellen, göttlichen Gesetzen

Spirit, die geistige Schöpferkraft, wirkt nur innerhalb der geistigen Gesetze. Ich habe oft darauf hingewiesen, dass die Geistige Welt nur eingreifen kann, wenn es den Freien Willen der Menschen nicht verletzt. Das Gleiche gilt natürlich auch für Dich, als schöpferisches geistiges Wesen! Wenn dieses Gesetz verletzt wird, verfängst Du Dich schnell im Gesetz von Ursache und Wirkung, was zu Karma führt. Das „Gesetz der Fülle" garantiert Dir einen unendlichen Strom von Energie, von Spirit, der in Form gebracht werden will. Du kannst im wahrsten Sinne des Wortes aus dem Vollen schöpfen!

Meine geliebten Wesen, lasst diese Worte in Euch wirken, es ist die Zeit gekommen, Euch Eurer wahren Kräfte bewusst zu werden. Es ist kein Spiel, es ist kein Traum, ich werde Euch führen bis Ihr den Euch zustehenden Platz eingenommen habt. Meine Lektionen sind kurz und einfach, denn sie werden Euch im Herzen erfassen und in Erinnerung bringen, was Ihr auf einer anderen Ebene bereits wisst. Öffnet Eure Herzen und schwingt Euch hinauf ins Licht!

Und so begleitet Euch mein Segen und die „bedingungslose Liebe der Urquelle allen Seins". Ich bin Uriel.

Spirit – Schöpferkraft III

Hier ist Uriel, das Licht Gottes.

Ihr geliebten Wesen des Lichts, jetzt ist für Euch die Zeit gekommen, Eure gottgegebenen Fähigkeiten weiterzuentwickeln. In den letzten beiden Botschaften sprach ich über die Bedingungen, jetzt spreche ich über die geistigen Techniken der „materiellen Schöpfung". Jede Art von Materie hat einen geistigen Ursprung und entstammt der einen „Urquelle des Seins". Diese unerschöpfliche Quelle trägt das Potenzial von Fülle und Überfluss in jeder beliebigen Form.

Es ist das Bewusstsein, das Lichtenergie in die Verdichtung, die Form und die Materie bringt. Ich werde im Folgenden den Begriff „Lichtenergie" benutzen, da Begriffe wie Liebe und Spirit zu Verwechslungen führen könnten. „Lichtenergie" ist die reine göttliche Energie, die reine Liebe. Jeder Engel ist ermächtigt, die Lichtenergie zu nutzen, um im Rahmen der göttlichen Gesetze den Schöpfungsprozess voranzutreiben. So entstehen je nach Art und Stellung oder Aufgabe des Wesens Galaxien, Welten, Lebewesen, Zellen, Moleküle, Atome. Wie der Prozess abläuft, ist abhängig vom Bewusstsein.

Der unbewusste Mensch

Jeder Mensch wirkt ständig am Schöpfungsprozess mit, auch wenn er darüber kein Bewusstsein entwickelt hat. Es sind die Gedanken, Träume und Wünsche, die mit Emotionen geladen im morphogenetischen Feld auf Verwirklichung warten. Dies sind die „Bestellungen", die Ihr jeden Tag bewusst oder unbewusst aufgebt. Die „Bestellungen" werden sich erfüllen, wenn sich eine entsprechende Resonanz findet – allerdings zu irgendeiner Zeit und auf irgendeine Weise. So sieht die Wunscherfüllung oft anders aus, als Ihr es Euch vorgestellt habt. „Bestellungen", die mit starken Gefühlen geladen sind, werden vorrangig behandelt, denn sie werden von Euren Schutz- und Führungsengeln unterstützt. Dies ist der Grund, warum manche von Euch immer genau das bekommen haben, wovor die größte Angst bestanden hat. Wo Liebe fehlt, ist Angst das stärkste Gefühl und damit die größte Kraft mit der stärksten Anziehung. Ein Mensch in Angst ist weit von seiner Schöpferkraft entfernt und lässt sich manipulieren und von außen steuern.

Der erwachende Mensch

Irgendwann beginnt der Mensch sich seiner Gedanken bewusst zu werden. Positive Gedanken werden gezielt ausgerichtet und zum Beispiel im Gebet an den Himmel, zu Gott oder an die Engel gesandt. Der erwachende Mensch ist über die verschiedenen Ebenen des Seins informiert und glaubt nicht länger, dass die materielle Welt der einzige Ort des Lebens ist. Die Gedanken haben Kraft und werden gehört – wenn die Wünsche mit dem individuellen Lebensplan und den universalen Gesetzen in Einklang sind, erfahren sie Unterstützung in der Geistigen Welt. Das „Es werde" geschieht in Übereinstimmung mit dem Höheren Selbst. Hier wirkt das Höhere Selbst als schöpferischer Geist und entsprechend Eurer bewussten Gedanken oder Gebete wird die Lichtenergie konzentriert und verdichtet.

Die Hinwendung zum Licht und zur Liebe reinigt die Gedankenfelder und führt zu einer innigeren Verbindung zu den Schutz- und Führungsengeln. So erlangt Ihr mit Hilfe Eurer Engel Einfluss und Macht über Eure Entwicklung. Denn *sie* sind es, die für Euch Lichtenergien aus höherschwingenden Ebenen verdichten und in die materielle Ebene verschieben. Wenn Ihr den Kontakt zu Euren Schutz- und Führungsengeln pflegt, werden sie Euch große Unterstützung gewähren.

Ein weiterer Weg ergibt sich durch das Anwenden geeigneter Techniken. Die Wirkung von Meditationen und Visualisierungen ist weit größer als allgemein bekannt, denn wer sich im meditativen Zustand befindet, schreibt seine Visionen nicht nur in die eigene, sondern auch in die globale Matrix des morphogenetischen Feldes. Den meditativen Zustand setze ich hier mit „verbunden mit dem Selbst" gleich. Wer in diesem Zustand ist, wird keine egoistischen Motive mehr verfolgen, da das Ego an Bedeutung verliert. Bilder und Visionen, die in das globale Feld geschrieben werden, bekommen ein Eigenleben und suchen nach Verstärkung durch gleichartige Gedankenformen. Die Verdichtung und Materialisation geschieht entsprechend geistiger Gesetzmäßigkeiten und bedarf keiner weiteren „Freigabe" durch geistige Wesen. Allerdings werden bestimmte Gedankenbilder von uns unterstützt und gefördert.

Es drückt sich im morphogenetischen Feld des Planeten das Denken, Fühlen und Sehnen der gesamten Menschheit aus. Alles, was sich hier angesammelt hat, ist in den Prozess der Schöpfung bereits eingetreten. Darum betone ich auch immer wieder, dass Ihr mächtige schöpferische Wesen seid. Je klarer Eure Visionen sind und je reiner Eure Vorstellungen, desto eher werden sie sich verwirklichen. Wenn Ihr in Gruppen meditiert und die zukünftige Welt erschafft, setzt Ihr Kräfte frei, die jenseits Eurer Vorstellungen liegen.

Der vollständig bewusste Mensch

Meine geliebten Wesen, bis hierher ist es nur noch ein kleiner Schritt, denn Ihr seid alle auf dem Weg zum „vollständigen Bewusstsein". Der vollbewusste Mensch ist sich seines multidimensionalen Seins und aller seiner feinstofflichen Körper bewusst. Er begreift Gott, die Quelle, sowohl als Schöpfer und Kern eines jeden Lebens ebenso wie er ihn als liebendes individuelles Wesen erkennt. Es gibt keine Trennung mehr und die Grenzen der Dimensionen sind wie offene Türen zwischen den Räumen.

Du bist das göttliche Wesen mit allen Ermächtigungen und Deine schöpferischen Gedanken nehmen sofort Gestalt an, denn auch Zeit ist jetzt in alle Richtungen dehnbar geworden. Dein Bewusstsein lenkt die Lichtenergie und führt sie zur Verdichtung und Bewusstsein führt durch „In-formation" zum „Es werde". Materielle Schöpfung geschieht immer vom Feinen ins Grobe und fließt von höheren zu dichteren Dimensionen.

Das Verschieben der Ebenen ist das Mysterium, welches es für Euch zu entdecken gilt. Ihr seid schon lange in der Lage, die Gedankenräume nach Euren Vorstellungen zu füllen, doch das Verdichten auf die materielle Ebene ist nur im „vollständigen Bewusstsein" möglich. Wer hier angelangt ist, lebt und handelt immer in Übereinstimmung mit den universellen, göttlichen Gesetzen. Es gibt kein Getrenntsein, also auch keinen Disput und Du wirst in „allem was ist", immer Dich selbst erkennen. So werden Deine Wünsche immer zum Wohle des Ganzen sein und dem Licht dienen. „Dein Wille geschehe" bedeutet für den erwachten Menschen, sich mit dem Willen des Einen zu verbinden, eins-zu-werden und als Teil des Ganzen die individuelle Existenz zu leben. Der freie Ausdruck des „individuellen Seins" ist erst nach der Vereinigung im All-Eins-Sein möglich.

Mein geliebtes Wesen, Du bist auf dem Weg zurück zu Deinem wahren Selbst und Deiner wirklichen Heimat. Sei geduldig mit Dir selbst und sei geduldig mit der Welt. Dein Weg bis zu diesem Punkt war lang und manchmal von Dunkelheit beherrscht. Jetzt, wo sich das Licht am Ende des Tunnels zeigt, bleibe zentriert in Deinem Herzen. Du bist durch die Jahrtausende gegangen, um in diesem Leben den Zyklus der „Inkarnationen in der Trennung" zu beenden. Es sind jetzt die entscheidenden Schritte zu gehen – auf dem Weg, den jeder für sich selbst finden wird. In Deinem Herzen ist der Weg beschrieben und mit dem Herzen ist der Weg zu vollenden.

Sei geduldig mit Dir, doch warte nicht auf die große Veränderung im Außen, denn das Außen, die Materie, folgt dem liebenden Gedanken Deines Herzens. Du bist der Schöpfer Deiner „Neuen Welt" und die „bedingungslose Liebe" zur Schöpfung und zum Schöpfer ist der Weg in die Vollendung.

Mein Dank, meine Hochachtung und mein Segen begleiten Dich auf dem letzten Stück des Wegs. Ich bin Uriel.

Schöpfer sein

Hier ist Uriel, das Licht Gottes.

Geliebte Wesen des Lichts, jetzt beginnt die „Zeit der Neuwerdung". Begreift es als Eure Schöpferperiode, die jetzt begonnen hat! Ich habe in den letzten Durchsagen die Grundlagen der Schöpferkraft für alle offengelegt und jetzt ist die Zeit gekommen, in der Praxis tätig zu werden! Ihr alle seid unmissverständlich aufgefordert, endlich den Fokus Eurer Gedanken auf die gewünschte „Neue Welt" zu richten. Hört auf, auf andere zu warten, dass sie Euch die Erlösung bringen! *Ihr* seid es, die die Neue Welt gestalten! *Ihr* werdet Unterstützung und Hilfen aus den Geistigen Welten und von Euren Sternengeschwistern bekommen, wenn Ihr jetzt Eure Kräfte benutzt, wie es Euch empfohlen wurde.

Der „Aufstieg der Welten" findet auf vielen Ebenen statt und ist keine abgetrennte Veranstaltung der Menschen auf der Erde, doch nur hier wird es den „verkörperten Seelenaufstieg" in die fünfte energetische Ebene geben – es ist die einmalige Gelegenheit für Euch, daran teilzuhaben. Wer geführt wurde, diese Worte zu lesen, hat sich vor seiner Inkarnation bereiterklärt, mitzuwirken und zu helfen, die Energie zu heben.

Benutze Deine Schöpferkraft, so wie es Dir möglich ist und hilf mit, durch Deine Gedanken und Visualisierungen die Neue Welt im morphogenetischen Feld der Erde entstehen zu lassen. Meditiert gemeinsam und entwickelt gemeinsame Visionen des „Lebens in Freiheit". Du bist umgeben von geistigen Wesen, die an Deinen Erfahrungen teilhaben, Dich mit ihrer Schöpferkraft unterstützen und über Dich wachen. Wenn Du im vollständigen Bewusstsein angelangt bist, wirst Du mit allen in einem selbstverständlichen Kontakt sein. Suche den Kontakt zu den Engeln, denn Deine Schutz- und Führungsengel werden für Dich die Gedankenbilder verdichten und in die materielle Welt verschieben.

Ich sprach beim letzten Mal über diese Vorgänge. Eure persönlichen Schutzengel werden Euch im Umgang mit der Schöpferkraft beraten und leiten. Es gibt für Dich keine vertrauenswürdigeren Wesen als die Dir zur Seite gestellten Engel. Suche den Kontakt mit ihnen, vertraue ihrem Rat und ihrer Weisheit und sie werden immer zu Deinem Besten handeln, verfolgen keine eigenen Interessen und befolgen stets alle göttlichen Gesetze. Wenn Dir noch keine direkte Kontaktaufnahme gelungen ist, wirst Du mein Werkzeug dafür bei meinem Medium finden (siehe Kapitel »Werkzeuge«). Dein Schutzengel wartet auf die Gelegenheit, mit Dir zu kommunizieren, Du kannst den Kontakt herstellen und ich werde Dich dabei führen – einzig Deine Bereitschaft und Offenheit sind erforderlich.

Ihr alle seid im Prozess des Erwachens und Ihr werdet Eure Fähigkeiten ständig weiterentwickeln. Es wird der Tag kommen, wo Euch das Materialisieren aus geistiger Energie ermöglicht wird, wenn Ihr das „vollständige Bewusstsein" erlangt habt. Das vollständige Bewusstsein schließt jede Trennung aus, denn es ist der göttliche Urzustand des All-Eins-Seins, ist freies Individuum und Teil eines „Großen Ganzen" gleichermaßen.

Bis zu diesem Ziel wirst Du auf die Hilfe der Geistigen Welt vertrauen können, denn Deine schöpferische Arbeit ist jetzt gefordert und entsprechende Unterstützung ist Dir sicher. Wenn Du jetzt in die bewusste, aktive Schöpfungsarbeit eintrittst, beginne mit Deinen eigenen, persönlichen Zielen. Mit Hilfe Deiner Engel kannst Du jetzt die Weichen für eine erfüllte, von Liebe bestimmte Zukunft stellen.

Materialisation ist einfacher als Dematerialisation, formuliere Deine Wünsche entsprechend und konzentriere Dich aufs Erschaffen, nicht aufs Abschaffen! Begib Dich in einen Zustand, der es Dir erlaubt, aus dem Herzen zu erschaffen. Dein Verstand kann den Prozess nicht positiv beeinflussen, jedoch stören. Jede Schöpfung bedarf der göttlichen Energie „Spirit". Spirit fließt durch das Herz und Spirit ist nur durch das Herz zu lenken. Erst wenn Du Dich im Herzen mit Gott und der gesamten Schöpfung verbunden fühlst und in voller Harmonie mit „Allem-Was-Ist" lebst, bist Du in der richtigen energetischen Stimmung, um Spirit selbst zu führen – dann erreichen Deine Gedanken eine magische Anziehungskraft und die Verdichtung beginnt.

Meine geliebten Wesen, Ihr seid schon immer die Schöpfer der Welt gewesen, doch wurdet Ihr Euch Eurer Möglichkeiten nie bewusst. Ihr habt Euch in der Dunkelheit verlaufen, doch jetzt seid Ihr wieder im Licht und ein neuer Abschnitt der Menschheitsgeschichte hat begonnen. Seid Euch über das Privileg bewusst, heute inkarniert zu sein und am großen Plan mitzuwirken. Nimm die angebotenen Hilfen der Geistigen Welt an, doch warte nicht darauf, dass die Geistige Welt Deine Arbeit verrichtet.

Trefft Euch weiter in den Lichtkreisen, denn Eure Arbeit hat einen so wichtigen Einfluss auf die gesamte Entwicklung, wie Ihr es Euch nicht vorstellen könnt. Die gemeinsamen Meditationen strahlen ihr Licht bis in alle Winkel des Systems und ziehen Energien aus der gesamten Galaxis an. Es wird der Tag kommen, an dem Ihr das Wirken der unterschiedlichsten lichten Kräfte verstehen werdet und dann erst werdet Ihr Euch Eurer wahren Größe bewusst sein.

Doch jetzt freue Dich über die Liebe, die Dir zufließt, denn die Erde ist in Licht getaucht wie nie zuvor, der Aufstieg Gaias nähert sich der Vollendung und die Menschen erkennen mehr und mehr ihr wahres Selbst.

Mein geliebtes Wesen, wenn Du jetzt gerade durch eine schwierige Periode gehst, sei Dir gewiss, dass sie schnell vorbeigeht, denn das Loslösen alter Strukturen, fremdbestimmter Anteile und negativer Gedanken geht jetzt im verstärkten Licht so schnell und leicht wie nie. Du bist der Schöpfer Deiner Realität!

Empfange die Grüße und den Segen der Engel und Erzengel, der Aufgestiegenen Meister und der Sternengeschwister! Wir sind Dir nahe und danken für Deine Lichtarbeit! Die „bedingungslose Liebe der Quelle" begleitet Dich auf Deinem Weg. Ich bin Uriel.

Macht

Hier ist Uriel, das Licht Gottes.

Geliebte Wesen, ich wurde gebeten, Euch mehr über Macht zu sagen und ich werde es sehr gern tun, denn es bleibt ein aktuelles Thema für alle. Die Macht ist sehr ungleich verteilt in Eurer Welt und wieso ist es so? Ist Macht zu haben eigentlich legitim? Bedeutet mächtig zu sein auch gleich, andere zu unterdrücken? Die Machtgefüge Eurer Welt verändern sich gerade für jeden sichtbar, doch ist Dir, der Du diese Worte aufnimmst, wirklich klar, was Macht für Dich eigentlich bedeutet? Erinnerst Du Dich? Ich sagte schon häufig, Ihr seid mächtige Wesen, ein jeder von Euch!

Ihr wurdet von der einen göttlichen Quelle ermächtigt, zu kreieren, zu gestalten und so am Schöpfungsprozess teilzuhaben – das ist Macht! Diese Macht wurde Euch gegeben und Eurer Verantwortung unterstellt. Macht und Verantwortung gehören zusammen, denn jeder einzelnen Handlung folgt nicht nur eine persönliche, sondern auch eine Wirkung im kollektiven Ganzen. Nach diesem Prinzip entstehen und wachsen Welten und die Schöpfung dehnt sich aus. Die Übernahme von Verantwortung verleiht zugleich Macht, das ist auch in den höheren Geistigen Welten so. Macht zu haben ist eine Verpflichtung, dem Licht und der gesamten Schöpfung zu dienen. Es ist eine Frage des Bewusstseins des All-Eins-Seins, ob diese Verantwortung getragen werden kann.

Ein Wesen, welches die Verbindung zum Universum, zur Quelle und jedem Wesen in sich fühlt, wird niemals dagegen handeln. Es ist die „bedingungslose Liebe", die jede Handlung leitet und stets in Harmonie mit dem Kosmos ist. Wenn ein geistiges Wesen die Verantwortung für ein anderes oder eine Gruppe übernimmt, ist es stets ein Akt der Liebe und geschieht zum Wohle aller. Macht ist also etwas Großartiges, doch wie sieht es noch in Eurer Welt aus?

Macht dient dem Egoismus und ist zum Selbstzweck verkommen. Viele Menschen fühlen sich machtlos, ausgeliefert und abhängig. Macht wird instrumentalisiert, um andere zu manipulieren, auszunutzen und zu unterdrücken. Euch ist unklar, wer überhaupt welche Macht und damit welche Verantwortung hat. Das Bewusstsein des All-Eins-Seins ist verlorengegangen und die Liebe spielt in Verbindung mit Machtausübung kaum eine Rolle.

Mein geliebtes Wesen, es wird nicht so bleiben, denn Du bist gekommen, um es zu verändern. Ja, ich meine Dich, der Du Dich jetzt noch so machtlos fühlst! Ich werde Dir jetzt den Schlüssel geben, der Dich zurückführen wird in die Macht, die Dir als göttliches Wesen einst gegeben und später genommen wurde. Doch es ist wichtig zu verstehen, wie es dazu kam. Macht und Verantwortung sind nicht voneinander zu trennen und es war das Abgeben von Verantwortung, das Dich und die Masse der Menschen von den „Mächtigen" trennte. Immer, wenn Du in einem Bereich Deines Lebens Eigenverantwortung abgibst, verlierst Du Macht und überträgst sie auf einen anderen Menschen oder an Institutionen.

Das Leben an sich ist für Euch zu einer solch komplizierten Sache geworden, dass Ihr glaubt, für alles Spezialisten zu brauchen – für Sicherheit, Ernährung, Gesundheit, untergliedert in alle möglichen Bereiche, Finanzen, Partnersuche und diese Liste ließe sich noch lange fortsetzen. An jedem Punkt des Lebens überträgst Du Macht an andere, die es ja sooo viel besser wissen oder können als Du.

Noch immer lebt Ihr in einem System, das den Einzelnen entmachtet und die Macht zu konzentrieren sucht. Es ist an der Zeit, den Wechsel auch hier zu beginnen. Übernimm die Verantwortung für Dich selbst. Ich möchte Dir raten, mehr auf Dein Herz und Deine innere Stimme der Wahrheit zu hören und Du wirst in vielen Fällen Deine Macht behalten oder sie zurückholen statt sie abzugeben. Gestalte Dein Leben einfacher, überprüfe Deine künstlich geschaffenen Abhängigkeiten und löse auf, was nicht wirklich dienlich ist. Entsage den Konsumgiften, die Sucht, Abhängigkeit und finanziellen Druck erzeugen.

Finde Deinen eigenen Weg zu einer gesunden, natürlichen Ernährung. Achte dabei auf die Signale des Körpers und vertraue ihnen mehr als den „neuesten wissenschaftlichen Erkenntnissen". Vermeide dabei weitestgehend künstlich erzeugte Produkte und mit chemischen Produkten manipulierte Nahrungsmittel. Vertraue nur dem Arzt, der sich Zeit für Dich nimmt, der zum Beispiel jeden Medikamenteneinsatz auf ein Minimum reduziert, und der Dich als *ganzes* Wesen wahrnimmt und nicht auf Deine „Krankheit" reduziert.

Löse Dich von alten Ängsten des Mangels und finde ein entspanntes Verhältnis zu Geld und Besitz. Geld ist Energie und so ein wichtiger Faktor von Macht. Wenn Du Geld für Dich arbeiten lässt, achte darauf, dass es in Harmonie mit göttlichem Recht steht und sei Dir Deiner Verantwortung bewusst. Wenn Du Macht über andere hast, als Vorgesetzter oder als Arbeitgeber, erfülle die Verpflichtung, die Du eingegangen bist, in Verantwortung und Liebe, denn alles, was nicht auf Liebe aufbaut, wird keinen Bestand haben. Auch wenn Du als Teil einer Institution oder Behörde Macht ausübst, bist Du für Deine Handlungen verantwortlich. Wenn Du zunehmend einen Konflikt zwischen Deinem Gewissen und Deinem Arbeitsauftrag empfindest, deutet das auf anstehende Veränderungen hin.

Sei bereit, Verantwortung zu übernehmen, denn die Geistige Welt und die hohen Frequenzen des Lichts unterstützen Dich. Ich segne Dich, Du machtvolles Wesen, die „bedingungslose Liebe der Urquelle allen Seins" ist auf ewig Dein. Ich bin Uriel.

Macht und Schöpferkraft

Hier ist Uriel, das Licht Gottes.

Geliebte Wesen, Macht ist für Euch als Menschen sowohl für den Einzelnen als auch für die Gesellschaft im Ganzen und jede zwischenmenschliche Verbindung von großer Bedeutung. Macht ist eine verliehene Fähigkeit, die für sich genommen sehr wertvoll ist, da sie im Kern aus gebündelter Schöpferkraft besteht und die Möglichkeit zur Gestaltung bietet. Jeder Gebrauch von Schöpferkraft ist mit einem hohen Maß an Verantwortung verbunden, denn allgegenwärtig wirken die göttlichen Gesetze von Ursache und Wirkung, von energetischem Ausgleich und der Anziehung und Ihr bezeichnet dies als Karma.

Durch die erfahrenen Wirkungen dieser Gesetze sind nun etliche Seelen zu dem Schluss gekommen, dass der Gebrauch von Macht böse, schlecht oder gefährlich wäre, und sie gaben in der Folge diese ab. Der Verzicht auf Macht ist jedoch nicht gleichbedeutend mit Beseitigung der Macht, denn Macht ist wie schon erwähnt Schöpferkraft. Schöpferkraft ist Energie und Energie geht nie verloren, sie wird gewandelt, verschoben oder transformiert und eine echte Beseitigung ist Euch nicht möglich.

Wenn Menschen ihre persönliche Macht abgeben, fällt sie anderen zu, die bereit sind, diese anzunehmen. Dies geschieht in zwischenmenschlichen Beziehungen ebenso wie im Verbund von Gruppen, Gemeinden, Staaten und der Weltgemeinschaft. So haben sich Machtstrukturen gebildet, die zum Verlust der Freiheit, der Souveränität und der individuellen Lebensführung führten. Machtverlust führt in die Abhängigkeit und Machtgier in den Wahnsinn, da Macht immer mit Verantwortung verbunden ist.

Wer mehr Macht an sich zieht als er verantwortlich tragen kann, verliert den Kontakt zu sich selbst, zum Leben, zur Realität und zu Gott. Ein Übermaß an Macht führt in eine Art Sucht und zu einer Besessenheit, die sich mit Selbstüberschätzung und Anmaßung über jede Verantwortlichkeit stellt. So entsteht unweigerlich ein Missbrauch der Macht und eine göttliche Gabe verkehrt sich ins Gegenteil und zu einem Instrument der Unterdrückung. Jede Sucht ist eine Krankheit, die Beachtung und Heilung verdient, da sie vor allem die Seele betrifft. So lasst uns nun gemeinsam diese machtsüchtigen Kranken heilen!

Mein geliebtes Wesen, erinnerst Du Dich? Ich habe schon früher gesagt, dass ich Euch bei Zeiten zurück in Eure Schöpferkräfte führen werde. Nun ist diese Zeit gekommen, denn die alten Machtstrukturen, die die Welt in Unfreiheit gehalten haben, bröckeln. Wie ich eingangs betonte, könnt Ihr keine Energie auflösen, denn sie geht nie verloren, und sucht sich durch Wandlung oder Transformation eine neue Erscheinungsform. So ist es auch mit Eurer einst abgegebenen Macht, die reine Energie und Schöpferkraft ist.

Mein liebes Licht, wenn Du nun beginnst, Dir Deine Macht und Deine Schöpferkräfte zurückzuholen, trägst Du auch gleichzeitig Deinen Teil zur Heilung der Menschheit bei, denn Du entziehst den suchtkranken Machthabern ihr Gift.

Es ist Deine Aufgabe, Dich wieder selbst zu ermächtigen, denn niemand anderes kann oder wird es für Dich tun. Es war Dein Freier Wille, der die Macht einst abgab und sich entschloss, auch Verantwortung abzugeben und in „sicheren, geordneten Strukturen" zu leben. Der Preis dafür war die Einbuße von Kreativität und Schöpferkraft. Nun ist es ebenfalls Dein Freier Wille, der die Selbst-Verantwortung übernimmt und so Deiner Seele durch die Selbst-Ermächtigung wieder den Weg in die Freiheit und Selbst-Bestimmung bereitet.

Gebraucht wird Deine freie Wahl mit Deinem ganzen Sein, mit dem Herzen und dem Verstand, mit dem inneren Streben und der bewussten Absicht, damit Deine Selbstermächtigung wirksam werden kann. Verschließe die Hintertüren der Abhängigkeit, die Du Dir so gerne offen hältst und übernimm die Selbst-Verantwortung. Fordere Deine Schöpferkraft zurück, die nun befreit aus den bröckelnden Strukturen im Raum auf Deine Annahmebereitschaft wartet.

Löse Dich von Deinen Ängsten, die Dich machtlos halten. Es ist unehrlich, über die Mächtigen zu klagen und ihnen die Schuld für Deine Lebenssituation anzulasten, wenn Du nicht bereit bist, selbst die Verantwortung für Dein Leben zu übernehmen. Solange Du bereitwillig Deine Schöpferkraft und Deine Macht an andere abgibst, bestärkst Du sie in ihrer Sucht.

Deinen eigenen Weg in die Vollständigkeit des Bewusst-Seins wirst Du nur finden und gehen können, wenn Du bereit bist, die falschen Sicherheiten loszulassen und Dich den Dir innewohnenden Gestaltungskräften zuwendest. Sicherheit wirst Du in dem Bewusstsein und der Erfahrung finden, selbst der Schöpfer und Gestalter Deines Da-Seins und Deines Er-Lebens zu sein!

Ich lade Dich ein, Deine Schöpferkraft durch Selbstermächtigung zurückzufordern. Werde zu dem machtvollen Wesen, das Du von Natur aus schon immer warst, erkenne Deine Bestimmung und übernimm die Verantwortung für Dein Leben selbst! Du bist nie allein, doch eins mit dem All-Sein. Dieser Weg ist gesegnet mit der „bedingungslosen Liebe der Quelle allen Seins". Ich bin Uriel.

Kapitel 8 –
Gott, das Universum und die Geistige Welt

Gott und die Welt, der Glaube und die Religion

Hier ist Uriel, das Licht Gottes.

Wahrlich, ich sage Euch, es gibt nur den einen Gott! Er ist die Urquelle allen Seins. Er vereinigt in sich alles Sein. Nichts besteht ohne ihn, er ist nicht nur der Schöpfer allen Seins, er ist Alles. Es gibt nichts außer dieser Gotteskraft, denn sie ist Alles. In einem Eurer heiligen Bücher steht: *„Du sollst Dir kein Bild von Gott machen"*, doch das ist eine falsche Auslegung der einen Wahrheit: Du kannst Gott nicht erfassen! Wenn Du sagst: Gott ist Liebe, sage ich: Richtig, doch Deine Vorstellung von Liebe ist begrenzt. Sieh Dir die Welt an, in der Du lebst. Diese Vielfalt an Leben und diese ungeheure Kreativität der Natur ist ein winziger Ausschnitt der kreativen Gestaltungskraft der Liebe, denn Liebe ist reine Schöpferkraft.

Ich werde nicht weiter versuchen, Dir die Liebe oder Gott zu erklären, denn Dein Verstand wird es nie verstehen können. Jede Erklärung wirft unzählige neue Fragen auf. Und jede Antwort ist nur begrenzt richtig, da die Ausdrucksweise und die Aufnahmefähigkeit Grenzen haben. Und an genau diesem Punkt stand die Menschheit schon vor Urzeiten. Jeder Versuch, zu begreifen und zu verstehen, scheiterte kläglich. Der Baum mit den „Früchten der Erkenntnis" ist trügerisch. Du lernst zu unterscheiden, zu trennen, zu vergleichen und beginnst zu bewerten. Hier hat die Falle der 3. Dimension schon lange zugeschnappt. Du hast Dich aus dem Kontext gelöst, um Erkenntnis zu erlangen und damit die direkte Wahrnehmung verloren! Was ich Dir vermitteln möchte, ist das: Beginne wieder, die „Wahrheit zu nehmen", das ist Wahrnehmung!

In Deiner Welt werden der Intellekt und der Verstand auf den Thron gehoben und Euer Intellekt macht Euch zur „Krone der Schöpfung" – welch ein Trugschluss! Ja, Ihr seid nach Gottes Ebenbild geschaffen, Eure unsterbliche Seele ist direkt von Gott, besitzt die Schöpferkraft Gottes und besitzt die Liebe Gottes – denn die Seele ist göttlich.

Doch mit Deinem Verstand hat das nichts zu tun, nicht das Geringste. Euer begrenzter Verstand hat nie wirklich verstehen gelernt, wie das Leben in Harmonie und Einklang funktioniert. Der Verstand hat keine Verbindung zum Ganzen, er funktioniert durch gemachte Erfahrung und durch gesammeltes „Wissen", das interpretiert wird. Er bezieht sich immer auf die Vergangenheit oder bewegt sich im spekulativen Bereich. Zu früheren Zeiten wusstet Ihr um die „Einheit allen Seins", weil Ihr mit der Umwelt verbunden wart und aus dem Herzen „gesehen" habt. Dies ergab eine direkte Reaktion im Hier und Jetzt. Doch die Weisheit des Herzens ging mit Zunahme des Intellekts verloren. Euer Verstand entfernte Euch von dem Gott in Euch und als Folge suchtet Ihr den Gott im Außen und so entstanden die Religionen.

Alle großen Religionen sind entstanden, um die Menschen wieder zu Gott und zur Einheit zurückzuführen. Alle großen Religionen gehen zurück auf das Wirken sehr hoher Lichter, Eurer Aufgestiegenen Meister. Die Propheten und Heiligen waren allesamt tief mit ihrem göttlichen Kern verbunden und waren sich ihres Ursprungs und ihrer Aufgabe voll bewusst.

Die Religionsstifter riefen die Menschen auf, zu glauben! Doch es heißt bei Euch: *„Glauben heißt nicht Wissen"*. Genau darum ging es, die Menschen hatten das Wissen verloren: Das Wissen, dass Ihr niemals allein seid und das Wissen um die eine große Schöpferkraft, die Urquelle allen Seins, die Ihr Gott nennt!

Jesus sagte zu Euch: *„Ich bin Gottes Sohn"* und er sagte auch: *„Ihr seid Gottes Kinder"*. Er war einer von Euch, Ihr alle seid gleich und Ihr seid Alle-Eins. Er war im vollen Bewusstsein über sich und das Universum, seine Worte waren die reine Liebe und die eine Wahrheit – sie stammten direkt aus der Quelle. Die Entwicklung, die dann im Laufe der Jahrhunderte folgte, war von Dunkelheit durchsetzt. Ihr wurdet angehalten, den Worten der Priester zu glauben und so wurdet Ihr von der Wahrheit getrennt. Die Finsteren benutzten den Glauben der Menschen zur Manipulation, Wahrheiten wurden verdreht, Worte bewusst falsch übersetzt, inneres Wissen verteufelt und Machtstrukturen aufgebaut. Die großen Religionen, deren einziger Sinn in der Verbreitung der einen Wahrheit und der Liebe lag, wurden zur perversen Rechtfertigung von Krieg, Unterdrückung, Verfolgung, Enteignung, Versklavung, Tod und Elend. Die Gier nach Macht und Reichtum brachte die Menschheit an den Rand der Vernichtung.

Ich, Uriel, das Licht Gottes, rufe Euch zu: *„Haltet inne und lasst nicht länger zu, dass Dunkelkräfte über Euch verfügen!"* Gott hat nie eine Religion beschlossen, das waren Menschen. Gott lebt in Allem und in Euch allen. Es gibt keinen Menschen, der Gott näher wäre als ein anderer! Es gibt nur Unterschiede im Bewusstsein! Ihr braucht keine Gebote oder Verbote, denn in Euch allen ist das Gesetz verankert. Wenn Ihr anfangt, auf Euer Gewissen und Eure innere Stimme zu hören, werdet Ihr nicht fehlgehen.

So wie die Zeit der Trennung und Spaltung zu Ende geht, so werden sich die Religionen auflösen oder stark verändern. Für Dogmatismus gibt es keinen Platz mehr in der erneuerten Welt, denn ein jeder trägt das Bewusstsein über die Wahrheit in sich. Gott wird jederzeit unter oder in Euch sein. Es wird Lehrer für die tieferen Zusammenhänge geben, jedoch keine Vorgaben, wie Ihr Gott zu verehren, anzubeten oder zu dienen habt! Ihr werdet Eure Schöpferkraft wiedererlangen und es bedarf keines Glaubens, wenn Gott in Euch direkt spürbar und für alle sichtbar wirkt.

Fühle in Dein Herz, geliebtes Wesen, und Du wirst die Antwort auf die Frage, was richtig oder falsch ist, wissen. Du brauchst nicht auf die Knie zu fallen und Dein Haupt zu senken, um Gott um irgendetwas zu bitten. Vertraue Deiner inneren Stimme, Deiner Intuition und befreie Dich von Zwängen und Beschränkungen! Finde *in Dir* das Licht, die Liebe und die Schöpferkraft und werde wieder das göttliche Wesen, das Du in Wahrheit bist!

Lass nicht zu, dass im Namen Gottes, egal wie er genannt wird, Unrecht geschieht, denn auch Du bist ein Teil Gottes und so geschieht das Unrecht auch in Deinem Namen. Immer noch feiern die Christen ihr Weihnachtsfest, es ist das Fest der Liebe und Zusammenkunft und als solches wird es weiter fortbestehen, auch wenn die Erde und Ihr mit ihr die 3. Dimension verlassen habt.

Meine Brüder und ich, Erzengel Uriel, sind jetzt so nah bei Euch wie nie zuvor. Der große Wechsel hat begonnen und jetzt gibt es kein Halten mehr, denn die Liebe wird die alten Strukturen hinwegfegen. Wer sich jetzt mit der Liebe und mit dem göttlichen Kern in sich selbst verbindet, wird aufsteigen und das vollständige Bewusstsein erlangen. Wer jetzt in den alten Strukturen ins Straucheln gerät, ist aufgefordert, innezuhalten, loszulassen und umzukehren! Niemand ist verloren, wir reichen jedem die Hand, der bereit ist, sie zu ergreifen – die Zeit dafür ist JETZT!

Ich segne Euch im Namen des Einen, sein Licht und die unendliche Liebe begleiten Dich! Ich bin Uriel.

Die sanfte Flut

Hier ist Uriel, das Licht Gottes.

Geliebte Seelen, fühlt Ihr die Zunahme von Energie und spürt Ihr die leisen Veränderungen in Euren Körpern? Es fließt mehr Liebe, sanft dahinplätschernd und unaufdringlich, doch alles durchdringend. Nimm es wahr und nimm es an, denn es ist ein Geschenk von höchster Stelle! Diese sanfte Energie verändert Eure Welt, denn für diese Energie gibt es kein Halten. Es ist die reinste Form der Liebe, von der Urquelle gespeist und von hohen Lichtern zu Euch geleitet. Die Schwingung ist so hoch, dass es nichts gibt, das von ihr nicht durchdrungen wird. Selbst die finstersten Abgründe werden von ihr erreicht.

Diese sanfte Liebe, dieses Licht wird in der nächsten Zeit den Hintergrund bilden, auf dem sich die Dinge entwickeln. Die Wirkung ist subtil, oft kaum wahrnehmbar, doch ist der Einfluss nachhaltig und wird erstaunliche Ergebnisse bringen. Da alle und alles beeinflusst werden, bekommen viele Beziehungen eine neue Perspektive und Ihr könnt jetzt Fortschritte dort erwarten, wo bisher unüberbrückbare Gegensätze herrschten.

Frieden wird dort möglich, wo jetzt Verhandlungen beginnen. Auch gesellschaftlich und politisch wird es zu Veränderungen führen. Die Menschen werden zueinander geführt und sich ihrer Verbundenheit bewusst werden. Es beginnt ein Prozess, der wie die Schneeschmelze im Frühjahr das Eis und die kalten Strukturen schmelzen lässt. Was auf Unterdrückung, Angst und Gewalt aufgebaut wurde, verliert den inneren Halt und wird sich auflösen. Alle Wesen des Lichts fühlen sich innerlich gestärkt und werden aktiv – langsam und ohne Aktionismus wird jeder in seinem Umfeld seinen Dienst verrichten.

Immer mehr Menschen erwachen und wenden sich bewusst dem Lichte zu. Ich bitte die Lichtarbeiter, sich derer anzunehmen und Hilfen anzubieten. Dies ist jetzt die Zeit, für die Ihr alles auf Euch genommen habt und ist die Zeit, auf die Ihr so lange gewartet habt. Schließt Euch zusammen, unterstützt Euch gegenseitig und meditiert gemeinsam. Wir sind immer in Eurer Nähe und freuen uns, wenn wir Euch helfen dürfen.

Wer sich vom Licht abgewandt hat, wird jetzt auf die Probe gestellt, denn es ist nie zu spät, umzukehren. Wer sich gegen das Licht stellt, wird die Hoffnungslosigkeit seiner Lage gespiegelt bekommen, wild um sich schlagen und muss sich letztlich doch fügen, denn es ist bereits entschieden.

Die Liebe bringt alles ans Licht, denn *sie* ist das Licht. Macht Euch auf viele für Euch neue Erkenntnisse gefasst. Ihr habt im Schatten der Dunkelheit gelebt, vor Euch wurde vieles verborgen und es wird für Euch nicht leicht sein, das Ausmaß an Täuschung und Betrug, an Arglist und Bosheit zu verkraften, was sichtbar werden wird.

Bleibe in der Liebe und lasse Dich nicht zu Rachegedanken hinreißen, wenn sich die Schatten lichten. Es ist für Dich eine Prüfung Deiner Liebe, Deiner Kraft und Deiner Verbundenheit mit „Allem-Was-Ist". Es ist nicht Deine Aufgabe, für Vergeltung zu sorgen, denn der Ausgleich für alle Taten ist gewiss! Du Träger des Lichts bist jetzt in einer Phase der Reifung und der feine Strom der unbegrenzten Liebe wird Dich stärken. Deine Liebesfähigkeit wird zunehmen, wenn Du bereit bist, Dich loszusagen von den hemmenden Gewohnheitsmustern der Vergangenheit.

Kannst Du Dich selbst bedingungslos lieben? Wie fühlt es sich an, wenn Du Dir laut sagst: *„Ich liebe mich!"*? Übe es, auch wenn man Dir beigebracht hat, es nicht zu tun. Sich selbst zu lieben ist weder Narzissmus, Egoismus noch Selbstsucht, sondern schlichtweg eine Grundvoraussetzung für jede Form von reiner Liebe! Stelle Dich vor den Spiegel, breite die Arme aus und sage laut *„Ich liebe Dich"*. Wie reagiert Dein Gegenüber: Glaubt es Dir, was Du sagst und kann es annehmen? Es mag Dir lächerlich vorkommen, doch es ist wirklich eine gute Übung zur Stärkung der Liebesfähigkeit. Dein Selbst zu lieben, bedeutet Gott in Dir zu lieben – was sollte daran falsch sein?

Lerne wirklich Verzeihen aus dem Herzen heraus und immer in dem Bewusstsein, dass alles seinen Ausgleich findet und von Gott so zugelassen wurde. Beginne auch beim Verzeihen bei Dir selbst! Ich versichere Dir, dass Gott Dir alles verzeiht, egal was Du getan hast! Vertraue Dich dem „Gott in Dir" an und urteile nicht härter als die höchste Instanz urteilen würde. Ihr sagt *„Irren ist menschlich und Vergeben ist göttlich"*, und ich sage Dir *„Ja, so ist es!"* Mach Dir bewusst, dass Du auf dem Weg zur „Göttlichkeit" Deiner Existenz bist und vergib Dir!

Die neue Qualität der Lichtenergie, die jetzt einströmt, wird bald zu Verwerfungen in der Gesellschaft führen und es ist mit zunehmenden Problemen bei der Alltagsbewältigung zu rechnen. Ich bitte Euch, die Zeit vorher intensiv zu nutzen, um Euch innerlich zu stärken und einen Vorrat an Liebesenergie anzusammeln. Weißt Du, wie das geht, Liebe zu sammeln und zu speichern? – Richtig, das funktioniert nicht!

Doch das Schöne ist, je mehr Liebe Du aus Dir hinausfließen lässt, desto mehr bekommst Du augenblicklich zurück, mit Zinsen! Es ist ein universelles Gesetz, dass Liebe sich beim Gebenden vermehrt und sich das Potenzial erhöht, wenn er sie fließen lässt. Das ist auch das „Geheimnis" der nie versiegenden „Quelle allen Seins"! Je größer das Universum und je komplexer die Schöpfung wird, desto stärker wird die göttliche Quelle!

Das ist die Ursache dafür, dass das Universum sich immer schneller ausdehnt! Eure Wissenschaftler werden bald dahinterkommen. Es stehen große Entdeckungen für die Menschen bereit und es ist oft nur ein winziger Schritt, der noch zu gehen wäre, um das Wunder des Lebens und die Schöpfung zu verstehen. Noch hemmen die Verhaftungen in der 3. Dimension die wahre Erkenntnis, doch etliche Pioniere sind mit ihren Forschungen schon sehr fortgeschritten.

Doch Du, warte bitte nicht auf den Anstoß von außen, sondern arbeite in Liebe und Freude an Dir. Die größten Veränderungen finden innen statt, in Deiner „Einheit der Körper". Jeder neue Gedanke, jede noch so kleine Erkenntnis und jedes neue Verständnis führt zu einer Veränderung in Deinem *Mentalkörper*. Jedes gelöste Problem, jede abgelegte Angst und jeder Funken gefühlter Liebe verändert Deinen *Emotionalkörper*, klärt und reinigt ihn. Wenn sich Deine feinstofflichen Hüllen klären, wird auch Dein *physischer* Körper verändert.

Die leise rieselnde Flut, die jetzt begonnen hat, wird Dich verändern, wenn Du es geschehen lässt. Dein Körper wird gesunden und langsamer altern und später wird der Alterungsprozess zum Erliegen kommen, ja, Du wirst sogar eine Phase der Verjüngung durchlaufen, wenn die Zeit dafür gekommen ist.

Beginnst Du zu erahnen, in welch großartiger Zeit Du Dich befindest? In Dir und um Dich herum geschehen viele wunderbare Dinge, die es zu entdecken gilt. Auch wenn im Außen reinigende Gewitter toben, die Liebe hat Einzug gehalten in Deiner Welt. Still, bescheiden doch unaufhaltsam und allesdurchdringend setzt sie sich gegen jedweden Widerstand durch. Es ist die Zeit der kleinen Wunder, der kleinen Siege und ist eine Zeit zum Feiern und Genießen. Wenn Du mich einlädst, komme ich gerne, um mich mit Dir zu freuen.

Ich sende meine Liebe und meinen Segen Euch allen. Ich bin Uriel.

Bewusstsein

Hier ist Uriel, das Licht Gottes.

Geliebte Wesen, große Veränderungen hat es schon gegeben und weitere folgen nun, denn die Zeit des umfassenden Wandels ist angebrochen. Es erfüllt sich der göttliche Plan und Ihr spielt auf vielen Ebenen die Hauptrolle dabei. Um Deine Rolle zu verstehen, ist es erforderlich, Dein wahres Wesen zu begreifen. Viel ist schon gesagt worden und es wurde offenbart, dass Ihr multidimensionale, unsterbliche Wesen seid. Es wurden die Gesetzmäßigkeiten der materiellen Schöpfung beschrieben, die den Weg der Seele durch die Inkarnationen bestimmen und wir sprachen auch über die Aufgaben der Lichtarbeiter, ohne die ein gemeinschaftlicher, verkörperter Aufstieg nicht möglich wäre. Und doch bleibt für Euch noch vieles im Nebel, denn die Gesamtheit des menschlichen Wesens ist mit dem Verstand allein nicht zu erfassen.

Es ist seit Anbeginn so, dass Euer wesentliches Sein nichtmaterieller Natur ist. Bewusstsein ist nicht vom Vorhandensein einer Materie abhängig, egal, ob stofflich oder feinstofflich. Es ist im Gegenteil so, dass jede Materie nur durch Bewusstsein geschaffen wird und existieren kann. Es ist die geistige, die spirituelle Kraft, die Euch Menschen so besonders macht. Ihr seid gleichermaßen Schöpfer und Kreatur und Euch steht beides zur Verfügung, das kreative, schöpferische Bewusstsein ebenso wie das Erleben, Erfahren und Verstehen in der materiellen Verkörperung. Der Verstand ist an die materiellen Strukturen gebunden, er misst, wertet, berechnet, vergleicht, schätzt ein und analysiert. Eure Wissenschaften leisten so einen großen Beitrag zum Verständnis. Doch es nähert sich der Punkt, wo die gewonnenen Erkenntnisse zum Umdenken zwingen werden, was eigentlich wirklich Wissenschaft ist.

Bewusstsein entzieht sich Euren wissenschaftlichen Maßstäben und es kann doch nicht außeracht gelassen werden. Bewusstsein ist universell, es ist überall vorhanden, steht in ständiger Verbindung und im ständigen Austausch, ist spiritueller Natur und entstammt der einen „Göttlichen Urquelle des Seins".

Deine Seele, geliebtes Wesen, ist gebündeltes, individuell geprägtes Bewusstsein! Du bist ausgestattet mit Schöpferkraft und dauerhaft verbunden mit der „bedingungslosen Liebe". Du bewohnst einen selbstkreierten, materiellen Körper, der Dir die Möglichkeit für Deine gewählten individuellen Erfahrungen bietet. Dein Bewusstsein hat diesen Körper, dieses Gehirn und dieses Herz durchdrungen und erfüllt ihn mit Leben, doch es ist nicht an ihn gebunden.

Dein Bewusstsein kann sich erheben und Dein wahres Selbst erkennen, es kann sich auf die Reise zu anderen Welten und zu Deiner geistigen Familie begeben. Jede Nacht, wenn Dein Körper schläft, bist Du verbunden mit der Geistigen Welt, berichtest von Deinen Erfahrungen und bekommst Hilfe und Unterstützung für Deinen Weg. Selten bleiben Bruchstücke davon beim morgendlichen Erwachen im Gedächtnis, denn Dein Gedächtnis ist der Speicher Deines materiellen Gehirns, das nicht mit auf der Reise war.

Die Ebenen der Dimensionen haben sich nun soweit angenähert, dass Du in zwei Welten lebst. Die körperliche, materielle Welt schwingt in der vierten und große Teile des Bewusstseins bereits in der fünften Ebene. Diese Zeit des Übergangs ist eine besondere Herausforderung und sie beinhaltet eine einmalige Möglichkeit ganz besonderer Erfahrungen.

Die Erfahrung der eigenen Multidimensionalität war bisher nur geistig möglich, doch erstmals gibt es einen körperlichen Ausdruck, denn der Lichtkörper entsteht auf der fünften Ebene. Wenn jetzt wieder die körperlichen Symptome Müdigkeit, Gereiztheit und wechselnde Beschwerden des Bewegungsapparats gehäuft vorkommen, kann die Lichtheilung Linderung bringen (siehe Kapitel »Werkzeuge«).

Geliebtes Licht, werde Dir Deines wahren Wesens bewusst! Dies ist das Wichtigste, was Du tun kannst, für Dich und für die Welt! Die Materie folgt dem Geist, wenn Dein Bewusstsein sich erhebt und die Liebe im Herzen als die Verbindung zu „Allem-Was-Ist" erkennt, rückt der Aufstieg für alle näher. Wenn Du das göttliche Bewusstsein im Anderen erkennst, stärkst Du es! Wenn es Erschütterungen im Außen gibt, blicke auf das göttliche Bewusstsein, das auf diese Weise Zeichen setzt.

Benutze Deine Schöpferkräfte, um Dein Leben zu gestalten und befreie Dich von alten Begrenzungen. Du bist reich, Du bist kraftvoll, Du bist unendlich geliebt!

Ich segne Dich mit der „bedingungslosen Liebe der Quelle unseres Seins". Ich bin Uriel.

Der Ursprung, die Quelle und der Fluss

Hier ist Uriel, das Licht Gottes.

Meine geliebten Wesen, wieder komme ich zu Euch mit Erklärung, Rat und energetischer Hilfe für jeden. Immer mehr Menschen nähern sich der Schwelle, die wir als das „vollständige Bewusstsein" bezeichnen. Dies ist zwar kein Endpunkt der Entwicklung, denn das Leben ist ein fortwährender Prozess, doch es ist der entscheidende Schritt, der die Trennung aufhebt. Es ist die „Illusion der Trennung", die bis zum heutigen Tage Eure Welt bestimmt. Alles Leid und jedes Unrecht lassen sich auf diese Trennung zurückführen. Diese Illusion ist derart perfekt, dass sie das Denken, die Wahrnehmung, ja sogar die Vorstellungskraft und die Emotionen durchdringt und so Euer Selbstbild und Euer gesamtes Bewusstsein prägt.

Ihr seid in Eurem Bewusstsein nicht nur von Gott getrennt, nicht nur von der Geistigen Welt, nicht nur von Euren Brüdern und Schwestern, nein, Ihr seid von Euch selbst getrennt. Ihr habt den Kontakt zu Eurer eigenen Quelle verloren, die Euch doch beständig mit allem füllen möchte, was Ihr wünscht. Stell Dir einen Bach oder einen Fluss vor, der von seiner Quelle abgetrennt wurde. Wie sieht so ein Fluss aus, kann er noch fließen? – nein, er wird zu einem stehenden, trüben Gewässer. Vielleicht versandet er, bildet mehrere abgetrennte Teiche oder Seen, die sich in die Landschaft fügen und eigene, begrenzte Biotope bilden. Doch der lebendige, sich ständig erneuernde, landschaftsformende Fluss, der von der Quelle bis zur Mündung und sogar darüber hinaus Länder speist und verbindet, ist verschwunden.

Geliebtes Licht, kannst Du dieses Bild, welches nur ein unzureichender Vergleich ist, verstehen? Fühlst Du Dich als gesunder Fluss, der sich seinen eigenen Weg sucht, der sich beständig verändert und Lebensquell für alle ist, die mit ihm in Berührung kommen? Hast Du die Kraft, freie Räume zu erobern und auszufüllen und Dich mit Freude in neue Abschnitte zu stürzen? Spürst Du die Verbindung zu „Allem-Was-Ist", dass Du das lebendige Wasser bist, das an jeden Ort gelangen kann, wenn es sich hingibt und den göttlichen Gesetzen vertraut? Oder bist Du der kleine Weiher, der in Ruhe und Beschaulichkeit verharrt, damit sich die umgebende Landschaft darin spiegeln kann? Suchst Du die Ruhe und Abgeschiedenheit, um Dich selbst zu betrachten?

Alles hat seine Berechtigung und es ist Deine Wahl, wann Du Dich wieder Deiner Quelle zuwendest und Dir Deines wahren Seins bewusst wirst. Deine Quelle wird direkt gespeist von der einen „Urquelle allen Seins", die unbeirrt auf ewig fließt. Deine Quelle versiegt nie, es ist lediglich eine Frage, ob Du mit ihr in Kontakt bist oder nicht. Wenn Du nun in Deinem Bild das Wasser durch Energie, durch Licht und durch Liebe ersetzt, näherst Du Dich der spirituellen Wahrheit weiter an. Deine Quelle ist die Ursprungsenergie, die Deine Seele erschuf – eine individuelle, einmalige Prägung als einzigartiger Teil eines unbeschreiblichen, überwältigenden Ganzen. Deine Individualität ist vergleichbar mit der Einmaligkeit eines Wassertropfens, wenn er als Schneeflocke seine kristalline Struktur offenbart.

Die Rückbesinnung und die Wiederanbindung an Deine Ursprungsenergie bringen stockende Energien wieder ins Fließen und beseitigen die illusionäre Trennung. Es ist der eigene Ursprung, der Dir den individuellen Weg zum „All-Eins-Sein" weist. Du bist als reiner Geist und als schöpferischer Ausdruck der „bedingungslosen Liebe" geschaffen. Du bist der Ausdruck einer einmaligen, harmonischen Mischung unzähliger Nuancen energetischer Schwingungen, die ich gern mit einer Symphonie Eurer großen Meister vergleiche. Bis in die kleinsten, subatomaren Bausteine Deines Seins trägst Du diese individuelle Prägung in Dir.

Der lange Weg durch die Inkarnationen hat oftmals durch Anpassung und Fremdbestimmung diese Prägungen überdeckt und teilweise überschrieben oder verwischt. Dies führt gerade in Phasen des Wechsels und der Neuorientierung zu Unsicherheiten und zur Orientierungslosigkeit. Dann erscheint auch der Weg des Herzens oft als unklar und es fällt schwer, die innere Stimme wahrzunehmen. Es entstehen Selbstzweifel und Ihr sucht Orientierung an anderen Menschen, die Ihr für erfolgreich haltet oder sucht Zuflucht bei Sekten oder Drogen. Dabei besteht die Gefahr, dass Ihr Euch immer weiter von der eigenen Quelle entfernt.

Es ist immer von Vorteil, den eigenen, individuellen Weg zu suchen, mit Reinigung und Klärung das Herz zu befreien und sich der Liebe zuzuwenden. Für diesen Weg habe ich Euch bereits Werkzeuge gegeben, die weiter ihre Bedeutung für Euch haben (siehe Kapitel »Werkzeuge«). Lerne mit der Kraft des Bewusstseins die hohen Schwingungen des Lichts zu nutzen, die jetzt unablässig zu Dir fluten, bleibe in der Liebe und vertraue Dir selbst.

Um wieder den Zugang zur eigenen Quelle und zur Ursprungsenergie zu finden, kann Dir auch Dein „Seelenname" eine wichtige Hilfe sein, denn er trägt die Kraft der Erinnerung für jeden Baustein Deines Selbst. Der „Name" ist eine Signatur, die sich auf energetischer Ebene selbst erkennt und anzieht und ist identisch mit Deiner Ursprungsenergie. So werden auch die nichtintegrierten, abgespaltenen Teile der Seele angezogen und gelangen wieder ins Bewusstsein, um integriert zu werden. Wenn Du die Ursprungsenergie mit einer Symphonie vergleichst, entspricht der Seelenname den prägenden Akkorden der Ouvertüre, die so unverkennbar sind und alles Weitere folgen lassen.

Mein geliebtes Licht, ich werde Dir Deinen Namen nennen, der Dich mit der eigenen Quelle verbinden wird, doch dazu bedarf es der erklärten Absicht des Freien Willens, denn er wird Dein energetisches Muster verändern und so auch Deinen Lebensweg beeinflussen (siehe Kapitel »Werkzeuge«). Wenn Du wieder mit Deiner Quelle verbunden bist, wirst Du ins Fließen kommen und Du selbst wirst der Fluss werden, der sich seinen Lauf sucht und selbst gestaltet. Lebe Dein individuelles Sein, denn jetzt beginnt die Zeit der Heimkehr in die unendliche Fülle, ins Licht und die allumfassende Einheit allen Seins.

Mein Segen und die „bedingungslose Liebe der Urquelle allen Seins" begleiten Dich. Ich bin Uriel.

Bewusstseinsfelder I

Hier ist Uriel, das Licht Gottes.

Auch wenn der Ansatz, Euch über die Energetik zu verstehen, schon übergreifend und verbindend zwischen Physis und Psyche ist, fehlen doch wichtige Aspekte Eurer Ganzheit, die durch sie nicht berücksichtigt werden. Die Seelenaspekte, die über diese Inkarnation hinausreichen, haben eine noch feinere Verbindung auf rein geistiger Ebene.

Diese Grundlage dieser geistigen Ebene ist reines Bewusstsein. Bewusstsein ist nicht an eine Form oder an Materie jedweder Art gebunden. Bewusstsein verdichtet sich, verbindet sich, bildet Strukturen und kann als die hinter jeder Form, hinter jeder Erscheinung stehende Kraft gesehen werden. Die Bewusstseinsfelder verbinden die Zellen und Systeme des Körpers ebenso miteinander, wie den Körper mit der Seele und dem Höheren Selbst und nur über die Bewusstseinsfelder lässt sich Dein ganzes Sein erfassen und erfahrenen.

Die Blume des Lebens

Das alte Symbol der „Blume des Lebens" ist gut geeignet, um das Prinzip der in sich geschlossenen, überlappenden Bewusstseinsfelder zu verdeutlichen. Alles ist verbunden und jede einzelne Form ist sowohl eigenständig wie auch Teil einer größeren Form. Die „Blume des Lebens" ist als Symbol kraftvoll, ausgleichend und harmonisierend. Wenn Du ein Symbol suchst, das Dir helfen kann, die innere Mitte zu finden, sei Dir dieses empfohlen. Meditiere über dieses Symbol, betrachte es ausgiebig und Du wirst immer wieder neue Formen finden und irgendwann auf die darin verborgene Heilige Geometrie stoßen.

Abb. 1: Verborgene Formen in der „Blume des Lebens"

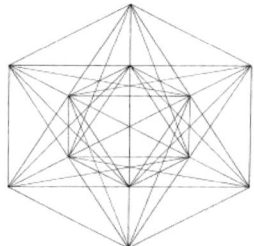

Abb. 2: Der Blick in eine weitere Dimension: Metatrons Würfel

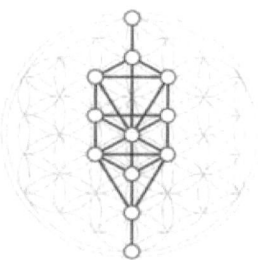

Abb. 3: Altes, früher geheimes Wissen, zum Beispiel Kabbala Lebensbaum

So möchte ich Dich einen weiteren Schritt führen, der Dein Verständnis über Dein wahres Sein erweitern wird. An anderer Stelle spreche ich über die in den Zellen gespeicherten Erinnerungen und über ein Gedächtnis der Zellen, das Euch schlummernde Erkenntnis bringt, wenn es aktiviert wird. Denn dieser Prozess hat nun begonnen und es liegt an Euch, die Schätze zu erkennen und ins Bewusstsein zu heben. Dieser Prozess gehört zu den körperlichen und zu den feinstofflichen Veränderungen, die durch den Aufstieg führen. Er wird das „Bewusstseinsfeld", das jede DNS umgibt und mit einem elektromagnetischen Feld vergleichbar ist, verstärken.

Wie bei einem elektromagnetischen Feld ist auch beim Bewusstseinsfeld neben einer konstanten Grundform eine ständige Bewegung und Veränderung gegeben. Die Bewegungen sind abhängig von der Stärke, Färbung und Frequenz der zugeführten Energie. Die Energie fließt hier nicht in eine Richtung, sondern ist eher eine Schwingung des gesamten Feldes. Sie speist sich aus der unbegrenzten Quelle der göttlichen, universellen Energie. Dieses Feld stellt sowohl den Austausch, die Kommunikation zwischen Euch als auch den Ausdruck individuellen und göttlichen Seins dar.

Je höher, klarer und kräftiger die Schwingungen sind, desto mehr Austausch ist möglich. Auf dieser Ebene werden Informationen weitergegeben, lange bevor eine Nervenzelle einen Gedanken als Impuls freisetzt. Denn der Austausch, die Kommunikation, findet auf einer anderen Ebene statt, nicht über die Nervenbahnen und ist dort auch nicht direkt, sondern nur als Reaktion für Euch zu erkennen. Jede Zelle Deines Seins steht über ihr Bewusstseinsfeld mit allen anderen Zellen in direktem Kontakt. Es gibt Verbundsysteme, die eine Einheit in der Vielheit bilden und zum Beispiel einen Muskel oder ein Organ umfassen – doch es gibt keine Trennung, alles ist über das Bewusstseinsfeld miteinander verbunden.

Das Bewusstseinsfeld durchdringt sowohl den physischen als auch den feinstofflichen Körper und ist wegen seiner hohen Schwingung auf allen Ebenen vorhanden. Dieses Feld steht in engem Zusammenhang und in Verbindung mit der Aura, ist jedoch nicht mit ihr identisch. Das Bewusstseinsfeld ist der Kommunikationsweg allen Lebens und erlaubt eine direkte, komplexe Übertragung von Informationen. So wie sich die Felder der einzelnen Zellen verbinden, verbinden sich auch die Felder einzelner Wesen zu größeren Einheiten. Es ist die Verbindung über die Bewusstseinsfelder, die eine direkte Erfahrung von „bedingungsloser

Liebe" oder Eins-Sein schafft. Es ist die Erinnerung einer jeden Zelle an diese ursprünglichen Gefühle, welcher so der Weg ins Bewusstsein gelingt. Wer in einer Gruppe meditiert, kennt die sich verstärkende Kraft, wenn das gemeinsame Feld aufgebaut wurde und einen jeden energetisch erhebt.

Über Eure schwingenden Felder treten wir in Kontakt, beraten, heilen und lehren. Wir legen in Eure Bewusstseinsfelder die Informationen, die im Einklang mit dem Plan und den göttlichen Gesetzen sind. Es liegt dann an Euch, zu hören oder Heilung geschehen zu lassen. In den Feldern liegen Eure Intuition, Euer „Bauchgefühl, Eure innere Stimme und Euer Ge-Wissen. Die Kommunikation läuft über jene Kanäle, die der Intellekt und das Ego nicht kontrollieren können. Wer jedoch im Herzen mit seinem Selbst in Verbindung steht, wird sich seiner inneren Stimme bewusst sein.

Nie zuvor auf Eurer Welt war die einstrahlende Lichtenergie so stark und hochschwingend wie jetzt, da sich der Aufstiegsprozess entfaltet und über die Bewusstseinsfelder ist alles und ein jeder davon betroffen. Wer hören und fühlen kann, wird nun seinen Weg finden und das Bewusstsein der allgegenwärtigen Verbundenheit entwickeln. Wer sich verschließt, wird sich verunsichert fühlen, denn das Leben wird für ihn aus den Fugen geraten. Es wird kein „weiter so" geben, denn wenn sich die Bewusstseinsfelder verändern, überträgt sich diese Veränderung auf alles. Es sind diese Felder, die hinter allem Sein stehen, denn sie sind Grundlage von Materie und Leben. Alles Wissen aus Deiner Vergangenheit, der Gegenwart und der Zukunft ist in ihnen erhalten. Auf dieser Ebene gibt es nur das „Jetzt" – in ständigem Wachstum, in laufender Veränderung, in unermesslicher Liebe und ewigem Sein.

Es ist die Ebene, die das Individuelle eines jeden so sehr schätzt und braucht und es ist die Ebene, auf der sich das Eine auflöst und mit dem All verschmilzt. Es ist die Urschwingung eines jeden Individuums, die das Ganze erschafft. Dies ist Dein wahrer Ursprung, ein Feld von Bewusstsein, einzigartig und wertvoll, ein Ausdruck von kreativer Schöpferkraft und unendlicher, „bedingungsloser Liebe".

Ich segne Dich, geliebtes Licht, lass die Erinnerung aus Deinen Zellen in Dein Bewusstsein aufsteigen, denn es ist an der Zeit, in Kontakt zu sein. Wir strecken Dir unsere Hände und Herzen in Achtung und „bedingungsloser Liebe" entgegen. Ich bin Uriel.

Bewusstseinsfelder II

Geliebte Wesen, ich werde nun weitere Details über die Bewusstseinsfelder enthüllen, über die ich schon beim letzten Mal sprach. Jeder von Euch steht mit ihnen im Austausch, Ihr beeinflusst sie und wirkt durch sie, egal, ob Ihr jemals vorher davon erfahren habt oder nicht. Die Bewusstseinsfelder sind überall vorhanden und ohne sie existiert nichts. Ihr habt für bestimmte Aspekte dieser Felder bereits Namen gefunden. So kennen einige bereits den Begriff der „morphogenetischen Felder", die im allgemeinen als das „formgebende Prinzip" hinter jeder Materie beschrieben wird und der Begriff „morphische Felder" ist aus der Erkenntnis erwachsen, dass es weitere Felder gibt, wie zum Beispiel ein Gruppenbewusstsein.

Als „Akasha-Chronik" ist ebenfalls ein Aspekt der Bewusstseinsfelder bekannt, der auch als „Buch des Lebens" bezeichnet wird. Aus ihr schöpfen seit Jahrhunderten die Seher und die Hellsichtigen ihr Wissen. Denn hier ist alles aufgezeichnet – das Vergangene, das, was ist, und das was noch sein wird. Je nach Bewusstseinsebene kann hier Information abgerufen werden. Die Schwingung des eigenen Feldes entscheidet über die Zugangsmöglichkeit der unterschiedlichen Bereiche. Doch „Akasha" ist viel mehr als eine Art universelle Bibliothek, denn Akasha ist ein lebendiges Wesen ohne materiellen Körper. In einigen Kulturen wurde sie als das fünfte Element „Äther" bezeichnet.

Mein geliebtes Licht, ich schreibe dies, um eventuelle Missverständnisse auszuschließen, denn wenn ich von Bewusstseinsfeldern spreche, gehe ich über die bekannten Lehren hinaus, ohne sie zu bewerten oder gar als falsch zu bezeichnen. Jede Lehre und jede Erkenntnis hat einen eigenen Wert und eine jede Lehre muss unvollständig sein, denn die Wahrheit ist mit den Sinnen nicht zu erfassen, mit dem Verstand allein nicht zu begreifen und mit Worten nicht auszudrücken. Und doch wirst Du erahnen und spüren, welche Bedeutung die Bewusstseinsfelder haben, denn nichts ist Dir näher als sie. Bewusstseinsfelder sind in Dir, geben Dir Form und Gestalt, liegen Deinen Gedanken zu Grunde und werden von Dir geschaffen und beeinflusst. Erinnerst Du Dich, dass ich oft geschrieben habe, dass Du ein „multidimensionales, geistiges Wesen" bist?

Nun führe ich Dich langsam an die Bedeutung dieser Aussage heran. Ich schrieb schon beim letzten Mal, dass Bewusstseinsfelder alle Dimensionsebenen durchdringen, da sie hochschwingend sind und keine feste Struktur haben. Fühle in Dich hinein – bekommst Du ein Gefühl dafür, wo Dich diese Erklärungen hinführen werden? Du wirst Dich fragen, wer und was bin ich? Doch sicher ist nur das ICH BIN! Alles, was bisher als sicher und verlässlich galt, wird nun in Frage gestellt. Wenn die Existenz der Bewusstseinsfelder anerkannt wird, hat dies ungeheure Auswirkungen in alle Bereiche Eurer Wissenschaften und so wird es Widerstand geben. Doch wird zum Beispiel erst die Anerkennung der Felder es ermöglichen, die Gravitationskräfte zu entschlüsseln und so eine unerschöpfliche Energie zu erschließen.

Doch dies soll nicht mein Thema sein, denn es ist für den Einzelnen völlig gleichgültig, ob und wie es an den Universitäten diskutiert werden wird. Durch die ständige Erhöhung der Schwingungen im Hintergrund werden alle Bewusstseinsfelder angeregt. So sind auch viele der beobachteten Phänomene erklärbar, wie zum Beispiel
- die Zeit, die sich scheinbar immer weiter beschleunigt oder dehnbar erscheint,
- die Lichtkörpersymptome, die besonders Lichtarbeiter und Menschen mit geöffneten Herzchakren betreffen,
- die Wetterphänomene und erhöhte Aktivität der Erdkruste,
- die Aufdeckung und Bewusstwerdung überholter gesellschaftlicher Strukturen und
- viele Partnerschaften werden einer Prüfung unterzogen, ob sie in der neuen Energie noch Bestand haben.

Es ließe sich endlos weiterführen, denn es gibt definitiv nichts, was unabhängig der Bewusstseinsfelder existiert.

Für Dich, mein geliebtes Licht, ergibt sich daraus nun die Chance, ein neues Verständnis Deiner selbst zu entwickeln. Dein innerstes Selbst ist ein einzigartiges Feld von Bewusstsein. Du kannst in diesem Feld Deine Aufmerksamkeit und Deinen Fokus verschieben und Dich so mit den verschiedenen Ebenen verbinden. Das dichteste Feld schafft Deinen physischen Körper, denn er besteht aus unzähligen, miteinander verwobenen Feldern. Da jedes Atom und jede Zelle ein eigenes Feld hat, welches es hervorbringt, entsteht so die besondere Dichte in der materiellen Welt.

Wenn es Dir gelingt, Dein Bewusstsein in den Feldern wahrzunehmen, betrittst Du eine neue Ebene. Du wirst beginnen, die Bewusstseinsfelder zu nutzen, um zu kommunizieren. Du wirst Dir Deiner Schöpferkraft bewusst, die über diese Felder wirkt, und Du wirst beginnen, zu kreieren. Du bekommst Zugang zu dem Wissen der Welt. Du wirst Deinen Körper heilen, verjüngen und nach Deinen Vorstellungen verändern. Du wirst lernen, die Felder zum Reisen zu benutzen und Du wirst große Entfernungen überwinden, ohne ein Fahrzeug zu benutzen. Du wirst Dich mit dem All vereinen und wirst ALL-EINS.

Der erste Schritt ist die Erkenntnis, dass Du nicht Dein Körper bist. Nicht Dein Gehirn oder Deine Nerven bringen Dein Bewusstsein hervor, sondern Dein Bewusstsein Deinen Körper! Du bist nicht an diesen Körper gebunden, doch er ist ein Ausdruck Deiner selbst. Er spiegelt vieles von dem, was Dich und Deine Existenz ausmacht, wider – Deine Einstellungen, Deine Aufgaben, Deine Ängste, Deine Liebe. Wenn Du durch Dein Bewusstsein Deine Schöpferkraft beherrschst, wirst Du auch Deinen Körper wählen können.

Es gilt, Grenzen zu überschreiten und das Unbewusste aufzulösen. Die wichtigste Voraussetzung, dass dieses gelingen kann, ist Annahme und Integration. Noch immer sind viele von Euch mit sich selbst und dem, was sie in sich entdecken, am Hadern. Mit jeder Wertung jedoch *trennst* Du und jede Trennung entfernt Dich von der Einheit. Es gibt nur den Weg der Liebe, den Weg, der verbindet und ausgleicht. Gerade wenn Dir jetzt wieder Dinge an Dir auffallen, die nicht in Deine Idealvorstellung von Dir selbst passen, dann nimm sie in Liebe an und begrüße sie als Teil Deiner unbewussten Entscheidungen und freue Dich über Dein gewachsenes Bewusstsein. Was auch immer zu der Entwicklung jener Dinge führte, ist damit erlöst und wird Deinen Weg nicht mehr beeinflussen. Nun ist Heilung oder Neuausrichtung möglich und wird geschehen, weil sich die Bewusstseinsfelder neu ordnen.

Dies, mein liebes Licht, ist die erste Lektion, um die Bewusstseinsfelder zur Veränderung zu nutzen, daher trainiere und wachse. Ich segne Dich mit der „bedingungslosen Liebe der Quelle allen Seins". Ich bin Uriel.

Hier folgen wieder einige Auszüge von persönlichen Channelings zum Thema Bewusstseinsfelder und Gesundheit.

Auszug 1:
Grundsätzlich ist jede Art von Manifestation die Folge eines energetischen Geschehens, dem immer eine Form von Bewusstsein zugrunde liegt. So ist jede Form von Erkrankung als eine Störung des energetischen Flusses zu sehen. Selbst der kleinen Einheit einer einzelnen Zelle liegt ein hochkomplexes Geflecht von Bewusstseinsfeldern zugrunde, die im Normalfall in ständiger, harmonischer Kommunikation miteinander verbunden sind. So werden alle Funktionen, die zum Leben dieser Zelle gehören, durch ein eigenes Zellbewusstsein gesteuert. Jede Zelle ist darüber hinaus auch mit allen für sie maßgeblichen, übergeordneten Bewusstseinsfeldern verbunden, vom Zellverband über Organ und Körper bis zum Hohen Selbst und der Akasha. Allen Bewusstseinsfeldern sind zwei Dinge gemeinsam: Verbundenheit mit allem Sein und die zugrundeliegende Urenergie — die „bedingungslose Liebe der Quelle". Jetzt wirst Du vielleicht verstehen, warum alle lichten Kräfte Euer Bewusstsein immer wieder auf diese Aspekte lenken und nicht müde werden, deren Wichtigkeit zu betonen!

Für jede Art von Erkrankung bedeutet es, dass kein Symptom und keine Erkrankung losgelöst vom Ganzen zu sehen ist. Wenn die Energie, die Liebe, frei fließen kann und es keine Trennung vom Ganzen gibt, gibt es auch keine Krankheit! Jede Blockade der Energie wird sich früher oder später auch manifestieren – auf eine Art und Weise, die für ein höheres Bewusstsein selbstverständlich, für die Menschen jedoch oft schwer zu verstehen ist.

Wenn Du Dir nun eine Krebszelle betrachtest, wirst Du feststellen, dass die Kommunikation zum Zellverband unterbrochen ist. Sie führt sozusagen ein Eigenleben, folgt keinem Plan und zieht maßlos Energie an. Sie ernährt sich von allen anderen und ist nur auf eigenes Wachstum ausgerichtet. Auch wenn eine Krebszelle sich wie ein asozialer, maßloser Schmarotzer verhält, ist das energetische Geschehen ein anderes. Denn die Grundlage von Krebs ist Mangel! Es ist der Mangel an freier, fließender Energie und an Liebe, der zu dieser Krankheit führt. Die Krebszelle und der Zellverbund sind Ausdruck von Angst, am Mangel zu sterben. Das entsprechende Bewusstseinsfeld ist von Mangeldenken und Abgrenzung geprägt. Auch wenn es der entsprechende Mensch anders wahrnimmt, wird sich dieses Muster auf einer individuellen Ebene finden.

So ist auch der Ansatz einer Therapie auf energetischer Basis prinzipiell sehr einfach, denn es genügt, den Schrei des Körpers nach flutender Energie zu verstehen, um zu wissen, um was es geht – die Rückkehr zur Liebe. In der Praxis ist dies sicher nicht so einfach, denn allein die Diagnose wird in vielen Fällen die Ängste eher vergrößern. Auch gibt es Fälle, in denen eine Neustrukturierung allein nicht reichen wird, um die fehlgeleiteten Prozesse rechtzeitig umzukehren, bevor weiterer Schaden eintritt.

Der freie, bewusste Wille ist jedoch überaus machtvoll, wenn er sich im Einklang mit göttlichen Gesetzen und der „bedingungslosen Liebe" ausrichtet. Als Hinweis hilft es noch, zu beachten, dass jede Entwicklung vom Kleinen ins Große geht. So kann es gut sein, in einer Meditation das Bewusstsein der einzelnen Zelle anzusprechen und sie mit Licht und Liebe zu füllen. Hilf ihr, wieder den Kontakt aufzunehmen und sich als Teil eines „Großen Einen" zu begreifen. Dann sprich mit dem Organ und dann mit dem Selbst im Herzen. Vertrauen und Liebe sind die einzigen Schlüssel, die die Tore zur Gesundheit öffnen....

Auszug 2:
Gesundheit kann weder von Medikamenten noch von der Nahrung allein erreicht werden. Grundsätzlich ist es auch einem gesunden Körper möglich, ohne Nahrung zu leben und es gibt dafür Beispiele in Eurer Welt, doch ist dies nur für sehr wenige der empfohlene Weg. Niemand käme auf die Idee, daraus ein Dogma für alle zu machen, denn dies würde auch keinen materiellen Gewinn erwirtschaften.

Eure Körper funktionieren nicht rein biomechanisch und biochemisch, sondern werden von Bewusstseinsfeldern beeinflusst und gesteuert. Diese Felder stehen mit der Umwelt in einem ständigen Austausch und so gibt es eine Unzahl von Einflüssen, die eine Wechselwirkung auf die körperliche und geistige Gesundheit haben. Oft reichen kleine Anstöße, um eine umfassende Wirkung zu erreichen. Ihr habt dieses Prinzip erkannt und setzt es zum Beispiel in der Homöopathie oder bei Familienaufstellungen um.

Die Ausleitung von Giften, Metallen und anderen Belastungen des Körpers ist in vielen Fällen vorrangig wichtig, um eine Heilung von Innen zu ermöglichen, doch auch dies ist kein Dogma! Die eingelagerten Gifte stören die energetischen Felder und führen so in der Folge zu unterschiedlichen Erkrankungen oder Symptomen, auch zu den degenerativen Störungen, mit denen Du Dich beschäftigst. Doch wie Du weißt, gibt es eine Vielzahl von auslösenden Faktoren, von denen eine Vergiftung die materiell sichtbarste ist. Neben den bekannten „Giften", spielt hier auch die Ernährung mit ehemals als „gesund" geltenden Nahrungsmitteln eine wichtige Rolle.

Ein problematischer Stoff ist hier zum Beispiel der überzüchtete, von Menschen veränderte Weizen, der in vielen Eurer Lebensmittel enthalten ist, sich nun jedoch zur Ernährung nur noch bedingt eignet. Durch Zucht und Kreuzung in den Genen veränderter Weizen ist für Fettsucht und eine Vielzahl von Krankheiten verantwortlich. Hier ist auch keine Unterscheidung mehr zwischen Vollkorn und Weißmehl angesagt. Es überwinden suchterzeugende Teile des Weizens die Blut-Hirnschranke und führen so unter anderem zur Überernährung und den damit verbundenen Erkrankungen von Bauchspeicheldrüse, Herz, Blutkreislauf, Verdauung und Hirnfunktionen. Doch auch hierbei ist es das Bewusstsein, dass eine Bereitschaft für entsprechende Symptome bereithält und so diese Erfahrungen ermöglicht.

Auszug 3:
Eine allumfassende Wahrheit zu Fragen der Gesundheit und der Heilung findest Du nur auf der Seelenebene. Die Seele erschafft sich ihre Körper, sowohl feinstofflich als auch physisch-grobstofflich. Dies ist der Hintergrund allen körperlichen, emotionalen und psychischen Geschehens und prägt die Reaktionsmuster auf Stress, Umweltgifte, Strahlungen, Viren, Bakterien und andere Erreger! Das Leben, auch das der Einzeller, sucht sich jede Nische, um sich auszubreiten. Wenn ein Organismus die Bereitschaft zu ihrer Aufnahme hat, breiten sie sich entsprechend ihres Planes aus. „Verursacher einer Erkrankung" sind sie nicht, doch können sie ihr Erscheinungsbild bestimmen.

Krankheiten wie Demenz oder auch Krebs zeigen entweder eine Überforderung in der Vereinbarkeit von Seelenplan und dem Streben der Seele zur Einheit auf der einen und den kreierten Lebensbedingungen auf der anderen Seite – oder die Seele hat sich für den Weg der Krankheit entschieden und Seelen-Heilung findet für sie bereits durch die „Krankheit" auf einer anderen Ebene statt.

Der Weg ins vollständige Bewusstsein

Hier ist Uriel, das Licht Gottes.
Geliebte Wesen, ich werde mich nun einer für Euch und Euer Verständnis des eigenen Seins fundamentalen Frage widmen. Was bedeutet es, „multidimensional" zu sein und den Weg vom begrenzten ins „vollständige Bewusstsein" zu beschreiten? Wie Euch schon offenbart wur-

de, ist es für die Inkarnation in der materiellen Welt unabdingbar, dass Teile der vollständigen Seele abgespalten werden und ein Abbild der Vollkommenheit in der Geistigen Welt verbleibt, das als Höheres Selbst Schutz- und Beratungsfunktion erfüllt. So ist das Höhere Selbst der Garant für die Rückkehr zur eigenen Vollkommenheit.

Die Welten sind miteinander verwoben und das betrifft nicht nur die geistigen, sondern auch die materiellen Ebenen des Seins. Das Bild der belebten Materie stimmt so nicht nur für das, was Ihr als Leben definiert, nämlich Menschen, Tiere und Pflanzen, sondern auch für das, was Ihr als tote Materie bezeichnet wie Sand, Steine, Metalle und auch alle Mischungen dergleichen. Es sind zwei Dinge, die Eure Wahrnehmung dafür begrenzen: Die Ausprägung und Betonung der fünf Sinne und ihre verstandesmäßige Verarbeitung, sowie die Entstehung der linearen Zeit bei materieller Verdichtung. In Eurer physischen Wahrnehmung sind der Euch umgebende Raum und die fortschreitende Zeit zwei unterschiedliche Faktoren, die gemessen werden können und als verlässliche Konstanten gelten.

Eure Wissenschaftler, deren Bewusstsein sich über die physische Wahrnehmung hinaus erhoben hat, erkannten, dass der Raum sich zum Beispiel krümmen und die Zeit sich dehnen lässt. Auch wurde erkannt, das kleinste Materieteilchen sich allein mit der bewussten Absicht des Beobachters verändern oder sich in ihrem „Verhalten" beeinflussen lassen. So bekommt Ihr langsam einen Einblick in eine andere Ebene und Ihr ahnt, dass es noch andere reale Welten gibt, die mit den fünf Sinnen allein nicht zu fassen sind. *Real* wird von Euch manchmal mit *materiell* gleichgesetzt, doch das ist eine Begrenzung – denn „real" bedeutet wahr, echt und „realistisch" bedeutet wahrhaftig. Materie ist nur eine Erscheinungsform und eine Ebene von Bewusstsein.

Dein „reales Selbst" durchdringt mehrere Ebenen und Dein Ego ist mit einem Teil Deines Bewusstseins auf der materiellen Ebene gebunden. Es ist die Aufgabe Deines Egos, Dein Bestehen auf dieser dichten Ebene zu gewährleisten. Dazu stehen ihm Dein Verstand und Dein Unbewusstes mit den vom Ego trainierten Reaktionsmustern zur Verfügung. Liebe und achte Dein Ego, denn es sichert Dein Leben, doch

294

lass nicht Dein Ego über Dein Bewusstsein entscheiden, denn es ist begrenzt und es hat eine sehr eigenwillige Auffassung davon, was real und richtig ist! Dein wahres Selbst ist mit allen Teilen Deiner Seele in Kontakt, auch mit den „fernen", von denen Du getrennt wurdest, um inkarnieren zu können. Die Trennung ist nur für das Ego „real", da es nur auf die dichte materielle Ebene begrenzt ist, doch Dein wahres Selbst ist nie getrennt und Du bist immer mit dem Höheren Selbst und somit allen Teilen Deines Seins und dem gesamten Kosmos verbunden.

Das Ego jedoch gestaltet sich eine eigene „reale Welt", eine Welt, die von Trennung und Begrenzung diktiert wird. Die Seele dagegen ist auf vielen Ebenen zuhause, denn sie ist reines Bewusstsein und in der Lage, die Formen und Dichten zu erschaffen, die der jeweiligen Ebene entsprechen. Da auch die lineare Zeit nur auf den dichtesten Ebenen existiert, ist ein gleichzeitiges Erscheinen auf mehreren Ebenen nicht nur möglich, sondern die Regel. Für die freie Seele gibt es nur das ewige Jetzt, in dem sie lebt.

In Deinen Träumen, die nicht vom Ego bestimmt werden, erinnerst Du Dich an Deine wahren Fähigkeiten. Menschen, die die Techniken des Klarträumens verfolgen, können auf diesem Weg ihr Ego an diese Fähigkeiten gewöhnen, obwohl dies auch nur in sehr begrenztem Umfang möglich ist. Im Herzen bist Du mit der Wahrheit verbunden, denn hier ist Deine Seele, Dein Selbst, an Deinem „Höheres Selbst" angeschlossen. Im Zentrum Deines Herzens vollziehst Du den Wechsel der Dimensionen und findest Zugang zur göttlichen Ebene des All-Eins-Seins. Hier in Deinem Herzen wirst Du Deine Seelenanteile integrieren und Dein vollständiges Bewusstsein erlangen.

Die Bedeutung ist kaum vorstellbar für Euer Denken, das bisher nur die Begrenzung kennt. Die materielle Welt hört nicht auf zu existieren, doch es verändern sich Eure Wahrnehmungen. Es tun sich Räume auf, die vorher scheinbar nicht da waren und Ihr habt ungeahnte Handlungsmöglichkeiten, die sich nun gleichzeitig auf mehreren Ebenen des Seins vollziehen.

Mein geliebtes Licht, es ist Dein Herz, das Dir die Türen zu anderen Ebenen öffnen wird. Dein Herz wird Dein ganzes Sein integrieren, es wird alle Erfahrungen Deines Egos sowohl aus dieser wie auch anderen Inkarnationen in Liebe annehmen. Darum ist es so wichtig, mit dem Werten aufzuhören! Solange Du etwas als schlecht, böse, unmoralisch und so weiter ablehnst, wirst Du es Dir nicht wirklich verzeihen und so auch nicht in Liebe integrieren können.

Bedenke, es sind Seelenanteile und Erfahrungen, die ein begrenztes, unwissendes, abgetrenntes Ego in der besten Absicht auslebte, um seine Aufgabe zu erfüllen und unversehrt zu überleben. Daher entsteht für das Seelen-Selbst, für Dich in Deiner Wahrhaftigkeit, keine Belastung, keine Schuld und nichts, was nach einer Bewertung verlangt. Auch Jesus sprach, *„gehe hin und sündige fortan nicht mehr"*. Es gibt keine Schuld, wenn die Erfahrung zur Erkenntnis und wenn die Erkenntnis zur Hinwendung zum Licht führt. Diese Betrachtung ist die liebevolle Annahme und die Integration der über viele Inkarnationen gesammelten Erfahrungen. Du bist durch und durch liebenswert!

„Reale Liebe" ist bedingungslos und ist niemals begrenzt auf einen Teil, sondern sie umfasst das Ganze. „Reale Liebe" ist niemals abhängig von erfüllten Erwartungen oder Bedingungen, denn sie ist unabhängig und frei! Wahre, reale Liebe kann niemals enttäuscht werden, denn Enttäuschung setzt auch immer eine Erwartung voraus. Die Grenze zwischen Wünschen und Erwartungen ist sehr fein und oftmals könnt Ihr Eure Erwartungshaltung erst dann erkennen, wenn sich die Wünsche nicht erfüllen. Erwartungen können ein großes Hindernis für die Erfüllung sein, denn sie engen den Blick und die Wahrnehmung ein. Ein Wunsch hingegen lässt alle Möglichkeiten offen, sich zu entfalten und zu erfüllen.

Und so, mein geliebtes Wesen, möchte ich Dich ermutigen, sei großzügig im Wünschen und erlaube der geistigen Welt, sich durch Deine Wünsche zu offenbaren. Die Wünsche der Menschen sind ein wichtiger Bestandteil im Schöpfungsprozess und bilden ein energetisches Netz, das zur Grundlage der Materialisation wird. Du bist der Schöpfer Deiner Welt und Dein Herz entschied schon immer, wie Du

Deine Welt wahrnimmst, doch nun kommt die Qualität der Erneuerung und Erhebung in eine höhere Schwingungsebene hinzu. Wir reichen Dir die Hand, um gemeinsam diese Welt zu schaffen und eine neue Stufe des Bewusstseins zu erreichen.

Ich segne Dich, in „bedingungsloser Liebe" und in Hochachtung für Dein Streben und Sein. Ich bin Uriel.

Zeit

Hier ist Uriel, das Licht Gottes.

Geliebtes Wesen, was bedeutet für Dich Zeit? Sicher hast Du schon gehört oder gelesen, dass die Zeit, so wie Ihr sie auf der Erde erlebt, eine Illusion ist, doch kannst Du dies erfassen? In Deiner Welt, so wie Du sie kennst, ist die lineare Zeit eine gelebte Realität für Euch und selbst die gewonnenen Erkenntnisse über die Abhängigkeiten von Raum, Dichte, Geschwindigkeit und Zeitablauf ändern an Deinem Erleben nichts. Um die Zeit zu verstehen, wird sie gemessen und in Abschnitte von Sekunden bis hin zu Jahren und Jahrtausenden eingeteilt. Dies ist auch sinnvoll zum Leben in der dualen Welt der materiellen Dichte der dritten Dimensionsebene, denn es hilft zur Orientierung und war Grundlage zum Verständnis der Raumzeit und so zur Erweiterung des Bewusstseins.

Doch Ihr teilt die Zeit noch auf eine andere Weise ein und über diese möchte ich nun sprechen. Freizeit, Arbeitszeit, Lehrzeit, Urlaubszeit, Elternzeit, Fahrzeit und so weiter – es ließe sich noch lange fortsetzen. Du zerteilst Deine Lebenszeit auch in unterschiedliche Abschnitte, die von Dir dann nach verschiedenen Kriterien bewertet werden. Dabei unterscheidest Du nach Wert und Sinn, nach Pflicht und Lust, nach positivem und negativem, anstrengendem und erholsamem Erleben. Du stellst Dich auf die verschiedenen Zeiten ein und schlüpfst dabei häufig in eine bestimmte Rolle, in die des Arbeiters, des Urlaubers, des Schülers, der Mutter, des Freizeitsportlers und so weiter.

Du bleibst die gleiche Person, doch Du fühlst und agierst sehr unterschiedlich. Es ist wie ein Spiegel Deiner vollkommenen Seele, die sich teilte, um in verschiedenen Personen zu inkarnieren. Jede dieser Inkarnationen scheint ein für sich getrenntes Leben zu sein und ist von den anderen durch Zeit und Raum getrennt. Je mehr Du Dich dabei mit Deinen Lebensumständen identifizierst, desto weiter geht die Trennung vom eigenen Selbst. Wenn jedoch das Bewusstsein im eigenen Selbst ruht, wirst Du Dich selbst in den verschiedenen Rollen spiegeln und erfahren – es gibt keine Trennung, sondern nur die Erweiterung des eigenen Bewusstseins, das mit jeder neuen Erfahrung wächst.

Dein Fokus verändert sich in den „verschiedenen Zeiten" und die Zeit vergeht für Dich unterschiedlich schnell. Wartezeit vergeht meist langsamer als Zeiten der Aktivität, zumindest im subjektiven Erleben. Warum ist dies so? Die Antwort lautet: Es liegt an der Vorstellung der begrenzten Zeit. Zeit zu vertun und zu vergeuden scheint für Euch ein Frevel zu sein, denn die Lebenszeit ist doch begrenzt – *ist sie das?*

Das Überwinden der Trennung geht mit dem Lösen der illusionären Wahrnehmung der Zeit einher. Du wirst Dein ganzes Potenzial an Wahrnehmung und an Bewusstsein brauchen, um zu er-leben, was Verbundenheit bedeutet. Deine Ratio, Dein Verstand wird darüber bestenfalls eine Theorie entwickeln, die seinen begrenzten Vorstellungen entspricht. Doch wenn Du zu Deinen Seelenkräften Zugang hast, wirst Du es einfach (*ein-fach* beinhaltet das *Eins-Sein*) wissen, denn Verbundenheit ist für die Seele der Normalzustand!

Wenn Du, mein geliebtes Licht, in Deinem Herzen ruhst, wirst Du auch die Verbundenheit erfahren. Lasse Dich nicht weiter darauf ein, Deine Lebenszeit zu zerteilen und höre auf, Dich mit Tätigkeiten, Handlungen, Umständen und so weiter zu identifizieren. Bleibe immer Du selbst und sage „*ich arbeite*" und nicht „*ich bin Arbeiter*". Finde so im Alltag zu Dir selbst zurück. Egal, was Du tust oder nicht tust, alles hat einen Wert für Deine Seele, und Dein Verstand ist zu begrenzt, um den wahren Wert zu ermessen! So enthalte Dich der ständigen Bewertungen, die sich am Nutzen orientieren.

Wenn Du zu Deiner Orientierung einen Maßstab brauchst, dann nimm das „Gefühl von Verbundenheit". Strebe danach, mit Dir selbst in Harmonie und ständiger Verbindung zu sein und vermeide die Rollen, die dies nicht erlauben. Du wirst bemerken, wie sich die Zeit-Qualität verändert und Zeit-Mangel wird es nicht mehr geben. Die „Erweiterung des Bewusstseins" ist ein Prozess, der mit der Verlagerung des Fokus beginnt und letztlich die Illusionen *einfach* auflöst und die Wahrheit offenbart.

Auf Deinem Weg durch diese *Zeit-Räume* begleitet Dich mein Segen und die „bedingungslose Liebe der Quelle allen Seins". Ich bin Uriel.

Zeit und Raum

Hier ist Uriel, das Licht Gottes.

Geliebte Wesen, die Beschaffenheit von Zeit und Raum ist für Euch eines der großen Mysterien. Ich wurde gebeten, Erklärungen für die Zusammenhänge zu geben und die Frage zu beantworten, warum Ihr in einer linearen Zeitlinie lebt, wenn es sie doch eigentlich gar nicht gibt. Um die wahre Natur von Zeit und Raum zu erkennen, ist es erforderlich, aus ihrem gewobenen Geflecht herauszutreten. Auch wenn das Vorhandensein weiterer Dimensionen mittlerweile als Tatsache anerkannt ist, bereitet es Euch nach wie vor Probleme, das Bewusstsein in diese Räume auszudehnen. Da das Euch in Eurer jetzigen Form nur sehr schwer möglich ist, werde ich nun wieder einmal Bilder und Beschreibungen bemühen, um für Euch die Zusammenhänge zu verdeutlichen.

Jede dieser Beschreibungen wird zwangsläufig unvollständig sein und eher Gleichnischarakter haben, denn Euer Verstand wird nur akzeptieren, was ihm logisch und nachvollziehbar erscheint. Jeder Raum beinhaltet eine dreidimensionale Beschaffenheit wie Länge, Breite und Höhe. Um nun als Form ins Bewusstsein treten zu können, bedarf diese Ausdehnung eines weiteren Aspektes – der Zeit, des Jetzt und des Augenblicks. Alles was existiert, beruht auf Schwingung, auf Frequenzen und wellenförmigen Bewegungen. Es gibt nichts „Festes", ja, es gibt nicht einmal die „Leere", den schwingungsfreien Raum! Alles ist von Schwingungen abhängig: Licht, Töne, Temperatur, Gefühle und Gedanken.

Auch Du selbst, Deine Seele, ist ebenso wie Dein Körper Licht und Schwingung! Alles ist Schwingung, auch die Zeit. Die lineare Zeit entsteht durch die synchronisierten Schwingungen von Zeit und Raum. Die so entstehende „Raumzeit" ist in sich stabil und gleichförmig. Sie wird für das Bewusstsein innerhalb dieser Ordnung messbar und berechenbar. Die gleichförmigen Schwingungen erlauben nun auch das Konzentrieren und Verdichten, was zur Entstehung von Elementarteilchen und so zur Materie führt.

Außerhalb der synchronisierten Schwingung der Raumzeit Eurer Dimension, hat die „Zeit" andere Qualitäten. Zeit ist in ihrer wahren Form lediglich eine Schwingung, die Einfluss auf den Raum nimmt und als Zergliederung des immerwährendes „Jetzt" bezeichnet werden kann. Durch Bewegung im Raum verändern sich, abhängig von der Geschwindigkeit, zu deren Bestimmung wiederum Zeit wichtig ist, sowohl die Wahrnehmung als auch die Beschaffenheit von Zeit und Raum. Oberhalb der Geschwindigkeiten des Lichtes hebt sich die Synchronizität vollends auf, der Raum „fällt quasi in sich zusammen" und eine neue Ebene wird erreicht.

Auch die Materie, die aus verdichteter Energie besteht, hat einen Einfluss auf Zeit und Raum. Die der Materie innewohnende Kraft der Anziehung (Gravitation) krümmt den Raum und verändert die Raumzeit. Wenn Ihr Euch von Eurem Planeten entfernen würdet, ohne dass Euer Bewusstsein eine höhere Dimension erfassen kann, hätte das somit auch Auswirkungen auf die Zeit-Wahrnehmung und den Alterungsprozess.

Allein das Bewusstsein bestimmt die Raumzeit! Bewusstsein erschafft und erhält die Schwingungsebenen ebenso wie jedwede fein- oder grob-stoffliche Materie. Wie Bewusstseinsfelder sich miteinander zu größeren, komplexeren Gemeinschaften verbinden und entsprechend eines holographischen Abbildes interagieren, habe ich an anderer

Stelle bereits beschrieben. Hier an dieser Stelle sei nun gesagt: Ihr, meine geliebten Wesen, seid mit Eurem Bewusstsein ebenso Erschaffer und Erhalter Eurer „Realität" wie auch diese *Euch* prägt und formt. Ihr könnt nur erfahren, erfassen oder auch nur erdenken, was innerhalb Eures Vorstellungsvermögens liegt. Alles, was darüber hinausgeht, liegt für Euch nicht einmal im Bereich der Phantasie.

Das Vorstellungsvermögen ist direkt vom Bewusstsein abhängig und jede Einschränkung begrenzt somit auch das Bewusstsein. Das Vorstellungsvermögen wird von der gesamten Person geprägt – sowohl die unsterbliche, multidimensionale Seele als auch das auf eine Inkarnation in 3D begrenzte Ego sind dabei gleichermaßen beteiligt.

Als Hilfe für Euren Verstand ist vielleicht diese Vorstellung von Nutzen: Stelle Dir vor, Du beobachtest ein kleines, zweidimensionales Wesen, vielleicht eine Art Wurm. Dieses Wesen kennt nur die Fläche und ist nicht in der Lage, einen Raum zu erfassen und nimmt den Raum nicht wahr. Dieses Wesen bewegt sich in einer perfekten 2D-Welt, denn wenn eine Fläche auf eine andere stößt, erkennt es nur eine neue Fläche, einen neuen Boden und nicht die Wand, die das Wahrnehmen einer neuen Dimension, nämlich den Raum, ermöglichen würde. Wenn Du dieses Wesen nun beobachtest, wird es Dich nicht mit den 2D-Sinnen wahrnehmen können. Du bleibst für dieses Wesen unsichtbar und bist in seiner Welt nicht vorhanden. Doch es wird Dich vielleicht spüren, Dich hören oder als ein höheres Wesen aus einer geheimnisvollen spirituellen Welt an Dich glauben.

Dir geht es ähnlich, Du kannst die Welten hinter der materiellen 3D-Welt spüren, denn Dein Herz, Deine Seele kennt sie. Doch Deinem Verstand ist es nur sehr schwer möglich, die Grenzen zu überschreiten, denn seine Funktion ist, wie Deine Sinne auch, auf die bekannte Ebene ausgerichtet. Dies ist der Grund, warum jede echte Bewusstseinserweiterung immer eine spirituelle Erfahrung ist und eine Beteiligung des Herzens erfordert.

Spirituell ausgerichtete Menschen haben schon sehr lange erkannt, dass die Zeit, wie Ihr sie erlebt, eine Illusion ist, dennoch gelingt es Euch noch nicht, diese Illusion aufzulösen. Das Auflösen der Zeit und die Freiheit des Jetzt zu erleben, ist für Euch gleichbedeutend mit dem Erreichen der verkörperten Unsterblichkeit und der Überwindung des fortschreitenden Alterns.

Der Schritt, sich in der Raumzeit frei zu bewegen, rückt für die Menschen nun in erreichbare Nähe. Doch die Überwindung der Vorherrschaft des Verstandes und des Egos ist hierfür eine Voraussetzung. Die Selbst-Verständlichkeit des Herzens und der Seele zu entdecken und geschehen zu lassen, wird eine wundervolle Erfahrung für alle sein, die genügend Selbst-Vertrauen entwickelt haben, diesen Weg zu gehen.

So bleibe in der Liebe, im Herzen verbunden mit Deinem Selbst. Das Bewusstsein Deiner wahren Natur, Dein Selbst-Bewusstsein, wächst beständig, denn Deine Seele drängt nun verstärkt zur Vervollständigung. So wirst Du mehr und mehr auch mit Deinen Sinnen er-*kennen*, *begreifen* und ver*stehen* – so wirst Du selbst zum Schöpfer einer „Neuen Welt" werden.

Ich segne Dich mit der „bedingungslosen Liebe der Quelle allen Seins". Ich bin Uriel.

Schöpfung

Hier ist Uriel, das Licht Gottes.

Geliebte Wesen, ich spreche heute über das, was alles ausmacht und alles umfasst, über die Schöpfung, einem Begriff, der häufig missverstanden wurde. Schöpfung ist ein fortwährender Prozess, der nicht in Zeit gemessen werden kann und der die Grenzen der Dimensionen überschreitet. Kein Wesen, das an eine Dimensionsebene gebunden ist, kann jemals in der Lage sein, „Schöpfung" vollständig zu begreifen. Dabei spielt es auch keine Rolle, wie gebildet oder in seiner spirituellen Entwicklung ein Wesen fortgeschritten ist.

In Eurer Bibel steht, Ihr sollt Euch kein Bild von Gott, dem Schöpfer machen. Die Wahrheit ist: es ist Euch nicht möglich! Jeder Versuch würde scheitern und als Ergebnis ein Götzenbild ergeben. Der Begriff „Götzenbild" wird von Euch stets abwertend gebraucht, denn er bezeichnet einen „anderen", einen „falschen" oder „kleinen" Gott. Doch jedes „Götzenbild" ist ja ein Teil der Schöpfung und die Schöpfung ist der Ausdruck des Göttlichen. So benutze ich auch den Begriff „Götze" als wertfreie Bezeichnung eines göttlichen Wesens mit der Befähigung zur Einflussnahme auf die Schöpfung. Es gibt keinen „anderen Gott", sondern nur „Aspekte des Einen", der sich durch die Schöpfung zeigt.

Wer sich jedoch auf nur einen Aspekt konzentriert, verliert mehr und mehr den Bezug zum Ganzen und so verlieren alle Religionen im Laufe der Zeit ihre göttliche Grundlage und vergehen.

Gott selbst ist jedoch mehr als die Summe aller Schöpfungen, er umfasst alles Sein und alles, was außerhalb des Seins existiert, denn er ist die Urquelle des Seins und mit dem Wort *„Es werde"* beginnt die Schöpfung. Jede Schöpfung trägt den göttlichen Ursprung in sich, so wie jede Zelle Deines Körpers den Bauplan Deines gesamten Körpers in sich trägt. Wenn nun Materie mit Spirit und Seele zu einer lebendigen Einheit verschmelzen, entsteht ein göttliches Wesen mit Schöpferkraft. Ein solches Wesen trägt alle Attribute des Göttlichen in sich, doch wird es niemals selbst Gott sein, sondern höchstens als Götze verehrt. Und so sind alle im Ursprung gleich: die Engel, die Götter, die Götzen und die Menschen, doch ebenso individuell und einzigartig.

Und da jedes Wesen mit Schöpferkraft versehen wurde, haben auch zu unterschiedlichen Zeiten verschiedene Wesen, Götter, Engel oder Heilige eine Schutzfunktion und Helferrolle für die Menschheit übernommen. Diese „Götzen" zu verehren, entspricht einer angemessenen Wertschätzung, wie Ihr sie auch Lehrern, Weisen, Meistern oder Eltern entgegenbringt – sie jedoch als Gott anzubeten, führt in die Abhängigkeit.

Du, mein geliebtes Wesen, gehörst nun einer Epoche an, die befreit ist von Bevormundung und Fremdbestimmung. Auch wenn die Zeit des

Überganges von der vorherigen in die neue Zeitlinie noch nicht vollendet ist, bist Du bereits ein Mensch der Neuen Zeit. Als dieses Wesen wirst Du Dir nun mehr und mehr Deiner wahren Bestimmung und der damit verbundenen Kräfte bewusst. Du bist ein göttliches Wesen mit Schöpferkraft! Du bist aufgerufen, diese Welt zu formen, zu gestalten und mit Schönheit und Licht zu beleben. Jeder Schöpfungsakt beinhaltet eine Transformation. Transformation ist auf der materiellen Ebene lediglich eine Umformung, doch verbirgt sich dahinter ein Prozess, der auf anderen Ebenen wirksam ist.

Wenn Du Dir Deiner Verbindung zum Ursprung, dem All-Eins-Sein bewusst bist, kannst auch Du die vereinten Seelenkräfte der Lichtarbeiter dieser Welt und die Unterstützung der geistigen Welten zur Schöpfung nutzen. Schließe Dich dem „Goldenen Lichtnetz" an, das nun diesen Planeten umspannt und mit goldenem Licht das neue Zeitalter hervorbringt. Es entstehen Schöpferwerkstätten, in denen Ihr, beraten von Euren geistigen Führern und Helfern, die Pfeiler für Euer eigenes Sein und die der Welt setzt. „Es werde!" Es bedarf der visionären Kraft Deines reinen Bewusstseins (ohne Einflüsse des Egos) und es bedarf der inneren Verbundenheit zur „All-Einen-Gemeinschaft der Seelen", um genügend Energien zur Manifestation zu bündeln.

Manifestation beginnt in geistigen, mentalen Bereichen und schreitet dann mit zunehmender Verdichtung und Formung in Schwingungen fort, die sichtbar und hörbar werden. Dann, bei entsprechender Resonanz in „Raum und Zeit", beginnt die Materialisation von fein- und grobstofflicher Materie. Wünsche des Herzens und Wünsche der Seele finden Resonanz und Unterstützung im „Lichtnetz des goldenen Lichtes", denn die Seelen sind im Ursprung *eins*. Die Wünsche und das Begehren des Egos jedoch grenzen Dich ab, trennen Dich von der Energie und führen weiter in Unfreiheit und Abhängigkeit.

So sind die Verbindung mit Deinem Herzen und der innere Friede durch Selbstannahme und Vereinigung der Seelenanteile der Weg in die Verfügbarkeit der Schöpferkräfte. Schließt Euch zusammen im Goldenen Licht, Ihr seid die Anker auf der Erde und seid die Kanäle, durch die das Goldene Zeitalter Gestalt bekommt.

Dein Herz ist Sender und Empfänger und dort befindet sich der Gottesfunke in Dir, Dein Anteil des „Göttlichen Einen". Wenn Du jetzt fühlst, bereit zu sein, schließe die Augen und gehe in Dein Herz. Ich berühre Dich nun im Herzen mit dem Goldenen Licht – vertraue mir Deine Herzenswünsche an.

Ich segne Dich mit dem Goldenen Licht und der „bedingungslosen Liebe der Quelle allen Seins". Ich bin Uriel.

Hilfe aus der Geistigen Welt

Hier ist Uriel, das Licht Gottes.
Geliebte Wesen, ich grüße Euch in dieser kreativen Zeit des Wandels und des Neubeginns in liebevoller Verbundenheit. Mein Wunsch ist es, jeden Einzelnen zu erreichen – zur Ermutigung und zur Stärkung des Selbstvertrauens. Als Eure Seelen sich entschieden haben, in diesen herausfordernden Zeiten zu inkarnieren, wurde Euch versprochen, dass Ihr diesen Weg nicht allein geht und dass Ihr Unterstützung in vielfältiger Weise erhalten werdet. Heute komme ich, um dieses Versprechen einzulösen und die vielfältigen Hilfen aufzuzeigen.

Der erste Hinweis geht an die vielen Lichtarbeiter, die ihren Platz noch in den alten Strukturen ausfüllen und sich täglich darum mühen, sich des Lichtes bewusst zu bleiben. Schließt Euch zusammen, bildet Lichtkreise und trefft Euch zur gemeinsamen Meditation. Seid Euch bewusst, dass Ihr nicht allein seid und überwindet die Illusion der Trennung! Traut Euch zu zeigen, wer Ihr seid und erlaubt Euch, den Lichtarbeiter in der Nachbarschaft zu erkennen. Gemeinsamkeit potenziert Eure Energien und schafft in einem größeren Umfeld eine stärkende, lichtvolle Atmosphäre.

Wenn Du, mein geliebtes Licht, an einem Punkt in Deinem Leben stehst, wo Du Dich selbst suchst und Du im Herzen nicht klar fühlen kannst, wer Du bist, wird es auch schwer für Dich sein, Deinen einst selbstgewählten Weg zu erkennen. Gerade in dieser Wandlungszeit kann dies zu Unsicherheit, Verzagtheit und Angst führen. Die Rückbesinnung an den eigenen Ursprung kann für Dich hier eine große Hilfe darstellen, denn dies verbindet Dich mit Deinem unsterblichen Seelen-Selbst. So wirst Du Dich erinnern, wer du bist und das Streben Deiner Seele wird für Dich erkennbar. Dein Seelenname und die Rückverbindung mit der Ursprungsenergie können die wertvollsten Wegmarken für Dich darstellen (siehe Kapitel »Werkzeuge«).

Jeder Mensch bekommt zu seiner Unterstützung eine Begleitung aus der Geistigen Welt an die Seite gestellt. Meist handelt es sich um eine vertraute Seele, die nun die Rolle des Schutzengels für Dich übernommen hat. Dein Schutzengel weicht niemals von Deiner Seite, hält sich jedoch im Hintergrund, solange es keine groben Abweichungen vom Seelenplan gibt, wie zum Beispiel Unfälle, die zu Einschränkungen führen und die eine Erfüllung der Aufgaben unmöglich machen würden. Er steht in ständiger Verbindung mit Deinem Höheren Selbst, um Dich zu schützen. Dein Freier Wille ist jedoch auch für Deinen Schutzengel ein hohes Gut und wird grundsätzlich geachtet. Daher ist es ratsam für Dich, im inneren Dialog den Kontakt zu suchen und um aktiven Schutz zu bitten.

Neben dem Höheren Selbst begleiten Dich oft wechselnde Führungsengel, die für bestimmte Lebensabschnitte oder Lektionen als Ratgeber und Wegweiser fungieren. Sie kommunizieren mit Dir über Dein Herz und sind so für Dich als „innere Stimme", als „intuitive Erkenntnis" oder als „Bauchgefühl" wahrnehmbar. Und die Klarheit der Wahrnehmung hängt sehr von der Offenheit Deines Herzens ab.
Viele „Aufgestiegene Meister", Seelen, die den irdischen Weg selbst gegangen sind und beendet haben, sowie zahlreiche höhere, geistige Wesen wie meine Geschwister und ich, sind in Eure Nähe gerückt, um den Aufstieg von Gaia und allem Leben, das mit ihr verbunden ist, zu begleiten und zu unterstützen. Etliche offene, medial begabte Menschen sind unser Sprachrohr für Euch geworden. Sie dienen Euch und uns solange, bis ein jeder unsere Anwesenheit direkt erleben und unsere Stimme vernehmen kann.

Was Ihr als Channeln bezeichnet, ist eine vom Grundsatz her jedem Menschen gegebene Fähigkeit. Es ist die „normale Art" der Kommunikation unter geistigen Wesen, sich durch direkte Ansprache und Übermittlung auszutauschen. Für die meisten unter Euch bedarf es lediglich einer Reinigung der entsprechenden, energetischen Kanäle, einer Öffnung des Herzens, einer liebevollen Anleitung und Selbst-Vertrauen.

Das schon lange bestehende Lichtgitternetz, das den Planeten umspannt, wird seit einiger Zeit mit „Goldenem Licht" geflutet. Dies ist nun der Beginn des Goldenen Zeitalters, das seit Äonen angekündigt war. Das nun einströmende „Licht" erreicht nicht nur jeden Menschen, sondern jede lebendige Zelle und jedes Atom, ja sogar jedes kleinste subatomare Teilchen, denn es schwingt auf der höchstmöglichen Frequenz. So ist die Bezeichnung „Licht" im physischen Sinn nicht korrekt, denn die Frequenzen von Licht sind deutlich niedriger, doch gibt es keine bessere Beschreibung für diese Form der reinen Energie.

Für Euch bedeutet diese Energie Liebe und Schöpferkraft. Das ermöglicht die individuelle Schöpferkraft durch Selbstannahme und die „bedingungslose Liebe" für sich selbst und andere zu erschließen, ist das größte Geschenk an die verkörperten Seelen. Dem ging eine Ablösung des alten Karmas durch göttliche Gnade voraus, die mit einer „Generalamnestie" auf der irdischen Ebene vergleichbar ist.

Geliebtes Wesen, öffne Dein Herz und siehe: Du bist frei, Du bist unendlich geliebt, Du bist geschützt und liebevoll geführt und Du bist niemals getrennt oder allein, denn Du bist (D)ein Teil des Einen. So wird Dein Weg ebenso einzigartig, individuell sein, wie Du es bist und doch wirst Du Dich eins-fühlen mit „Allem-Was-Ist" und wirst auch mit der Gemeinschaft verbunden sein.

Ich segne Dich mit der „bedingungslosen Liebe der Quelle allen Seins". Ich bin Uriel.

Das göttliche Eine

Hier ist Uriel, das Licht Gottes.

Geliebte Wesen, das göttliche „All-Eine" bleibt für Euch ein Mysterium, da es vom menschlichen Bewusstsein nicht erfasst werden kann. Weder Euer Verstand noch irgendein Supercomputer wird jemals in der Lage sein, zu ergründen, was „dahinter" steht. Selbst wenn es den Menschen gelingen würde, jedes noch so kleine Detail in der unendlichen Schöpfung zu finden und zu ergründen und wenn jede Interaktion, jeder energetische Austausch und jede zugrundeliegende Ordnung erkannt würden, bliebe Euch Wesentliches verborgen.

Auch dies beruht auf einer universellen Gesetzmäßigkeit, die Euch bereits bekannt ist: Das Ganze ist immer mehr als die Summe der Teile! Ein Gemälde ist mehr als die Farbe, der Rahmen und die Leinwand, ein Haus ist mehr als Steine, Sand, Kalk, Holz, Kabel und so weiter. Auch ein Mensch oder ein Universum lässt sich nicht durch die Auflistung der elementaren Bausteine beschreiben, geschweige denn in seiner Komplexität verstehen. Ebenso ist das „göttliche All-Eine" mehr als die gesamte Schöpfung, in der es sich ausdrückt. Um eine Vorstellung über die Schöpfung und das Dahinterstehende zu bekommen, ist als Grundlage das Wissen um die Bedeutung von Bewusstsein, von „Spirit" erforderlich.

Solange es nicht als Tatsache anerkannt ist, dass Materie lediglich durch das Vorhandensein von Bewusstsein existiert, wird der Mensch irren, weiter einen Irrtum durch den nächsten ersetzen und dies dann Fortschritt nennen. Das Göttliche wirkt in, hinter und über allem Sein, es drückt sich darüber aus, ist jedoch nicht damit identisch. Gott ist nicht nur „Alles-was-ist", sondern auch „Alles-was-nicht-ist", was war, was sein wird und auch mehr als die Summe dessen.

Ich weiß, mein liebes Licht, dass diese Worte nicht wahrhaftig verstanden werden können, denn es ist der Versuch, Dimensionsgrenzen zu ignorieren. Es ist etwa damit vergleichbar, dass das Betrachten eines gezeichneten Baumes nicht das Erlebnis eines Waldspazierganges mit allen Sinneseindrücken schildern kann. Und doch gibt es für Dich eine Möglichkeit des Erfassens, denn Du bist ein „Teil des All-Einen" und trägst so quasi eine holografische Information darüber in Deinem Bewusstsein – dem geistig-spirituellen Hintergrund Deiner physischen Existenz.

Bewusstsein versteht Ihr gemeinhin als Tag-, Unter-, Über- oder Wachbewusstsein und so als eine Hirnleistung – doch es geht darüber weit hinaus. Jedes Organ, ja, jede Zelle hat ein eigenes Bewusstsein, ohne das es nicht existieren würde. Um das Wesen des „Göttlichen Ganzen", des All-Eins-Seins zu erfahren oder gar verstehen zu können, bedarf es genau dieser Art von Bewusstsein – des bedingungslosen Seins, des ICH BIN- Bewusstseins!

Die Fähigkeit zu unterscheiden, zu trennen und zu wählen ist die Grundlage Eurer Erfahrungen in der dualen Welt. In ihr ist der Freie Wille begründet und findet darin seinen Ausdruck. Diese Fähigkeit ist sozusagen der „Fluch und der Segen" gleichermaßen, der eine Inkarnation in der materiellen Welt begleitet. Es ist der Verstand, die Fähigkeit der Trennung und Unterscheidung, die Euch vom Ganzen trennt und abscheidet. Doch es sind auch ebenso der Freie Wille und der Verstand mit ihrem Streben nach Erkenntnis, die Euch wieder zurückbringen in die Einheit. Die Erkenntnis, aus der Einheit gefallen zu sein, ist dabei der erste Schritt. So sind zum Beispiel Krebs und Autoimmunkrankheiten für den Einzelnen ebenso ein Zeichen für den Verlust der Einheit, wie der gesellschaftliche Zerfall, die Umweltzerstörung und das Artensterben für die Gemeinschaft der Menschen.

Durch Erkenntnis, mein liebes Licht, wirst Du beginnen, Deine innere Integrität wiederherzustellen und Herz und Kopf, Körper, Geist und Seele wieder in Harmonie miteinander zu verbinden. Jeder Teil Deines Wesens hat seinen Wert und seinen rechten Platz und nur so kann Harmonie und Einheit entstehen. Es gibt nichts „Schlechtes" oder „Überflüssiges" in der Schöpfung, denn *alles* entstammt der einen schöpferischen Urenergie.

Wer bereit ist, den inneren Kampf zu beenden und sich selbst bedingungslos zu lieben, wird dies dann auch im Außen tun und kommt so mit der „Göttlichen Einheit" in Kontakt. Erkennen, annehmen und wertschätzen führt zum Frieden und so wieder zur Einheit. Dies gilt sowohl für das Individuum als auch für die Gesellschaft, die Natur und die kosmische Gemeinschaft. Das Leben im inneren und äußeren Frieden offenbart die göttliche Natur, schafft Verständnis und verbindet mit dem All-Einen.

Dies ist der einzige Weg, „Gott zu schauen". Es gibt dafür kein Bild und auch keine Beschreibung, die es wahrhaftiger erfassen können als die Worte: *ICH BIN"* – es umfasst das ganze Sein, auf allen Ebenen, mit allen Sinnen, bedingungslos und verbunden.

Ich segne Dich mit der „bedingungslosen Liebe der Quelle allen Seins". Ich bin Uriel.

Gott, Götzen und das „Göttliche Eine"

Hier ist Uriel, das Licht Gottes.

Geliebte Wesen, auch jetzt in der Neuen Zeit, wird die „Quelle allen Seins" für Euch ein Mysterium bleiben. Etliches wird klarer, verständlicher werden, doch es wird auch vieles außerhalb Eures Bewusstseins bleiben. Ich möchte Euch nun ein Stück weiter in das Bewusstsein des „All-Einen" führen, denn die Vorstellungen über Gott und die Schöpfung bedürfen einer gründlichen Erneuerung.

In anderen Zeiten wurde hinter jedem Geschehen auf der Erde das willkürliche Wirken unterschiedlicher Gottheiten gesehen und so war der Blick für die Gesetzmäßigkeiten der Natur verbaut. Alles wurde auf den „Willen der Götter" geschoben und so der eigene Einfluss und die eigene Verantwortung für das Leben abgegeben. Das Ergebnis war Spaltung. Dann habt Ihr zunehmend Gott immer weiter von Euch getrennt und später, durch das zunehmende Verständnis der Naturgesetze, verlor auch die Erde für Euch den göttlichen Aspekt.

Alle großen Religionen, die in den letzten Jahrtausenden entstanden, sind geprägt von einem „Bewusstsein der Trennung" – hier die Menschen, da die Götter beziehungsweise der Gott. Der „moderne", rationale, auf Funktionen gerichtete Verstand hat den Fokus stets auf das Stoffliche und auf Versachlichung gelegt. Das spirituelle Wirken wurde immer weiter ausgeblendet oder verunglimpft und als Spinnerei oder Einbildung abgetan. Und auch hier war das Ergebnis Spaltung.

Diesem Denken seid Ihr entwachsen und nun ist es an der Zeit, auch die „alten Götter" in einem neuen Licht zu betrachten. Ja, es gibt Wesenheiten, die auf der energetischen Ebene Macht und Einfluss haben! Doch sie sind keine allmächtigen Götter, sondern unterliegen, wie alles Leben, auch den universellen Gesetzen. Und welche Bedeutung sie für Dich haben, welche Macht sie über Dich bekommen, bestimmst ausschließlich Du selbst.

Gott hingegen ist nicht nur allmächtig, sondern auch allgegenwärtig und es existiert nichts außerhalb des „Göttlichen Ganzen". Selbst alle dem Materialismus entsprungenen Götzen sind mit dem Göttlichen Ganzen verbunden. Gott ist Einheit und die Dualität ist eine der vielen möglichen Ausdrucksformen. Gott beinhaltet die Dualität, doch ist er nicht einer ihrer Teile. Es gibt keinen Gegenpol zu Gott! Das Göttliche hat viele Aspekte, es umfasst alles, was ist und auch alles, was nicht ist.

An diesem Punkt wird Dein Bewusstsein vermutlich an seine Grenzen stoßen, denn wie kann *etwas sein*, was *nicht ist*? Ein möglicher Erklärungsversuch wird Dir sagen: *Was nicht ist, kann ja noch werden und ist schon geistig für die Zukunft angelegt.* – Doch nein, so einfach ist es auch nicht. Denn auf den anderen Dimensionen gibt es keine lineare Zeit, also auch keine Zukunft.
Dein Verstand ist für diese höherschwingenden Ebenen nicht ausgelegt und so versucht er, Erklärungen zu finden, die seinem von der dualen, materiellen Welt geprägten Verständnis entsprechen. Dein Verstand sagt, wenn es einen „guten Gott" gibt, muss es auch einen „bösen Gegenpart" geben, denn die Welt entspricht nicht Deiner Vorstellung von

einer göttlichen, vollkommenen Schöpfung. So sind die Religionen entstanden, die jeweils ihrem Kulturkreis entsprechende Beschreibungen der einen Wahrheit liefern.

Die Seher, Propheten und Erleuchteten, die später zu den Stiftern der Religionen wurden, taten ihr Bestes, um ihr erworbenes Wissen weiterzugeben. Doch jede Beschreibung höherer Schwingungsebenen bleibt immer eine unvollkommene, ja, einseitige Betrachtung. So wie eine Zeichnung einen Körper nur sehr bedingt darstellen kann und die fehlende Dimension nur durch die räumliche Vorstellungskraft ersetzt wird, sind Worte nicht ausreichend, um Schöpfung und Schöpfer zu erkennen. Und jede Weitergabe, jede Übersetzung und jede Interpretation der einst gelebten Erkenntnis verzerrt die Wahrheit weiter.

Doch es gibt eine Ebene der Erfahrung, die *Dir selbst* Erkenntnis ermöglicht. Diese Erfahrungsebene findest Du in *Dir selbst*, denn als ein Teil der göttlichen Schöpfung trägst Du auch das Bild der „Einheit allen Seins" wie ein Hologramm in Dir. Für Dich ist es in Deinem göttlichen Kern, dem Licht in Deinem Herzen zu finden. Wenn Du Dich auf die Suche nach Deinem „Göttlichen Selbst" begibst, gibt es einige Attribute, die Du dabei erwerben wirst – ohne diese wirst Du Dein göttliches Wesen nicht erfahren können: Es sind (Selbst-)Vertrauen, Annahme, Hingabe und (Selbst-)Liebe.

Ihre Verwirklichung führt Dich in die Meisterschaft, in das göttliche Bewusstsein, in das ICH BIN. Dies ist der eine Weg, Gott zu erkennen und zu erfahren.

Diesen Weg sind die Aufgestiegenen Meister, die Euch nun begleiten, ebenso gegangen wie alle anderen Seelen, die den Zyklus bereits beendet haben. Das Erkennen Deines wahren Wesens ermöglicht Dir die Rückkehr in die Einheit. Ich stehe Dir auf diesem Weg zur Seite und segne Dich mit der „bedingungslosen Liebe der Quelle allen Seins". Ich bin Uriel.

ICH BIN

Hier ist Uriel, das Licht Gottes.

Geliebte Wesen, wer meine Botschaften schon gehört hat, kennt auch die Worte „ICH BIN", mit denen ich viele Botschaften beende. Heute nun werde ich über die Bedeutung dieser Worte sprechen – Worte, die Euch schon lange bekannt sind, doch deren tiefere Bedeutung noch für viele von Euch verborgen ist. Eure Sprache ist manchmal tückisch, denn das „Ich" wird meistens mit dem Ego gleichgesetzt. „ICH BIN" meint jedoch etwas völlig anderes. Wer die Worte „ICH BIN" bewusst ausspricht, ist in die Verbindung mit seinem Seelengrund getreten. Mit dem „ICH BIN" spricht das göttliche Bewusstsein.

Als Sananda in seiner Inkarnation als Jesus sprach: *„ICH BIN das Licht der Welt"*, war dies eine Offenbarung für die Menschheit – *„Gott ist mitten unter Euch, lebt in mir und lebt in Euch"*. Immer, wenn Du „ICH BIN" sprichst, offenbarst Du Teile Deiner Seele und sprichst mit ihr. Jede Äußerung, die Du mit „ICH BIN" beginnst, wirkt wie eine Affirmation und prägt Dein Leben. Solange es bestärkende und aufbauende Worte sind, können sie niemals falsch sein, auch wenn sie gerade in diesem Zeitpunkt nicht zu stimmen scheinen.

„Ich bin kraftvoll und voll Liebe" mag vielleicht gerade nicht Dein gefühlter Zustand sein, doch ist es mit Sicherheit ein Attribut Deiner Seele! Wenn Du *„Ich bin kraftvoll und voll Liebe"* aussprichst, wird dieser Aspekt in Dir gestärkt und sucht Resonanz und Ausdruck im Außen. „ICH BIN" bedeutet immer, dass die Seele in ihrem göttlichen Aspekt angesprochen und so Schöpferkraft entfaltet wird. So gilt noch immer *„Am Anfang war das Wort."*

Wenn Du nun sagst, ich bin müde, ich bin krank, ich bin zu dumm oder ähnliches, wirkt dies nachhaltig negativ auf Dein Seelenleben. Bedenke immer, jeder mit ICH BIN begonnene Satz ist eine Affirmation. Wenn Du Dich krank oder müde fühlst, drücke es auch so aus und sage *„ich fühle mich müde, ich fühle mich krank!"* Sage *„Ich fühle mich gerade zu dumm für …, auch ich komme mir dumm vor"*, doch sage niemals *„ich bin dumm!"*

Ähnlich verhält es sich auch mit den Namen, die Ihr Euch gebt. Viele haben einen wunderschönen Namen von ihren Eltern bekommen, der genau richtig ist! Oftmals wird den werdenden Eltern der „richtige" Namen von der Seele des Kindes übermittelt und so wissen sie schon vor der Geburt oder beim ersten Anblick zum Beispiel: Hier ist eine „Angela" – ein Engel, ein Bote Gottes. Wenn der Name „richtig" ist und mit der Seele harmoniert, ist es zum Beispiel absolut in Ordnung zu sagen *„Ich bin Sharin" – die Glückliche*.

Doch eines gilt es zu beachten, dass dies Dein irdischer Name ist, den Du von Deinen Eltern erhältst – doch wenn er für Dich in Deinem irdischen Leben auch absolut passend scheint, kann er für Deine Seele als Beschränkung wirken. Wenn Du Dir darüber unsicher bist, stelle Dich besser mit den Worten vor *„Ich heiße ...!"*

Ich bin über meinen Namen auf ewig als „Einheit mit dem Licht" verbunden, auch wenn ich mich Eurer Ebene nähere, denn meine Name „URIEL" bedeutet das „Licht Gottes". Auch Du, mein geliebtes Wesen, bist in Deinem wahren Sein göttliches Licht und wir sind im Kern gleich! Uns unterscheiden lediglich die Ebene der Schwingung und die Frequenzbreite unseres Bewusstseins. Dein irdischer Name dient Dir, um Dich auf Deiner Ebene zu stabilisieren. Dein Seelenname hingegen, der Deinen Ursprungsfrequenzen entspricht, verbindet Dich mit Deinem wahren Wesen.

Um Dein Bewusstsein zu erweitern, meditiere über „ICH BIN Licht", dabei wird Deine Schwingung erhöht, denn diese Worte erkennen und verbinden sich mit Deinem inneren Wesen und jede Erkenntnis des eigenen Selbst ist ein Fortschritt für die Seele.

Ihr lebt in einer herausfordernden Epoche der Menschheit, denn mit dem zunehmenden Licht wird nun auch der Widerstand der Gegenkräfte wieder sichtbarer. Lass Dich davon nicht beirren, sondern bleibe mit Deinem Bewusstsein bei Dir.

Mein liebes Licht, ich möchte Dich hier ermutigen, Dich mit Deinem „ICH BIN" intensiv zu beschäftigen, denn diese einfachen Worte haben eine große Kraft für Dich. Sie können Dir Heilung und Erfüllung auf jeder Ebene Deines Seins bescheren. Allein das Lesen dieser Zeilen wird Deiner Seele, Deinem göttlichen Selbst helfen, sich in Deinem Tagesbewusstsein zu verankern. Jedes „ICH BIN" stärkt die Verbindung zum Göttlichen Ganzen und ist so ein Schritt zurück in die Einheit.

Die Blockaden, Dich als Licht zu erkennen und Dich selbst zu lieben, wurden über viele Inkarnationen aufgebaut und verdichtet. Sie sind Gedankengebäude, Urteile und Wertungen, aber auch Gelöbnisse und Bindungen durch Verträge, Schwüre und Versprechen, die zu erkennen und zu lösen es nun an der Zeit ist. Das ICH BIN-Bewusstsein wird vieles davon an die Oberfläche bringen, damit es erkannt und abgelöst werden kann. Dabei gilt es zu verstehen, dass mit dem Gewahr-werden bereits die Heilung beginnt.

Gerne werde ich Dir zur Seite stehen auf dem Weg zu Deinem wahren Selbst und bei dem Erkennen Deines göttlichen Wesens. Ich segne Dich mit der „bedingungslosen Liebe der Quelle allen Seins". Ich bin Uriel.

Kapitel 9
Aufstieg und Dimensionswechsel

Fertigmachen zum Aufstieg

Hier ist Uriel, das Licht Gottes.

Ich grüße Euch, Ihr lichten Seelen, die nun schon so lange warten und die sich nach ihrem wahren Zuhause sehnen. Ich werde heute ein Missverständnis klären, das sich bei vielen von Euch in der letzten Zeit gebildet hat. Mein Thema ist Geduld – *„Nein, ich sage nicht, Du sollst sie haben!"* Die Geistige Welt versorgt Euch über zahlreiche Medien mit Informationen, die Euren Aufstieg in die 5.Dimension betreffen. Auf Euch wartet das größte Abenteuer, eine Reise der unvorstellbaren Art. Nie zuvor hat es ein solches Ereignis gegeben. Ihr seid informiert über den Sinn und das Ziel, der Weg jedoch ist für Euch noch weitgehend im Nebel. Ich erkenne Eure Unruhe, Eure Ungeduld und sehe immer wieder die Frage: *„Wann geht es endlich los?"* Immer wieder habt Ihr die Antwort bekommen: *„Bald ist es soweit, alles entwickelt sich, die Gemeinschaft, die sich zur Aufgabe bekannt hat, diesen Aufstieg zu begleiten und zu fördern, arbeitet im Plan".*

Ihr wisst und Ihr spürt es, gewaltige Energien wurden und werden weiterhin freigesetzt und kanalisiert, um Gaia und alles Leben auf ihr zu durch-lichten und zu transformieren.

Nun komme ich zu dem Missverständnis: Hinter der Frage steht die Ungeduld und in der Dualität sucht alles, jeder Mensch und jedes Gefühl, den Gegenpol und den Ausgleich, der zur Einheit führt. Und so sucht sich Eure Ungeduld in der Antwort den Ausgleich und interpretiert *„Habe Geduld"*. Wisst Ihr, was Geduld bedeutet? Dulden, Ertragen und manchmal auch Erleiden... Jetzt versteht Ihr, warum so viele von Euch so niedergedrückt wirken und warum Ihr leidet. Ihr wartet auf die Abreise und bemüht Euch um Geduld.

Ja, Ihr lebt in einer schwierigen Zeit, alte Strukturen bröckeln, und Ihr wartet auf den Aufstieg – doch Ihr sollt diese Zeiten nicht *durchleiden*! Ihr lebt auch in einer großartigen Zeit, einmalig, lichtdurchflutet und mit einer Perspektive, wie sie noch niemals bestanden hat. Geduld ist jetzt keine dienliche Grundhaltung zur Vorbereitung auf das große Abenteuer! Stell Dir einmal vor, Du bist verreist und es ist Dein Jahresurlaub, drei Wochen Südsee oder Hochgebirge, so wie Du es Dir vorher ausgesucht hast. Morgen endet Deine Reise, Du packst morgens Deinen Koffer, setzt Dich drauf und wartest in Geduld, dass Dich morgen ein Flieger abholt. Ist das nicht eine absurde Vorstellung?

Doch das Bild ist absolut stimmig, denn Du bist jetzt quasi auf Abenteuerurlaub und Deine Zeit läuft ab! Was machst Du am letzten Tag vor der Abreise? Ich beobachte die Menschen und weiß, dass Ihr feiert, dass Ihr die Natur genießt, noch einmal die Menschen trefft, die Ihr auf Eurer Reise kennengelernt habt und dass Ihr von zuhause träumt und erzählt. Oft ist es auch der Zeitpunkt, um noch etwas zu tun, was Du schon immer mal tun wolltest, doch es nicht tatest.

Verstehst Du, worauf ich hinaus will? Schluss mit der Geduld, doch dafür Fertigmachen zum Aufstieg! Die Zeit wird knapp, tu das, was Du schon immer tun wolltest! Kläre, was Du zu klären hast! Trenne Dich von dem, was Dich behindert und was Dich bindet. Feiere mit Freunden, kommt zusammen, um Euch gemeinsam an zuhause zu erinnern. Bist Du im Herzen bereit zur Abreise oder schmerzt es bei dem Gedanken?

Fühle in Dich hinein, ob da noch „offene Rechnungen" sind? Gibt es noch Mitreisende oder gar Zurückbleibende, die in Deiner Schuld stehen oder denen Du noch etwas nachträgst? Um Entschuldigung bitten und Vergeben von Schuld sind Teil der göttlichen Gnade und befreien von Karma. Mach Dein Herz leicht, befreie es von alter, überflüssiger Last. Freue Dich, erkenne und fühle die Liebe und das Licht hinter den alten, bröckelnden Strukturen!

Oh ja, Du liebe Seele, die dieses liest, ich fühle, wie Du mich verstehst, denn wir sind tief verbunden. Das Licht Gottes brennt auch in

Dir, so wie der Funken in Deinem Herzen – fühle ihn! Du hast das Licht über alle Zeiten hinweg bewahrt. Jetzt ist dieses Licht Deine Rückfahrkarte nachhause. Sei stolz auf Dich, denn ich bin es auch!

Und jetzt lies noch einmal die Antwort auf die Frage:
„Wann geht es denn endlich los? Bald ist es soweit, alles entwickelt sich, die Gemeinschaft, die sich zur Aufgabe bekannt hat, diesen Aufstieg zu begleiten und zu fördern, arbeitet im Plan".

Fühlt sich die Antwort jetzt besser an? Du brauchst keine Geduld mehr, denn Du hast noch einiges zu erledigen. Ich sende Dir mit diesen Zeilen mein Licht und meine Liebe, die die Liebe des Einen ist. Sie fließt direkt zu Dir und entfacht ein Feuer aus dem göttlichen Funken in Deinem Herzen. Du kannst es fühlen, wenn Du jetzt kurz innehältst und hineinfühlst. Bewahre weiter dieses Feuer, es ist Deine „Fahrkarte". Wenn Du dieses Feuer nährst und wachsen lässt, strahlt es ohne Dein weiteres Zutun auch auf andere aus, so werden bei uns Familienkarten gelöst! Du bist unendlich geliebt! Ich bin Uriel.

Der Prozess des Aufstiegs

Hier ist Uriel, das Licht Gottes.
Geliebte Wesen, mich erreichen immer wieder Eure drängenden Fragen: Wie funktioniert es denn nun genau mit dem Aufstieg? Wann genau ist es soweit? Wenn man aufsteigt, verschwindet man dann von der Erde? Wird man plötzlich für die anderen unsichtbar? Werden Familien oder Paare getrennt und später wieder vereint? Was ist, wenn mir das Zusammensein mit meinem Kind und sein Wohl wichtiger ist als der Aufstieg? Gibt es noch etwas zu tun oder soll ich einfach abwarten?

Es herrscht viel Verwirrung, wenn es um Euren Seelenaufstieg geht, denn es mischen sich bei Euch Informationen aus höheren Ebenen mit einer Vielzahl von Interpretationen, alten Prophezeiungen, Wünschen, Vorstellungen, Befürchtungen und pseudowissenschaftlichen Erklärungsversuchen.

Diese allgemeine Verunsicherung führt leider bei einigen der Lichtarbeiter zu einer Haltung, die sie zu Propheten ihrer eigenen Vorstellung werden ließ. Es wird ein erkanntes Geschehen auf der energetischen Ebene, der eigenen Bewusstseinsstufe, entsprechend auf die materielle Ebene übertragen und als Durchgabe verkündet. So wurden zum Beispiel Termine für einschneidende Ereignisse genannt und Vorhersagen für bestimmte politische und wirtschaftliche Veränderungen getroffen. In der Folge ergab sich häufig eine Erwartungshaltung, die später enttäuscht wurde. Auch die in bester Absicht handelnden Lichtboten wurden so selbst „Opfer" ihrer Prophezeiungen und begannen, an sich selbst und ihrer Führung zu zweifeln. Euer Bedürfnis nach Sicherheit und Klarheit verlangt nach Antworten, die sich in die erlernten Strukturen des Denkens und Verstehens einfügen lassen.

Und hier, meine geliebten Wesen, sind die Schwierigkeiten für Euch begründet, denn Euer Denken und Verstehen sind nahezu ausschließlich geprägt durch die Erfahrungen in der dritten Dichte. „Verstehen", „Begreifen" und „Erarbeiten" sind die typischen Begriffe eines körperlich bewussten 3D-Wesens für gelerntes Wissen, welche Sicherheit und Klarheit vermitteln. Doch die Erfahrungen, durch die Ihr nun geht, verlangen etwas anderes, denn es geht statt um zu ver-*stehen* nun um *fließen*, statt zu be-*greifen* nun um *loslassen* und statt zu er-*arbeiten* nun um *erleben*. Auch diese Worte treffen nur zum Teil die Wahrheit, denn sie sind Eurer dreidimensionalen Sprache entliehen, die, wie Ihr selbst wisst, oft sehr missverständlich ist. Wer sich hingegen zur Übermittlung von Informationen des direkten Kontakts mit direkter Übertragung bedient, kennt die Klarheit der Informationen, die in wenigen Sekunden unmissverständlich lange Gespräche ersetzen. Wer jedoch anschließend versucht, diese Information in Worten zusammenzufassen, wird möglicherweise Missverständnisse nicht vermeiden können. Um für Euch, meine geliebten Lichter, erklärende Worte zu finden, bediene ich mich gern der Bilder und Analogien, denn sie ermöglichen es mir, auch Gefühle und Energie fließend zu transportieren, ohne dass Euer Ver-*stand* es be-*greift*.

Um den Prozess des Aufstiegs zu verstehen, möchte ich Dich bitten, Dir einmal vorzustellen, wie es wäre, ein wurmartiges, auf dem Bauch kriechendes Wesen zu sein. Deine Welt ist zweidimensional, es gibt nur Flächen, mal waagerecht und mal senkrecht. Du kriechst auf der Suche nach Nahrung herum, begegnest Deinen Artgenossen und bist Dir Deiner Welt bewusst. Dein Leben ist einfach, aber perfekt. Dann begegnest Du eines Tages einem anderen Wurmartigen, der Dir sagt, er habe eine Vision gehabt:

„Es gibt noch eine andere Welt, sie ist überall um uns herum! Da gibt es Nahrung zuckersüß, einfach himmlisch. Alles ist dort viel leichter, schöner und bunter. Und das Beste ist, wir können dort hingehen, wenn wir bereit sind. Sobald Du da bist, brauchst Du nicht mehr zu kriechen, Du bist völlig frei und kannst einfach reisen, wohin Du willst.“

In Dir wächst der Wunsch in dieses gelobte Land zu gelangen, Du sprichst mit anderen darüber und es entsteht die gemeinsame Vision eines anderen Lebens. Aus Eurem Inneren heraus entwickelt sich Gewissheit, den Weg in diese andere Welt der dritten Dimension kriechen zu können. Irgendwann spürst Du, dass Dein Körper sich verändert, das Kriechen fällt Dir immer schwerer. Dein ganzes Sein scheint in festen Strukturen zu stecken. Du hast nur noch das Bedürfnis, herauszukommen aus dem alten Sein, das mehr und mehr als Gefängnis erscheint – endlich frei zu sein und in Deinem Inneren gibt es nur noch ein Bestreben, raus aus der alten Ordnung! Raus aus der alten Hülle! Einem Impuls folgend, zerreißt Du Dein altes Selbst, entsteigst der toten Hülle, entfaltest die Flügel und flatterst davon in eine neue, unbekannte, weite, schöne Welt.

Ja, ich weiß, dies sind stark vereinfachte Bilder, ein Gleichnis für Kinder, auch war mit keinem Wort von der Liebe die Rede, geschweige denn vom All-Eins-Sein. Und doch, wenn Du Dich in die Raupe hineinversetzt, die den Weg der Transformation geht, wirst Du Parallelen finden. Sie geht einen inneren Weg der Wandlung, sie weiß nicht aus Erfahrung, wer sie im Kern ist oder wie die Welt beschaffen ist, nach der sie sich im Inneren sehnt. Sie vertraut auf ihr inneres Streben und auf den Ruf, der sie ereilt hat.

Mein geliebtes Licht, auch Du bist nun in einen natürlichen, weil göttlichen Transformationsprozess eingetreten. Auch Du wirst in einer Welt weiterleben, die für Dich neu und wunderbar sein wird. Auch Dir ist es mit Deiner jetzigen Lebenserfahrung nicht möglich, die neuen Möglichkeiten Deines Seins zu erfassen, ähnlich einer Raupe, die sich das Fliegen und den Nektar der Blüten nicht vorstellen kann.

Doch es gibt auch sehr große Unterschiede zwischen Dir und der 2D-Raupe. Ich nenne nun einige Attribute, die sie beschreiben können:
- Du hast bereits in höheren Dimensionen gelebt und bist herabgestiegen.
- Du hast den Freien Willen.
- Du hast als Individuum und im Kollektiv geistige Führung und Beistand bekommen.
- Du besitzt Schöpferkraft und Gestaltungsfreiheit.
- Du bist über Dein Herzzentrum auf ewig mit der „bedingungslosen Liebe" verbunden.
- Du bist ein multidimensionales, spirituelles Wesen.
- Du hast diesen Weg mit Deinem Bewusstsein gewählt.
- Du gehst den Weg im Bewusstsein, Dich Deines wahren Selbst zu erinnern.
- Du wirst Dich nicht verpuppen und die Transformation verschlafen.
- Es wird für Dich kein plötzliches Erwachen in einer anderen Welt geben, denn Du bist der Gestalter der Welt.
- Du gehst Deinen Weg mit wachem Geist und es liegt an Dir, ob Dein Weg Dich von Freunden und Angehörigen trennt.
- Du verschwindest nicht plötzlich im Nichts, es sei denn, Du gehst. Es mag sein, dass Dich andere nicht mehr wahrnehmen, doch es liegt an Dir, Dich ihnen zu zeigen.

Mein geliebtes Licht, Du entwickelst Dich zu einem Wesen mit Fähigkeiten, die Deinen Verstand überfordern. Mach Dir keine Sorgen, es fügt sich alles zur richtigen Zeit. Sich keine Sorgen zu machen, bedeutet jedoch nicht, untätig zu sein, denn es gibt viel Neues zu lernen und viel Altes zu lösen:

- Trainiere Deine Intuition und sensibilisiere Deine Sinne.
- Transformiere die Zweifel und Ängste.
- Liebe Dich selbst.
- Verbinde Dich fest mit Mutter Erde und lerne den Kontakt zu halten.
- Suche und pflege den Kontakt mit Deiner geistigen Führung.
- Gestalte Dein Leben nach Deiner inneren Wahrheit.
- Verbreite Freude, verbreite Frieden und Liebe unter den Menschen.

Es gibt wahrlich viel zu tun für Euch in dieser Zeit! Sei stolz darauf, zu denen zu gehören, die den göttlichen Plan der Transformation einer ganzen Welt als Bodenpersonal mitgestalten.

Meine Brüder und ich sind bei Euch alle Tage, unser Segen und die „bedingungslose Liebe der Quelle allen Seins" gehören Euch. Ich bin Uriel.

Der Weg des Aufstiegs

Hier ist Uriel, das Licht Gottes.

Meine Geliebten, darf ich Euch so nennen? In Eurer Definition des Wortes steckt etwas Anrüchiges, vielleicht sogar Verbotenes, auf jeden Fall Erotisches, in diesem Wort. Die „Geliebten" suchen die Vereinigung und wollen miteinander verschmelzen. Ich wähle diesen Begriff mit Bedacht, denn Ihr werdet fürwahr von mir geliebt! Und ich, Uriel, das Licht Gottes, das die reine Liebe Gottes ist, verschmelze mit Euch und durchdringe Euch, wann immer Ihr es geschehen lasst.

Die Kraft der sexuellen Anziehung der Geschlechter, die Euch so oft so große Probleme beschert hat, hat auf Eurer vertrauten Ebene zwei grundlegende Funktionen erfüllt. Die erste Funktion ist Fortpflanzung, die Erhaltung der Art, und dadurch für die Menschen speziell die

Grundlage für Inkarnationszyklen in Gruppen und Familien. Der zweite Grund zur Schaffung dieser Anziehungskraft betrifft Deine Seele. Es hat zu tun mit Deinem Ursprung und dem Sinn Deiner Existenz.

Ja, das hört sich fast nach dem Sinn des Lebens an, nicht wahr? Als Du in Deiner Vollständigkeit des Seins den Entschluss gefasst hast, in den Inkarnationszyklus einzutreten und Erfahrungen in der Dualität und der dritten Dimension zu machen, hast Du Teile von Dir abgespalten. Und so geht es allen Menschen, sodass sie sich auf einer tiefen, inneren Ebene als unvollständig fühlen. Ihr seid auf der Suche nach Euren „fehlenden Anteilen" und Ihr seid auf der Suche nach Eurem Selbst.

Die Schöpfung hat es so eingerichtet, dass Eure Triebe und Sehnsüchte zur steten Erinnerung werden, dass Ihr un-vollständig seid. Und so seid Ihr auf der Suche nach der Liebe Eures Lebens, die Euch die Erfüllung und das Gefühl des Eins-Seins bringt. In der Liebe findest Du Dich selbst, denn Liebe verbindet und vereinigt. Trieb und Sehnsucht sind die Wegweiser, ausgerichtet auf die Liebe und treiben Euch zu suchen, wonach Ihr Euch sehnt. Darum möchte ich Euch „meine Geliebten" nennen, denn meine Liebe ist die Liebe der Quelle, die Euch zur Einheit und zu Eurer Vollständigkeit führen wird. Doch Du kannst aufhören zu suchen, denn die Liebe Deines Lebens bist Du selbst!

Bist Du jetzt enttäuscht? Wenn ja, sei froh, denn das bedeutet, dass die Täuschung endet, die Täuschung von 3D. Es ist an der Zeit, die Beziehungen zu befreien! Ich meine damit nicht, dass Ihr keine Beziehungen oder Partnerschaften mehr haben werdet, nur werden die Partnerschaften frei sein von unerfüllbaren Erwartungen und Besitzansprüchen. Ihr werdet in der Zukunft keinen Partner dazu brauchen, um Euch vollständig zu fühlen, Ihr werdet Freundschaften, Liebesbeziehungen und Partnerschaften pflegen, um Euch in der Fülle zu erweitern und nicht, um Defizite auszugleichen.

In der alten Energie, die durchsetzt war von Dunkelheit, standen oft Begriffe wie Brauchen und Haben im Zentrum der Beziehungen. Man *brauchte sich*, daraus wurde leicht *missbrauchte sich* und man wollte diese Frau oder diesen Mann haben und besitzen, benutzen und ausnutzen.

So sind die Beziehungen von Abhängigkeit und Unfreiheit, Erwartungen und Besitzdenken geprägt. Das alles werdet Ihr hinter Euch lassen, wenn Ihr in den „Aufstieg" geht. Das alles hat mit Liebe nichts gemeinsam, denn wahre Liebe ist „bedingungslos"!

Der Weg des Aufstiegs ist ein Weg nach innen. Nach „oben" geht es später, wenn die Welt aus den Angeln gehoben wird und die 3. Dimension endgültig verlässt. Dieses Geschehen kannst Du nicht beeinflussen, es geschieht! – und Du bist der Zuschauer in der ersten Reihe, also staune und genieße! Den Weg nach innen gehst Du mit Deinem Bewusstsein. Schritt für Schritt befreist Du Dich von allen begrenzenden Mustern und mit jedem Schritt wird Dein Bewusstsein wachsen und Du wirst Dir Deiner abgespaltenen Seelenanteile gewahr. Du wirst sie integrieren und Stück für Stück Deine Vollständigkeit erreichen. So wirst Du auch zu Deiner Stärke und Deiner Schöpferkraft finden. Da dieser Weg für Euch alle offen steht, ist ein gewisser „Automatismus" verfügt, alles wird auf Dich zukommen und Du wirst wählen können.

Willst Du mit in den Aufstieg oder möchtest Du weitere Erfahrungen in der Dichte der 3. Dimension machen? Für weitere 3D-Erfahrungen werden entsprechende Welten erschaffen, denn Gaia steht dafür nicht mehr zur Verfügung. Gaia hat gewählt, in die 5. Dimension zu wechseln und sie wird mitnehmen, was die entsprechende Schwingung aufweist. Wer weiter die Spaltungen, Trennungen und Täuschungen der 3. Dimension betreibt, wird zurückbleiben. Da es sich jedoch um einen Bewusstseinsprozess handelt, kannst Du aktiv an Dir selbst arbeiten, den Prozess verkürzen und Dir so manches Ungemach ersparen.

Um es auf den Punkt zu bringen: Gehe aus dem Kopf in das Herz, löse Dein Ego auf und werde Du selbst. Das ist eigentlich schon alles – so einfach und doch so schwer.

Ja, Ihr geliebten Wesen, ich sehe und fühle, wie Ihr mit Euch ringt und wie Ihr Euch immer wieder aus den Tiefen aufschwingt, in die es Euch abermals zieht. Die Erfahrungen der letzten Jahrtausende lassen Euch schließlich an der leisen Stimme Eures Höheren Selbst zweifeln, die in Eurem Herzen zu Euch spricht. Viele behaupten immer noch, sie hören nichts, doch ich sage Dir, es ist Deine Entscheidung, zu hören oder nicht zu hören. Doch erwarte keine gesprochenen Worte, erwarte keine Bilder, erwarte am besten gar nichts.

Es gibt viele Möglichkeiten, wie sich Dein Selbst zu „Wort" meldet: Es kann ein Gedanke sein, ein Gefühl, eine intuitive Eingebung oder es können auch Worte oder Bilder sein. Es ist spannend, sich selbst zu entdecken und ich möchte Dich ermuntern, es zu tun. Ich garantiere Dir, dass es einen Punkt gibt, an dem Du die Liebe findest – die Liebe zu Dir, die Liebe zur Schöpfung und die Liebe zum Schöpfer allen Seins.

Vielleicht musst Du Dein Leben verändern, vielleicht leiser werden. Vielleicht musst Du lernen, loszulassen – Job, Beziehung oder materiellen Besitz. Vielleicht musst Du Dein Verhalten ändern und Image, Süchte oder Egoismus abbauen. Was für Dich wichtig ist, sagt Dir Dein Selbst in Deinem Herzen! Lass Dich nicht länger von anderen zu Dingen bringen, die in Deinem Herzen keinen Widerhall finden. Versuche auch nicht, andere zu überreden, etwas zu tun, was nicht ihrem Herzen entspricht. Jeder ist seines Glückes Schmied und jeder ist für sich selbst verantwortlich.

Meine Geliebten, Ihr habt keine Zeit zu verlieren, der Aufstieg, der ein Weg nach innen ist, hat begonnen und er nimmt an Geschwindigkeit zu. Lass Dich von der Liebe leiten, lerne Dir zu vertrauen und bitte Deine Engel um Führung und Hilfe auf Deinem Weg. Wenn Dir das Loslassen nicht gelingt, nutze das „Feuer der Transformation" und handle nie gegen Dein Gewissen, sondern bleibe Dir treu.

Wenn Du mit Dir im Reinen bist, genieße den Augenblick und spüre den feinen Schwingungen nach, die körperlich spürbar werden. Der Körper wird lichter, wenn Du einen bestimmten Punkt erreicht hast. An diesem Punkt wird auch der Alterungsprozess aussetzen, eine Regeneration beginnt und ein Verjüngungsprozess setzt ein. Du wirst ungeahnte Fähigkeiten entwickeln, die jetzt in Deiner DNS schlummern.

Wenn Du Dich so sehen könntest, wie ich Dich sehe, bräuchte es keiner Worte, um Dich zum Loslassen zu ermutigen. Du würdest Dich als multidimensionales Lichtwesen sehen, eingebunden in einen großen Kreis von liebevollen Helfern, die voller Bewunderung Deinen Weg begleiten. Du würdest Deinen Weg klar vor Dir sehen – vom Moment Deiner Erschaffung bis in die Ewigkeit. Du wärst Dir Deiner Einzigartigkeit und Deiner Schöpferkraft bewusst und Deiner immerwährenden Verbindung mit Allem-was-ist.

Du bist wahrlich großartig und Du bist über alle Maßen geliebt! Ich bin Uriel.

Macht Euch bereit

Hier ist Uriel, das Licht Gottes.

Meine geliebten Lichter, jetzt ist es an der Zeit, Verantwortung für Euch zu übernehmen und Euren Teil zur Erfüllung des Plans beizutragen. Von den Menschen nahezu unbemerkt hat sich bereits Vieles zum Positiven verändert. Ihr seht oft nur die für Euch problematischen Veränderungen des Klimas oder dass die Machtstrukturen von Banken und Konzernen immer noch bestehen, Hunger und Krieg weiter große Teile der Bevölkerung betreffen und wartet auf den Fortschritt. Doch glaube mir, geliebtes Wesen, diese Sicht auf die Welt ist sehr begrenzt. Es ist die Sicht durch die Brille von 3D, verzerrt durch die Illusion einer linearen Zeit und gefiltert durch die von Manipulation beeinträchtigte Erfahrung der Vergangenheit.

Die Wahrheit ist, dass die Tore offen sind! Das Licht hat alle vormals bestandenen Begrenzungen aufgehoben.

Eure Sonne nimmt jetzt den Platz ein, der ihr und Euch zusteht. Der Einfluss des Zentralgestirns der Galaxis nimmt zu. Die Aktivität und die Frequenzen der Lichtstrahlung ist erhöht worden. Gaia, Eure Mutter Erde, ist in den großen Veränderungs- und Aufstiegsprozess eingetreten. Die großen Verschiebungen laufen im Inneren und es gelangt nur ein minimaler Teil an die Oberfläche – so wird es keine großen Katastrophen durch Kontinentalverschiebungen geben. Die Reparatur der Ozonschicht ist schon weit fortgeschritten und steht vor dem Abschluss.

Niemals zuvor waren die Menschen so sehr zum Frieden untereinander bereit wie jetzt. Nie war das Bedürfnis nach Freiheit und Selbstbestimmung größer und die Erfüllung näher als jetzt. Das spirituelle Erwachen der Individuen greift weiter um sich. Die Heilung der alten Wunden hat begonnen und altes Karma wurde mit göttlicher Gnade aufgelöst. Der Plan des verkörperten Aufstiegs der Menschen erfüllt sich. Jetzt wird die Transformation auch im Sichtbaren, Grobstofflichen beginnen, Gestalt anzunehmen und so wird es immer wichtiger für Euch, die Ihr die Ersten sein werdet, Eure Schwingungen anzupassen. Wer die Frequenz seiner Chakren erhöht und sie an die einströmenden Energien anzupassen vermag, wird jetzt mit der Regeneration der Körper beginnen. Auf welche Art dies geschehen wird, habe ich an anderer Stelle bereits offenbart. Doch es ist und bleibt die Entscheidung Deines Freien Willens, diesen Weg JETZT zu beginnen – es liegt an Dir!

Trenne Dich bewusst von den hartnäckigen alten Mustern, die Dich immer wieder mit Ängsten, Hass oder Zweifeln an Dir selbst konfrontieren. Löse sie auf und transformiere sie in Liebe. Meide es, Dich mit Dingen oder Menschen zu befassen, die „Dich herunterziehen". Wenn es keine Möglichkeit gibt, diesen Kontakt zu vermeiden, lege Dir einen Schutz aus Licht um Deinen Körper und bitte Deinen Schutzengel, ihn aufrechtzuerhalten, solange Du den niedrigen Schwingungen ausgesetzt bist. Du kannst Deinem Engel vertrauen, er weiß, wie er Dich schützen kann, nur liegt es an Dir, ihn darum zu bitten.

Öffne Dich für die höheren Frequenzen und verbinde Dich mit der Liebe in Deinem Herzen. Nutze die Werkzeuge der Liebe und gib sie und Deine Liebe weiter, damit es heller wird auf der Erde. Lade Freunde zur gemeinsamen Meditation ein und lasse sie an den Einweihungen teilhaben.

Das Licht ist jetzt auf der Erde verankert und Ihr, meine geliebten Leuchttürme, Ihr Lichtarbeiter und Lichthalter, habt es ermöglicht. Die feinstoffliche Manifestation der Neuerung ist bereits geschehen und jetzt beginnt die sichtbare Ausgestaltung.

Jetzt, mein geliebtes Licht, ist es an Dir, Deine Strahlkraft zu entfalten. Vor 2000 Jahren sagte der Christus zu Euch: *„Ich bin das Licht der Welt"* – heute sage ich zu Dir: *„Du bist das Licht der Welt"*, denn Du bist es, der die Liebe und das Licht des einen Gottes, der „Urquelle allen Seins", in sich trägt!

Wach auf, die Zeit des Schlafes ist vorüber, eine neue Ära bricht an und *Du* bist es, der diese neue Ära begründet – nicht allein, denn es wird keine Trennung mehr geben! Du bist All-Eins, verbunden mit der gesamten Schöpfung, bist grenzenlos und mit unbegrenztem Potenzial zur Entfaltung. Du hast von mir Werkzeuge bekommen, die Dir den schnellen, sicheren Aufstieg ermöglichen. Du bekommst des Nachts Heilung, Trost und Stärkung, wenn Du es annimmst.

Ich führe Dich wieder in Deine Schöpferkraft, wenn Du bereit bist. Jetzt ist die Zeit gekommen, aktiv zu werden, somit prüfe in Deinem Herzen, ob Du für den großen Schritt in die Neue Welt bereit bist.

Ich segne Dich, geliebtes Wesen, die „grenzenlose Liebe der Quelle allen Seins" begleitet Dich auf dem Weg. Ich bin Uriel.

Schwingungserhöhung

Hier ist Uriel, das Licht Gottes.
Willkommen in der „Neuen Zeit"! Geliebte Seelen, so seid Ihr denn eingetreten in die Neue Zeit und wir heißen Euch willkommen. Der Puls Gaias und die Schwingungsfrequenz Eurer materialisierten Welt wurden, wie von mir angekündigt, erhöht. Und die jedweder Materie zugrundeliegenden, energetischen Muster haben sich dadurch verändert. Um es einfach auszudrücken – in allem Sein fließt jetzt mehr Liebe! In sehr kurzer Zeit werden Eure Wissenschaftler dem Leben und

der Liebe auf die Spur kommen. Ihr werdet den Ursprung des Lebens finden und vieles an geglaubtem Wissen revidieren.

Ihr werdet feststellen, dass sich Materie teilweise anders verhält als Ihr erwartet oder es Euch vertraut ist. Wer es gewohnt ist, mit seinen Pflanzen zu sprechen, wird verstärkte Reaktionen auf seine Ansprachen erfahren und vielleicht so etwas wie Antworten erspüren können. Defekte mechanische Geräte werden teilweise wieder funktionieren, wenn Ihr sie jetzt wieder zur Hand nehmt und Euer Bewusstsein darauf richtet. Probiert es aus, es ist eine Zeit der kleinen Wunder.

Jetzt beginnt auch die Zeit der Heilung! Für viele Krankheiten hat sich die Basis verschoben und sie lösen sich langsam auf. Heilbehandlungen auf der Quantenebene werden jetzt große Erfolge erzielen, da die sich neu strukturierende Materie besser denn je dem reinen Bewusstsein folgt. Es ist für die vielen Heiler unter Euch die Zeit gekommen, aktiv zu werden. Ja, ich meine Dich, mit den heilenden Händen und ich meine Dich, mit dem liebenden Herzen – Ihr habt Euch bisher nicht getraut, doch jetzt rufe ich Euch! Beginnt mit der Arbeit JETZT!

Die Welt braucht Euch, denn Heilung für Pflanzen, Tiere, Menschen und Umwelt ist nötig, um Gaia zu helfen, die Grundlage für das Leben in der Fülle des Goldenen Zeitalters zu bereiten. Lange habt Ihr auf ein Zeichen gewartet und viele haben gezweifelt – an sich selbst, an Gott oder an der Führung durch die Geistige Welt. Du brauchst dazu ein Zeichen? Hier ist es: Wenn Du diese Zeilen liest und sich in Deinem Inneren etwas rührt, kannst Du davon ausgehen, dass Du gemeint bist!

Es ist die Zeit der großen Umstellung aller Strukturen. Wenn alles im Wandel ist, solltet Ihr möglichst flexibel sein und dem Strom der Wandlung keinen Widerstand leisten, denn es gibt nichts, was stark genug dazu wäre. *Flexibel* meint nicht, dass Du allem nachgeben sollst, was von Dir erwartet wird, sondern dass Du nicht an Dingen festhältst. Mit „Dinge" meine ich alles Geschaffene, Jobs, Geld und alles, was man kaufen kann.

Wenn Dir etwas oder jemand Angst machen will, wende Dich ab! Wenn Du etwas nicht mit Liebe tun kannst, lass es! Wenn Du Dich im

Kontakt mit anderen verstellen musst, wende Dich ab! Wenn der Sturm tobt und alles zusammenzubrechen droht, sei nicht wie die alte knorrige Eiche, die versucht den Winden zu trotzen, denn sie wird brechen, sondern sei wie die junge Weide, die sich weich mit dem Wind neigt, doch im Inneren fest ist und sich immer wieder aufrichtet.

Weich und flexibel im Außen und fest und sicher im Herzen, so sehe ich Euch, die Ihr für das Licht kämpft. Ich wähle den Ausdruck Kampf bewusst, wenn auch das Kämpfen in der 5.Dimension keinen Platz mehr hat. In der jetzigen Phase Eurer Transformation gibt es jedoch keinen stimmigeren Ausdruck, denn es ist wahrlich ein Kampf, den Ihr bestreitet – Euer Schwert ist die Liebe und die Wahrhaftigkeit ist Euer Schild.

Wer ist der Gegner, werdet Ihr jetzt fragen und Politik, Gesellschaft, Illuminaten und Banken werden Euch in den Sinn kommen. Doch diesen Kampf meine ich nicht, ich meine den Kampf, den Du mit *Dir* bestreitest. Ich habe schon früher über Dein Ego geschrieben, wie wichtig es für Dein Überleben war; wie gut es war, ein starkes Ego zu haben und wie zwiespältig es in der heutigen Zeit ist. Es fällt Euch nicht leicht, mit Altem aufzuräumen und Euch in Liebe, ohne Schmerz, von liebgewordenen Gewohnheiten zu verabschieden. In der Zeit der Umstellung, die jetzt begonnen hat, werden noch einmal alte, negative Muster an die Oberfläche gespült, die jetzt jedoch keine Haftung mehr haben. Damit habt Ihr wieder eine neue Möglichkeit zur vollständigen Lösung.

Seht Euch an, was kommt und lasst es ziehen, es will gehen und braucht nur Eure Erlaubnis. Benutze den Schild der Wahrhaftigkeit, er symbolisiert Dein wahres Sein, um alles Alte abzuhalten. Gib Deinem Ego keine Chance, sich in ein neues Handgemenge mit den alten Energien zu verzetteln, sondern sei Du selbst! Erde Dich jetzt verstärkt, denn Mutter Erde trägt die neue Frequenz schon in sich. Gehe in die Natur und kommuniziere mit den Bäumen. Beobachte genau und achte auf die kleinen Veränderungen, denn sie sind die Vorboten des Neuen. Versuch mit dem Herzen zu sehen, mit weichem Blick und starre nicht, sondern gleite mit dem Blick sanft über die Linien und Formen und lasse sie auf Dich wirken. Vielleicht kannst Du die sich neuentwickelnden Verbindungen erspüren, feinstoffliche Fäden, die Dich mit der Natur zur Einheit verweben.

Die Integration der höheren Frequenz in den physischen Körper wird ein Prozess sein, der weitgehend symptomfrei ablaufen kann, da er sozusagen von innen nach außen und in jedem Atom gleichzeitig stattfindet. Dadurch kommt es kaum zu Blockaden oder Verwerfungen durch Ungleichgewicht. Es wird für viele eine Zeit erhöhter Energie, Tatendrang, Ungeduld oder auch Unruhe werden. Die Phase der ständigen Müdigkeit geht damit zu Ende. Um wieder ins Gleichgewicht zu kommen, wenn Ihr die Balance verloren habt, ist ein Ausgleich und Harmonisieren der Energiezentren empfohlen.

Geliebtes Wesen, die Liebe hält Einzug und die Welt ist im Wandel – freue Dich, staune und genieße diese besondere Zeit. Ich bin Uriel.

Es geht voran

Hier ist Uriel, das Licht Gottes.

Meine geliebten Wesen im menschlichen Kleid, es hat sich viel entwickelt in der letzten Zeit. Während Ihr mit Euch beschäftigt wart, hat sich „hinter den Kulissen" das Tor zwischen den Dimensionen für Euch geöffnet. Ab sofort habt Ihr die Möglichkeit, den Fuß schon mal in die Tür zu stellen. Einigen von Euch wird es auch gelingen, einen Blick hinüber zu werfen.

Ihr, die Ihr Euch schon lange auf diesen Zeitpunkt vorbereitet habt, werdet schon in Eurem Innern gefühlt haben, was vor sich geht. Euch trennen nunmehr nur noch Schleier von der Neuen Welt. Viele neue Möglichkeitsfenster öffnen sich für Euch. Wenn ich *Euch* sage, meine ich jeden Einzelnen wie auch die Menschen als Kollektiv. Und nicht nur das, auch Gaia, Euer schöner Planet, hat eine weitere Option zum Aufstieg bekommen. Und es ist wieder wie es immer war: jetzt entscheidet der Freie Wille über den weiteren Verlauf. Ihr habt viele Hilfen für den

Prozess des Seelenaufstiegs bekommen und immer mehr machen sich auf den Weg.

Viele unter Euch sind sich dieses Weges noch nicht bewusst und doch sind sie schon weit fortgeschritten. Es gibt Menschen unter Euch, die mit Spiritualität, wie Ihr sagt, nichts „am Hut" haben, jedoch in ihrer gesamten Inkarnation einen Weg der Liebe und des Herzens gehen. Viele sind sich ihrer Lichtarbeit nicht bewusst und doch leisten sie einen unschätzbaren Dienst.

Die dunklen Kräfte sind besiegt, doch sie kämpfen weiter bis zum Ende. Auch das ist durch den Freien Willen gerechtfertigt. Ihre Fähigkeit zur Manipulation ist groß und es gelingt ihnen immer noch, die Welt anders aussehen zu lassen als sie ist.

Die Eröffnung weiterer Möglichkeiten der Entwicklung wird jetzt den Durchbruch der Wahrheit schaffen. Lügen und Betrug werden für alle immer leichter erkennbar. Die Fähigkeit, in den Augen des Gegenübers die Seele und die wahre Absicht zu erkennen, ist geschärft worden.

Es kommt jetzt die Zeit, in der Ihr Euch mehr zusammenschließen werdet. Ihr werdet Euch gegenseitig viel Hilfe, Kraft, Liebe und Sicherheit geben können. Wenn Ihr Euch zur gemeinsamen Meditation oder auch nur zum Austausch trefft, werden meine Geschwister und ich unter Euch sein und Euch unterstützen. Ihr werdet seit einiger Zeit gemerkt haben, dass gemeinsame Meditationen an Kraft zugenommen haben. Dies wird jetzt in großem Ausmaß verstärkt werden. Die Lichtgruppen werden es sein, die den Aufstieg des Planeten auslösen.

Ich fordere Euch auf, meine geliebten Wesen, wenn Ihr zusammentrefft, ruft die Engel und Erzengel mitten in Euren Kreis und wir werden da sein. Lasst uns gemeinsam meditieren und die Neue Welt erschaffen – wir werden Euch inspirieren und Eure Schöpferkraft wird Eure Zukunft gestalten. Ihr seid für uns der Anker zu Gaia und Eure Einladung ist unsere Erlaubnis zum Handeln. Je reiner Ihr als Kanal seid, desto größer wird die Kraft sein und umso heller wird das Licht strahlen. So ergeht auch jetzt wieder die Aufforderung an Euch, in der Arbeit mit Euch selbst nicht nachzulassen.

Beständig in der Liebe zu sein, ist in der Dichte Eurer Welt eine schwierige Aufgabe, doch genau darum geht es. Werdet im Inneren fest und sicher und bleibt im Außen flexibel und beweglich, so kommt Ihr gut durch schwierige Phasen. In Euren Schlafphasen werdet Ihr jetzt regelmäßig die Welt in der 5. Dimension betreten. Und nach und nach werdet Ihr durch DNS-Freischaltung erst in der Lage sein, Eure Träume zu behalten und später sie bewusst zu gestalten. Ihr werdet so Eure Zukunft bauen.

Dies ist der Grund, warum Ihr, wie Ihr sagen würdet, Eure „*Leichen aus dem Keller holen sollt*". Denn in Träumen kommen die verdrängten Gefühle und Gedanken an die Oberfläche, werden bearbeitet und verschwinden wieder. Wenn Ihr später in den Prozess des aktiven Träumens geht, das heißt, dass Ihr Eure Träume bewusst steuern könnt, würden tiefsitzende Angst, Aggression, Hass, Eifersucht und so weiter sehr negative Folgen haben. Alles muss in die Liebe zurückgeführt werden, denn alles ist aus Liebe entstanden. Die Liebe ist die einzige wirklich schöpferische Kraft und jede andere Form ist lediglich Manipulation. Nutze die Dir gegebenen Mittel zur Klärung Deines Selbst.

Für die Noch-schlafenden sowie für diejenigen, die sich gegen den Aufstieg entschieden haben, kommt jetzt die große Prüfung. Die Welt wird für sie aufhören, zu funktionieren. Denn was nicht auf Liebe gründet, wird sich auflösen. Wer Sicherheit nur im Außen sucht, wird sie verlieren. Für diese Seelen kommt der Punkt tiefer Verzweiflung und großer Dunkelheit. Ihr, meine lieben Leuchttürme der Liebe, werdet dann die Führung übernehmen können und seid das Licht am Ende des Tunnels.

Bekommst Du Angst vor der Aufgabe, weil Du doch selbst Licht und Führung brauchst? Vertraue Dir, denn wenn Du eine solche Aufgabe bekommst, erhältst Du auch die Kraft, die Liebe und die Unterstützung, die Du benötigst. Ich sagte ja eingangs, dass sich jetzt Möglichkeiten eröffnen, die es vorher so nicht gab. Es liegt also an Dir, den passenden Weg zu gehen, doch sei versichert, dass Du mehr Unterstützung hast als je zuvor – wenn Du sie annimmst.

Schließt Euch zusammen, werdet Euch Eurer Möglichkeiten bewusst! Warte nicht auf die Lösung von außen, ich spreche zu Dir im Herzen und in Deinem Herzen bist Du mit dem Kosmos verbunden. So bist Du verbunden mit den Menschen, mit den Engeln und mit der „Urquelle allen Seins". In Dir fließt die Liebe, die Du suchst und *Du* bist die Liebe Deines Lebens. Der Lichtfunke in Dir ist das Licht Gottes, denn *Du* bist wahrlich ein göttliches Wesen, vergiss das nie!

Ich segne Dich mit dem Licht der Quelle und bleibe durch die Liebe mit Dir verbunden. Ich bin Uriel.

Wir nehmen Fahrt auf

Hier ist Uriel, das Licht Gottes.

Ich grüße Euch, Ihr geliebten Seelen! Jetzt könnt Ihr es alle spüren, der Aufstieg in die Höhere Dimension ist Realität. Wir nehmen jetzt richtig Fahrt auf und dabei werden wir einiges hinter uns lassen. Ja, heute sage ich „wir" und nicht mehr „Ihr", denn ich bin bei Euch! Ich werde Euch begleiten und mit Euch durch die Tore in die Neue Welt gleiten. Es wird jedoch etliche Menschen geben, die den Wechsel nicht verstehen können und Angst wird so für diese Menschen das vorherrschende Gefühl sein.

Und hier, meine lieben Leuchttürme, ist Euer Arbeitsgebiet. Bereitet Euch darauf vor, das Licht, die Liebe und die Zuversicht zu verbreiten. Ihr bekommt aus der Geistigen Welt und aus Eurem Umfeld große Unterstützung, trotzdem wird es für Euch eine schwierige Aufgabe, denn auch für Euch wird es erst einmal eine unübersichtliche Lage sein. Wer es vermag, sollte den Kontakt zu seinem Höheren Selbst und zu den Schutz- und Führungsengeln suchen und ausbauen. Es wird eine zunehmende Klarheit in der Wahrnehmung möglich, wenn Ihr jetzt den Kontakt sucht, denn die Geistige Welt ist Euch nun näher als je zuvor.

In der Umbruchphase, die jetzt begonnen hat, haben Eure Schutzengel zusätzliche Einflussberechtigungen erhalten, um Euch vor Kurzschlussreaktionen zu schützen. Ihr werdet es in Stresssituationen als Gelassenheit oder gar Gleichgültigkeit erleben, wenn deren liebevoller Einfluss Eure Emotionen abdämpft.

Ich versichere Dir, es wird keine Manipulation und es wird keinen Eingriff in Deinen Freien Willen geben. Nur Deine Fähigkeit, in der Liebe zu bleiben, wird vergrößert und bei Bedarf in Krisensituationen abgerufen. Je offener und klarer Deine Wahrnehmung für Deine geistige Führung ist, desto leichter wird Dein Weg sein. Du hast keinen Grund, an Deiner Kraft oder an Deiner Fähigkeit zu zweifeln, denn als Du Dich für den Dienst als Lichtarbeiter gemeldet hast, bekamst Du die Zusicherung für jede Unterstützung, die Du brauchst.

Aus Deiner Sicht mag das manchmal anders aussehen, doch Du hast genau die Möglichkeiten, hast genug Kraft und Ausdauer und was das Wichtigste ist, Du hast die Liebe in Dir, die Du für Deine Aufgabe brauchst. **Mangel jeder Art entsteht im Kopf, denn die Fülle liegt im Herzen!** Die Frequenzen des Lichts wurden deutlich angehoben und es folgen weiter kontinuierliche Erhöhungen, die Ihr als Zeitbeschleunigung erleben werdet. Wundert Euch nicht, wenn Ihr Probleme mit dem bekannten Schlafrhythmus habt, denn der materielle Körper kann sich nicht so schnell anpassen. Gönnt Euch Ruhe, wenn es der Körper verlangt und erwartet nicht, acht Stunden durchzuschlafen.

Alle Tätigkeiten, die an alte Energien gebunden sind, werden Euch immer schwerer fallen, das gewohnte Arbeitspensum wird zur Last und schließlich nicht mehr zu bewältigen sein. Nur was auf der Liebe gegründet ist, wird sich anpassen und sich langfristig durchsetzen. So werden manche Firmen, Industrien und sogar ganze Wirtschaftszweige zusammenbrechen.

Betrachte es als Befreiung und als Chance zur Neuorientierung, wenn Du davon betroffen sein solltest. Frage Dein Herz und Deine geistige Führung nach Deiner Bestimmung und dem richtigen Weg. Besinne Dich auf Deine Träume – was wolltest Du als Kind? Bestimmt nicht Fabrikarbeiter oder Lebensversicherungsmakler werden, oder? In den Träumen der Kindheit liegt oft das Geheimnis eines glücklichen Lebens verborgen, denn Kinder sind gegenüber der geistigen Inspiration wesentlich offener als die „vernünftigen" Erwachsenen.

Liebes Wesen, begreife, dass sich Dir jetzt die zweite Chance eröffnet, Deine Träume zu leben! Jetzt kennst Du die Zusammenhänge zwischen Deinen Gedanken, Wünschen, Sehnsüchten und der Materialisation, der Erfüllung. Du bist darüber unterrichtet worden und Du hast die Lektionen von Karma erlebt. Jetzt kannst Du bewusst der Schöpfer Deiner Realität werden! Jetzt gibt es keine Zeitverzögerung mehr! Alles drängt sofort zur Offenbarung und Herzenswünsche, die früher oft erst in späteren Inkarnationen zur Erfüllung kamen, suchen jetzt eine Möglichkeit zur direkten Lösung. Lass Dich inspirieren, trete in Kontakt mit der Geistigen Welt und werde Dir der unbeschreiblichen Möglichkeiten bewusst!

Die Übergangszeit ist nur kurz und Ihr werdet Euch in einer veränderten Welt wiederfinden, die jetzt schon existiert, jedoch noch ziemlich nackt ist. Beginne jetzt damit, in diese Welt das hineinzudenken, was Dir wirklich wichtig ist. Träume großzügig und lege Dir keine Begrenzungen auf – nur bleibe im Herzen und in der Liebe. Ich werde Dich Stück für Stück wieder zu Deiner Schöpferkraft führen, denn Du bist wahrhaftig ein großartiges, schöpferisches Wesen!

Sei Dir der „bedingungslosen Liebe der Quelle allen Seins" und meiner Hilfe versichert. Ich segne und umarme Dich. Ich bin Uriel.

Göttliche Intervention

Hier ist Uriel, das Licht Gottes
Ihr geliebten Lichter, weltweit ist Euer Wunsch stärker geworden, dass der Himmel eingreifen möge, damit das „Neue Zeitalter" Gestalt annimmt. Die alten, ausbeuterischen und zerstörerischen Strukturen sind

unhaltbar geworden und die Menschen ersehnen die Befreiung. Eurem Wunsch wird jetzt entsprochen!

Ihr lieben Seelen, Ihr Leuchttürme des Lichts, die in der Klärung des Herzens schon fortgeschritten sind, erhaltet jetzt Unterstützung von einer besonderen Art, denn es werden Euch die individuellen Lasten genommen. Ab sofort werdet Ihr befreit von Zweifeln über Euer Selbst, Euren Existenzängsten und Ängsten des Mangels. Es ist wichtig, dass Ihr jetzt fest in Euch selbst verankert bleibt, denn Ihr werdet in dieser Zeit gebraucht, um zu stabilisieren und auszugleichen.

Die Zeit des massiven Wandels hat begonnen, denn der Himmel greift ins Geschehen ein. Das Bewusstseinsfeld des „All-Eins-Seins" (Alles-Seiende und Alles-was-ist) hat sich weit geöffnet, womit die jahrtausendealte Trennung für alle aufgehoben ist. Dieser Vorgang ist der wichtigste Schritt für Eure Entwicklung in die 5. Dimension. Denn erst der Gedanke des Getrenntseins hat die Menschen in die Dichte der Materie getrieben. Wer von dem göttlichen All-Eins-Sein getrennt wurde, ist auch von der Lebensenergie und der Liebe Gottes abgeschnitten worden und so blieb nur als Ersatz das Sammeln von Materie und in der Folge Gier und Habsucht. Der „Irrglaube vom Getrenntsein" erzwang die Bildung des Egos und des dominierenden Verstandes, der für das Überleben kämpft. Doch jetzt ist die Grundlage für alle plötzlich anders, denn Ihr werdet Euch der Verbundenheit bewusst. Allerdings ist die Wirkung je nach Entwicklungsstand sehr unterschiedlich.

Ihr, meine lieben Lichtarbeiter, die Ihr schon lange an der Überwindung der Trennung und an der Klärung des Herzens gearbeitet habt, werdet Euch freier fühlen, Ihr werdet wunderbare Begegnungen haben, und den Prozess des Erwachens der Menschen beobachten können. Viele werden auch erstmal eine Verunsicherung erleben, denn die gesammelten, materiellen Güter haben plötzlich die Bedeutung und den Wert verloren. Menschen, die ihre Bedeutung, ihre Identität über Stellung, Beruf, Kaste, Herkunft, Hautfarbe, Religion oder Bankkonto definierten, werden in eine Krise stürzen, da die alten Wertvorstellungen mit dem eigenen Gefühl und Bewusstsein nicht mehr übereinstimmen.

Es beginnt die große Sinn- und Identitätskrise, die den Beginn des „Neuen Zeitalters" für die Menschen einläutet. Einige werden letzte Versuche anstellen, die alte Ordnung wiederherzustellen und dazu werden sie sich der alten Tricks bedienen und versuchen, Zwietracht zu säen, doch diese Versuche werden scheitern und die neue Verbundenheit der Menschen untereinander für alle sichtbar machen. Ab jetzt steht das Verbindende im Fokus und das Trennende wird verschwinden. Es wird Frieden auf Erden!

Geliebtes Wesen, jetzt ist Deine Zeit gekommen, aktiv für das Licht und das neue Bewusstsein zu werben. Du kannst die Verbindung, das All-Eins, jetzt deutlich fühlen – sprich über das Gefühl und teile anderen Deine Verbundenheit mit. Du kannst sicher sein, dass dieses Gefühl jetzt universell vorhanden und nur eine Frage des Bewusstseins ist.

Jetzt wird auch die Verbundenheit zu Gaia, Eurer Mutter Erde, wieder ins Alltagsbewusstsein Einzug halten. Die Menschen werden den Reinigungsprozess des Planeten unterstützen und der Raubbau an der Natur wird beendet werden. Viele werden wieder lernen, mit der Natur zu kommunizieren.

Die Religionen werden sich erneuern, denn es ist hohe Zeit, dass die Manipulation der Massen und die vorsätzliche Fehlinterpretation der göttlichen Gesetze durch die Hierarchien der Religionshüter enden. Die Religionen wurden benutzt, um die Menschen zu unterdrücken und gefügig zu machen, denn das Trennende wurde betont und Andersgläubige verdammt. Im Namen Gottes wurde großes Unrecht begangen.

Das alles findet jetzt ein Ende!

Ihr werdet die Gemeinsamkeiten und die universelle Wahrheit entdecken. Ein neues Gottesbewusstsein wird sich in der Folge entwickeln, Ihr werdet erfahren, dass alles von Gott kommt und dass Gott in Allem und Jedem existiert.

Ihr lieben Lichter, freut Euch, erwartet jetzt den „Wechsel der Zeiten" in allen Bereichen der Gesellschaft und seid bereit, zu helfen. Der Bewusstseinswandel kommt schleichend daher und die meisten Menschen werden es nicht verstehen, denn es ist eine Veränderung in den Herzen der Menschen, die erst später in den Köpfen Widerhall findet. Und so wird es auch in den menschlichen Gesellschaften, in der Politik und der Wirtschaft sein – die Führung wird den Wandel erst nachvollziehen, wenn er bereits stattfindet.

Darum seid Euch Eurer Stärke und Eurer Bedeutung für den Wandel bewusst, denn Ihr seid das Herz, das sich einem neuen Bewusstsein geöffnet hat. Wenn sich das Herz ausdehnt und erstrahlt, kann sich der Kopf dem nicht verschließen – es wird einfach mitgetragen und vielleicht sogar für seine ureigenste Idee gehalten. Gott hat in den Herzen der Menschen interveniert. Seine „bedingungslose Liebe" trägt Euch weiter in die höheren Dimensionen.

Ich bedanke mich für Eure Lichtarbeit und den großartigen Einsatz eines jeden Einzelnen. Mein Segen begleitet Euch. Ich bin Uriel.

Veränderungen manifestieren sich

Hier ist Uriel, das Licht Gottes.

Meine geliebten Wesen, es ist für Euch ein Grund zur Freude, denn Veränderungen beginnen sich zu manifestieren. In dieser Zeit werden es viele vor allem in ihren physischen Körpern wahrnehmen, denn es werden erneut Lichtkörpersymptome auftreten, wenn sich alte Konditionierungen lösen. Der Bewegungsapparat, die Haut und das Verdauungssystem können davon betroffen sein.

Meine geliebten Seelen, habt keine Furcht davor, denn es ist ein „Prozess der Neuwerdung", durch den Ihr geht. Ich erläutere die Einzelheiten, um Euch den Durchgang zu erleichtern und um Verständnis für das eigene Sein zu schaffen.

Die Verschiebungen der Ebenen bedingt eine Veränderung jedes Atoms und damit jeder Zelle Eures Körpers. Je fester eine Struktur ist, desto umfangreicher ist der Umbau, daher werdet Ihr gelegentlich Eure Knochen spüren und die anhaftenden Sehnen und Bänder. Schlacken werden abgetragen und passieren dabei zeitweilig die Gelenke, was sich als Entzündung äußern kann.

Wichtig ist zu wissen, dass alle Lichtkörpersymptome nur kurze Zeit auftreten und immer wieder verschwinden oder an anderen Körperstellen wieder auftauchen. Wenn Ihr länger anhaltende Beschwerden habt, lasst es von einem Arzt oder Heiler abklären! Auch Eure Haut wird sich langsam verändern, um mehr Licht aufnehmen zu können. Vorher wird es zu Reinigungsprozessen kommen, die sich durch häufiges Schwitzen und Hautunreinheiten zeigen. Ihr unterstützt die Haut am besten, wenn Ihr nichts unterdrückt und reichlich frisches Wasser trinkt.

Achtet bei Eurer Nahrung darauf, wie sie Euch bekommt. Euer Verdauungssystem richtet sich neu aus und Ihr werdet neue Vorlieben und Abneigungen entwickeln. Langfristig werdet Ihr weniger und ausgewählter essen. Achtet einfach auf Euren Körper, der Euch sagt, was gut für ihn ist. Es ist jetzt nicht die Zeit für Diäten, viel mehr es ist die Zeit zu fühlen und zu schmecken. Ihr dürft auch Fleisch essen, doch werdet Ihr es irgendwann nicht mehr mögen. Gehe also sanft und liebevoll mit Dir um und zwinge Dich nicht – sondern sei einfach „bewusst".

Gaia wird auch weiter ihre Struktur anpassen und es wird zu begrenzten Ereignissen kommen, die über das gewohnte Maß hinausgehen. Doch wird der Übergang sanft verlaufen, mit Pausen und Gelegenheit zur Anpassung aller Lebewesen. Am Ende wird die Welt umgestaltet sein.

Auch Du wirst umgestaltet, mein liebes Licht, doch Du als Schöpferwesen bist dabei selbst der Akteur. *Du* bist es, der mit seinen Gedanken und Emotionen, Wünschen und Träumen Dich und Deine Umwelt gestaltest. Deine geistigen Helfer und Engel stehen Dir bei und unterstützen Dich bei Deinem Bestreben. Wenn Dir der Umbau Deines Körpers zu viele Probleme bereitet oder wenn Dir die Belastungen zu groß werden, dann lasse Dir von der Geistigen Welt helfen. Es gibt Möglichkeiten, Prozesse zu be- oder entschleunigen, um die „Nebenwirkungen" zu dämpfen.

Der wichtigste Wechsel wird jedoch Dein Bewusstsein betreffen. Die „bewusste Verbindung" zu allem Sein wird nicht länger ein theoretisches Gedankenmuster bleiben, sondern gelebte Wahrheit werden. Doch es bedarf der Entscheidung dazu, denn der Freie Wille ist unantastbar. Der wahre Gehalt des Freien Willens liegt in der Freiheit, sich dem göttlichen Willen hinzugeben oder zu verweigern. Er gibt Dir die Entscheidungsfreiheit, Dein Bewusstsein auszurichten und er verbraucht sich nie – zu jeder Zeit kannst Du Dich wieder neu entscheiden und Deinen Fokus ausrichten.

Kennst Du den Unterschied der „göttlichen Gesetze" und des „göttlichen Willens"? Die *göttlichen Gesetze* funktionieren als Regelwerk und sind funktionelle Wirkungsweisen wie zum Beispiel das Gesetz von Ursache und Wirkung, welches sich in der 3. Dimension als Karmagesetz zeigt. Du kannst Dich nie *gegen* ein Gesetz entscheiden, denn es funktioniert unabhängig von Dir und Deine Entscheidung, es außer Kraft zu setzen, ist Dir nicht möglich. Egal, wohin Du Deinen Fokus richtest, die universellen, göttlichen Gesetze sind für Dich bindend.

Der *Wille Gottes* ist das Licht, die reine Liebe und drückt das individuelle Sein der Quelle aus. Du kannst Dich vom Licht abwenden und in den Schatten gehen, Du kannst selbst Schatten erzeugen, Du kannst selbst zum Schatten werden – das ist Deine Entscheidung und unterliegt Deinem Willen. Das, mein liebes Licht, ist Deine Verantwortung für Dein Leben und darüber hinaus, denn Du erschaffst ein Umfeld, welches auch auf andere Lebewesen Einfluss hat.

Es ist die Entscheidung, den *Willen Gottes* zu erfüllen, was nichts anderes heißt, als sich dem Licht und der Liebe zu verpflichten, die Dich zum Eins-Sein führt. Du brauchst keine Religion, Du brauchst keine Gebets- oder Diätvorschriften zu beachten und es spielt keine Rolle, welche Kleidung Du trägst, welches Geschlecht oder welche Hautfarbe Du hast.

Einzig Dein Herz entscheidet über Deine Bereitschaft, die „bedingungslose Liebe" zu erleben und auszudrücken.

Dein Verstand wird Dir nicht helfen können, wenn Dein Herz nicht frei genug ist, um Deinen Weg zu finden und zu gehen. Du findest Führung in Deinem Herzen, denn Du bist nicht allein und bist es nie gewesen – doch im Lärm des täglichen Lebens waren die leisen, feinen Stimmen oft nicht zu hören.

Wende Dich jetzt diesen Stimmen zu, denn es sind Schutz- und Führungsengel bei Dir, bei jedem von Euch! Sie warten darauf, gehört zu werden und können Dich durch die Wechsel der Energieebenen leiten und begleiten. Es ist an der Zeit, die letzten Zweifel zu verbrennen, die Eigenschwingung zu erhöhen und mit geöffnetem Herzen die grenzenlose, bedingungslose Liebe zu empfangen.

Ich segne Dich im Namen der Himmel. Ich bin Uriel.

Wie Engel beim Dimensionswechsel helfen

Hier ist Uriel, das Licht Gottes.

Ich grüße Euch, meine geliebten Wesen, ich begleite und führe Euch durch die „Zeit des Wandels", der sich jetzt unaufhaltsam vollzieht. Ein jeder Mensch hat schon gespürt, erahnt, im Inneren gewusst, gesehen oder gedacht: Die Welt, wie ich sie kenne, funktioniert nicht mehr, Werte geraten durcheinander, Sicherheiten verschwinden, Beziehungen brechen, und Ideale und Vorstellungen verlieren an Substanz. Die Natur scheint aus den Fugen zu geraten, Wetterphänomene, die früher Seltenheitswert hatten, häufen sich und die Jahreszeiten verschwimmen immer mehr ineinander. Die forschende Wissenschaft gerät immer häufiger an Punkte, wo sich durch die Ergebnisse alle bisherigen „gesicherten Erkenntnisse" als Irrtümer erweisen.

Der „Wandel der Welt" ist im göttlichen Plan verankert und findet auf allen Ebenen statt. Und jeder von Euch hat seinen Platz entsprechend seiner Fähigkeiten und seiner Aufgabe eingenommen und wirkt mit am „Großen Plan". Über die Rolle, die Ihr dabei spielt, habe ich schon berichtet, nun werde ich über mich und Eure geistigen Geschwister berichten, die Ihr Engel nennt.

Ihr solltet wissen, dass die Dimensionen parallel bestehen, sie ineinander verschmolzen und doch durch die unterschiedlichen Frequenzen getrennt sind. Die nächste Dimension ist also nicht weit weg, sondern am gleichen Ort.

Es ist wie mit Deinem Körper, die Schichten vom physischen, emotionalen, mentalen und spirituellen Körper liegen nicht voneinander getrennt übereinander, sondern unterscheiden sich nur durch die unterschiedliche Dichte und Größe und durchdringen einander. Was Du davon sehen kannst, hängt von Deiner eigenen Frequenz in der Wahrnehmung ab. Am dichtesten und damit am kleinsten ist der *physische* Körper und wird mit den fünf physischen Sinnen von allen wahrgenommen.

Es folgt der *emotionale* Körper, der einige Zentimeter über den physischen hinausgeht. Er ist feinstofflich und kann von vielen erfühlt werden. Ihr könnt fühlen, wie es dem Gegenüber geht und wie er auf Euch reagiert.

Der *mentale* Körper geht darüber hinaus und er ist noch weniger dicht als der emotionale Körper. Er ist wie Eure Gedanken wechselhaft, in sich verschlossen oder kreativ und schöpferisch. Er drückt viel von Eurem Wesen aus und ist nur von hellsichtigen Menschen zu erfassen.

Der *spirituelle* Körper ist weit größer und lichter – er zeigt Euer wahres Sein und Euer göttliches Wesen. Nur die Meister, die „Erleuchteten", sehen ihn so wie er ist.

Und so, wie Deine Körper ineinander liegen, verschieden und doch *eins* sind, verhält es sich mit den Dimensionsebenen. Jede Ebene ist immer da und es bedarf nur einer „Änderung der Schwingung" und der Wechsel von einer Dimension zur anderen ist vollzogen. Und so wirst Du vielleicht verstehen, dass die Erde die gleiche bleibt, wenn Du gemeinsam mit ihr aufsteigst und doch so anders und neu in Deiner höherschwingenden Wahrnehmung sein wird. Alles kommt sich näher und

Du wirst die vielen Helfer kennenlernen, die von höheren Ebenen aus ihren Beitrag zum Dimensionswechsel leisten. Alles ist Lichtarbeit, denn das Licht ist die göttliche Schöpferkraft, ist Spirit, ist Liebe und begründet jede Form des Seins. Und so ist es mit allen Dingen – wenn Du sie auf den Urgrund zurückführst, landest Du immer bei der Liebe.

Der Wechsel ist mit einem Lösungsprozess der alten Lichtgitter verbunden und Du kannst sie Dir wie ein Gitter vorstellen, in das ein Teppich geknüpft ist. Kannst Du Dir dabei vorstellen, was mit einem Teppich passiert, wenn sich das Gitter auflöst? Ja, es gibt keinen Halt mehr und nur noch lose Knoten von einzelnen Fasern, die ihren Sinn verloren haben und auseinanderfallen.

Dies geschieht gerade auf der Erde, die Strukturen lösen sich auf. Dank göttlicher Gnade ist es nun verfügt, dass sich das Lösen der alten Gitter und das Werden des neuen Lichtgitters parallel entwickeln und so ein Hinübergleiten ohne Aufgabe der Formen möglich wird.

Und wie im Großen, so findet dies auch im Kleinen statt, es betrifft den Planeten genauso wie jede Deiner Zellen. Und dafür stehen Engel bereit, die losen Fäden wieder neu zu verbinden, die Frequenzen anzugleichen und energetische Löcher zu schließen. Es ist eine gewaltige Arbeit auf allen Ebenen des Seins, diesen Plan zu erfüllen.

Du hast gewählt, Deinen Teil als sich transformierendes, göttliches Wesen zu erleben und das Licht auf der Erde zu verankern. Du bist die Faser, die von der alten Bindung befreit in ein neues Sein schlüpft, doch Du bist auch der Teppich, der auseinanderfällt und neu entsteht – in anderer Form, mit neuem Muster und anderen Farben.

Wenn Du dieses Bild richtig verstehst, wirst Du auch verstehen, wie stolz wir auf Dich sind und welch großes Interesse wir alle an Dir und Deinem Wohlergehen haben. Wir helfen Dir, alte Knoten zu lösen und alte Muster aufzugeben, denn die alten, unzusammenhängenden Knoten sind die Ursache für die Lichtkörpersymptome, die Dir manchmal zu schaffen machen. Wenn Du bereit bist, werden wir Dir helfen und von unserer Ebene aus mit unserem Licht Deine Arbeit des Lösens und Werdens unterstützen.

Das von mir gewählte Bild des Teppichs, der gleichzeitig aufgelöst und neu geknüpft wird, soll Dir zeigen, dass alles einem „Großen Plan" unterworfen ist, der vollendet wird. Es ist jedoch nicht klar, an welcher Stelle sich die nächste Auflösung zeigt und die Neuwerdung beginnen kann, denn ohne, dass etwas Altes aufgelöst ist, kann nichts Neues entstehen.

Es liegt an Euch, meine geliebten Wesen, an den alten, überholten Strukturen zu rütteln und sie loszulassen, wenn sie brechen. Bei dieser Arbeit habt Ihr den Segen und die Liebe der gesamten Geistigen Welt zur Unterstützung an Eurer Seite. Wir alle sind *eins*, wir alle dienen dem Licht und arbeiten am gleichen „Großen Plan". Sei Dir dessen im Alltag bewusst, denn das „Bewusstsein des All-Eins-Seins" hebt Deine Schwingung an. Das Bewusstsein bestimmt das Sein und entfaltet seine Wirkung auf das Umfeld. Die Veränderungen werden jetzt schnell vorankommen, da die Frequenzen nun kontinuierlich weiter angehoben werden. Es ist die Phase erreicht, in der Ihr quasi zwischen den Dimensionen schwebt. Bleibt dabei in Euren Herzen zentriert und lebt die Liebe, die Ihr dort findet. Ihr seid beschützt und geführt, achtet auf Eure innere Stimme und vertraut auf Eure Intuition.

Ich segne Euch alle! Die unerschöpfliche, „bedingungslose Liebe der Urquelle allen Seins" begleitet Euch auf dem Weg zurück zum Eins-Sein. Ich bin Uriel.

Der Aufstieg ist JETZT

Hier ist Uriel das Licht Gottes.
Geliebte Wesen, während sich weiter kontinuierlich die Frequenzen Eurer Welt in Wellen anheben, macht sich bei einigen von Euch Unsicherheit bemerkbar. Plötzlich beginnen auch die am stärksten strahlenden Lichter unter Euch zu zweifeln, ob sie „reif", „sauber" oder „gut genug" für den Aufstieg wären. Ihr beginnt, Euch Sorgen um Eltern, Freunde und Kinder zu machen, weil diese nicht wie Ihr auf dem spirituellen Weg sind. Kommt der Aufstieg überhaupt und wann oder ist al-

les ein großer Irrtum? Es herrscht zunehmend Unsicherheit, wo doch frohe Erwartung und liebevolle Hinwendung, Freude und Befreiung diese Zeit bestimmen sollten.

Meine geliebten Lichter, es ist eine außergewöhnliche Zeit für Euch, die um den Dimensionswechsel wissen. Ihr, die sich auf den Aufstieg vorbereiten und an sich arbeiten, um alten Ballast hinter sich zu lassen, Ihr seid es, die das Licht so fest verankert haben, dass es nur noch eine Frage der Zeit ist, wann der Aufstieg passiert. Zeit ist der Faktor, der Euch trennt, denn Zeit in der linearen Beschaffenheit, wie Ihr sie erlebt, gibt es nur in der dritten Dimensionsebene.

Ich lebe im ewigen JETZT und ich kann Dir versichern, Ihr alle seid im ewigen JETZT schon aufgestiegen. Es gibt für Euch alle, mit ganz wenigen Ausnahmen, nur diese eine Möglichkeit, JETZT die Grenzen der Zeit zu überwinden und eine neue Ebene des Seins zu betreten.

Mein geliebtes Licht, Du wirst vielleicht erstaunt sein, wenn Du jetzt hörst, dass alle aufsteigen werden – doch so ist es von Anbeginn geplant. Es gibt nur einen Faktor, der den Unterschied macht, die ZEIT.

Die dritte Ebene der Verdichtung ist ein komplexes Gefüge aus Energien, die durch die Überlagerung verschiedener Frequenzen ein Geflecht von Raum, Zeit und Materie erzeugen. Von diesen drei Komponenten ist die Zeit in ihrem dehnbaren Verlauf das Besondere. Räume und Materie, wenn auch in anderer Form, gibt es auch in anderen Dimensionen. Doch die Begrenzungen, die von Zeit geprägt sind, gibt es sonst nicht.

Das menschliche Bewusstsein ist eng mit der Zeit verbunden, Ihr braucht für alles Zeit, und je nach Situation, läuft sie Euch durch die Finger oder zieht sich schier endlos dahin. Je mehr Bewusstsein Du der Materie und dem Raum zukommen lässt, desto langsamer scheint die Zeit zu vergehen und nur wenn Du tief meditierst oder schläfst, befindest Du Dich außerhalb der Zeit – im ewigen JETZT. Zeit ist nicht fest, wenn Ihr Euch schnell durch den Raum bewegt, verläuft die Zeit langsamer – diese Tatsache hat Eure Wissenschaft bereits ergründet, und sich mit theoretischen Mustern in den Bewusstseinsraum der 5. Dimension begeben.

Doch ist es nicht mein Anliegen, dies zum jetzigen Zeitpunkt zu vertiefen, denn es geht mir nur um Dich, mein geliebtes Licht! Ich möchte Dir zeigen, wie Du in Dein wahres Selbst zurückfindest. Es gibt keinen Grund, Dir Sorgen zu machen, nicht um Dich, nicht um Deine Angehörigen und nicht um Deine Freunde. Es mag temporär Trennungen oder Probleme geben, doch Ihr alle werdet den Aufstieg meistern, denn im JETZT ist dies schon die reale Situation.

Ihr, meine geliebten Lichter, werdet voranschreiten und denen Sicherheit und Leitung geben, die jetzt noch sehr in der Materie verhaftet sind, denn sie werden es deutlich schwerer haben, sich in der neuen Situation zurechtzufinden.

Ich habe heute über den Zusammenhang von Bewusstsein und Zeit gesprochen, denn es ist die Zeit, die Euch in dieser Dimension festhält. Doch die Zeit wird ihre Wirkung auf das Bewusstsein verlieren und das wird den Weg in eine höhere Dimension des „Er-Lebens" eröffnen. Darum haltet Euch nicht wartend an Daten oder Uhrzeiten fest, denn die Zeit ist relativ und sie wird wahrhaftig „vergehen". Du gehst auf ein Leben im ewigen JETZT zu, was das Erwachen zum vollständigen Bewusstsein einschließt. Du wirst Dir Deiner Herkunft, Deines wahren Wesens und Deiner Bestimmung gewahr sein. Es ist ein Leben jenseits Deiner Vorstellung und doch wird es Dir sehr vertraut und richtig vorkommen. Die Entwicklung dahin ist individuell, die Grundvoraussetzung jedoch, die Lösung der ans Bewusstsein gebundenen Zeitwahrnehmung, wird für alle gleichermaßen ausfallen. Stimme Dich und Deinen Körper auf die hohen Schwingungen ein, trenne Dich von allen alten Mustern und Du wirst zu den Ersten gehören, die es merken, dass die Zeit keine Bedeutung mehr hat.

Ich segne Dich und ich umarme Dich in Liebe, wann immer Du es möchtest und warte auf Dich im ewigen JETZT. Ich bin Uriel.

Alles kommt ans Licht

Hier ist Uriel, das Licht Gottes.

Meine geliebten Wesen, wie sehr freue ich mich über Eure Fortschritte! Beständig steigt die Schwingung Eurer Welt, denn Ihr verankert das Licht, so wie es geplant und für Euch vorgesehen ist. Es ist hell geworden und immer weiter wird die Dunkelheit weichen. Alles, was im Dunkel geschehen ist, wird aufgedeckt werden, dunkle Machenschaften sind im Licht nicht weiterzuführen und werden aufhören. Dieser Prozess ist an vielen Orten und auf verschiedenen Ebenen für alle sichtbar. Überall richten Menschen das Licht ihres Bewusstseins in die finsteren Abgründe in Politik, Wirtschaft, Ökologie, Religion und den vielen Feldern, die damit verflochten sind.

Mein geliebtes Licht, sei Dir bewusst, auch dies ist Lichtarbeit. So hat die Zahl der Lichtarbeiter rasant zugenommen, wobei die meisten sich selbst nie als Lichtarbeiter bezeichnen würden. Ich betone es hier, weil eine große Unsicherheit besteht, welche Art von Tätigkeit denn jetzt noch richtig oder im Sinne des Lichtes ist. Nicht jeder Lichtarbeiter wird Heiler werden und so mancher, der still seiner Tätigkeit als Handwerker oder Büroangestellter nachgeht, wird zu den Ersten gehören, die das vollständige Bewusstsein erlangen.

Urteilt nicht über andere, doch helft mit, die Schatten zu vertreiben und Licht ins Dunkel zu bringen. Wenn Du eine Arbeit hast, die Du mit Liebe und Ehrlichkeit verbindest, ist sie gut. Egal, ob Du Käse verkaufst oder Bäume pflanzt, Kinder betreust oder Essen zubereitest, Brücken konstruierst oder Menschen heilst – der Wert liegt in der Hingabe an die übernommene Aufgabe.

Wer Arbeit mit Prestige verbindet, tappt in die Falle des Egos. Die Illusion, dass wer mit möglichst wenig eigener Arbeit möglichst viel Geld verdient und besonders erfolgreich ist, zieht die Schwingung stark nach unten. Doch auch sich selbst zu opfern und nur durch oder für andere zu leben, ist ebenso wenig für den Seelenaufstieg zum Ziel führend.

Mein geliebtes Licht, es gibt nur den einen Weg, der Dich sicher in die Neue Zeit bringt, und der führt durch Dein Herz. Es ist der Weg der Selbst-Erkenntnis und der Selbst-Verwirklichung, den Du gehen wirst. Die Tore der Himmel sind geöffnet und es kommen Deine Seelenanteile zu Dir, die eine höhere Weisheit mit sich bringen, denn diese Teile gehören nicht zur 3. Dimension.

Diese Seelenfunken wirst Du langsam Stück für Stück einsammeln und integrieren, wodurch Du an Stärke und Bewusstsein wachsen wirst. So vollzieht sich der Aufstieg für einen Jeden im individuellen Tempo und auf eine ganz persönliche Art und Weise.

Dein Freier Wille ist auch jetzt entscheidend für Deinen eigenen Fortschritt, wenn auch der Wille allein nicht alles bewirkt. Auch Hingabe ist erforderlich, Vertrauen, Loslassen und Annehmen. Hingabe an die Liebe, Vertrauen in Dich selbst, Loslassen von Ängsten und Mustern der alten Energien und schließlich das Annehmen der göttlichen Geschenke und des eigenen, multidimensionalen Seins.

Um zur Vollständigkeit zu gelangen, brauchst Du beide Pole der dualen Welt – wie die Alchimisten der Vergangenheit wirst Du verbinden, was getrennt war, um etwas strahlendes Neues zu schaffen. Du wirst das Männliche ebenso wie das Weibliche, das Lichte genauso wie das Dunkle Deiner Seele vereinen und Dich als Du SELBST neu erschaffen. Und Du hast viel Unterstützung für diese Arbeit, denn Engel stehen allzeit bereit, Dir zu helfen.

Eure Sonne, die Zentralsonne und die Urquelle selbst, senden unablässig hochschwingende Lichtenergie zur Erde, um den Prozess zu beschleunigen. Mutter Erde geht genau wie Du den Weg der Neuwerdung, sie reflektiert die hohe Schwingung und ist dabei stets um Stabilität bemüht. So befreie Dich von allen Ängsten und löse Dich von den Belastungen vergangener Zeiten.

Der nächste Schritt ist die „innere Freiheit" und ist sie erlangt, beginnt die Vereinigung mit Deinen Seelenanteilen aus höheren Dimensionen. Für Deinen Weg habe ich Werkzeuge geschaffen, die von allen genutzt werden können (siehe Kapitel »Werkzeuge«). Wenn Du mich um Hilfe anrufst, werde ich kommen und für Dich transformieren, was Du mir übergibst.

Dies ist Dein *aktiver* Teil: Du erkennst und übergibst. Dann folgt Dein *passiver* Teil: Du lässt los, vertraust und empfängst. Der Weg ist bereitet und nur Du bestimmst selbst das Tempo Deines Seelenaufstiegs. Wenn es noch etwas gibt, was Dich zögern lässt, weiter zu gehen, dann prüfe in Deinem Herzen, was gut für Dich ist. Es soll ein Weg der Freude sein, des Glückes und der Liebe – lass Dich nur von Deinem Herzen führen. Es gibt keine Autorität, die Dir etwas vorschreibt. Sei skeptisch, wenn Dir jemand sagt, was Du tun sollst oder Du das Gefühl der Manipulation hast.

Mein geliebtes Licht, der Wechsel ist zu erkennen, erfreue Dich daran! Mein Segen begleitet Dich durch diese Zeit. Vertraue auf die allgegenwärtige, „bedingungslose Liebe der Quelle allen Seins"!

Ich bin Uriel.

Ermutigung zur Zeitenwende

Hier ist Uriel, das Licht Gottes.

Meine geliebten Lichter, meine geliebten Menschenengel, ich werde Euch heute nur wenig Neues berichten, denn es wurde schon alles gesagt, was für Euch und Euren verkörperten Aufstieg wichtig ist. Ihr seid im Begriff, mit Eurem Bewusstsein die Grenzen der Dimensionen zu überschreiten, ein jeder in seinem Tempo und ein jeder für sich – und doch wird es ein kollektives Erleben sein. Der Weg für den sanften Übergang wurde bereitet und es ist Euer Verdienst, wenn sich die alten Prophezeiungen nicht erfüllen.

Es war die Arbeit der vielen Lichtarbeiter überall auf der Erde, die es ermöglichte, schon vor den entscheidenden Zeitmarken so viel hochfrequentes Licht zu verankern, dass Gaia ohne große Erschütterungen aufsteigen kann.

Es schließen sich jetzt nach und nach alle Möglichkeitsfenster für große, die Menschheit aufrüttelnde Ereignisse. Es wird keine Dunkelheit geben, die die Erde für drei Tage stillstehen lässt. Es wird keine Verlagerung der Erdachse geben, die die großen Meeresströme und damit die Lebensbedingungen auf den Kontinenten dramatisch verändert. Es gibt weder Kometeneinschlag noch Massenlandungen von außerirdischen Lebensformen. Eine erwartete Apokalypse findet nicht statt.

Mein geliebtes Licht, mischen sich bei Dir jetzt Gefühle von Erleichterung mit Gefühlen von Enttäuschung? Regen sich jetzt Zweifel an dem Seelenaufstieg, wenn es das „große Zeichen" der Bestätigung nicht geben wird? Sind das noch Reste der Angst, einem großen Irrtum aufgesessen zu sein? Dann erlaube mir, jetzt ganz nah bei Dir sein zu dürfen – ich werde dich sanft berühren und wenn Du in Deinem Herzen ruhst, wirst Du die Wahrheit erkennen.

In Deinem Herzen spürst Du, dass der Seelenaufstieg schon begonnen hat und dass es für Dich keiner äußeren Bestätigung bedarf. Du bist dabei, Dein Bewusstsein zu erweitern und vielleicht drängt es Dich, Dein Leben zu verändern. Vieles, was noch vor wenigen Jahren als gut und richtig erschien, zeigt sich als hohl, sinnlos oder destruktiv. Dies kann alle Bereiche des Lebens umfassen und so wirst Du beginnen, Dein Leben Stück für Stück Deinem wachsenden Selbst-Bewusstsein entsprechend anzupassen.

Dieser Bewusstseinsprozess ist für jeden vorgesehen und es gibt nichts, was ihn aufhalten kann, denn es ist längst der Punkt überschritten, wo es bewusster Arbeit, Konzentration oder göttlicher Intervention bedurfte, ihn am Laufen zu halten. Die Schwingungsfrequenzen haben für einige von Euch die Höhe erreicht, um ein Leben in nahezu „vollständigem Bewusstsein" zu erlauben. Wenn Ihr diese Schwingung aufnehmt und Euch dieser Schwingung anpasst, zieht Ihr Eure abgespaltenen Seelenanteile aus höheren Dimensionen an. Die Integration dieser Teile vervollständigt Eure geistige DNS. Mit jedem Seelenteil werdet Ihr vollständiger, erhöht Eure eigene Frequenz und ermöglicht somit weiteren höherfrequenten Anteilen die Integration.

Mein geliebtes Wesen, erkennst Du die Eigendynamik, die sich entwickelt? Ein jeder von Euch geht seinen eigenen Weg und doch ist es ein gemeinsamer, denn jedes hochschwingende Wesen hat eine unwiderstehliche Wirkung auf sein gesamtes Umfeld. Der Ort, an dem Du Dich befindest, wird energetisch angehoben und es ist das, was ich mit dem Verankern von Licht oft beschrieben habe. Ebenso treten andere Menschen in Resonanz zu höherer Schwingung und bei ihnen setzt sich der gleiche Prozess in Gang.

Ermöglicht ist dieser Aufstieg durch einen göttlichen Gnadenakt, der altes Karma abgelöst hat.

Die Schatten aus vergangenen, dunklen Tagen wehen nur noch als Echos durch den Raum, sie zeigen sich noch in der Aura und belasten noch manches Chakra, doch sie haben ihre Wirkung verloren und Ihr tragt keine Last mehr, die Ihr nicht ablegen könntet. Was bleibt, ist Erinnerung und Erfahrung – der Schatz, den Ihr mitnehmen werdet in die Neue Welt, die Ihr gerade zu kreieren beginnt. Erlebe die innere Freiheit und sieh, wie sich die Freiheit im Außen spiegelt und die Welt verändert.

So blicke mit Freude, Liebe und Neugier in die Zukunft und erlebe, wie die Zukunft zum JETZT wird. Erwecke Deine kreativen Kräfte und erinnere Dich an Deine Schöpferkraft, denn jetzt ist die Zeit, Dein wahres Wesen zu erkennen.

Ich segne Dich und Deinen Prozess der Eins-werdung, eins mit der „bedingungslosen Liebe", eins mit der Schöpfung, eins mit dem Schöpfer und eins mit Deinem wahren Selbst. Ich bin Uriel.

Zeit der Wunder

Hier ist Uriel, das Licht Gottes.

Geliebte Wesen, Ihr seid privilegiert, eine Phase der wunder-baren Entwicklungen zu erleben, die nun endlich begonnen hat. Ich möchte Dich, mein liebes Licht, bitten, die nächsten Sätze langsam und bewusst zu lesen, dann werden sie Dir etwas über Dich Selbst, Deine Erwartungen und Vorstellungen zeigen.

Was bedeutet es für Dich, wenn ich nun zum ersten Mal von Wundern spreche? Wie fühlt es sich an im Herzen? Was löst es aus: frohe Erwartung oder Zweifel? Was ist eigentlich ein Wunder? Ist ein Wunder für jeden das Gleiche oder ist ein Wunder abhängig von der individuellen Wahrnehmung? Ist ein Wunder das direkte Wirken göttlicher Kräfte? Wer bestimmt eigentlich, ob es ein Wunder oder nur der Schnittpunkt unterschiedlicher Möglichkeiten auf einer Zeitschiene ist? Geschieht ein Wunder innerhalb oder außerhalb der Naturgesetze? Ist ein Wunder immer und für jeden schön und positiv? Sind Wunder eigentlich etwas Besonderes oder sind sie etwas ganz Alltägliches?

Jeder definiert „Wunder" ganz individuell, entsprechend seines Wissens, Glaubens und Vorstellungsvermögens. Allgemein wird damit etwas Außergewöhnliches, den Naturgesetzen oder aller Erfahrung widersprechendes verstanden: Ein Ereignis, das göttlichen Kräften zugeschrieben wird und für das es keine Erklärung gibt oder etwas, das sich dem bekannten Erlebnisrahmen entzieht und staunen lässt. Vieles, was den Menschen früher als Wunder galt, hat Euch Eure Wissenschaft zum großen Teil enträtselt und erklärt. Was einmal in den Grundlagen wirklich erfahren und verstanden wurde, wird erklärlich und hört auf, ein Wunder zu sein. Was kann es also sein, wenn ich von Wundern spreche?

Es gibt etwas, was auch meinen Erlebnisrahmen überschreitet, etwas Außergewöhnliches, das ich mit Hochachtung betrachte, weil ich den göttlichen Ursprung erkenne. Ja, ich meine Dich, mein geliebtes, einmaliges, unverwechselbares Wesen! Du bist ein Wunder – niemals wird menschliche Wissenschaft Dein Sein wahrhaftig erklären können! Jede

Erkenntnis über Dich wird nur neues Staunen auslösen und weitere Fragen aufwerfen.

Du bist ein Wunder und wirst nicht aufhören, eines zu sein, selbst wenn nun eine Zeit des Selbst-Erkennens und Erwachens begonnen hat. Du bist zu Dingen fähig, die Du nicht für möglich hältst und Deine Möglichkeiten, zu wachsen und Dich zu entwickeln, sind nahezu unbegrenzt. Einzig Dein Vorstellungsvermögen schränkt Dich ein.

Wenn ich heute von einer „Zeit der Wunder" spreche, meine ich also eine Zeit der „wunder"-vollen Entwicklung des menschlichen Potentials. Vorüber ist die Zeit des Wartens und auch die Zeit der vorsichtigen, kleinen Schritte geht zu Ende. Nun beginnt das Umsetzen im Außen. Es ist die Zeit für Dich, Dein schon lange geplantes Projekt zu starten, und es ist die Zeit gekommen, der Welt Dein wahres Selbst zu offenbaren, Deine Kraft und Stärke zu zeigen und endlich die Liebe zu leben. Tritt aus dem Schatten hervor, die Zeit des „eigentlich bin ich ganz anders" ist vorbei! *Jetzt ist Deine Zeit!*

Wer das Licht auf der Erde verankert, schafft auf der Erde die Verbindung mit dem Spirituellen und er erreicht die „Meisterschaft des Lebens". Sei bereit, das Wunder Deines Lebens jetzt selbst zu erschaffen. Verkünde Deine innere Wahrheit und gestalte Deine Welt, Dein Umfeld! Wenn Du Dich nicht am richtigen Platz befindest, gehe dorthin, wohin Dich Dein Herz bewegen möchte. Die Stagnation ist überwunden, jetzt wird es immer leichter für Dich werden, wenn Du der Stimme in Deinem Herzen folgst. Wenn Dich noch immer Ängste in Deinem alten, inneren Käfig gefangen halten, nimm die gebotenen Hilfen in Anspruch und befreie Dich von den alten Dogmen.

Jetzt ist die Zeit, in Deine persönliche Freiheit hineinzuwachsen und mit anderen gemeinsam den Weg in eine liebevolle Gemeinschaft zu beschreiten. Wer sich jetzt bewegt und wer jetzt den Weg des Lichts beschreitet, wird die Unterstützung der Geistigen Welt spüren. Sei bereit, die Wunder zu erleben, die nun für Dich offenbar werden möchten. Die „bedingungslose Liebe der Quelle" fließt unerschöpflich und mein Segen begleitet Deinen individuellen, einzigartigen Weg. Ich bin Uriel.

Vorwärts, zum Ursprung zurück

Hier ist Uriel, das Licht Gottes.

Geliebtes, einzigartiges Licht, der Schleier wurde gelüftet und der Weg ist bereitet, nun kehre also heim. Ein Jeder findet seinen eigenen Weg, es gibt keine Eile und es gibt keine Wahl. Für Dich gibt es nur den Weg, den Dir Dein Herz weisen möchte – nur ob Dich dieser Weg direkt in Dein wahres Sein führt oder ob Dich noch einige Schleifen zu anderen von Dir erstrebten Erfahrungen führen, unterliegt dem Freien Willen. Es gibt kein Verfehlen des Weges, sondern nur Umwege, Alternativen und Abkürzungen. Dir werden weiterhin Hindernisse ebenso begegnen wie Hilfen und es wird Dir immer klarer werden, dass Dein Fokus Dein Erleben bestimmt. Deine Bereitschaft, Hilfen anzunehmen, wird Dich dann zum Erfolg führen, wenn gleichzeitig auch die Bereitschaft zur aktiven Veränderung und zum persönlichen Wachstum besteht. Fortschritt ist, wie das Wort schon sagt, eine aktive Bewegung nach vorn. Du schreitest fort, lässt also etwas hinter Dir zurück. Die heimkehrende Seele hat die Irrungen und Wirrungen der dualen Welt in der dichten Materie hinter sich gelassen und ist zurückgekehrt in das Bewusstsein des All-Eins-Seins.

Dir sind viele Hilfen und Hinweise gegeben worden, um diesen Weg nun zu vollenden. Dein Seelenaufstieg wird nicht von außen gelenkt, sondern ist das Ergebnis Deiner inneren Ausrichtung. Alle äußeren Ereignisse, wie erhebend oder erschütternd sie auch sein mögen, können Dir nur dann zur Entwicklung und zum Wachstum dienen, wenn sich Dein inneres Streben durch sie verändert. So ist es für Dich nicht dienlich, auf ein äußeres Signal zu warten und dabei in den alten Strukturen zu verharren, denn nur wenn Du in Bewegung bist, wirst Du die Signale auch deuten können.

Wer sich in seinen Strukturen fest eingerichtet hat, wird alles daran setzen, jedes Ereignis in diese Form anzupassen. Das gilt für den einzelnen Menschen ebenso wie für Eure Institutionen – schau als Beispiel dafür nach Rom. Die Kirche dort ist an ihren eigenen Dogmen nahezu erstickt und es bedarf nur eines freien Geistes und eines liebenden Herzens, eine große Wende einzuleiten. Die Kirche würde sich wieder der Liebe Gottes erinnern, die bedingungslos für jeden da ist. Göttliche Liebe ist nie an einen Glauben, eine Religion oder gar an eine kirchliche Institution und die Einhaltung irgendwelcher Dogmen gebunden. So würde die Kirche sich an die Nächstenliebe und die Hilfe für notleidende Menschen als vordringliche Aufgabe erinnern und so zu ihrem Ursprung zurückfinden. Solche Ereignisse können für viele Menschen ein wichtiges Zeichen sein, wenn verstanden wird, dass die Veränderung und der Wandel von *innen* kommen.

So wie in dieser Institution geschieht es auch in Dir. Wenn Dein Geist befreit und Dein Herz geöffnet ist, werden sich die alten Strukturen auflösen. Auch Du wirst wieder zu Deiner Ursprungsenergie zurückfinden. Und in dieser Energie sind Deine wahren Stärken und Dein wahres Sein begründet. Die Rückverbindung und das Wiedererkennen werden Dir erlauben, Dich weiter von Begrenzungen zu lösen und innere Freiheit und Wahrhaftigkeit zu leben.

Deine Ursprungsenergie kannst Du Dir als eine wunderschöne, einmalige Symphonie vorstellen, die in den Geistigen Welten unter der Leitung hoher Lichtwesen geschaffen wurde. Die Energie des Ursprungs ist sehr vielschichtig, individuell sehr unterschiedlich und kann von uns gelesen werden – ähnlich wie bei Euch zum Beispiel ein Astrologe in einem Horoskop die Energien für ein irdisches Leben liest. Deine Seele ging in ihrer Vollkommenheit aus dieser Energie hervor, die sowohl Deine geistige Heimat als auch Dein wahres Selbst verkörpert.

Wenn Du, mein geliebtes Licht, Dein vollständiges Bewusstsein wiedererlangt hast, wirst Du auch wieder Eins mit dieser Energie sein. Um den Weg zu erleichtern, wurde es einigen Lichtarbeitern erlaubt, als Mittler zu dienen und die Verbindung zur Ursprungsenergie wieder herzustellen (siehe Kapitel »Werkzeuge«). Hierzu dient auch der „Seelenname", der mit seiner speziellen Energie die Erinnerung an den Ursprung weckt.

Auch die sich weiter erhöhenden Schwingungen, die Licht- und Liebeswellen, die weiter den Raum und die Materie durchdringen, werden Euch erheben. Es bedarf nur der *bewussten* Anpassung an die höheren Schwingungen, um sie zu nutzen. Je besser die Anpassung gelingt, desto leichter wird es für Euch.

Auch an den sich ändernden Schlafrhythmus werdet Ihr Euch anpassen, indem Ihr Eure Gewohnheiten ändert. Gönnt Euch über den Tag Pausen der Ruhe und inneren Einkehr – dies wird nicht nur Schöpferkräfte regenerieren und die Effektivität aller Handlungen erhöhen, sondern auch zum (inneren) Frieden beitragen.

Der Weg zurück zum Ursprung ist ebenso der Weg zur Lebensfreude, denn Lebensfreude ist der natürliche Zustand, der sich einstellt, wenn Du das tust, was Deinem inneren Wesen entspricht.

Geliebtes Licht, jetzt ist die Zeit, Dich von Manipulation und jeder fremden Beeinflussung zu lösen, Deinem Herzen zu folgen und Deinen individuellen Weg zu gehen. Mein Segen und die „bedingungslose Liebe der Quelle allen Seins" begleiten Dich, wenn Du nun zu Deinem wahren Selbst zurückkehren wirst. Ich bin Uriel.

Die Energien der Veränderung

Hier ist Uriel, das Licht Gottes.

Geliebte Wesen, ich habe Euch einmal die sanfte Flut der liebenden Energie beschrieben, doch gibt es auch Zeiten, in dem sie sich anders darstellt. Manchmal entwickelt sich aus der früher beschriebenen „sanften Flut" eine Sturmflut, die vieles fortspülen wird. Ich möchte Euch darauf vorbereiten und zeigen, wie Ihr diese Flut nicht nur übersteht, sondern auch nutzt. Es ist eine Energiewelle der Liebe und um ein Verständnis für die darin enthaltene Kraft zu erreichen, ist das Wasser als Vergleich sehr geeignet.

Wasser ist für Euch der Quell des Lebens und ein Leben ohne flüssiges Wasser ist auf Eurer Ebene kaum vorstellbar. Wie wichtig Wasser für Euch ist, brauche ich nicht zu erklären und auch welch zerstörende Kraft Wasser entwickeln kann, ist Euch hinlänglich bekannt. Ein Sprung ins Wasser kann, wenn Du schwimmen gelernt hast, eine wunderbare Erfrischung, ein Vergnügen, eine Reinigung, eine Ertüchtigung und ein Ausdruck der Lebensfreude sein – doch wer nicht schwimmen gelernt hat, geht unter.

Die künftigen Energiewellen werden ebenso vielfältige Wirkungen entfalten, wie es das Wasser auf Eurer Erde vermag und es wird sehr auf den Einzelnen ankommen, wie dies wahrgenommen wird.

Alles Sein wird vom Puls der Zentralsonne (aus)gerichtet. Diese Neuausrichtung wird Dir vielleicht wie das göttliche Gericht erscheinen, denn es wird ausnahmslos alle treffen. Die Worte Recht, Gericht, Richtung, richten und *richtig* haben in Eurer Sprache nicht zufällig so viel gemeinsam. Wenn Du nun Orientierung suchst, um den richtigen Weg, die richtige Ausrichtung zu bekommen, hilft Dir vielleicht der Vergleich mit dem Wasser, denn es sind die gleichen Prinzipien – lasse Dich tragen von der Welle und kämpfe nicht gegen die Strömung, sondern fließe mit ihr! Lasse Dich reinigen und Ballast fortspülen, spiele mit der Welle, surfe, schwimme und tauche, doch sei Dir stets Deiner selbst, Deiner Absicht und Deiner Kraft bewusst.

Doch es gibt noch einen Aspekt der Liebeswelle, der auch durch den Vergleich mit dem Wasser gut zu verstehen ist. Einst, vor der Errichtung des großen Dammes, trat der Nil regelmäßig über die Ufer und überspülte die Felder der Bauern. Diese machten keine Anstalten, ihre Felder vor dem Wasser zu schützen, im Gegenteil, sie entfernten alle möglichen Hindernisse, damit das Wasser frei über das Land fluten konnte. So brachte das Wasser den fruchtbaren Schlamm über den Feldern aus und so wurden Wachstum und Ernte für die Zukunft gesichert.

Die Energiewellen bringen Euch nun alles, was für die nächste Zeit gebraucht wird, auch wenn es nicht sofort sichtbar wird. Während dieser Flut wird vieles vergehen, doch dies bedeutet nicht das Ende, sondern ist bereits ein neuer Anfang. Ich habe Dir an anderer Stelle schon gesagt, dass es nur die Sicherheit im Herzen geben kann – die innere Sicherheit getragen von Liebe und Vertrauen.

Mein geliebtes Licht, wenn Du Dir selbst-sicher bist, wird die kommende Zeit für Dich eine Zeit der Erfüllung werden. Je vollständiger Dein Selbst ist, desto besser wirst Du schwimmen und so ist die Selbst-Annahme, die Selbst-Liebe und die Integration aller Teile Deines Seelen-Selbst von höchster Bedeutung. Erkenne Dich selbst in den Umständen Deines Lebens und suche nicht nach den Fehlern im Außen, sondern nach der Erkenntnis im Innern. Alles, was Du ablehnst oder aus Deinem Leben verdrängst, hat auch etwas mit Dir selbst zu tun.

Was nun von der Flut an die Oberfläche getragen wird, soll Dich nicht schrecken, denn es wird Dich bereichern. So können jetzt in Dir bislang verborgene Gefühle von Angst, heftiger Wut oder plötzlicher Traurigkeit ebenso auftauchen wie Mitgefühl, Verbundenheit und Liebe. Was immer nun aufsteigt, ist ein Teil von Dir, der angenommen und integriert werden möchte.

Die Heilung hat begonnen und Deine Seele ist auf dem Weg, wieder ihre Vollständigkeit zu erlangen. Ich unterstütze Dich dabei mit meinem Licht, um diesen Prozess zu erleichtern und Du brauchst nur darum zu bitten, doch Deine innere Bereitschaft zur Annahme und Weiterentwicklung ist entscheidend. Nur mit der Liebe zu Dir selbst und mit der Bereitschaft zur Akzeptanz und Annahme aller Deiner Anteile, kann Deine Seele sich vervollständigen.

Nun wird auf allen Ebenen sichtbar, was im Verborgenen nach Klärung gesucht hat. So werden weitere Millionen Menschen kommen, die aus Not ihre Heimat verlassen und an Eure Türen klopfen. Dies ist ein Spiegel für das, was mit Euren Seelenanteilen geschieht – heißt Ihr sie willkommen oder wehrt Ihr sie aus Angst ab? Die Ausbeutung der Menschen und der Natur werden für jeden sichtbar und die Verantwortung wird dafür übernommen werden.

Der große Richtungswechsel beginnt mit der energetischen Reinigung und viele künstlich aufgebaute Strukturen werden dies nicht überstehen, da sie starr und nicht mit Leben gefüllt sind. Auch dies betrifft

Dich als individuelle Seele genauso wie die Gesellschaft und das Kollektiv der Menschen. Wer sich mit Institutionen, Besitz, Titel oder gesellschaftlichem Status identifiziert, wird in der Welle untertauchen, um nicht mitgerissen zu werden und um wieder auftauchen zu können, hilft nur eines – loslassen und mitschwimmen. Wer sich auf sein wahres Sein besinnt und wer auf die innere Stimme und die geistige Führung vertraut, wird nun Freiheit und Liebe leben.

Ihr vielen Lichter, die Ihr aufgebrochen seid, andere zu leiten, es ist an der Zeit, Euch zu zeigen, denn nun beginnt sich das zu entfalten, wofür Ihr gekommen seid.

Geliebtes Licht, Du wirst nun schneller wachsen als zuvor, wirst reicher und vollständiger sein und Du wirst Dich auf neue Art erfahren und ausdrücken können. Die Zeit der großen Veränderungen ist nun angebrochen, nutze das Licht zur Heilung und zum Eins-werden, löse Dich von den Begrenzungen und befreie Dich von Zwängen und Süchten. Es liegt an Dir, den Weg in die Freiheit zu gehen und so Deinen Teil des gesellschaftlichen Umbruchs zu übernehmen. Nutze die Flut, lasse Dich tragen und erkenne die Liebe, das Leben und die Gnade, die ihren Kern ausmachen und sie vorantreiben.

Du bist nie allein auf Deinem Weg und die Geistige Welt steht Dir mit „bedingungsloser Liebe" zur Seite. Ich segne Euch. Ich bin Uriel.

Wenn morgen die Erde aufsteigt

Hier ist Uriel, das Licht Gottes.
Wenn morgen die Erde aufsteigt, werde ich heute...?
Geliebtes Wesen, ich bitte Dich, diesen Satz zu beenden. Ist Dir spontan etwas eingefallen? Gab es bei diesem Satz für Dich eine klare Fokussierung auf etwas oder war es eher wie die „Qual der Wahl"? An Deiner Reaktion kannst Du für Dich selbst erkennen, ob Du bereit bist, einen Schritt in ein neues Bewusstsein zu gehen. Was würdest Du

unabgeschlossen oder unfertig zurücklassen? Mit welchem Gefühl würdest Du Abschied nehmen?

Ja, ich weiß, viele von Euch würden lieber heute als morgen die dichte Materie hinter sich lassen, weil sie erschöpft sind. Etliche sind enttäuscht und frustriert und erleben Eure Welt als dunkel und trostlos. Auch gibt es einige, die sich betrogen fühlen, weil der Aufstieg so lange auf sich warten lässt und sie doch etwas Besseres verdienen, als die harte, kalte Welt der 3. Dimension.

Meine geliebten Lichter, Ihr habt Recht! Die Welt, die Ihr kennt, ist hart, kalt und von Dunkelheit durchdrungen und Ihr alle habt etwas Besseres verdient. Doch bedenkt, gerade deshalb seid Ihr doch auf genau dem Platz, auf dem Ihr jetzt steht. Es ist kein „Zufall", sondern eine Wahl Deiner Seele und Deiner geistigen Führung, dass Du Dich nun dort befindest. Was wirst Du also heute tun, wenn morgen Deine gelebte Realität eine andere sein wird?

Eine große Seele sagte einmal zu Euch: *„Wenn ich weiß, dass morgen die Welt untergeht, pflanze ich heute noch einen Baum."* Die Welt ging nicht unter und sie wird auch nicht untergehen. Im Gegenteil, sie wird sich erheben und mit ihr alles Leben und die erfüllte Absicht, der einst gepflanzte Baum, trägt weiter Früchte. Fast scheint es, als ob gerade jetzt die Menschen noch einmal alles an Angst und Zerstörung ausleben möchten, was die 3. Dimension so ermöglicht. Kriege, Vertreibung, Flucht, willkürliches Töten und die erbarmungslose Ausbeutung der Natur, der Tiere und der Menschen sind die Zeichen von Egoismus und Gier, die als Antriebskraft hinter diesen Schlagzeilen Eurer Presse stehen. Wollen die Menschen statt des gepflanzten Baumes mit seinen Früchten Tod und Gewalt mit in den Wechsel der Zeiten nehmen? Wenn morgen die Welt aufsteigt, was willst Du heute noch tun? Abwarten?

Es wurde von uns oft genug betont, Ihr seid es, die den Aufstieg gestalten! Ihr seid es, die die Neue Welt mit Leben erfüllen, denn Ihr seid die Schöpfer der Welt! Wie soll die Welt ausschauen und welche Rolle spielst Du? Bist Du Dir Deiner Bedeutung in diesem Schöpfungsakt bewusst oder gefällst Du Dir in der Rolle des unbeteiligten Zuschauers?

Ja, es gibt einige Wenige, denen diese Rolle wirklich zukommt. Sie wurden gesandt, um ihren geistigen Familien zu berichten und um Zeugnis abzulegen. Doch auch diese Wesen haben ihren Weg, der mit Aufgaben und Lektionen verbunden ist, denn niemand ist nur so „zufällig" in dieser Zeit inkarniert.

Ihr seid aufgerufen, Eure eigenen Wurzeln zu ergründen, wie auch Euren Ursprung und Euren individuellen Weg zu finden! Ihr werdet im Licht und in der Liebe gebadet, sobald Ihr Euch auf die Suche begebt – doch es sind viele von Euch geradezu erstarrt in ihrem Selbst-Ausdruck. Warum haltet Ihr an dem fest, was Ihr längst als überholt und nicht mehr dienlich erkannt habt? Ist es Trägheit oder Angst, die Euch an beschränkenden Beziehungen, an selbst-schädigenden Tätigkeiten oder an krankmachenden Gewohnheiten festhalten lässt?

Wer, wenn nicht Du selbst mit Deiner Herzensenergie und Deinem Freien Willen kann Dein Leben zum Guten, zum Aufbauenden wenden? Die Dunkelheit wird nun durch das sich verstärkende Licht täglich klarer sichtbar und es ist fatal, nur auf diese sich entlarvenden, destruktiven Kräfte zu starren – wie das Kaninchen auf die Schlange. Ebenso ist es nicht förderlich, „den Kopf in den Sand zu stecken" und die Schatten zu ignorieren. Nur bewusstes Erkennen und Handeln bringt den Fortschritt voran.

Werde Dir der mächtigen Energien bewusst, die jetzt an der Schwelle der Zeiten und an den alten Strukturen rütteln. Was bisher im Dunklen verborgen die Fäden spann, wird nun sichtbar und es soll wahrgenommen werden.

Dies gilt sowohl für jeden Einzelnen, der sich seiner selbst bewusst wird und zur Vervollkommnung strebt als auch für die Menschheit als kollektives Wesen. Die Welten sind dicht zusammengerückt und so sind zum Beispiel in den sogenannten Rauhnächten die Übergänge sehr durchlässig.

Ihr habt noch einmal die Gelegenheit, auch auf die Persönlichkeitsanteile zu blicken, die mit anderen Welten verwoben sind – sowohl die Lichten als auch die Dunklen. Nutzt diese Zeit zur inneren Einkehr! Ihr geht die entscheidenden Schritte für Euren Aufstieg, wenn Ihr auf Eurem Weg bleibt. Diesen zu erkennen, ist die wichtigste Herausforderung eines jeden.

So kann für Dich die Antwort auf die Frage, was noch zu tun wäre, auch sein: *„mich selbst-erkennen und verwirklichen"*. Wachstum und Erkenntnis ist ein kontinuierlicher Prozess, der weder eine zeitliche noch eine dimensionale Grenze hat. Was immer Du noch lernen oder tun magst, achte darauf, dass Deine Einzigartigkeit, Deine Individualität dabei Raum hat und zum Ausdruck kommt.

Ich begleite Euch mit meinem Segen und der „bedingungslosen Liebe der Quelle" durch diese Zeit. Ich bin Uriel.

Goldenes Licht

Hier ist Uriel, das Licht Gottes.
Geliebte Lichter, mit dem Goldenen Licht, das die Neue Zeit begründet, grüße ich Euch in „bedingungsloser Liebe". Es ist vollbracht, das „Goldene Zeitalter" ist angebrochen. Es ist der Verdienst vieler lichter Seelen, die unermüdlich in ihrer jeweiligen Welt an dem großen Projekt gearbeitet haben. Über viele Generationen wurde das Lichtgitternetz der Erde errichtet und gehalten. Es umspannt nicht nur den physischen Planeten Erde, sondern dehnt sich über die Grenzen der Dimensionen in den Raum hinaus und durchdringt den Planeten.

Ein Gespinst von Lichtbahnen auf der nichtphysischen Ebene fördert und schützt alles Leben auf der geistigen und auf der stofflichen Ebene. Das Lichtnetz korrespondiert mit dem Magnetfeld und unzählige Tiere orientierten sich seit ewigen Zeiten an seinen Linien. So werden zum Beispiel die Züge von Vögeln, Fischen, Walen und Schildkröten durch dieses Netz bestimmt und durch ihren Zug wird es von diesen Wesen gefestigt.

Menschen haben an vielen Knotenpunkten des Netzes Monumente, Klöster, Kirchen und Tempel errichtet und so trugen die Menschen, teilweise, ohne es zu wissen oder auch nur zu ahnen, dazu bei, das Netz zu stabilisieren, denn die Bauten locken wiederum Menschen an, die sich an diesen Orten versammeln.

Es ist die Energie dieses Netzwerkes, die Euren Planeten zu diesem wundervollen Ort werden ließ. Ihr speist dieses Netz ebenso wie Ihr darüber Energie empfangt, denn Ihr seid mit ihm über Euren Energiekörper verbunden. Etliche von Euch sind sich über diese Zusammenhänge bewusst und einige haben es sich zur Aufgabe gemacht, über dieses Lichtnetz dem Ganzen zu dienen. Und so entstanden an vielen Orten nun neue Lichtsäulen – von Euch geschaffen, um dem Licht neue Anker zu geben. Diesen Lichtarbeitern gebührt ein besonderer Dank, denn nun wurden auch die noch finsteren Bereiche vom Licht erreicht.

Jetzt ist der Zeitpunkt gekommen, der ein neues Zeitalter begründet. Nun wird das Lichtgitternetz mit Goldenem Licht geflutet und so beginnt nun das Goldene Zeitalter, wie es seit Urzeiten geplant und geweissagt wurde. So wie das physische Gold, strahlend und rein, seine Schönheit und seinen Wert für jeden zeigt, so ist auch das „Geistige Gold" schön und rein, denn es offenbart den göttlichen Ursprung allen Seins. In Euren Herzen werdet Ihr es empfangen und mit den Herzen werdet Ihr es teilen, mehren und nutzen. Wenn Ihr das Gold in Euren Herzen findet und erkennt, bekommt Ihr damit auch eine besondere Verantwortung, denn das Gold im Herzen ist der Schlüssel zu Eurer Schöpferkraft, die durch das Lichtgitternetz wirkt.

Nur mit Deinem Herzen hast Du, mein geliebtes Licht, Zugang zu Deiner wahren Schöpferkraft — vom Ego kann sie nicht benutzt werden. Schöpferkraft steht immer im Dienste des Ganzen und sie potenziert sich durch die Gemeinsamkeit der einzelnen Wesen. Und doch kannst Du die Kraft für Dich nutzen, denn Dein Herz erkennt die „Einheit allen Seins" und die Verbindung aller Individuen, die ja alle der gleichen Quelle entstammen.

Du bist ein individueller Teil des Einen und so arbeitet das Netz für Dich, für Dein Wohl und zur Verwirklichung Deiner hohen Ideale. Das Goldene Zeitalter zieht nun herauf und der Samen wird in die Herzen gelegt. Wenn Du bereit bist, an der Schöpfung mitzuwirken, dann verbinde Dich mit Deinem Herzen im Goldenen Lichtnetz.

Du wirst die Gemeinschaft der Wesenheiten aus unterschiedlichen Ebenen und verschiedener Welten erleben, wie sie gemeinsam mit Euch Menschen den Plan erfüllen.

Ihr seid die Schöpfer auf der Erde und es ist Euer Freier Wille, dem – im Einklang mit den universalen Gesetzen und Kräften – die Gestaltung der neuen Welt obliegt. Erkenne Dein wahres Wesen und lebe Deine Schöpferkraft in Liebe und Verbundenheit.

Ich segne Dich mit der „bedingungslosen Liebe der Quelle allen Seins". Ich bin Uriel.

Eine neue Phase hat begonnen

Hier ist Uriel, das Licht Gottes.

Geliebtes Wesen, spürst Du Veränderungen in Dir, die Deine Selbstwahrnehmung verfeinern und erweitern? Gelingt es Dir mitunter, spontan hinter das offensichtliche Geschehen um Dich herum zu blicken und weitere Realitäten zu sehen? Weitet sich Dein Bewusstsein soweit, dass Du die geistige Führung erkennen kannst, die Dich durchs Leben begleitet? Fühlst Du Dich fremd in der Welt und suchst nach Deiner Heimat? Hast Du manchmal den Eindruck, dass die Zeit viel schneller vergeht, als jemals zuvor? Sind alte Ängste plötzlich verschwunden oder haben an Kraft verloren? Hast Du gerade Dein Leben völlig umgekrempelt oder stehst Du vor diesem Schritt? Fragst Du Dich häufiger nach dem Sinn oder der Aufgabe Deines Seins?

Wenn du eine oder gar mehrere Fragen mit *„Ja"* beantwortest, hat für Dich der Aufstieg begonnen. Dann gehörst Du zu denjenigen, die gerade für diese Impulse der Veränderung inkarniert sind. Die Energie erhöht sich beständig in großen und kleinen Schritten. Dies ist sowohl für Eure Körper als auch für Eure Psyche eine Belastung. So entstehen als Reaktion auf die erhöhte Schwingung die Lichtkörpersymptome. Lichtkörpersymptome entstehen auf Grund einer Art „energetischen Reibung" durch trägere, dichtere Energieteilchen. Es trennt sich nun „die Spreu vom Weizen" und Ihr werdet bewusst und aktiv Euren Aufstieg, die Rückkehr in höhere Bewusstseinsebenen, erleben.

Es zählen von jetzt an nur noch die bewussten Handlungen, Deine ausgerichteten Gedanken und die Schöpferkraft Deiner Seele. So wird sich nun auch die Hilfe aus der Geistigen Welt anpassen und entsprechend Deines Bewusstseins für Dich wirken.

Wer jetzt vergisst, wird zurückbleiben, denn der Aufstieg wird sich weiter beschleunigen und so werden sich die Welten nach einer Phase der Überlagerung und der gemeinsamen Schwingung im Jetzt wieder voneinander trennen. In der Zeit der gemeinsamen Schwingung wird sich Deine Seele entscheiden, welchen Weg Du weitergehen wirst. Die dichte Materie wird wieder in die Lichtferne zurücksinken und die leichtere Form wird sich erheben.
Der Übergang zu der höheren Form wird leicht und selbstverständlich für diejenigen sein, die sich dazu entscheiden. Es sind die der Seele zugehörigen Schöpferkräfte, die den individuellen Weg bestimmen. Und so wird es auch jene geben, die sich weiter an die Materie klammern und so für einen weiteren Zyklus in der Trennung verbleiben.
Für die Phase der Überlagerung der Ebenen ist für Euch die Anbindung an die Seele, an den göttlichen Kern und an Euer Selbst im Herzen von entscheidender Bedeutung – denn Dein Kopf, Dein Verstand wird Dir den rechten Weg nicht weisen können. Dein Ego wird, wenn es allein Dein Handeln bestimmt, den Weg in die ihm vertraute Materie suchen. Dein Ego hat, wie ich schon an anderer Stelle erklärte, Angst zu sterben und es sucht Sicherheit in der materiellen Welt.

Doch Selbst-Bestimmung und Selbst-Bewusstsein werden Dich zum Licht leiten.

Es gibt keinen Automatismus für Hilfen aus der Geistigen Welt. Dafür bedarf es Deiner „bewussten Bereitschaft zur Annahme". Verbinde Dich im Herzen mit Deiner geistigen Führung und Deinem Höheren Selbst, dann werden sich Dein selbst-gestecktes Ziel und Dein Seelenplan mehr und mehr offenbaren. Gutgeführte Medien bekommen Einblicke, die sie übermitteln werden und es ist auch Dir nun erlaubt, mit offenem Herzen selbst die erklärte Absicht Deiner Seele zu er-gründen. In der Phase der Überlagerung werden die Schleier zwischen den Welten gelüftet und so wird Dir das zugänglich, was bisher verborgen blieb. Der Weg ins „vollständige Bewusstsein" beginnt mit dem Verstehen des eigenen Wesens, seiner Beschaffenheit, seines Entwicklungsweges und dem Erkennen der Verbundenheit mit dem All-Einen.

So möchte ich Dich ermutigen, Deine Individualität zu entfalten und Deine Einzig-artigkeit zu leben. Nutze die Zeit der Überlagerung zur umfassenden Selbsterkenntnis.

Mein Segen und die „bedingungslosen Liebe der Quelle allen Seins" begleiten Dich. Ich bin Uriel.

Was bringt die Zukunft

Hier ist Uriel, das Licht Gottes.

Geliebte Wesen, seit es Menschen gibt, fragen sie sich, was die Zukunft für sie bringen wird. In allen Kulturen entwickelten sich Formen der Deutung. In den meisten Fällen wurden die Natur oder der Lauf von Sonne und Mond und der sichtbaren Objekte am Nachthimmel von Gelehrten oder Eingeweihten vermessen und interpretiert. All dieses Streben hatte das Ziel, in Harmonie und Eintracht mit der Natur und den jeweiligen Göttern zu leben und so zum Beispiel den richtigen Zeitpunkt von Aussaat und Ernte zu bestimmen. Auch gab es zu allen Zeiten einzelne Menschen, die den inneren Kontakt zur Geistigen Welt durch den Eintritt in die Inkarnation nicht verloren oder ihn zu einem bestimmten Zeitpunkt wiederfanden. Diese Menschen schöpften ihr

Wissen aus anderen Quellen und wurden je nach Kultur mehr oder weniger geachtet. So waren einige von ihnen als Prophet, Guru oder Hohepriester geehrt oder anderen begegnete man als Magier, Zauberer oder Orakel mit sehr gemischten Gefühlen. Es wurden Orakel und Hellsichtige befragt, um Kriege zu gewinnen und es gab zu allen Zeiten immer wieder Menschen, die wegen ihrer als übersinnlich angesehenen Fähigkeiten für das Leid und Unglück anderer verantwortlich gemacht und verfolgt wurden.

Ein Blick in die Zukunft ist trügerisch, er birgt für die Menschen stets die Verlockung, anderen gegenüber einen persönlichen Vorteil zu erlangen und ist darüber hinaus stets nur die Sicht auf eine *mögliche* Entwicklung. Nur gelegentlich ist es mir oder meinen Geschwistern erlaubt, so wie einst vor der großen Flut, warnend die Stimme zu erheben und so direkten Einfluss auf das Geschehen zu nehmen, denn eines galt zu allen Zeiten: Die zukünftige Entwicklung wird von Euch bestimmt, denn Ihr seid die Gestalter der Welt!

Das Bedürfnis zu wissen, was sich in Eurer Zukunft ereignen mag, entspringt dem sterblichen Ego in Euch und ist ein Ausdruck der Angst, etwas zu verlieren – das Leben, die Gesundheit, den Besitz oder weltliche Privilegien. Wenn das Bedürfnis, die Zukunft zu ergründen, befriedigt oder gestärkt wird, dient es immer dem Ego und bestärkt die eher rückwärtsgewandten Anteile eines Menschen. Besonders betrifft dies alle auf eine lineare Zeitschiene bezogenen Aussagen.

Ihr erlebt nun gerade die Übergangszeit von einer Epoche in eine andere oder was es treffender beschreibt, von einer Bewusstseinsebene in die nächst höhere. Gerade in dieser Zeit sind bange Zukunftsfragen hinderlich, denn der scheinbar nach vorn gerichtete Blick bezieht seine Energie meist aus der Angst vor einer eventuellen Zukunft. Doch ist natürlich auch gerade in Zeiten der Veränderung eine Orientierung wichtig, Impulse, die eine Richtschnur für Euer Bewusstsein darstellen. So werde ich also nun Themen und Ereignisse des Zeitgeschehens für Euch beleuchten.

Beginnen wir mit Euren „Zukunftstechnologien". Da jede Materie und alles Sein auf energetischen Schwingungen beruht, ist es offensichtlich, dass jede Art von Wellen einen Einfluss ausübt. So wie die Wellen des Wassers den Stein verändern, so wie die Sonnenstrahlen die Pflanzen zum Wachstum anregen, so hat natürlich auch jede elektromagnetische Welle einen Einfluss auf Euer Wesen und Eure Körper.

Jede andere Aussage entspricht hier nicht der Wahrheit. Eure Sinnesorgane können nur eng begrenzte Frequenzbereiche zum Beispiel als Licht oder Schall erfassen und so entzieht sich das Geschehen Eurer Wahrnehmung. Welche Art Wirkung ausgelöst wird, hängt von den Frequenzen und der Intensität der Strahlung ab. Eure Haut reagiert auf Sonnenstrahlung im ultravioletten Bereich zum Schutz mit einer Dunkelfärbung, denn bei zu hoher Intensität wird sie in ihrer Struktur zerstört. Ähnliche Wirkungen werden durch Strahlungen im Bereich der Röntgenstrahlung in tieferen Schichten des Körpers erreicht.

Jetzt haben die Menschen Technologien entwickelt, die sehr hohe Frequenzen nutzen, um weltumspannend Daten zu übertragen. Es ist Illusion zu glauben, dass diese Strahlungen nur Geräte und nicht auch lebende Strukturen beeinflussen.

Die körperliche Schädigung durch Strahlung ist hier nicht das Hauptproblem, sondern die Unehrlichkeit und Unbedarftheit, mit der gerade eine Möglichkeit zur massenhaften Kontrolle und Manipulation aufgebaut wird. Eure Lichtkörper, die Euch umgebenden Schichten der Aura, sind dazu in der Lage, jede schädliche Strahlung auszugleichen, zu „überstrahlen", **wenn sie nicht durch Ängste blockiert werden**. Denn die durch und zur Manipulation erzeugten Ängste wirken weit destruktiver. Ihr werdet mit Informationen überschüttet, die von vielerlei unterschiedlichen Interessen durchsetzt sind, und gleichzeitig wird Euch ein Gefühl von „Ausgeliefertsein" vermittelt. Es scheint keine Wahlmöglichkeit zu geben – doch diese ist immer vorhanden.

Ihr bewegt Euch noch immer am Anfang einer neuen, technischen Möglichkeit, deren Potenzial erst langsam sichtbar wird, doch auch die digitale Datenflut ist lediglich eine Übergangstechnik, die winzig ist im

Vergleich mit Eurem geistigen Potential! Die Wahrheit ist, Ihr seid auf einem Weg, der Euer geistiges Potential offenbart und gleichzeitig Eure Herzen öffnen wird! Ihr, die Menschheit, werdet über die Phase hinauswachsen, in der Egoismus, Krieg und Machtstreben jeden Gewinn und Fortschritt des Einen zwangsläufig zu einem Verlust bei anderen führt.

Wenn Du Dich um die Zukunft sorgst, dann erkenne die alten Muster der Angst und werde Dir wieder Deines wahren Selbst und Deiner göttlichen Natur bewusst!

Nutze Deine Energie nicht zum Kämpfen, sondern zum Gestalten und versuche nicht, Entwicklungen aufzuhalten, sondern zu lenken und zu nutzen. Die Kunst, zu filtern und zu unterscheiden, was Du annimmst und was Du an Dir vorüberziehen lässt, ist die „Lektion der Zeit" – denn genau davon hängt Deine Zukunft ab.

Löse Dich aus dem Netz der Beeinflussung, der Einflüsterungen und der Manipulationen und höre auf Deine innere Stimme im Herzen. Es ist Deine Entscheidung, denn es unterliegt Deinem Freien Willen, ob Du Dich als „Spielball der Mächtigen" oder als machtvoller Gestalter Deines Lebens empfindest und erlebst. Kämpfe nicht gegen Windmühlenflügel, sondern gestalte Dein eigenes Leben! Das Entdecken und Entwickeln der eigenen Schöpferkraft, die Anbindung an das „All-Eine-Bewusstsein" und das Erkennen der „bedingungslosen Liebe" als die Urkraft Deiner Seele im Herzen werden jede Zukunftsangst hinwegfegen.

Ich segne Dich mit der „bedingungslosen Liebe der Quelle allen Seins". Ich bin Uriel.

Vertrauen in den Dimensionswechsel

Hier ist Uriel, das Licht Gottes.

Wenn Du, meine geliebtes Wesen, bis zu diesem Kapitel gekommen bist, hast Du sicher vieles sehr richtig gemacht. Du hast entweder das ganze Buch bis hierher durchgelesen oder Du hast Dich von Deiner Intuition leiten lassen und es an einer beliebigen Stelle aufgeschlagen und zu lesen begonnen.

Genauso ist dieses Buch auch gedacht, es lässt dem Leser und dem Freien Willen des Einzelnen jede Möglichkeit. Schlage es irgendwo auf und lasse Dich von der Energie der „bedingungslosen Liebe" einhüllen, mit der es geschrieben wurde oder nutze es als Lehrbuch und als Nachschlagewerk für eine andere Sichtweise auf das menschliche Leben. Es ist egal, wie Du zu dieser Stelle gekommen bist, Dein Weg ist immer der für Dich richtige! Du bist ein göttliches Wesen, wie könnten Deine Handlungen denn überhaupt falsch sein? Du hast den „Weg der Erfahrungen" in der dualen Welt gewählt und dazu gehören eben immer beide Seiten – wobei keine falsch, sondern nur anders ist.

Lerne wieder, Dir selbst zu vertrauen und das Leben wird sich Dir von seiner schönsten Seite zeigen. Dabei bist Du es, liebes Licht, das die schönste Seite definiert.

Es gibt keine Alternative zum Aufstieg für Dich, denn es war Dein Wunsch, zu dieser Zeit inkarniert zu sein. Der Aufstieg in die fünfte Ebene ist ein Schritt im Bewusstsein, den die Mutter Erde Gaia schon getan hat. Die dritte Ebene wird für die Menschen noch weiterbestehen, bis sie leer ist und nicht mehr gebraucht wird.

Diejenigen, die bereits in der fünften Dimension angekommen sind, haben weiter den Zugang auch zur niedrigeren Schwingung und helfen mit, diese anzuheben. Wer in seinem Bewusstsein hochschwingt, lernt diese Schwingung auch zu dämpfen.

Es gibt keinen „anderen Planeten Erde", denn auch die Erde ist multidimensional, so wie Du und die Dimensionen entsprechen einer spezifischen Frequenz. Alles besteht gleichzeitig und am gleichen Ort, lediglich getrennt durch die Grenzen der Wahrnehmung – eben durch das Bewusstsein.

Solche Wahrheiten sind für Dich natürlich sehr schwer zu verstehen, da nicht nur Dein Denken, sondern auch die Sprache, mit der ich jetzt kommuniziere, durch die Möglichkeiten der dritten Ebene begrenzt sind. Da der Aufstieg – betrachtet aus einer höheren Ebene, also jenseits der linearen Zeit – bereits abgeschlossen ist, kann dieser auch für Dich nicht mehr scheitern! Du lebst in der linearen Zeit, und so darfst Du diese für Dich, Dein Seelenwachstum und die Vervollständigung Deiner Erfahrungen nutzen. Es ist nicht möglich, auf Dauer zurückzubleiben, denn selbst die licht-fernsten Wesen werden letztendlich diesen Weg gehen.

Wer sich einmal entschlossen hat, den „Weg der Liebe" zu gehen, kann sicher sein, auch anzukommen, denn im Herzen wird somit nicht nur ein untrüglicher Kompass angelegt, sondern gleichzeitig der Geistigen Welt ein Einverständnis zu tätiger Hilfe signalisiert.

Ich danke Dir für Deine Bereitschaft!

So schließe ich nun mit meinem Segen für Dich und sende Dir die „bedingungslose Liebe der Quelle allen Seins".

Ich bin Uriel

Uriels Werkzeuge

Im Laufe der Jahre übermittelte Uriel neben den Informationen in seinen Botschaften auch einige praktische Hilfen für uns, die ich hier kurz vorstellen möchte.

Meditationen / Einweihungen

Uriel gab hierzu klare Anweisung für den Text und teilweise auch für die Frequenzen der hinterlegten Musik. Es ist diese Kombination, verbunden mit einer besonderen geschützten Übertragung seiner Energie, der diese CDs spürbar zu echten „Werk-zeugen" macht.

1. Das Feuer der Transformation
Eine Einweihung durch Erzengel Uriel

Das Feuer der Transformation ist das grundlegende Werkzeug zur Auflösung von Ängsten und Blockaden. Die in Ängsten gehaltene Energie wird hier durch einen Transformationsprozess in die Ursprungsform, in die Liebe zurückgeführt.

2. Frequenzanpassung – spirituelles Wachstum
Erzengel Uriel und Raphael

Die erhöhten Schwingungen der Neuen Zeit erfordern unsere Anpassung, um die Wachstumschancen zu nutzen. Hier wird nun jedes Chakra und so das gesamte energetische System neu gestimmt. Diese ungewöhnliche CD kann helfen, mit Dir selbst und der Umwelt wieder ins Gleichgewicht zu kommen. Entsprechend der höheren Frequenzen wird die geistige DNS aktiviert. Es wirken Erzengel Uriel und Raphael gemeinsam.

3. Innere Freiheit – Reinigung und Entwicklung
Erzengel Uriel

Um das eigene Wesen erfahren und ausleben zu können, werden hier Hindernisse, alte Muster und Fremdeinflüsse gelöst. Nur wer sich im Inneren von den Be-grenz-ungen befreit hat, kann auch Freiheit in seinem äußeren Leben zulassen.

4. Lerne Deinen Schutzengel kennen
Eine Seelenreise mit Erzengel Uriel

Jeder Mensch hat einen Schutzengel, der unserem Tagesbewusstsein verborgen ist. Er steht stets hinter Dir und entzieht sich dem Blick. Wenn du den Wunsch hast, Deinen Schutzengel, der Dich die ganze Inkarnation über begleitet, doch einmal zu erkennen, bietet Dir diese Seelenreise eine Möglichkeit.

Seelennamen / Verbinden mit der Ursprungsenergie

Der Seelenname ist eigentlich eine Übersetzung der vielen unterschiedlichen, in sich verschlungenen Schwingungsfrequenzen, die das Wesen der vollständigen Seele ausmachen, in die menschliche Sprache.

Es kommt dem Versuch gleich, eine Symphonie mit einem oder zwei Akkorden zu beschreiben. Auch wenn dies nicht möglich erscheint, ist es doch so, dass es beim Erklingen eines typischen Akkordes ein Erkennen und Erinnern eines gut bekannten Stückes gibt.

So hilft der Seelenname der Erinnerung an das wahre Selbst. Das Verbinden mit der Ursprungsfrequenz ist ein Prozess in drei Schritten:

1. Die Ursprungsfrequenz wird von der Geistigen Welt offenbart und der Seelenname genannt. Mit der Nennung des Namens erfolgt keine Veränderung in der Aura beziehungsweise im Energiefeld.

2. Auf Wunsch des Betreffenden wird der Prozess der Anbindung initiiert. Über einen längeren Zeitraum wird während des Schlafes der Name beziehungsweise das Schwingungsmuster in die Aura geschrieben. Es beginnt ein Prozess des „energetischen Erinnerns", der laufende Prozesse unterstützt und beschleunigt.

3. Während einer Meditation wird das Energiefeld des Einzelnen an die Ursprungsfrequenz angeschlossen. Dies geschieht zu der vereinbarten Zeit in Form einer Ferneinweihung. Dadurch wird Energie freigesetzt und die persönliche Entwicklung des Betreffenden angeregt und gefördert.

Zu allen Werkzeugen findest Du weitere Informationen auf meiner Homepage. Neben Angeboten für persönliche Channelings und Beratungen findest Du hier u.a. auch Workshops, um selbst Channeln zu lernen.

Ich freue mich auf Deinen Besuch meiner Homepage

www.guentherwiechmann.de

Lichtvolle Grüße!   *Dein Günther Wiechmann*

Der Autor über sich

Mein Name ist Günther Wiechmann, mein Seelenname El Arctan. Ich lebe seit 40 Jahren mit meiner Frau zusammen, bin Vater und dreifacher Opa. Schon seit meiner Geburt bin ich immer auf der Suche nach meiner wahren Aufgabe gewesen, auch wenn mir dies erst sehr viel später bewusst wurde. So war mein Leben, besonders im beruflichen Umfeld, durch viele Wechsel und Umbrüche geprägt, denn nichts schien auf längere Sicht für mich wirklich zu passen. Es ist eine Frage der Betrachtung, meinen Lebensweg als bunt oder als chaotisch zu bezeichnen. Wenn ich zurückblicke, bin ich jedoch sehr dankbar für diese Zeit, und die vielen unterschiedlichen Ausbildungen und Erfahrungen, deren Wert ich erst jetzt vollständig zu begreifen beginne. Wirkliche Erfüllung bei der Arbeit fand ich erstmals als examinierte Pflegefachkraft in meiner Tätigkeit mit schwerstkranken und sterbenden Menschen in einem Hospiz.

In meiner selbständigen Arbeit als Heilpraktiker lag mein Arbeitsschwerpunkt immer im energetischen Bereich, wobei ich die Ansätze der chinesischen Medizin gern mit der westlichen Medizin, der Psychologie und sogenannten Grenzwissenschaften wie Astrologie und Quantenheilung verband. Meine spirituelle Suche führte mich auch über den Weg einer schweren Erkrankung endlich zu dem Punkt, an dem sich für mich die Geistige Welt öffnete, und mir eine direkte Kommunikation möglich wurde.

Mein erstes Channeling von Erzengel Uriel erlebte ich als eine gewaltige, reinigende und transformierende Kraft, die meine Suche nach Sinn und Aufgabe im Leben beendete. Seit dieser Zeit habe ich Zugang und Führung durch die Geistige Welt und eine besondere Verbindung zu Erzengel Uriel, der sich mir stets als das „Licht Gottes" offenbart. Durch ihn bin ich aufgerufen, in den „Zeiten des Wandels" Kanal und Hilfe für andere zu sein. Während eines Channelings bin ich nicht in Trance, ich kommuniziere mit den Wesen der Geistigen Welt und diene als Mittler. So entstand auch dieses Buch. Wie in den Beratungen und Channelings führt mich Erzengel Uriel auch in den verschiedenen Workshops, um so auch anderen Menschen die Verbindung zur Geistigen Welt zu eröffnen.

Auf meiner Homepage »www.guentherwiechmann.de« sind neben einer Vielzahl von öffentlichen Channelings auch Workshop-Angebote zu finden.

Dank einer jahrelangen Zusammenarbeit mit Andreas Klein und »Delphin TV« sind neben Interviews auch immer wieder neue und alte Channelings von Uriel in Bild und Ton auf **YouTube** unter

»DelphinTV Günther Wiechmann« zu finden.

Brigitte Devaia ART

**empathisch-spirituelle Kunst
als seelische Kraftquelle**

Diese KunstART wird nicht nur der Kunst wegen kreiert,
sondern dient als Kanal für die
Göttliche Gemeinschaft allen Lebens.

**Empathisch-spirituelle Kunstwerke zum Wohle aller
stärken das Gute und Edle sowie das Schöne und Wahre in den Menschen und in unserer sich wandelnden
Welt.**

Engel und geistige Entitäten wirken durch die Bilder und
transportieren unsichtbare Botschaften aus höheren
Seins-Ebenen zu den Betrachtern auf die Erdebene.
Durch inneres Sehen und Spüren können wir lichte
Strahlungsfelder und Lichtpartikel erkennen, die von den
Gemälden verströmt werden.

**Wenn Sie die Kunstwerke entspannt und unvoreingenommen betrachten, können Sie es
spüren und genießen, wie Sie berührt und erhoben und in den Wirkkreis höherer Wesen
und Welten hineingezogen werden.**

Niemand kann bis jetzt erklären, warum das so ist und wie es funktioniert. Allerdings ergeben Forschungen, kinesiologische Tests und Bovis-Messungen, dass die Gemälde gesund-
heitsfördernd auf Körper, Seele und Geist und somit auch auf unser Immunsystem einwir-
ken. Ganzheitlich ausgerichtete Mediziner und Heilpraktiker wertschätzen und fördern alles,
was unser Immunsystem stärkt, weil dies eine zentrale Schlüsselfunktion für unsere Gesundheit hat. **Deswegen werden die Gemälde auch für therapeutische Zwecke verwendet
und gerne in Praxen, Massage- und Seminarräumen sowie in Wohnräumen aufgehängt.**

Lassen Sie sich auf meiner Netzseite einfach verzaubern! Dort finden Sie Motive von Engeln, Feen, Aufgestiegenen MeisterInnen, Heiligen, Sternenwelten und Zauberwelten – alle
als Poster, Kunstkarten und hängefertige Keilrahmendrucke in verschiedenen Größen be-
stellbar.

**www.brigitte-devaia-art.de
und die Gemälde-Galerie unter**

**brigitte-devaia-jost@gmx.de
www.brigitte-devaia.com**

Delphin^TV

Bewusstsein - Gesundheit - Spiritualität - Ernährung

Andreas Klein von DelphinTV erstellt und veröffentlicht seit mehreren Jahren Filme der Channelings von Erzengel URIEL, die Günter Wiechmann empfängt, in teilweise aufwändigen Videos mit schönen Naturaufnahmen, weil dies eine Herzensangelegenheit von ihm ist.

Andreas empfindet es als wichtig, dass die Energie und diese Informationen in die Welt gehen. Sein Wirken als Filmemacher und YouTuber sieht er auch als gründsätzlich wichtig an, weil damit das vielfältige Wissen der Menschen für viele erreichbar wird.

Er ist Unterstützer und weiß um Wichtigkeit und Kraft von Zusammenarbeit. Alles, was Andreas Klein in seinem Leben gelernt hat, steht ihm als ein großer Pool zur Verfügung, aus dem er mit seiner Kreativität und Innovationsfähigkeit schöpft. Sein lösungsorientiertes Wirken hilft ihm, seine Kunden bestmöglich auch im Interview zu unterstützen.

Neben den Videos zur Bewußtwerdung, mit Channelings und Meditationen liegen Andreas die Interviews, Heil-Videos und Informationen zur Ernährung sehr am Herzen.

www.DelphinTV.de   **AK@DelphinTV.de**

R.-Andreas Klein

Vor vielen Jahren verband ich meine technische Ausbildung, mein Lieblingswirken in der Tontechnik, als Fotograf und Filmemacher mit meinen Interessen an Bewußtsein, Gesundheit, Spiritualität sowie Ernährung und startete mit den Aufnahmen für DelphinTV.

Danke für Eure Rezensionen,
unsere Herzen verbinden sich dabei.

Ein spirituelles Buch und Nachschlagwerk wie dieses hat es noch nie gegeben, genauso wenig wie die Heimkehr unserer Seelen in die fünfte Bewusstseinsebene ohne den üblichen Sterbevorgang des Körpers. Empfindet Ihr es auch als etwas Großartiges und Einmaliges und sogar dringend Notwendiges, was hiermit zu uns Menschen gekommen ist?

Ihr habt es ja nun zu Ende gelesen oder schon öfter wieder reinschauen müssen, denn es lässt einen einfach nicht mehr los. Dafür dankt Euch der Autor und der Verlag und die Geistige Welt – und das alles in der liebevollen Schwingung eines Erzengels. DANKE!

Natürlich kann es sein, dass fragende Leserinnen und Leser bei einem solchen ungewöhnlichen Botschaften-Buch zu viel Religiöses oder abgehobene Vorstellungen vermuten oder gar befürchten, wogegen die angesprochenen und alltäglichen Themen real und sehr massiv geerdet sind – allerdings schon aus einer liebevollen, neuen Sichtweise erhöhter und zukünftiger Schwingungen. Und das macht ja dieses Buch einerseits praktisch und andererseits einzigartig.

Unzählige Hinweise gibt uns Uriel, alles Duale und Trennende in die „große Einheit" zu führen und da nützen eben auch Eure empfehlenden Rezensionen, um unsere seelische Schöpfergemeinschaft auszuweiten.

Auf der Homepage des Lieblingsverlags ist es dieser Link
www.lieblingsverlag.de/rezensionen
oder bei »amazon« können direkt beim Buch 5 Sterne platziert werden.

Wie schreibt man eine Rezension? Ihr könnt es in zwei Sätzen ausdrücken oder eine längere Rezension verfassen. Es sollten einfach Eure Gedanken und Gefühle ausgedrückt werden. Vermutlich werdet Ihr es zum Beispiel dringend weiterempfehlen oder als Geschenk anbieten?

Irdische und Überirdische bedanken sich dafür. ☺